MENSONGES LES PLUS INCROYABLES DE L'HISTOIRE ILLUSTRÉS

Luc Mary
Philippe Valode

MENSONGES LES PLUS INCROYABLES DE L'HISTOIRE ILLUSTRÉS

Direction éditoriale : Stéphane Chabenat
Marketing éditorial : Sylvie Pina
Éditrices : Clotilde Alaguillaume, Charlotte Sperber
Mise en pages : Emmanuelle Noël, Pinkart Ltd
Conception couverture : Philippe Marchand

Les Éditions **de l'Opportun**
16, rue Dupetit-Thouars
75003 Paris

www. editionsopportun.com

INTRODUCTION

L'ouvrage ne prétend nullement révolutionner l'histoire de France. Et n'épuise absolument pas la matière. Il y manque bien des épisodes, depuis la réhabilitation de la Mérovingienne Brunehaut jusqu'à la révélation des fautes du commandement français en 1914, sans oublier, plus récemment, nombre d'affaires qui ont secoué la Ve République…

Notre objectif est de proposer un ensemble agréable à lire et permettant au lecteur de réviser quelques idées reçues, totalement erronées, sur l'histoire de son pays. Au-delà des corrections fondamentales traitant des sujets majeurs, il nous est apparu indispensable de mêler quelques anecdotes plus délassantes concernant des héros ou des affaires bien connus.

Ainsi est-il nécessaire de réhabiliter la haute civilisation gauloise, de redonner toute sa place à la dynastie fondatrice mérovingienne, de dénoncer la fiction des malheurs de l'An Mil, d'éclairer la brillante période du Moyen Âge, de démontrer l'attitude plus qu'ambiguë des réformés vis-à-vis de la nation, de rappeler la grande responsabilité de Necker dans le déclenchement de la Révolution, d'établir un véritable bilan humain de la tuerie de la période 1792-1794, de démontrer la responsabilité de la guerre d'Espagne dans le désastre final de Napoléon Ier, d'affirmer la haute tenue de l'armée française durant la campagne de mai-juin 1940, de même que d'évoquer la victoire militaire française dans l'Algérie de 1958…

Mais le lecteur se passionnera aussi de la découverte d'un Louis XI moins saint que prévu, de celle de la fausse Jeanne d'Arc qui mystifia la France durant quatre années, des véritables causes des morts dramatiques d'Agnès Sorel et de Gabrielle d'Estrées, de la réalité du Masque de fer ou de la Bête, si humaine, du Gévaudan… Et pour les temps plus récents, justice sera rendue à Félix Faure, alors que le mystère de l'affaire Dreyfus s'épaissira, et qu'éclateront les vérités sur la mort de Louis Renault, les massacres de Madagascar de 1947, l'élimination du général Revers, la tragédie d'Oran de 1962, le vrai faux attentat de l'Observatoire, les affaires Markovic, de Broglie, Robert Boulin ou encore Grossouvre.

S'appuyant sur les travaux les plus récents, cette dénonciation des mensonges de l'histoire de France et l'approche qui en découle de sa véritable réécriture, permet de mieux comprendre ce que nous sommes aujourd'hui.

LES GAULOIS NE SONT PAS DES BARBARES !

Nos faux ancêtres... les Gaulois

La Gaule ? Les Gaules devrions-nous dire. Loin de constituer un ensemble homogène et soudé, cet espace regroupe près d'une soixantaine de peuples. Des Éduens aux Arvernes en passant par les Lingons, les Bituriges ou encore les Séquanes, ceux-ci sont tantôt alliés, tantôt en conflit les uns contre les autres. Découpé en trois parties, à savoir l'Aquitaine, la Belgique et la Lyonnaise, cet ensemble disparate ressemble fort peu à notre hexagone national. Imaginez ainsi une France amputée de la Bretagne, agrandie du Benelux et privée de ses régions méridionales (lesquelles correspondent à la Narbonnaise romaine) et vous vous ferez une idée assez représentative de la configuration géographique des Trois Gaules. Un espace peuplé de dix millions d'habitants (un record pour l'époque !) dont la réputation guerrière dépasse les frontières. Au XIXe siècle, les historiens Amédée Thierry et Jules Michelet ont professé l'idée que ces Gaulois, dont ils ignoraient la richesse de la civilisation, étaient nos lointains ancêtres. Triste illusion. C'est en effet faire fi de la période gallo-romaine et surtout de l'épisode durable des invasions barbares amorcé au Ve siècle de notre ère. Au regard des siècles qui suivent, nous sommes en effet plus les héritiers des Francs de Clovis que des Gaulois de Vercingétorix. Par ailleurs, nous nous faisons une idée complètement surannée du véritable visage de ces peuples vaincus par les Romains…

Le complexe d'Alésia

Sales, hirsutes, moustachus, bagarreurs, râleurs invétérés, les qualificatifs ne manquent pas pour désigner les Gaulois ; une image d'Épinal véhiculée par le conquérant de la Gaule lui-même, nous voulons parler de Jules César. En 52 avant notre ère, la Gaule dite « chevelue » passe sous la domination romaine au terme de six ans de guerre. Un conflit marqué surtout par son épilogue. Enfermé pendant plusieurs mois dans Alésia par une double ligne de fortifications, le héros arverne Vercingétorix est contraint à la reddition le 26 septembre - 52. Ainsi commence la légende noire des Gaulois : des peuplades sauvages domestiquées par les Romains. Pendant des décennies, les historiens ont colporté une image erronée de la Gaule. D'une certaine façon, l'histoire de la Gaule civilisée aurait commencé avec l'occupation romaine. Loin de refermer la page d'une civilisation brillante, l'épilogue du siège d'Alésia constituerait l'entrée officielle de la Gaule dans le grand cercle de la civilisation. Aujourd'hui, à la lumière des dernières découvertes archéologiques et historiques, il nous faut corriger cette idée de Gaulois sans raffinement et coupés du monde. Les Gaulois, des Barbares sans foi ni loi avides de gains et assoiffés de sang ? Pas vraiment. Ils ont au contraire donné naissance à une civilisation prospère et florissante. À la fois bâtisseurs, éleveurs et viticulteurs, les Gaulois sont aussi de formidables potiers, d'habiles charpentiers, d'excellents forgerons, de grands commerçants et d'ingénieux artisans… Ni sauvages, ni incultes, ni même mangeurs de sangliers, les Gaulois n'ont jamais vécu en autarcie mais se sont littéralement intégrés dans le grand marché de l'Antiquité.

Une civilisation ingénieuse insoupçonnée

Première idée à écarter : la Gaule chevelue n'est pas plus hérissée d'arbres que la France actuelle. Elle compte même un million d'hectares en moins ! Autant affirmer que les Trois Gaules possèdent de vastes surfaces cultivées. Et ces domaines sont étonnamment développés comme en témoignent l'utilisation massive d'outils en fer, la pratique d'un élevage intensif ou encore la commercialisation de leurs produits agricoles. Hormis les légumes et les céréales (dont quatre variétés de blé), les Gaulois cultivent aussi une grande quantité de légumineuses à l'image des pois, des fèves ou encore des lentilles.

Pour se protéger des incursions ennemies, la plupart des paysans gaulois s'abritent par ailleurs derrière des *oppida*, à savoir des places fortifiées situées en hauteur, en général au sommet de collines. Refuges sans équivalent pour la population, ces places fortes font aussi office de centres administratifs, de lieux d'échanges culturels et de carrefours commerciaux et religieux. En leur sein, les Gaulois forgent le bronze, décorent leurs poteries, fabriquent le verre, commercent leur vin, honorent leurs dieux (à l'exemple de Lug) et s'éternisent dans d'incroyables festins. À l'intérieur de ces *oppida* entourés de remparts (un mélange de bois et de pierre), et surtout des *tumuli*, à savoir les « tombes princières », les archéologues ont aussi exhumé une quantité invraisemblable d'objets tels des fibules en argent, des céramiques, des amphores, des bijoux en or, des casques en bronze ou encore des armes en fer forgé. Le fer, le mot est lâché. Plus que tout autre peuple, les Gaulois ont appris à domestiquer le fer…

Le « royaume » du fer

Agriculteurs et éleveurs hors pair, les habitants des Trois Gaules se manifestent par ailleurs par la richesse de leur artisanat. Excellant dans l'art de la céramique, ils ne sont pas moins habiles dans la domestication des métaux. Forgerons, métallurgistes, ce sont aussi d'incroyables inventeurs, comme en témoigne la conception des premiers tonneaux en bois avec des cercles de métal, de la cotte de mailles, de la mèche à forer ou encore de la charrue en fer. L'étude de l'outillage gaulois est ici riche en enseignements. On peut déclarer sans ambages que les Gaulois ont mis au point des outils appelés à un grand avenir, pratiquement jusqu'à l'orée du XXe siècle. L'amélioration de l'araire en est la manifestation la plus criante. Pourvue d'un soc de fer, elle permet désormais de labourer la terre plus en profondeur. Une véritable révolution technologique.

Du martelage au moulage en passant par la technique de la fonte à la cire perdue, les Gaulois ont utilisé tous les moyens de fabrication des outils en usage dans le monde antique. Ils ont même carrément innové comme l'atteste l'étamage, à savoir l'application à chaud de l'étain sur le cuivre ; l'invention serait attribuée aux Bituriges, le peuple gaulois originaire de Bourges.

Ces techniques de fabrication sont bien sûr inséparables de l'exploitation des mines d'étain, de cuivre et de fer. Et ces métaux empruntent toutes les voies commerciales qui traversent l'Europe, et notamment les fleuves. À seul titre d'exemple, les Éduens sont les maîtres de la Saône. Une fois encore, ce fait enterre une idée toute faite à propos des Gaulois : loin de vivre en autarcie, ils ont frappé monnaie et commercé avec l'ensemble de leurs voisins, et ce dès le VIe siècle avant notre ère. Carrefour commercial incontournable, la Gaule est une pièce maîtresse de l'Antiquité.

Il faut rendre à César ce qui est à César et aux Gaulois ce qui est aux Gaulois. Loin d'être des barbares, ceux-ci ont posé la première pierre de la modernité…

Les Gaulois: Une civilisation beaucoup plus évoluée qu'on le croyait...

LES HUNS, ÉPARGNÉS PAR ÆTIUS AUX CHAMPS CATALAUNIQUES

Les Huns, plus des charognards que des rapaces

Depuis la fin du IVe siècle, les cavaliers des steppes se sont durablement installés en Europe centrale, asservissant tour à tour tous les peuples germaniques situés entre le nord du Danube et l'est du Rhin. Des Gépides aux Ostrogoths en passant par les Thuringiens, les Hérules et même les Francs rhénans, tous subissent le joug de ces guerriers d'origine turco-mongole. Décrits comme des hommes trapus, à la face large et au cou épais, ces nomades excellent dans la maîtrise du cheval. Considérés par leurs adversaires comme des démons surgis des steppes lointaines, on les accuse d'imposer une véritable politique de terreur. Leurs razzias permanentes font office de récoltes. Ne dit-on pas que là où les Huns passent, l'herbe ne repousse pas? En l'espace de quelques décennies, ils dominent un espace aussi vaste que l'Empire romain… Et pourtant, les Huns n'ont pas une mentalité de conquérants. Loin de vouloir annexer des nouveaux territoires, leur ambition est d'en extirper toutes les richesses. L'essentiel n'est pas d'occuper des terres mais de récupérer sur les vaincus les chevaux, les esclaves, les femmes, les armes et surtout les métaux précieux, en particulier l'or. En d'autres termes, les Huns agissent moins en rapaces qu'en charognards…

Des cavaliers des steppes aux antipodes de l'idéal militaire romain

Les Romains et les Huns, deux civilisations que tout oppose. Au monde des cavaliers, des hordes d'archers et du nomadisme répond celui des fantassins, de la formation compacte des légions et des villes faites de marbre. Deux conceptions opposées des combats et des guerres s'affrontent. En bref, les cavaliers huns sont l'antithèse exacte des légionnaires romains. Privilégiant le harcèlement continu et la fuite simulée aux combats rapprochés, les archers montés des steppes sont aussi précis qu'insaisissables. Composés de cornes et de tendons d'animaux, leurs arcs réflexes à double courbure sont le *nec plus ultra* de la souplesse et de la puissance. La tactique de combat des Huns obéit toujours au même schéma : après une première volée de flèches hors de portée des javelots ennemis, ces cavaliers hors pair font demi-tour et simulent la fuite. Croyant à tort avoir la partie gagnée, leurs adversaires se lancent à leur poursuite. Pour leur plus grande perte. Les poursuivants sont alors isolés et exterminés.

La panique apparente des Huns est à l'origine de bien de déboires retentissants de leurs adversaires. Des ennemis aussi prétentieux qu'imprudents. Bien avant l'arrivée des Huns en Europe centrale, les Romains ont pourtant été confrontés à ce type de manœuvre. Preuve en est la seule déroute de Crassus devant les cavaliers de Surena. À croire que les généraux ne tirent aucune leçon du passé. Quoi qu'il en soit, en dignes héritiers des Parthes de Carrhae, les Huns préfigurent les futures hordes mongoles de Gengis Khan. En bref, ils effraient leurs adversaires. Fondée ou non, une sale réputation de guerriers sanguinaires et farouches a précédé l'arrivée des Huns en Gaule. Surnommé le « fléau de Dieu », leur seul chef Attila fait figure d'antéchrist. Depuis l'année 382, l'abolition du paganisme dans l'Empire a transformé Rome en nouveau centre de la chrétienté.

Les Huns à l'origine de la grande migration germanique de 407

Année 395 de notre ère. À compter de la mort de Théodose, l'Empire romain connaît une crise de croissance. Il est désormais scindé en deux régions égales, gouvernées respectivement par Honorius en Occident et par Arcadius en Orient. Les nouveaux empereurs sont les enfants de Théodose, des adolescents influençables et incapables de diriger un État. Le jeune Arcadius n'est âgé que de onze ans.

La division de l'Empire romain en deux parties distinctes préfigure sa prochaine décomposition. En effet, plus qu'une frontière, la ligne qui sépare les deux parties de l'Empire se transforme, au fil des années, en une véritable fracture. Loin de former une même entité politique, les deux branches du tronc impérial se distinguent culturellement puis se renvoient mutuellement les Barbares qui menacent à leurs frontières. Installés à la charnière même des deux parties de l'Empire, dans la plaine de Hongrie, les Huns représentent une véritable épée de Damoclès pour les Romains… mais aussi pour les autres Barbares. À la fin de l'année 406, fuyant les hordes de Huns, les Germains quittent leurs terres des actuelles Silésie et autre Slovaquie et se dirigent vers l'ouest. Des

Alains aux Vandales en passant par les Suèves, les Quades et les Gépides, près de cent cinquante mille Germains franchissent le Rhin au soir du 31 décembre 406. La frontière du « limes » est faiblement défendue. Seule une dizaine de garnisons romaines campent à Mongotiacum. Autrement dit, la route des Gaules est ouverte…

Après Argentorate (Strasbourg), Reims, Amiens, Arras et Tournai tombent entre les mains des Germains. Loin de s'arrêter aux frontières de la Belgique romaine, les envahisseurs ravagent la Lyonnaise et poursuivent leur progression en Aquitaine… En août 410, les Wisigoths d'Alaric pénètrent dans Rome et la pillent pendant trois jours. Un choc immense pour les Romains. Un événement inédit depuis la fondation de l'Empire par Auguste en 27 av. J.-C.

La germanisation progressive de l'Empire

Sous la pression des migrations germaniques, les Romains sacrifient leurs richesses sur l'autel de la paix. En d'autres termes, ils cèdent de grands lots de terres au sein de leur vaste empire. Il en va de la survie même de leur civilisation. Le gouvernement de Ravenne, nouvelle capitale de l'Empire d'Occident depuis le pillage de Rome en 410, autorise ainsi les Barbares à cultiver ses terres moyennant la livraison de soldats à l'Empire. La cession de terres aux Barbares prive ainsi Rome d'importants revenus.

Des terres contre des soldats. Ainsi peuvent se résumer les termes du régime d'hospitalité, pivot des accords de fédération conclus entre le Wisigoth Wallia et le patrice Constance. En 418, plusieurs milliers de Barbares se voient dans l'obligation de cohabiter avec plusieurs millions de Gallo-Romains. À compter de cette époque on assiste à une germanisation progressive des principaux rouages de l'Empire. À commencer par l'armée. Au milieu du ve siècle, on dénombre autant de Goths dans les légions romaines que chez les hordes hunniques. Mieux encore, les Romains tout comme les Huns sont minoritaires au sein de leurs propres armées ! Entre l'empire terrestre des guerriers des steppes et l'empire maritime désormais bicéphale, les rapports sont complexes. Tout en craignant ces cavaliers d'origine asiatique, les Théodosiens échangent des ambassades et des otages, versent des tributs et scellent des alliances avec les Huns contre d'autres Barbares. Avant de se retourner contre ces intrépides guerriers, le célèbre Aetius n'a pas hésité à utiliser des mercenaires huns pour reprendre en main la Gaule…

La faute à Honoria… Pour une histoire de dot, Attila envahit la Gaule

À compter de l'année 445, après avoir assassiné son frère Bleda, Attila devient le seul roi des Huns. Courtaud et la barbe courte, le nouvel homme fort de l'empire hunnique se montre impitoyable avec ceux qui lui résistent et généreux avec ceux qui reconnaissent sa puissance. Rompant avec la politique d'alliances de ses prédécesseurs, il affiche d'emblée ses ambitions en s'emparant de la totalité de la province romaine de Pannonie dès la première année de son règne. Sa soif d'or conditionne ici toutes ses décisions. Devant le « fléau de Dieu », les empereurs d'Orient et d'Occident, à savoir Théodose II et Valentinien III, apparaissent comme des dirigeants sans envergure et facilement manipulables.

Tour à tour, Attila provoque les deux parties de l'Empire romain en jouant sur la peur qu'il inspire.

Après avoir attaqué l'Orient à la faveur d'un tremblement de terre qui détruit une grande partie de la muraille théodosienne, il se retourne contre l'Occident en réclamant son héritage : la Gaule ! La faute en incombe à Honoria, la sœur aînée de Valentinien III. Placée par son frère en résidence surveillée à Constantinople, la corégente de l'Empire romain d'Occident se venge en expédiant son anneau sigillaire à Attila. En termes clairs, elle propose le mariage à l'ennemi le plus irréductible de l'Empire. Une initiative qui met le feu aux poudres. Prenant son rôle de futur mari très à cœur, Attila accepte l'offre d'Honoria et demande la Gaule comme héritage impérial. La moitié de l'Empire romain d'Occident en guise de dot, Valentinien III ne peut y souscrire. La guerre entre les Romains et les Huns est maintenant inévitable…

Attila est mis en échec aux champs Catalauniques

Au printemps 451, les troupes d'Attila franchissent le Rhin. Loin d'être exclusivement composée de Huns, l'armée d'Attila est extraordinairement composite. Des Gépides aux Francs rhénans en passant par les Skires et les Burgondes, c'est une véritable coalition germano-hunnique qui investit les Gaules. Attila entend en priorité se venger des peuples qui ont échappé à ses aïeux en 407, à savoir les Wisigoths et les Alains…

Sitôt passé le Rhin, les Huns ravagent les campagnes, pillent Metz, dont ils massacrent la population, et assiègent Orléans. Attila se heurte alors à la résistance des habitants. Devant l'urgence de la situation, l'évêque Aignan gagne Arles pour y solliciter l'aide d'Aetius, le « dernier des Romains ». Anciennement allié aux Huns, le patrice n'hésite pourtant pas à rallier la cause wisigothique. Contre toute attente, le 14 juin, alors qu'Attila s'apprête à entrer dans Orléans, l'armée d'Aetius contraint les Huns à quitter précipitamment la ville. À l'instar de l'armée d'Attila, celle des Romains est essentiellement composée de Germains, en particulier des Francs, des Wisigoths et des Alains. Poursuivis par leurs ennemis pendant une dizaine de jours, les Huns se résolvent à livrer bataille à la hauteur de Châlons-en-Champagne. C'est la rencontre des champs Catalauniques, encore appelée *Campus Mauriacus.* En ce 20 juin 451, plus de cinquante mille hommes en armes sont rassemblés. Les trois quarts d'entre eux sont germains. Plus qu'une confrontation entre Romains et Huns, les champs Catalauniques expriment surtout un combat fratricide entre les peuples germaniques.

Adoptant un plan de bataille résolument opposé à celui d'Attila, Aetius place au centre de son dispositif les troupes qu'il juge les moins fiables, à savoir les Alains de Sangiban. Ceux-ci vont pourtant s'avérer déterminants. Commençant par une charge des Wisigoths, la bataille tourne rapidement à l'avantage des forces impériales. Même si leur chef Théodoric Ier est tué, les Wisigoths réussissent à briser les lignes adverses et à faire reculer les Huns derrière leur camp circulaire de chariots. Acculé à la défensive, Attila ne peut plus gagner la bataille. Pour la première fois depuis le début de son règne, le chef des Huns est en mauvaise posture. Il est tout à fait prêt à sacrifier sa vie et celle de ses hommes.

Aetius sauve la tête d'Attila… pour des raisons géostratégiques

Le roi qui a fait trembler Rome est maintenant tellement persuadé de mourir qu'il a fait élever un bûcher constitué de selles de chevaux ; il compte s'y jeter en cas de nouvelle offensive de ses ennemis. L'assaut final ? C'est méconnaître les réelles intentions d'Aetius. Contre toute attente, le patrice romain ordonne à ses troupes de renoncer à l'extermination des Huns. Craignant que la victoire des champs Catalauniques ne profite à ses seuls alliés germaniques, le Romain préfère en effet sauver la tête d'Attila. Pour des raisons purement politiques. Aussi hostile aux Wisigoths qu'aux Huns, le patrice romain préfère l'équilibre des forces à la seule suprématie d'un peuple. Raisonnant plus en ancien otage des Wisigoths qu'en ennemi irréductible des Huns, Aetius laisse finalement Attila prendre la poudre d'escampette. Une erreur politique. L'année suivante, en 452, le « fléau de Dieu » pénètre en Italie. Son ambition est maintenant de s'emparer de Rome…

LES ROIS MÉROVINGIENS N'ONT VRAIMENT RIEN DE FAINÉANTS !

Si bien nés

Derniers venus parmi les peuples dits barbares (Burgondes, Wisigoths, Alamans) qui ont lentement

« envahi » la Gaule – ils ne sont que deux millions, peut-être, face à dix millions de Gallo-Romains –, les Francs sont bien dirigés. Ce petit peuple de quelques centaines de milliers d'hommes, deux à trois en comptant les Saliens et les Ripuaires, regroupés derrière les mythiques Clodion, Mérovée, Chilpéric Ier, parvient à exister au cours de la première moitié du ve siècle. La proclamation de Clovis, fils de Childéric Ier, sonne l'ère de la conquête. De 486 à 507, en vingt ans, Clovis, roi charismatique, chef de guerre hors pair, ferme partisan d'une alliance avec l'Église, venant de l'actuelle Belgique, s'empare de toute la Gaule, à la seule exception de la Provence. C'est-à-dire de l'hexagone actuel, de la Belgique et d'une partie de l'Allemagne (Mayence, Trèves, Cologne).

Clotaire Ier et Clotaire II, des durs à cuire

À sa mort, son fils Clotaire Ier qui a dû partager le royaume avec ses trois frères, n'a de cesse, tuant ses rivaux familiaux quand il le faut, de reconstituer l'unité de la monarchie mérovingienne autour de sa personne. Après s'être emparé tant de la Provence que de la Septimanie il y parvient en 558 jusqu'à sa mort en 561. Sans doute l'État mérovingien est-il alors au sommet de sa puissance, sans doute est-il même la première puissance continentale européenne ?

À la mort de Clotaire Ier, tout est à refaire : ses quatre fils se répartissent, de nouveau, le bel ensemble mérovingien. Et les femmes s'en mêlent : Brunehaut l'épouse de Sigebert Ier et Frédégonde l'épouse de Chilpéric Ier se combattent férocement. Leur lutte impitoyable qui s'étale sur toute la seconde partie du vie siècle, une véritable guerre civile, voit triompher le fils de Frédégonde, Clotaire II. Après avoir fait férocement mettre à mort son ennemie jurée, la reine Brunehaut, il réunifie une seconde fois le pays mérovingien de 613 à 629. Pourtant le lent éclatement de la monarchie franque entre Neustrie, Austrasie, Bourgogne, porte en lui-même les stigmates de la division.

Un dernier miracle se produit avec Dagobert Ier, le fils de Clotaire II (629 à 639), un roi éclairé, soucieux de développement économique, conseillé par des religieux de haute valeur, Éloi, Ouen, Didier. Toutefois les guerres civiles ont affaibli le pays et la population s'est réduite de près de moitié : des dix millions d'habitants du Ve siècle il n'en reste, sans doute, cent cinquante ans plus tard, que six ou sept millions. Cette décadence n'échappe pas aux hommes forts – on les appelle désormais maires du palais – des trois pays, Neustrie, Bourgogne et Austrasie. La Neustrie couvre le quart nord-ouest du royaume avec Paris, et l'Austrasie, le quart nord-est avec Reims, Metz et Strasbourg. Peu à peu, une famille s'affirme, celle des Pippinides qui va finir par avoir raison des rois mérovingiens. Mais ces derniers ne sont nullement les rois fainéants de la légende : ils font de la résistance.

La reine Bathilde, ancienne esclave anglaise, s'appuie sur Éloi et Ébroïn

En 639, à la mort du roi Dagobert Ier, sa veuve, la reine Nanthilde, exerce normalement la régence en Neustrie (alors qu'Austrasie et Bourgogne sont placés sous l'autorité de Sigebert II), mais sous le contrôle des deux maires successifs du palais, Aega, puis Erchinoald. En 656, Erchinoald parvient à réunifier une troisième fois les terres mérovingiennes. La mort précoce du roi Clovis II en 657 permet à son épouse Bathilde de gouverner au nom de ses trois fils, sous l'égide, il est vrai, d'Erchinoald. Lequel meurt la même année, presque aussitôt remplacé par Ébroïn.

Bathilde n'a pas la partie facile : elle est une ancienne esclave anglaise, de grande beauté, achetée par Erchinoald sur le marché d'York. Le maire du palais entend la jeter dans sa couche lorsqu'elle est remarquée par Clovis II, lequel fait prévaloir son rang. Au décès de son mari, la fine et résolue Bathilde sait alors s'appuyer sur Éloi, le vieux conseiller de Dagobert Ier, un évêque tout-puissant fondateur de multiples monastères. Son autorité morale est telle qu'Ébroïn n'ose l'affronter. L'ambition d'Ébroïn est claire : il veut réunifier les Mérovingiens, de nouveau séparés entre Neustriens, Bourguignons et Austrasiens. Il parvient à triompher de l'évêque Léger d'Autun et rassemble sous son autorité la Neustrie et la Bourgogne. Cependant la régente Bathilde comble l'Église de biens, combat la simonie, favorise l'autonomie des établissements monastiques, impose un strict respect de la discipline chez les réguliers. Soutenue par le clergé, elle est affaiblie par la mort d'Éloi en 660. Ébroïn, peu reconnaissant envers celle qui l'a promu en 658, cherche à l'éliminer. Proche du roi Clotaire III, fils de Bathilde et de Clovis II, il parvient à obtenir du jeune monarque (il n'a que douze ans) l'éloignement de sa mère. Bathilde finit par se retirer en 665 : elle sera canonsherlisée au IXe siècle.

L'indestructible Thierry III

À la mort de Clotaire III en 673, Thierry III lui succède. Ébroïn détient alors la réalité du pouvoir. Les Austrasiens, alors dirigés par le roi Childéric II, entendent profiter de la succession pour annexer Neustrie et Bourgogne. Les grands de Neustrie, à leur instigation, renversent tant Thierry III qu'Ébroïn. Le premier, suprême injure, est tondu et relégué en l'abbaye de Saint-Denis (il ne pourra donc plus régner selon la tradition franque) alors que le second est exilé à Luxeuil. Mais l'assassinat de Childéric II en 675 rebat les cartes.

Avec un courage hors norme, Thierry III s'efforce de reprendre son royaume, sans l'appui d'Ébroïn : il y parvient. Mais l'ancien maire du palais, enragé par l'attitude du roi, appelle les Austrasiens à l'aide. Et réussit à vaincre Thierry III : il entend l'éliminer quand il se voit menacé par ses alliés. Pour échapper à l'emprise austrasienne, voilà Ébroïn contraint de remettre presque aussitôt sur le trône Thierry III.

Ensemble les deux hommes s'apprêtent à affronter les Austrasiens décidés à placer sur le trône de Neustrie, Dagobert II, le successeur de Childéric II. Toutefois, Dagobert II n'ose les combattre : il meurt, assassiné, en 679. Cependant, les Austrasiens ont porté à leur tête Pépin de Herstal, un homme trop sûr de sa force militaire. En 680, Ébroïn et Thierry III remportent une belle victoire au Bois-du-Fays, près de Laon. Hélas pour le roi de Neustrie, son maire du palais, Ébroïn, meurt en 683. Son successeur, Waratton est de belle valeur : il décède trop rapidement, en 686. Toutefois, Pépin de Herstal, rendu prudent par la leçon reçue au Bois-du-Fays, n'ose pas attaquer Thierry III. Il profite de l'absence provisoire de maire du palais et vient affronter le roi neustrien à Tertry, près de Saint-Quentin. Vaincu, Thierry III qui résiste à tous depuis quinze ans, est respecté par son vainqueur. Certes Pépin de Herstal réunifie Austrasie, Neustrie et Bourgogne, mais il maintient Thierry III sur le trône jusqu'à sa mort en 691. Voilà Thierry roi unique du *regnum Francorum* !

Les Pippinides ne fondent la dynastie carolingienne qu'en 751

Après Pépin de Herstal, maître véritable du royaume, succède, en 719, Charles dit Martel, le vainqueur fameux de la bataille de Poitiers. Presque roi, il maintient pourtant un souverain mérovingien unique, Chilpéric II, puis Thierry IV, et enfin Childéric III.

En 751, Pépin le Bref, fils cadet de Charles Martel et de Rothrude, dépose Childéric III avec l'accord du pape Zacharie. Et il se fait élire roi par l'assemblée des Grands réunie à Soissons en 751. Alors seulement débute la dynastie carolingienne…

TRAÎTRISES SARRASINES À RONCEVAUX

La complexité espagnole

Fier d'avoir battu les Saxons, en juillet 777, celui qui n'est pas encore l'empereur Charlemagne organise un vaste défilé des troupes victorieuses à proximité de son palais de Paderborn. Il ne sait pas encore que, dès 778, il devra faire face à une grande révolte saxonne conduite par le terrible Widukind de Saxe. Aussi envisage-t-il favorablement l'expédition en Espagne que lui propose l'émir de Saragosse, le wali Sulayman ibn al-Arabi, venu tout spécialement avec sa suite à Paderborn. Installé en Espagne depuis 755, le dernier des Omeyyades, Abd al-Rahman al-Daklil, a su rallier Berbères et Arabes et fonder l'émirat indépendant de Cordoue, en marge de la domination abbasside sur tout le bassin méditerranéen. Cependant, Tolède et Saragosse font de la résistance envers Cordoue, préférant la suzeraineté, plus lointaine des Abbassides de Damas. Dans sa démarche, Al-Arabi entend obtenir l'appui militaire de Charlemagne pour assurer l'indépendance de Saragosse : en échange, il lui ouvrira les portes de la ville. Le roi Charles ne voit qu'avantages à cette alliance : elle lui permettra tout à la fois de maintenir en soumission Basques et Aquitains et d'entamer la domination musulmane en Espagne, un rêve pour tout roi chrétien ! Mais al-Arabi est loin d'être sincère : il a imaginé un stratagème machiavélique destiné à affaiblir tant l'émir de Cordoue que le roi Charles. Il est vrai, Charles l'ignore, que al-Arabi a capturé le général Talaba, envoyé par Cordoue pour mater Saragosse. Al-Arabi cherche le moyen de se faire pardonner de l'émir Abd al-Rahman al-Daklil dont les forces sont très supérieures aux siennes. L'idée lumineuse lui est venue de justifier l'attitude de défi de Saragosse par l'intervention franque. En bon musulman, il aura alors lutté contre les chrétiens francs carolingiens de Charlemagne, contre tous les chrétiens de sa cité et sans avoir eu besoin de l'intervention de Cordoue pour triompher. Ainsi Charles tombe-t-il dans le piège tendu par al-Arabi qui accepte même, pour mettre le roi en confiance, de lui livrer des otages dès son entrée en Espagne.

Succès à Pampelune, échec à Saragosse

Au printemps 778, Charlemagne, soutenu par le pape, convoque son ost et forme deux armées. La première, dont Charles prend la tête, se dirige vers la Navarre et Pampelune par le col de Roncevaux. La seconde emprunte le col du Somport et fonce vers Gérone et Barcelone. Bien accueillie en Catalogne, cette dernière doit rejoindre les forces de Charles à Saragosse. Parvenu à Pampelune, Charles se voit remettre des otages par le wali al-Arabi venu à sa rencontre. Mais il lui faut bien constater la situation terriblement complexe de la capitale de la Navarre où les musulmans s'appuient sur des chrétiens convertis (comme les Banu Kassi), alors que les Vascons (Basques) et les Mozarabes (chrétiens demeurés sur place) paraissent continuer de s'opposer malgré un statut des plus favorables. Bref, c'est un épouvantable panier de crabes ! Cependant, le roi Charles poursuit sa marche vers Saragosse en compagnie d'al-Arabi. Ayant fait sa jonction avec la seconde armée franque, il parvient aux portes de la grande cité aragonaise. C'est alors qu'Arabi lui remet en otage le général Talaba. Mais les portes de Saragosse demeurent hermétiquement closes… et le complice d'Arabi, al-Hussayn, fait tirer des volées de flèches contre l'armée franque pour montrer la détermination de Saragosse à résister.

Que faire ?

Sous la chaleur accablante de l'été 778, dépourvue de machines de siège, l'armée franque ne peut entreprendre un long siège car les Pyrénées peuvent devenir infranchissables dès le mois d'octobre. D'autant que les nouvelles inquiétantes affluent : d'un côté, Widukind a levé des troupes et soulève la Saxe, de l'autre, l'émir de Cordoue, décidé à libérer son général Talaba, approche avec une armée importante. Sagement, le roi décide de renoncer : il lui faut faire retraite par Pampelune et le col de Roncevaux. Pas avant, naturellement, d'avoir arrêté al-Arabi, qui devient ainsi le compagnon de captivité de Talaba. Al-Arabi n'est pas loin, alors, de penser à la réussite de son plan. L'avenir va le détromper. Quant à la seconde armée franque, elle fait retraite par la Catalogne. De retour à Pampelune avec ses prisonniers, Charles constate que des changements se sont produits en quelques semaines : les Basques (non christianisés) semblent devenus hostiles car ils estiment que l'arrivée de l'armée franque peut rompre le *modus vivendi* qu'ils ont établi avec les musulmans, alors que les chrétiens convertis marquent une franche animosité envers les Carolingiens. Le roi Charles prend peur : il ne peut risquer une attaque contre ses troupes. Il décide de briser toute résistance à Pampelune. Il fait raser les défenses de la ville, abattre les portes, les tours de gué, sans pouvoir empêcher la troupe de piller quelque peu. Il espère ainsi parvenir à laisser Saragosse en des mains proprement navarraises chrétiennes, ayant affaibli les Vascons, les chrétiens convertis et la minorité musulmane. En cette mi-août, il quitte Saragosse, pour franchir le col de Roncevaux.

Premier malheur

À peine s'est-il éloigné qu'il doit subir, le 15 août, un coup de main adroitement mené par les deux fils de al-Arabi, Matruch et Ayasun. Une troupe musulmane parvient ainsi à enlever les otages détenus par Charles, y compris al-Arabi lui-même. Mais les fils du wali se gardent bien de délivrer le général Talaba qui en sait beaucoup trop sur les manœuvres alambiquées et hasardeuses d'al-Arabi. Charles libérera plus tard Talaba à la demande de l'émir d'al-Andalous.

Second malheur à Roncevaux

La grande armée franque franchit sans encombre le col de Roncevaux (à moins, comme l'estiment certains spécialistes de la période, qu'il s'agisse du col d'Ibaneta). Mais l'arrière-garde, commandée par Roland, comte de la marche de Bretagne, est ralentie par les lourds charrois chargés de butin et les bagages de l'armée transportant le trésor royal, et finie par être attaquée et anéantie. Outre celui que la chronique appelle « Hruodland », plusieurs Grands trouvent la mort dans ce combat, parmi lesquels le comte Eggihard, prévôt de la Table du roi, et le comte palatin anselme. Surpris dans l'étroit défilé de Roncevaux, Roland est tombé dans un guet-apens tendu non seulement par les fils d'al-Arabi, mais également par les Banu Kassi, les plus puissants des chrétiens navarrais convertis, et par les Basques en mal de pillage et de revanche. Ainsi Charles est-il parvenu à reconstituer l'unité composite espagnole contre lui, contrairement à son calcul ! Surpris à Roncevaux, les Francs n'ont jamais pu véritablement combattre :

écrasés par les rochers, criblés de flèches, assaillis par des forces très supérieures en nombre, ils se sont fait purement et simplement massacrer. Au plan militaire, la défaite de Roland n'est guère significative. De cet épisode secondaire, on ne trouve trace que dans la *Vie de Charles* d'Eginhard et les *Chroniques royales.* Le roi Charles a bien tenté de venger la destruction de son arrière-garde, mais il ne l'a pu ainsi qu'en témoigne Eginhard : « Il n'y eut pas moyen de venger cet échec, car après son coup de main, l'ennemi se dispersa si bien qu'on ne put recueillir aucun renseignement sur les lieux où il aurait fallu le chercher. » Al-Arabi triomphe : il pense ainsi avoir donné des gages définitifs à l'émir de Cordoue quant à sa fidélité à l'Espagne musulmane. Mais il va le payer cher. À son retour à Saragosse, il voit son allié al-Hussayn le trahir, le renverser, l'arrêter, puis l'exécuter. Comme al-Arabi avant lui, al-Hussayn entend donner des gages à l'émir de Cordoue Abd al-Rahman al- Dakhil, qui est désormais parvenu aux portes de Saragosse. Mais celui-ci y pénètre, met la ville à feu et à sang, et s'empresse de tuer al-Hussayn.

Comment une défaite se transforme… en victoire

Pour tenter de dissimuler la défaite de Roncevaux, historiens et aèdes médiévaux vont se transformer en propagandistes. Il a fallu une armée entière de Sarrasins pour vaincre un paladin chrétien de la valeur de Roland, alors qu'en revanche une poignée de preux ont résisté jusqu'à la mort et anéantie une armée de musulmans. Peu à peu chemine une geste d'exception, la *Chanson de Roland,* finalisée par Turold deux siècles plus tard, vers 1065 ! Voilà Roland métamorphosé en neveu de Charlemagne, inséparable d'Olivier et fiancé de la belle Aude. Il a été trahi par un certain Ganelon, comte de Mayence qui convoite Aude, et a livré la position de l'arrière-garde française aux musulmans. Luttant à un contre cent, et sans doute plus, armé de son épée légendaire, *Durandal*, Roland et ses preux taillent en pièces des dizaines de milliers d'infidèles. La chanson n'évite aucune invraisemblance : « Alors que cent mille Sarrasins ont déjà été tués ou dispersés, voici qu'apparaissent les rois de Carthage, d'Éthiopie, d'Olipherne et de Candie à la tête de cinq cent mille guerriers qui n'ont de blanc que leurs yeux et leurs dents… » Face à un tel nombre, Roland finit par plier : se sachant perdu, il se résout à appeler à l'aide et souffle dans son olifant. Charles l'entend, mais Ganelon assure que c'est parce que Roland chasse qu'il utilise son cor. Charles, loin d'imaginer le drame qui se déroule, poursuit sa marche en avant, l'esprit tranquille. C'est à l'époque de la saga de Guillaume le Conquérant que Turold finalise la *Chanson de Roland*. Mais c'est aussi, après la terrible destruction de Barcelone par El Mansour en 985, le temps de la revanche chrétienne qui s'annonce. Partie des Asturies, *la Reconquista* gagne la Navarre, alors que le pape Urbain II s'apprête à lancer la première croisade au concile de Clermont de 1095. La *Chanson de Roland* est donc un hymne en l'honneur de la chevalerie et du christianisme conquérant.

Charlemagne découvre la véritable raison de la mort de Roland.

L'AN MIL, UNE ANNÉE COMME LES AUTRES

Le mythe de la peur de l'an Mil

Une date, rien qu'une date. Robert le Pieux règne sur la France depuis treize ans et le pape français Sylvestre II (Gerbert d'Aurillac) veille sur le tombeau de saint Pierre. Aucune guerre fratricide, aucune catastrophe naturelle, pas même une épidémie de peste n'est venue ravager le tout jeune royaume capétien. Et pourtant, l'an Mil cristallise toutes les peurs, tous les fantasmes, tous les préjugés. Il traduit des mensonges proférés par les siècles futurs. Avec le recul, il incarne à lui seul le triomphe de la superstition sur la raison, de l'obscurantisme sur la science. Inextricablement liée à la légende noire du Moyen Âge, la « peur de l'an Mil » est une notion pourtant bien ancrée dans la mémoire collective. Annoncé par des comètes en perdition, tout un cortège de catastrophes aurait dû immanquablement marquer le passage au second millénaire. D'aucuns imaginent des tremblements de terre épouvantables, des épidémies dévastatrices et des millions de fidèles se presser aux portes des églises en attendant le jugement dernier. La réalité est toute autre.

Au contraire de la fin du monde annoncée pour 2012, aucune vision apocalyptique n'a prophétisé l'extermination de l'Humanité pour l'an 1000. Mieux encore, le premier millénaire s'achève dans l'indifférence la plus totale de la population du globe. Dépourvus de tout repère chronologique, à l'exemple des horloges ou des calendriers, la plupart des paysans et des chevaliers ont eu à peine conscience de vivre en l'an Mil.

À la différence des autres fins du monde annoncées, celle de l'an Mil a été fabriquée de toutes pièces par les historiens du XIXe siècle. Mentionnée pour la première fois sous la Renaissance, « la peur de l'an Mil » alimente surtout les livres d'histoire des Temps Modernes. Il faut se rendre à l'évidence : ce mythe est l'exemple type d'une histoire réécrite et manipulée au profit d'un régime ou d'une époque. Au risque de décevoir les amateurs de sensationnalisme, nous pouvons même affirmer que l'an Mil est une année comme les autres…

De « la paix de Dieu » à « la trêve de Dieu »

L'an Mil consacre d'abord le triomphe et l'apogée de l'islam. En d'autres termes, c'est l'âge d'or de la civilisation arabo-musulmane. De Bagdad à Cordoue, la domination de l'Islam s'étend sur trois continents. Partagées entre les Abbassides et les Omeyyades, les terres musulmanes menacent directement les fiefs de la chrétienté, en l'occurrence la France. Pas plus tard qu'en 985, al-Mansur a pillé Barcelone et réduit une partie de sa population en esclavage. Face à ce défi, l'Église catholique et romaine resserre son emprise. Même si les terreurs inspirées par le changement de millénaire sont largement exagérées, l'an Mil n'en reste pas moins une période de grande ferveur religieuse. Dans cet univers médiéval où la piété confine au mysticisme et où les idées priment sur les faits, la moindre manifestation céleste est interprétée comme un signe divin. On en veut pour preuve la peur engendrée par les éclipses ou le passage des comètes. Les explications rationnelles s'effacent devant le carcan de la foi.

Le pouvoir religieux est incontestable et rarement contesté. En 990, l'Église impose « la paix de Dieu » pour protéger ses Lieux saints et, en 1041, le concile d'Arles interdit aux seigneurs de guerroyer du mercredi soir au lundi suivant, on parle de « trêve de Dieu », sous peine d'excommunication. Le roi lui-même est investi d'une mission divine. On lui prête le don de guérisseur (roi thaumaturge). « Le roi te touche, Dieu te guérit », dit la formule consacrée. Dans ce climat de piété exacerbée, la crainte du lendemain doit se conjuguer avec celle du châtiment divin. Quoi de plus naturel d'appréhender l'an Mil sous l'angle chrétien ? Toute épidémie sans précédent ou toute guerre d'envergure européenne seront forcément interprétées comme une punition divine. Mais les catastrophes se font attendre. Aucune peste noire n'assombrit l'horizon et les invasions normandes semblent appartenir à un passé révolu. Loin des visions véhiculées par les historiens du XIXe siècle, la France de l'an Mil est caractérisée par une forte expansion économique doublée d'une incroyable croissance démographique. Dans ce paysage en apparence idyllique, la seule fausse note provient de l'Orient : en l'an 1009, le calife Hakim détruit la basilique du Saint-Sépulcre.

La profanation du tombeau du Christ ne génère aucune psychose collective

Considérée comme le centre du monde (notion introduite par saint Jérôme), Jérusalem ne laisse personne indifférent. La présence de musulmans en Terre sainte serait annonciatrice de malheurs. Dès l'année 1010, les pèlerins chrétiens sont martyrisés sur la route de la Ville sainte.

La profanation du tombeau du Christ donne lieu à toute une série de discours eschatologiques annonçant pêle-mêle l'arrivée de l'Antéchrist et la fin du monde. De leurs côtés, les sources écrites sont particulièrement muettes sur la supposée psychose collective. Des nombreuses chartes héritées de l'époque capétienne, seules trente-cinq phrases font une vague allusion à une hypothétique fin du monde. Le Moine Abbon de Fleury, mort en 1004, et surtout le chroniqueur bourguignon Raoul Glaber ne mentionnent à aucun moment les mouvements de panique provoqués par l'arrivée du nouveau millénaire. Tout au plus expriment-ils quelques inquiétudes à propos de la terrible famine de 1033 ; cette date est plus parlante dans la mesure où elle correspond au millénaire de la mort du Christ. « Une famine commence à s'étendre sur tout l'univers, commente Glaber, et la disparition du genre humain parut imminente... on se mit sur presque toute la Terre, principalement en Italie et dans les Gaules, à reconstruire des cathédrales... »

Un mythe apocalyptique construit au XIXe siècle

La crainte de l'an Mil est aussi surréaliste que la traversée de l'Atlantique par un Boeing 747 en plein Moyen Âge. En termes clairs, la plupart des contemporains de Robert le Pieux n'ont aucune idée du siècle auquel ils appartiennent. En l'absence de repères chronologiques chiffrés dans leur vie quotidienne, ils ne sont pas prisonniers du temps. Leur appréhension du temps souffre d'une grande imprécision ; tout juste connaissent-ils leur âge et le nom du roi régnant.

Cette absence de dépendance à l'égard du temps des horloges discrédite la thèse des terreurs propagées par l'arrivée de l'an Mil. Le millénarisme et les prophéties alarmistes prennent surtout leur essor à la faveur des croisades et surtout de la guerre de Cent ans, laquelle se conjugue avec un dépérissement des structures sociales (jacqueries) et un retour de la famine et de la peste. De son côté, l'Église connaît une situation critique : « Rome n'est plus dans Rome » et les rois de France, à l'exemple de Philippe le Bel, contestent ouvertement l'autorité pontificale.

L'idée de la « peur de l'an Mil » répond en fait au besoin de discréditer la période du Moyen Âge, considérée à tort par les esprits de la Renaissance comme obscurantiste, sombre et arriérée. La première mention des terreurs médiévales est attestée dans les *Annales ecclésiastiques* d'un certain cardinal Baronius (vers 1590). Au XIXe siècle, Jules Michelet conforte cette image en présentant le Moyen Âge comme un tout monolithique où dominent la misère, la maladie et la superstition. Connu pour ses idées anticléricales, l'historien dresse un tableau caricatural d'une époque où la mainmise de l'Église est à son goût trop marquée. « Cette fin d'un monde si triste était tout ensemble l'espoir et l'effroi du Moyen Âge… Malheur sur malheur, ruine sur ruine, il fallait bien qu'il vînt autre chose, et l'on attendait. » Il faut attendre la seconde moitié du XXe siècle pour réhabiliter le Moyen Âge et détruire à jamais le mythe des terreurs de l'an Mil…

La grande peur de l'an 1000 : mythe ou réalité ?...

LA CONQUÊTE DU GRAAL, UN OUTIL DE PROPAGANDE AU SERVICE DES PLANTAGENÊT ?

Entre le merveilleux et le miraculeux

L'aventure du Graal ? En apparence, un mythe populaire aussi célèbre que l'odyssée d'Ulysse ou les voyages de Sindbad le marin. Aussi étrange que familier, le mot même de Graal semble hanter notre imaginaire collectif depuis l'aube de l'Humanité. En fait, sa réalité intrinsèque est ignorée. Aventure épique, quête initiatique, enquête policière, mission salvatrice, le labyrinthe du Graal mélange allégrement le tout pour en faire un récit n'obéissant à aucune règle préétablie. Son univers oscille entre le fantastique et l'ésotérisme, ses auteurs sont multiples et ses contes inachevés. Preuve en est le seul *Perceval* de Chrétien de Troyes ; le romancier champenois s'arrête brutalement au terme de neuf mille vers...

Les arpenteurs du Graal partent des chemins de l'Histoire pour emprunter ceux de la légende et déboucher sur un monde totalement imaginaire où le merveilleux fait bon ménage avec le miraculeux. On voit ainsi Peredur pénétrer dans un château hanté par des sorcières pour ensuite venir à bout d'un dragon en s'équipant d'une pierre lui conférant l'invisibilité. Dans *La Quête du Saint Graal,* roman anonyme rédigé dans les années 1220, les compagnons de Galaad visitent une Jérusalem imaginaire appelée Sarras et voient descendre une main du Ciel.

Un hymne à la chevalerie et l'ombre de la quatrième croisade

À travers le jeu de va-et-vient permanent entre le réel et l'imaginaire, l'étrange et le divin, le profane et le sacré, ce qui importe, ce n'est pas tant la crédibilité de l'histoire que la puissance du symbole. À compter de la publication de l'œuvre de Robert de Boron, contemporaine de la quatrième croisade, l'utilisation de ce symbole à des fins politiques et sociales est manifeste. À commencer par la glorification de l'idéal chevaleresque, fer de lance des croisades. Au XIIe siècle, cette véritable aristocratie militaire et religieuse (*La milice du Christ* selon Bernard de Clairvaux) devient le garant du système féodal.

La chevalerie véhicule un certain nombre de valeurs (prouesse, loyauté, largesse) reposant en particulier sur la notion fondamentale de l'honneur. « L'honneur, c'est la seigneurie elle-même, la charge, la fonction que remplit le seigneur et tout ce qui l'aide à remplir cette fonction », souligne Georges Duby[1]. Hymne à la chevalerie, les romans du Graal font aussi la part belle à la recherche des reliques ou des objets sacrés. Hormis l'incontournable Graal, la relique la plus prisée de cette saga romanesque est incontestablement la Sainte Lance. Une préoccupation qui entre parfaitement dans l'air du temps des croisades, comme en témoigne l'épilogue étonnant de la bataille d'Antioche…

1. *Qu'est-ce que la société féodale ?*, Éditions Flammarion, 2002.

Le commerce des reliques bat son plein

Les reliques sont au Moyen Âge ce que les produits de haute technologie sont à notre époque : des objets très recherchés. En ces temps de croisades, on ne compte plus le nombre d'abbayes contenant des fioles du sang du Christ. Les pommeaux des épées légendaires comportent toujours des reliques de saints. L'engouement pour les reliques est non seulement conditionné par la peur du lendemain mais surtout, plus prosaïquement, par les besoins d'argent. En d'autres termes, le XIIIe siècle est l'époque de l'édification des premières grandes cathédrales gothiques. Étalée sur plusieurs décennies, celle-ci s'avère un véritable gouffre financier pour la cité. Le nombre de tours inachevées témoigne à lui seul de ce problème récurrent. Pour subvenir aux besoins du chantier, le clergé de la cathédrale doit faire appel à la foi des humbles et à l'intérêt des puissants. Les premiers espèrent ainsi s'octroyer une place au royaume des cieux pendant que les seconds rêvent de se faire enterrer à l'intérieur de ces grandioses édifices. Les riches donateurs ont la chance de voir leur nom apparaître sur le socle des statues ou au bas des vitraux. Dans la course à la générosité des fidèles, les reliques sont particulièrement prisées.

Des reliques qui changent le cours de l'Histoire

Source de l'afflux de nombreux pèlerins, il n'est pas rare de voir telle tête de saint Jean-Baptiste ou tel voile de la Vierge promenés à travers le diocèse par des clercs exaltés dans l'espoir d'attirer de nouveaux pèlerins et des dons multiples. Des quêteurs arpentent ainsi les cités voisines en exhibant les reliques des martyrs, promettant aux généreux donateurs le salut de leur âme en échange de quelque offrande. C'est dans ce climat de piété exacerbée que sont publiés les œuvres des romanciers du Graal. On comprend ainsi l'omniprésence des objets sacrés, en particulier celle de « la lance qui saigne ». Directement reliée à la mort et à la résurrection du Christ, la lance est celle d'un centurion romain répondant au nom de Longin. En 1098, sa « découverte » dans les souterrains de l'Église Saint-Pierre par les croisés change le sort de la bataille d'Antioche. Alors désespérés, les assiégés chrétiens retrouvent leur énergie et leur ferveur. Un tel dénouement explique l'engouement des religieux et de leurs fidèles pour la Sainte Lance. À n'en pas douter, la relique de la Passion est l'objet sacré le plus vénéré au XIIe siècle. Une vénération qui tourne au fanatisme et à l'absurde. Pas moins de trois villes prétendent aujourd'hui détenir cette relique (Rome, Erchmiadzin, Vienne). Saint Louis lui-même l'aurait achetée à Constantinople et transférée à la Sainte Chapelle. Assurément, les reliques sont instrumentalisées à des fins politiques. C'est dans ce contexte de manipulation que les Plantagenêt utilisent le mythe du Graal.

Le roi Arthur et les chevaliers de la Table Ronde.

QUAND LES ANGLAIS RÉINVENTENT L'HISTOIRE... POUR MIEUX LUTTER CONTRE LES CAPÉTIENS

Dans leur lutte séculaire contre les Capétiens, les Plantagenêt réinventent le passé en s'échafaudant un héritage troyen, à l'instar des Français, et en exhumant des pseudo-reliques du Saint Sang. On dresse ainsi Westminster contre Fécamp et on érige Arthur en rival de Charlemagne.

Au milieu du XIIe siècle, la France capétienne est méconnaissable. La moitié de son territoire est sous le contrôle des Anglais. Suite au mariage d'Aliénor d'Aquitaine avec Henri II en 1152, les Plantagenêt ont annexé le Poitou, le Limousin et la Gascogne. Des plages de Normandie au pied des Pyrénées, tout l'ouest de la France est sous le joug de la Perfide Albion. En face, le domaine royal de Louis VII apparaît étriqué et ridiculement peu étendu. En bref, la monarchie capétienne est adossée à un véritable empire anglo-angevin. Henri II est à la fois roi d'Angleterre, duc de Normandie et d'Aquitaine et comte d'Anjou. Et pourtant, en dépit de tous ses titres et de toutes ses possessions, le Plantagenêt est le vassal du Capétien.

Entre les deux dynasties, la confrontation est permanente. Outre les démonstrations de force militaire, elle s'exerce sur le terrain de la propagande politique. Via la littérature, les rois essaient de se réapproprier le passé en remaniant l'Histoire. Face aux Capétiens, adeptes de *La Matière de France,* laquelle glorifie le personnage de Charlemagne à travers les chansons de geste, les Plantagenêt favorisent la diffusion de *La Matière de Bretagne,* littérature privilégiant la figure légendaire d'Arthur. Aux Francs mettant en avant leurs origines troyennes, les Anglais soulignent que les rois de Bretagne (auxquels ont succédé les Plantagenêt) ont également un ancêtre originaire de la cité mythique de Troie, un certain Brutus, petit-fils d'Énée. Une histoire corrigée qui hisse les Anglais à la hauteur des Francs. Après l'affaire Thomas Becket, la maison Plantagenêt a en effet besoin de redorer son blason. Dans cette perspective, la découverte de la tombe d'Arthur arrive à point nommé. Nous sommes en 1191 (deux ans après la mort de Henri II), dans le sud-ouest de l'Angleterre…

Les Plantagenêt auraient découvert la tombe du roi Arthur !

« Ci-gît roi des Bretons Arthur, enterré dans l'île d'Avalon », peut-on lire sur la croix en plomb ornant le sarcophage du souverain légendaire. En 1191, Henri de Sully organise la découverte de la tombe d'Arthur et son transfert à l'abbatiale. En identifiant le monastère de Glastonbury à la légendaire île d'Avalon, la monarchie anglo-angevine de Richard Cœur de Lion fait coup double. Tout en mettant fin aux attentes messianiques des Bretons d'un retour du légendaire Arthur (politiquement dangereux pour la monarchie anglaise) les libérant du joug normand, la découverte de Glastonbury permet d'ancrer le mythe dans sa réalité historique.

En tuant définitivement le roi breton, elle le fait entrer dans la légende anglaise. En d'autres termes, une telle découverte augure de meilleurs lendemains entre les peuples d'Angleterre. Tout en se posant en héritiers du roi légendaire, les Plantagenêt se font fort d'unifier les Bretons, les Normands et les Anglo-Saxons sous leur sceptre.

Ainsi se referme (jusqu'au prochain rebondissement !) notre dossier sur le Graal, un mythe littéraire exploité politiquement par des souverains en mal de reconnaissance…

LE PAPE FRANÇAIS SYLVESTRE II N'EST EN RIEN POSSÉDÉ DU DÉMON !

L'exceptionnelle intelligence de Gerbert

Enfant d'une famille très pauvre d'Auvergne (Belliac), né vers 940-945, Gerbert devient orphelin. Entré au couvent, il se révèle un moine indocile et impie mais d'une intelligence exceptionnelle. Aussi le prieur de Saint-Géraud d'Aurillac, l'abbé Adralde, décide-t-il de le confier au comte Borel II de Barcelone venu au monastère, dans le cadre du déplacement qu'il effectue pour épouser Lentgarde, la fille du comte de Rouergue. Le voici au contact du monde musulman ! Il séjourne alors dans les deux plus célèbres monastères catalans : ceux de l'abbé Hatton à Vich et de l'abbé Arnulf à Ripoll. Attiré par la culture islamique, les mathématiques, l'astrologie, l'alchimie, il parvient à pénétrer dans les cercles les plus fermés réunissant les plus éminents maîtres de la sagesse arabe. On prétend même qu'il devient l'amant de la fille de son maître et parvient, grâce à son aide, à dérober un ouvrage rassemblant la quintessence de la connaissance ésotérique. Il doit s'enfuir…

De là, sans doute, vient ce qu'il faut bien considérer plus comme une légende que comme un fait avéré, assurant que Gerbert, après avoir passé un pacte avec le diable, aurait réalisé un golem. Rappelons que dans la tradition juive, le golem est une créature créée par l'homme, grâce à la magie, sur le mode utilisé par Dieu pour forger Adam. Ainsi le golem est-il un homme artificiel auquel la vie a été insufflée en inscrivant sur son front trois lettres de l'alphabet hébreu formant le mot *emeth,* qui veut dire « vérité ». La destruction du golem est obtenue par l'effacement de la première lettre, car *meth* signifie « mort ». Apparemment, créer un golem, pour un mortel, signifie vouloir acquérir la puissance même de Dieu…

Bacchiega rapporte dans son ouvrage *Silvestro II papa mago*, que Gerbert a enfermé un démon dans une tête d'or à laquelle il pose les questions les plus complexes. Le golem répond par un signe de tête qui est dénommé « le saut de Gerbert ». Le moine Elgard de Fleury prétend que Gerbert a la révélation de sa destinée en une simple phrase : *Scandit ab R Gerbertus in R post papam viget R.* À savoir que « Gerbert monterait du R au R, et après qu'il aurait été pape en un nouveau et fleurissant R ». En effet, Gerbert parcourt les trois R : il est successivement évêque de Reims, puis de Ravenne, enfin de Rome, comme pape.

Il fréquente empereur et roi

La carrière de Gerbert est si atypique et si brillante que l'homme est parfois soupçonné d'avoir utilisé la sorcellerie pour y accéder. En 970, ayant à peine dépassé le quart de siècle, il accompagne à Rome l'empereur Otton Ier, fondateur du Saint Empire romain germanique, et devient le précepteur de son fils, le futur Otton II. S'étant vu offrir une rémunératrice abbaye, sa réussite suscite des jalousies. Aussi se place-t-il au service de l'archevêque de Reims, poursuivant ses travaux scientifiques et ouvrant une école qui va compter parmi ses élèves le futur roi de France, Robert le Pieux, fils de Hugues Capet. À fréquenter ainsi les plus puissants souverains d'Europe, sa réputation devient européenne.

S'étant vu confier l'abbaye de Bobbio (proche de Plaisance, au pied des Apennins) par Otton II en 982, il finit par retourner au service du redoutable archevêque de Reims, Adalbéron, l'homme qui va faire élire Hugues Capet au trône de France en 987, à la mort de Louis V, le dernier Carolingien. Mais alors qu'il pense hériter du siège archiépiscopal de Reims à la mort d'Adalbéron, Arnoul le lui enlève. Pour peu de temps, car il prend maladroitement parti en faveur de Charles de Basse-Lorraine, un ultime Carolingien déposé dès 991 par le concile de Saint-Basle. Voilà donc Gerbert maître de Reims alors que Rome s'oppose à sa nomination. Gerbert doit s'incliner et quitter Reims en 996 : il se réfugie auprès de l'empereur Otton III. En 998, l'empereur allemand impose à Rome sa nomination comme archevêque de Ravenne.

Un pape aux grandes ambitions

Élu pape le 2 avril 999, en raison de l'appui de l'empereur Otton III, Gerbert d'Aurillac développe une ambition universelle. Il envisage de rétablir l'Empire romain dans son intégralité au profit du maître du Saint Empire romain germanique. Le Saint-Siège prendrait ainsi l'initiative du lancement d'une croisade au Moyen-Orient pour réunifier Rome et Byzance. Ayant chassé les musulmans, délivré les Lieux saints, Gerbert pourrait couronner Otton III nouvel empereur de l'Empire romain reconstitué. Aussi le nouveau pape choisit-il le nom de Sylvestre II, en souvenir de l'harmonie remarquable qui a prévalu entre l'empereur Constantin, celui qui a imposé le christianisme à l'Empire réunifié et le pape Sylvestre Ier au IVe siècle.

Toutefois le nouveau pape se heurte à la violente opposition de l'aristocratie romaine qui n'entend rien abdiquer de son pouvoir politique. Elle force l'empereur Otton III à quitter la Ville éternelle où il s'est installé. Le pape en est réduit à poursuivre une tâche d'évangélisation, principalement en Hongrie et en Pologne, où des Églises sont constituées.

Un pape immortel ?

Sylvestre II croit détenir l'immortalité en demeurant à Rome. En effet, un astrologue lui a prédit qu'il mourrait à Jérusalem. Aussi demeure-t-il au Vatican ! Pourtant c'est après avoir célébré une messe dans une chapelle, dénommée « Jérusalem », qu'il tombe raide mort le 12 mai 1003. Beaucoup murmurent que le diable est venu prendre livraison de son âme, une âme qui lui appartient depuis le temps où Gerbert d'Aurillac étudiait en Espagne. Il est enterré à Saint-Jean de Latran et nombreux sont ceux qui prétendent que de l'eau jaillit de son tombeau chaque fois que la mort d'un pape est proche.

Indubitablement, le pape Sylvestre II laisse un héritage considérable. Mathématicien hors pair, comme le démontre son ouvrage *Opera mathematica,* il inspirera significativement les constructeurs de cathédrales. Non seulement il diffuse en France la numération décimale (il a conçu un abaque, c'est-à-dire une table à compter), mais ce grand humaniste introduit en Occident les écrits d'Aristote et les sciences des musulmans d'Espagne. C'est la Renaissance, alors que l'Église est pleine de méfiance vis-à-vis de ses papes érudits, qui lui fera la réputation d'un sorcier…

ALIÉNOR D'AQUITAINE, REINE DE L'AMBIGUÏTÉ

Louis VI le Gros veut l'Aquitaine

Avec son conseiller principal, l'abbé Suger, le roi Louis VI entend agrandir de façon décisive le modeste territoire qu'il contrôle en Ile-de-France. Et il a dû guerroyer pour s'imposer. Cette fois le mariage du dauphin Louis avec la fille du duc Guillaume X d'Aquitaine fait de la monarchie française le principal propriétaire terrien du royaume. Le mariage des deux jeunes gens a lieu le 27 juillet 1137 à Bordeaux. Épuisé, Louis VI n'a pu se déplacer pour contempler le fruit de ses efforts. Il meurt apaisé et satisfait quatre jours plus tard. Le roi est bien jeune, il n'a que seize ans, et Aliénor, bien qu'elle soit beaucoup plus mûre, ne compte que quinze printemps. Sans expérience – son père ne l'a guère associé à son règne –, faisant preuve d'une dévotion quasi maladive, ascète, Louis VII est tombé sous l'influence de Bernard de Clairvaux. Quant à Aliénor, de nature enjouée, aimant s'amuser, et cultivée, elle cherche à séduire, en vain, ce prince austère, pourtant amoureux d'elle. Elle va révolutionner la Cour, faisant venir de ses terres natales, chevaliers et troubadours. Et, en 1145, elle finira par mettre au monde… une fille. Voilà qui n'arrange guère l'entente du couple.

L'affaire de Vitry-en-Perthois

Louis VII n'entend nullement concéder au pape comme tout roi de France qui se respecte. Pas question de lui laisser désigner les évêques! En 1141, il refuse d'attribuer le siège épiscopal de Bourges à Pierre de La Châtre, le candidat de Rome, soutenu par le comte de Champagne. Le pape Innocent II jette alors l'interdit sur le diocèse, tandis que Pierre de La Châtre se réfugie auprès de Thibaud de Champagne. En 1142, les troupes royales envahissent la Champagne. Ayant conquis le bourg de Vitry-en- Perthois, elles mettent le feu à l'église en laquelle la population s'est réfugiée. On compte près d'un millier de victimes! Face à ce sacrilège, le roi fait amende honorable : il évacue la Champagne, approuve la nomination du nouvel évêque de Bourges, et, pris de remords, décide de se croiser. Édesse vient de tomber aux mains musulmanes : il faut la reconquérir... Le vieil abbé Suger tente en vain de s'opposer à cette foucade : il est indispensable que le roi demeure en son royaume si récemment élargi.

La deuxième croisade

Cependant le roi, à l'issue d'intenses préparatifs, quitte la France en mai 1146, emmenant son épouse. L'empereur germanique Conrad III l'a précédé avec vingt mille hommes. Louis VII, quant à lui, n'a pu réunir plus de dix mille combattants. Parvenu en octobre à Constantinople, mal accueilli par les Byzantins, le roi de France ne réussit pas à conclure un quelconque accord avec Conrad III. Chaque armée marchera seule. Conrad a choisi de diviser son armée : une partie, sous le commandement de l'archevêque de Freisingen, suit la côte, l'autre, dirigée par l'Empereur, s'enfonce au cœur de l'Anatolie. Mal lui en prend : surprise par les Turcs à Dorylée, le 25 octobre 1147, elle est aux trois quarts détruite. Conrad fait retraite vers Nicée où Louis VII le retrouve. Malade, l'Empereur accepte cette fois de joindre ses forces amoindries aux troupes françaises. Mais le 1er janvier 1148, alors qu'elle s'efforce de franchir une rivière devant Antioche de Pisidie, l'armée croisée est attaquée. En dépit du courage physique du roi Louis VII, les pertes sont lourdes

Lorsque enfin on atteint Attalia, la ville refuse d'abriter les croisés. Il faut camper sous les murs avec de maigres vivres, puis tenter de gagner Antioche par la mer. Alors que Conrad III s'en retourne à Byzance, Louis VII, mobilisant la flotte, parvient à gagner Saint-Siméon, le port d'Antioche. Le 19 mars 1148, le couple royal est accueilli à bras ouverts par le beau Raymond de Poitiers, l'oncle d'Aliénor. Raymond compte alors sur les forces françaises pour s'emparer d'Alep, mais Louis VII s'y refuse, restant sur sa décision de marcher sur Jérusalem. Cependant la rumeur se répand que les longs entretiens entre Aliénor et son oncle ne seraient pas purement platoniques. Aliénor aurait même annoncé son intention de divorcer. Les chevaliers français dénoncent au roi l'attitude de la reine et exigent la plus grande fermeté. Aussi Louis VII décide-t-il d'enlever Aliénor et de l'entraîner de force à Jérusalem. Dans la ville sainte, Louis VII retrouve Conrad III qui a quelque peu réorganisé ses troupes. Alors que chacun s'attend à voir les croisés se diriger vers Édesse et Antioche à présent tombées aux mains des Turcs d'Alep, ils vont porter leurs efforts sur Damas, à la demande de la régente Mélisande. Ce qui s'avère être une faute stratégique évidente, puisque les Damascènes de Moinuddin Unar sont jusque-là les alliés des chrétiens d'Orient. Le siège de Damas entrepris le 24 juillet 1148 se solde par un lourd échec, les troupes germaniques se désolidarisant de leurs alliés français. Face à l'échec militaire total de la deuxième croisade qui a, de surcroît, brisé son couple, Louis VII finit par quitter la Terre sainte en 1149. Il rembarque à Saint-Jean d'Acre et fait bateau séparé avec Aliénor.

La seconde fille et le divorce

Le pape Eugène III est atterré : il tente de réconcilier les deux époux. Aliénor tombe de nouveau enceinte. Hélas, c'est une seconde fille qui naît en 1150. Louis VII considère avec de plus en plus de méfiance cette épouse qui le trahit et s'avère incapable de lui donner un fils. Mais il n'ose contrarier Suger qui s'oppose vivement à toute séparation : il y va du maintien de l'Aquitaine dans le royaume. La mort de l'abbé, en 1151, laisse le champ libre au roi qui s'empresse de rechercher le divorce. En mars 1152, le concile de Beaugency entérine la séparation, mais le roi ignore qu'Aliénor est depuis peu amoureuse d'un jeune et puissant seigneur, maître de l'Anjou et de la Normandie et, bientôt, de l'Aquitaine, Henri Plantagenêt. Le 18 mai 1152, à Poitiers, Aliénor épouse son Plantagenêt et lui apporte en dot l'Aquitaine. Prenant conscience de son erreur, mais un peu tard, le roi Louis VII attaque son rival, mais il est repoussé et doit signer une trêve. En 1154, avec l'avènement de Henri II Plantagenêt au trône d'Angleterre, la position de Louis VII devient intenable. Son adversaire contrôle en effet presque toute la façade maritime ouest du pays. Le Plantagenêt est devenu plus puissant que le Capétien, et, bien qu'étant son vassal pour ses terres normandes, le voici son principal rival !

Seize années d'idylle

Jusqu'en 1168, Henri II et Aliénor s'entendent parfaitement. La reine lui donne huit enfants, partage le pouvoir avec lui, parcourt le double royaume, en particulier cette Aquitaine qu'elle connaît parfaitement. Elle anime avec brio la Cour, l'ouvrant aux meilleurs esprits de part et d'autre de la Manche. Mais brutalement, elle découvre que le roi la trahit au profit d'une certaine Rosemonde Clifford. De fureur, elle s'enfuit et se réfugie à Poitiers avec ses fils où elle tient une Cour raffinée à laquelle se pressent artistes et troubadours.

Quinze années de prison

La situation n'a pas échappé à Louis VII. Revenu à plus de cynisme, il pousse les héritiers anglais à venger leur mère, puis soutient Thomas Becket qui refuse de se soumettre au pouvoir royal depuis sa nomination comme archevêque de Canterbury. En 1173, il parvient à ses fins : les fils de Henri II se révoltent contre leur père à l'instigation d'Aliénor. Mais le Plantagenêt est un dur à cuire et brise leur rébellion. Ceux-ci parviennent cependant à se réfugier à la Cour de France. Malheureusement Aliénor n'a pu fuir. Elle est arrêtée en 1174 et enfermée, d'abord à Chinon, puis en Angleterre, dans la forteresse de Salisbury. Elle ne retrouve la liberté qu'à la mort du roi, en 1189, après quinze années d'enfermement. Son fils préféré, Richard Cœur de Lion, monte alors sur le trône. Lorsqu'il part en croisade avec le roi français Philippe II Auguste et l'empereur allemand Frédéric Barberousse, elle exerce la régence. Il lui faut faire face aux intrigues de son autre fils, Jean sans Terre, qui s'efforce de profiter des malheurs de son frère, pour s'assurer le royaume. Aliénor résiste à ses tentatives d'usurpation qui redoublent lorsque, de retour de la croisade, Richard Cœur de Lion est capturé et livré à Henri V d'Allemagne, qui l'enferme. Aliénor doit réunir une rançon considérable et la porter elle-même à Mayence pour enfin libérer le roi en 1194.

Fin de vie agitée

Mais le roi Richard n'est pas l'invincible chevalier qu'elle imagine. Certes il combat Philippe Auguste qui n'a cessé de rogner ses terres françaises. Mais il se fait tuer, en 1199, à Châlus en Limousin. Jean sans Terre lui succède. Malgré le mépris qu'elle a pour ce débauché sans foi ni loi, Aliénor s'efforce de convaincre les barons anglais de se rallier à sa personne. Philippe Auguste sanctionne durement les exactions de Jean sans Terre (enlèvement de la fiancée d'un de ses vassaux, assassinat de son neveu Arthur réfugié en France). Il le déchoit de tous ses droits et prend possession de ses fiefs en France : Anjou, Maine, Touraine, puis Normandie après le siège victorieux de Château-Gaillard en 1204. Aliénor tente alors de sauver la royauté anglo-normande en allant jusqu'à traverser les Pyrénées pour ramener sa petite-fille, Blanche de Castille, afin de la marier au futur Louis VIII, l'héritier de la couronne de France. Avec succès ! Elle meurt, le cœur navré, à Fontevrault, où elle est enterrée, en 1204, alors que Philippe Auguste s'empare irrésistiblement de la Normandie. Elle y repose entre les deux grands amours de sa vie : son mari Henri II et son fils Richard Cœur de Lion. Elle n'aura pas vu la désastreuse fin de parcours de Jean sans Terre. Désireux de se venger du roi Philippe Auguste, il réunit autour de l'empereur d'Allemagne, Otton IV, du comte de Boulogne, Renaud, et du comte de Flandre, Ferrand, une vaste coalition qui envahit la France. Elle est doublement vaincue en juillet 1214, tant à La Roche-aux-Moines qu'à Bouvines. L'année suivante Jean sans Terre ne sauve son trône qu'en concédant aux barons anglais la Grande Charte qui affaiblit ses pouvoirs.

SAINT LOUIS, ROI ANTISÉMITE

La face cachée du « roi saint »

Louis IX, un roi célèbre pourtant si méconnu du grand public. *A priori,* tout milite en faveur de sa sainteté et de sa générosité. Canonisé en 1297 par le pape Boniface VIII, le roi capétien est entré au panthéon des monarques les plus estimés du second millénaire. À la fois justicier, pacificateur et humble serviteur de Dieu, il fait figure de Salomon médiéval et marche sur les pas de saint François d'Assise. Mais il y a aussi le revers de la médaille, un aspect de sa personnalité ignoré du tout un chacun. Sa piété sans bornes va ainsi de pair avec une fermeté sans faille. Deux fois croisé, Louis XI se montre intraitable avec les infidèles, comme en témoigne sa répression contre les cathares mais surtout son hostilité aux juifs. « Il avait en abomination les juifs, odieux aux hommes comme à Dieu, à tel point qu'il ne pouvait les voir et refusait de faire servir à son usage quoi que ce soit de leurs biens », écrit son chapelain Guillaume de Chartres. Non seulement le « roi des moines » leur interdit de se marier avec les chrétiens, mais il fait brûler le Talmud et leur impose un signe distinctif : la rouelle jaune. Peut-il pour autant être qualifié de nazisme avant la lettre ? Loin de vouloir occire les juifs, il veut les obliger à se convertir au christianisme. Un antisémitisme qui s'inscrit dans la droite ligne définie par ses prédécesseurs. Depuis le début du XIIIe siècle, les rois de France, à commencer par Philippe Auguste, ont clairement affiché leur volonté d'éradiquer la religion juive du royaume. Contexte des croisades oblige…

Louis IX, un homme de son siècle

Depuis le début de l'aventure des croisades, le ressentiment des chrétiens est très vif à l'égard des musulmans mais aussi à l'encontre des juifs. Considérés comme autant de descendants des assassins du Christ, les juifs sont occis avant même l'arrivée de croisés en Terre sainte. Les pèlerins de Pierre l'Ermite donnent le coup d'envoi des hostilités dès l'année 1096. Sans doute pressés de gagner leur salut, les pèlerins s'attaquent aux « infidèles d'Europe », qualifiés de « déicides ». « Nous voulons venger la crucifixion du Christ », clament-ils pour justifier leurs actes. De Mayence à Prague, en passant par Trêves et Cologne, on ne compte plus le nombre de pogroms perpétrés contre les juifs. Refusant de se convertir au christianisme, la plupart d'entre eux sont brûlés vifs à l'intérieur des synagogues. Exterminés à leur tour près de Nicée quelques mois plus tard, en octobre 1096, les pèlerins de Pierre l'Ermite ne devaient jamais voir la Terre sainte. Les chrétiens révisent-ils pour autant leur jugement et leur comportement ? Bien au contraire. Leur rage en est même décuplée. On accuse à présent les juifs de complicité avec les musulmans. Un siècle après le début des croisades, Philippe Auguste expulse les juifs de France. Autorisés à réintégrer le royaume moyennant finances, ces derniers subissent un nouveau tour de vis au début du XIIIe siècle. Ce sont les terribles décisions du IVe concile œcuménique de Latran. Non seulement les juifs doivent renoncer à se marier avec les chrétiens, mais ils sont contraints d'observer des règles ignominieuses à l'exemple de l'interdiction de sortir de leurs demeures pendant la semaine sainte.

C'est dans ce contexte de vexations quotidiennes et d'humiliations permanentes des juifs que naît le futur Saint Louis, tout juste un an avant l'ouverture du concile de Latran. Toute sa vie est conditionnée par son amour illimité pour le Christ.

Une admiration sans bornes pour le Christ

Roi à douze ans de 1226 à 1270, l'héritier de Louis VIII est en effet profondément imprégné de culture religieuse, une piété chrétienne largement inculquée par sa mère Blanche de Castille. Sa foi illimitée et son admiration pour le Christ lui imposent une discipline de vie très stricte qui se manifeste par une grande austérité. Une foi qui l'oblige à se confesser au moins une fois par semaine. Calquant le rythme de ses journées sur celui des moines, il se lève très tôt pour assister aux matines après s'être couché sur un lit de bois. Louant les vertus de l'humilité, pour être plus proche du Christ, Louis XI porte toujours un cilice et une simple cotte de camelot. Quand il se rend à l'abbaye cistercienne de Royaumont, il s'assied à même le sol au milieu des religieux « confortablement » installés dans leurs stalles, s'entretenant avec eux de problèmes théologiques ou des soucis matériels de leur vie monastique. Son abnégation se traduit par une très grande compassion envers les pauvres, les infirmes et les lépreux. Quotidiennement, on distribue du pain et de l'argent aux misérables. Deux fois par semaine, les restes de la table royale sont servis aux mendiants qui se pressent aux portes du palais. Les veilles de fêtes, deux cents « privilégiés » reçoivent même deux pains et douze deniers ! Louis XI ne se contente pas de partager sa table avec les plus déshérités : il en vient aussi à leur laver et à leur baiser les pieds, au grand dam des sujets de sa Cour qui le qualifient de « roi des moines ». En agissant ainsi, Louis XI n'entend pas oublier sa fonction royale, mais il se pose en premier disciple des enseignements du Christ.

Dans son grand mouvement de générosité, le roi fonde de multiples institutions charitables, à l'exemple de l'Hôtel-Dieu de Pontoise ou encore des Filles-Dieu pour les prostituées. Cette charité envers les plus misérables se conjugue avec une volonté inébranlable de justice pour tous. Nous avons tous en mémoire l'image de Saint Louis rendant lui-même la justice sous un chêne du bois de Vincennes. Ne distinguant plus les pauvres des riches, le roi capétien met l'accent sur la responsabilité de chacun. Dans son ordonnance datée de l'année 1254, il édicte : «... s'il advient que les baillis fassent quelque chose de répréhensible, et qu'ils en soient convaincus, ils seront punis en leurs biens et en leurs personnes. Les baillis seront punis par nous-même, les agents inférieurs par les baillis... ». Son souci de l'équité et sa générosité sont toutefois loin d'être synonymes de faiblesse. Une noble dame l'apprend à ses dépens. En appelant à la clémence du roi après avoir fait assassiner son mari par son amant, la jeune femme est condamnée et brûlée vive à l'endroit même du meurtre...

Il faut « donner de l'épée dans le ventre »

La fermeté et la droiture dont se prévaut Louis XI sont inséparables de la volonté royale d'imposer la paix dans son royaume, d'en éradiquer les hérésies et de guerroyer contre les infidèles en Terre sainte. Il faut « donner de l'épée dans le ventre », dit-il. Un principe qui le conduit à introduire l'Inquisition romaine en France, à combattre les cathares et à rester pendant quatre ans dans l'Orient latin à l'issue de la mésaventure de Mansourah en Égypte. L'image du saint s'efface devant celle du guerrier chrétien assoiffé de victoires et sûr de ses convictions.

Garant de l'ordre moral et politique, Louis XI entend pacifier son royaume. Il envoie ses sénéchaux veiller à l'application des ordonnances royales, intervient dans les querelles de succession et proscrit les conflits privés entre les seigneurs. Le roi n'hésite pas pour autant à brandir le glaive. En 1243, il réduit à l'impuissance Hugues de Lusignan après avoir battu ses alliés anglais sous les murs de Saintes. Le massacre des inquisiteurs à Avignonet, perpétré par les cathares, donne le prétexte à une radicalisation de sa politique. Dans cette perspective, ses années encerclent et s'emparent de la forteresse de Montségur. Perché à mille deux cents mètres dans les Pyrénées, Montségur résiste pendant près d'un an aux machines de guerre royales mais, en mars 1244, les Albigeois capitulent. Sous la conduite de leur évêque Bernard Marty, les derniers cathares, au nombre de 200, refusent de se convertir et de se rendre. Ils sont tous brûlés vifs dans le « champ des crémats ». Le bûcher de Montségur est en fait la préfiguration de deux grandes croisades lancées par Louis IX contre les musulmans. Huit mois après l'épisode languedocien, alors en proie à une terrible attaque de paludisme, Louis IX fait le vœu de partir en Terre sainte aussitôt rétabli...

1242: quand le Talmud est brûlé à Paris

Avant même de partir en croisade contre les infidèles musulmans, Louis XI entend faire table rase des « hérétiques » au sein même de son royaume. À commencer par les juifs. Pour des motivations religieuses, mais aussi financières. Dès le début de son règne, en 1230, le roi capétien proscrit le prêt usuraire. Pis encore, il s'attaque au livre saint du judaïsme. D'après les dires d'un certain Nicolas Donin, juif converti au christianisme, le Talmud contiendrait des textes résolument hostiles au christianisme. S'ensuit une controverse houleuse et publique en présence de Blanche de Castille. Pendant plusieurs mois, des discussions très vives opposent les rabbins aux dominicains. Au printemps 1242, la sentence tombe:

décision est prise de saisir tous les Talmud en circulation et de les brûler sur la place de Grève. La rupture est définitivement scellée entre la monarchie française et ses sujets juifs. À la fin de son règne, en 1269, Louis IX enfonce le clou : il oblige les juifs à porter un signe distinctif : la rouelle jaune. Pour couronner le tout, les proscrits doivent acheter la rouelle aux agents du roi. Un comble mais surtout une occasion de s'enrichir aux dépens de sujets honnis.

Louis IX, antisémite mais non raciste

Louis IX est-il un bourreau des juifs ? Pas vraiment. La rouelle n'est pas l'étoile jaune et les autodafés de 1242 ne sont pas la préfiguration d'un programme d'extermination des juifs. Plus antijudaïque qu'antisémite, Louis XI n'entend nullement s'attaquer aux Juifs pour ce qu'ils sont mais pour ce qu'ils font. En d'autres termes, c'est leur religion et non leur peuple qui est remise en question. L'ambition ultime de Louis IX n'est pas de les éliminer mais de les forcer à se convertir au christianisme en multipliant les vexations et les mesures discriminatoires. Louis IX est un roi épris d'absolutisme. Unifier la foi et combattre pour le Christ, tels sont les sentiments les plus profonds qui animent « le roi des moines ». Aussi fort soit-il, son antisémitisme forcené est la traduction d'une piété chrétienne sans limites...

SAINT DOMINIQUE N'EST NULLEMENT LE PÈRE DE L'INQUISITION

Le catharisme rejette totalement le catholicisme

Assurément, avec le catharisme, l'Église n'en est pas à sa première hérésie. Elle a au commencement de son histoire, triomphé de la Gnose et de l'arianisme et de tant d'autres déviances. Ainsi est-elle demeurée sereine, n'utilisant jamais la violence pour briser la dissidence religieuse. Aussi l'hérésie cathare, parfaitement repérée – le premier « concile » cathare a lieu à Félix de Lauragais en 1167 –, n'est guère prise en considération avant l'arrivée sur le trône de Saint-Pierre d'un pape autoritaire et décidé, Innocent III. Ayant effectué ses études à l'université de Paris, cet Italien de la grande famille des Conti s'exprime dans un français parfait et entend soumettre tant les rois que les empereurs. Et, naturellement, il cherche à briser l'hérésie cathare, en Italie, puis en son berceau languedocien. Certes son prédécesseur, le pape Alexandre III, a envoyé Bernard de Clairvaux en pays cathare pour ramener les hérétiques sur le chemin de l'Église. Il a échoué. Et pour cause, le catharisme a en effet totalement rompu avec l'Église. Il confond mal et matière, prétend que l'âme doit se libérer de son enveloppe charnelle, rejette la famille, impose l'abstinence, refuse le baptême, le mariage, promeut le jeûne. Au nom de la Gnose, Connaissance suprême, le Christ, la Vierge, la loi sainte, les reliques, les offrandes, les saints, le monde terrestre même, sont rejetés. Un noyau de parfaits, le clergé cathare, pas plus de deux milliers de personnes, se pose en exemple vivant, multipliant les conversions par l'imposition des mains, le fameux *consolamentum.*

De cette séparation totale entre cathares et chrétiens, Innocent III est parfaitement conscient. Il cherche pourtant à utiliser une voie pacifique, conformément aux traditions de l'Église. Il maintient sa confiance aux cisterciens et envoie deux nouveaux missionnaires en terre cathare, Rainier et Guy. Puis, en 1200, il délègue de nouveau deux autres cisterciens, Pierre de Castelnau et Raoul, des savants renommés. Sans doute leur équipage trop ostentatoire choque-t-il : ils sont, partout, plutôt mal reçus. En 1205, le pape, reconnaissant son erreur, met sur pied une nouvelle mission, la confiant à deux Espagnols, l'évêque Diego de Azevedo et Dominique de Guzman (le futur saint Dominique) : ils vont à pied, en grande modestie.

Dominique de Guzman décidé à contrer le catharisme

Dominique est alors âgé de trente-quatre ans. Ce noble authentique dont le père est un héros de la guerre contre les Maures et la mère une future sainte, a suivi des études classiques durant une décennie. Ordonné prêtre, il devient chanoine de la cathédrale d'Osma. Proche de l'évêque Diego, il rencontre le pape. Le voilà aussitôt prêcheur en Languedoc hérétique.

À l'instar de véritables croisés, Dominique et Diego affrontent le clergé cathare, contestant ses dogmes. C'est d'abord la dispute de Servian face à Thierry de Nevers, puis celle de Montréal où exerce l'évêque cathare toulousain, Guilhabert. Enfin, les deux hommes vont défier l'hérésie en son cœur, Fanjeaux, près de Carcassonne, tenue par des familles nobles converties à l'hérésie (dont Esclarmonde de Foix qui a quitté son époux, le comte, pour la religion nouvelle), où Guilhabert anime une communauté de parfaits. Affrontant ses adversaires, Dominique, selon la tradition chrétienne, emporte le jugement de Dieu. La *Légende dorée* prétend que, les deux parties ayant consigné leurs thèses par écrit, les deux ouvrages sont soumis à l'épreuve du feu. L'écrit cathare s'enflamme et se consume ; le livre de saint Dominique écarte les flammes et, projeté dans les airs, finit par aller brûler la poutre de la cheminée... Alors cent cinquante cathares se convertissent au christianisme. Après ce succès sans lendemain, Dominique désespère. Il décide de demeurer et de lutter pacifiquement.

La création de l'ordre des prêcheurs

Fin 1206, Dominique s'installe près de Castelnaudary en la communauté de Notre-Dame de Prouille. Il en devient prieur. Son idée clé est simple : seuls des hommes exemplaires peuvent espérer triompher du catharisme. C'est-à-dire vertueux, dépourvus de tout et prêcheurs, car seule la dialectique la plus éprouvée peut venir à bout du mal.

S'étant implanté à Toulouse grâce à la généreuse dotation immobilière des frères Seila (ou Cella), Dominique développe ses deux établissements. À partir de 1210, il obtient le pouvoir de prédication de l'évêque Foulques pour lui-même, élargi en 1215 par l'évêque de Toulouse à tous ses frères. Bien plus, Dominique se voit reconnaître le droit de percevoir, dans le cadre d'une communauté – elle dispose de maisons –, une dîme épiscopale.

Saint Dominique en proie
à la tentation et aux
quolibets des hérétiques.

Deux novations considérables, l'Église n'ayant jamais, jusqu'alors, délégué ces tâches à quiconque! Cet ordre nouveau, dépourvu de casuel (revenu) et de statut a su imposer des exigences considérables au clergé local. Le motif en est évident: le catharisme ronge l'Église officielle et toutes les solutions proposées jusqu'à l'intervention de Dominique ont échoué.

Dénommé à son origine *Prédication de Toulouse*, l'ordre nouveau de Dominique est révolutionnaire. N'existent, en effet, jusqu'à sa création, que des ordres vivant en vase clos tels les Bénédictins et les Cisterciens. Des hommes (ou des femmes) voués à la prière, au travail intellectuel, au travail manuel... Le domaine de Dominique, c'est la rue en ville, le chemin à la campagne. Et la règle de fer des futurs Dominicains la pauvreté. Les voilà donc à la fois prêcheurs et mendiants! Prêcheurs entraînés à évangéliser, mendiants vivant selon la pauvreté évangélique (c'est-à-dire sans mendier, en acceptant des aumônes, car l'ordre vêt et nourrit les frères). Simplicité de vie, sans bâton, avec un seul habit, pas d'or ou d'argent en poche, telle est la règle... Lorsqu'ils se regroupent en couvent, les Dominicains ne conservent rien en propre: tout appartient à la communauté.

L'expansion de l'ordre

Ils sont d'abord six à accompagner Dominique à Toulouse, des frères, tous ecclésiastiques: les deux frères Pierre et Thomas Seila, Mamès (le frère de Dominique), Bertrand de Garrigues, Guillaume Claret et Matthieu de France. À Prouille, des femmes vivent dans un couvent de religieuses de l'ordre.

Ayant adopté la règle de saint Augustin, les Dominicains vivent à l'opposé des Bénédictins (*Ora et labora*, « Prie et travaille »). Ils vivent en communauté et prenant exemple sur les apôtres, imposent la chasteté, la prière, le silence, le repas pris en commun, les offices collectifs, la pauvreté et le dépouillement, la mortification. La chevelure tonsurée en couronne, ils portent un habit défini, une robe de laine blanche longue et fermée, couverte d'un surplis de lin et d'une chape noire avec capuce.

En 1215, l'évêque Foulques de Toulouse et Dominique de Guzman se rendent auprès d'Innocent III, au quatrième concile de Latran. Le pape n'est pas sans observer l'échec relatif de la croisade des Albigeois : alors que Toulouse résiste toujours, les croisés ont massacré à tort et à travers, cathares comme bons chrétiens, cherchant d'abord des fiefs ! Le pape examine l'établissement de l'ordre des frères prêcheurs de Dominique sans toutefois l'approuver. Certes les frères atteignent déjà la quinzaine, certes l'autorisation de prêcher est bien reconnue, certes la règle augustine est bien confirmée, certes la cession de l'église Saint-Romain à la *Prédication de Toulouse* est validée, mais l'ordre des Dominicains n'est pas encore reconnu de façon officielle.

À son retour à Toulouse, alors que par décision du concile de Latran, Simon de Montfort a remplacé le comte Raymond VI comme maître de Toulouse (1216), Dominique applique la règle augustinienne. Naturellement, le travail intellectuel et la formation spirituelle sont intenses : face à la « propagande » cathare, il faut développer une argumentation ajustée démontrant la légitimité de la vraie foi. Un maître de théologie vient ainsi enseigner à Toulouse.

Maître de ce qui est presque devenu un ordre à part entière, Dominique voit sa puissance s'affirmer: la famille Vidal lui fait don de vignes et d'une nouvelle maison. Avec une vingtaine de frères, la communauté couvre le diocèse de Toulouse, divisé en petits centres pour assurer une meilleure efficacité de la prédication. La grande entreprise de reconquête pacifique du territoire cathare est enfin lancée.

La mort d'Innocent III en 1216 conduit un Dominique, quelque peu inquiet, à rencontrer le nouveau titulaire du Saint-Siège, Honorius III. Le 22 décembre, le pape confirme la création de l'ordre dominicain des frères prêcheurs.

Dominique est un pacifiste

Bien qu'ayant donné la priorité à l'expansion de l'ordre en Languedoc, Dominique entretient d'autres ambitions. Son terrain de prédilection, c'est l'humanité tout entière. À la Pentecôte 1217, il annonce sa décision aux frères de les envoyer partout. Au-delà de la lutte contre les hérésies, dans le cadre d'une conception universelle du rôle de l'Église, Dominique élargit la mission des frères: ils devront également former le peuple des croyants. Homme d'action, théologien redoutable, esprit puissant et aguerri, doté d'une large compassion, Dominique de Guzman s'épuise à la tâche. Si Matthieu de France demeure en Languedoc, Robert de Courson se rend à Paris, alors que d'autres investissent l'Espagne.

Quant à Dominique, il s'en vient à Rome où il implante son quartier général, s'assurant l'appui tant du pape Honorius III que du cardinal Hugolin, son successeur, le grand Grégoire IX. Et il multiplie les couvents italiens, d'abord romains. À Paris, le couvent de la rue Saint-Jacques est le premier de l'ordre. En cinq années, près de soixante couvents sont créés dans huit provinces, tout autant de pays, alors que l'organisation de l'ordre est restructurée autour d'un Maître général assurant le pouvoir exécutif et d'un Chapitre général composé des délégués des monastères.

Épuisé, Dominique meurt en août 1221 : il n'a que cinquante ans ! À ses couvents d'hommes et de femmes, il a trouvé le temps d'ajouter des structures ouvertes aux seuls laïcs s'étant engagés à respecter la règle augustine. Dès 1234, Grégoire IX canonise son ami Dominique.

On a souvent voulu faire de saint Dominique le père de la répression contre les cathares : rien n'est plus absurde. Car Dominique ne participe en rien à l'Inquisition. Ce sont ses frères dans l'ordre qui accepteront de tenir ce rôle, beaucoup plus tard. Rappelons que ce n'est qu'en 1231 que le pape Grégoire IX investit officiellement les frères prêcheurs, Dominicains et Franciscains, de la mission de poursuivre et de condamner les hérétiques cathares. En 1232, la bulle *Ille humani generis* ordonne aux évêques d'accueillir et de seconder les frères prêcheurs. Née en 1233, l'Inquisition débute dans le Midi, en raison d'une mission particulière confiée par la papauté. Voilà douze ans que Dominique est mort ! En vie, Dominique aurait, à l'évidence, au nom de la charité chrétienne et des traditions non violentes de l'Église, pris position contre l'Inquisition.

PHILIPPE II AUGUSTE REFUSE DE PARTICIPER À LA CROISADE DES ALBIGEOIS

Le pape s'impatiente

Après l'échec, en 1206, de ses envoyés spéciaux, Diego de Azevedo et Dominique de Guzman, en Languedoc, le pape Innocent III rappelle à l'ordre le comte de Toulouse, Raymond VI. Il exige que le comte pourchasse lui-même les cathares. Au printemps 1207, excédé par ses tergiversations, il déclare le comte anathème (excommunication majeure) et relève de leurs serments ses vassaux. Tous les domaines comtaux sont frappés d'interdit, c'est-à-dire « exposés en proie ». Puis, le 29 mai, il déclare le comte de Toulouse « ennemi public ». Enfin, en novembre, franchissant le point de non-retour, il lance un appel à la croisade.

Philippe II Auguste hait le pape

Le roi de France, Philippe Auguste, se trouve alors en plein affrontement avec Jean sans Terre. En 1202, il a confisqué tous les fiefs du roi anglais en France, à la seule exception de l'Aquitaine, propriété d'Aliénor, sa mère. Puis, ayant lancé une offensive militaire contre la Normandie, il s'en est emparé en 1204, à la suite de la chute de Château-Gaillard. En 1205, l'Anjou et la Touraine sont revenus au roi de France. Puis en 1208, c'est le Poitou qui est tombé dans son escarcelle.

Lorsque le légat du pape en Languedoc, Pierre de Castelnau, est assassiné sur les bords du Rhône, Innocent III n'hésite plus. Il accuse le comte de Toulouse de meurtre, confirme l'anathème, ordonne la croisade et la place sous les ordres d'Arnaud-Amaury, l'abbé de Cîteaux. Certes le pape ne ferme pas la voie à toute discussion, car il n'ignore pas que le comte Raymond VI est le vassal de Pierre II d'Aragon, l'homme qui conduit la reconquête contre les musulmans en Espagne. Naturellement, la *Reconquista* l'emporte largement dans les priorités du pape sur le sort de l'hérésie cathare. Aussi lorsque le comte de Toulouse accepte de faire amende honorable, le pape est bien contraint d'obtenir l'autorisation de mener croisade sur le territoire français.

Or Philippe Auguste hait la papauté depuis qu'elle s'est opposée à ses projets matrimoniaux. Marié le 14 août 1193 à Ingeborg de Danemark, le roi Philippe l'a répudiée le 5 novembre suivant, peut-être à la suite d'une nuit de noces catastrophique (sans doute due aux lourdes affections physiques qu'il a rapportées de la troisième croisade). Et il s'est alors remarié avec Agnès de Méranie, son amour de toujours, en 1196. En 1199, s'élevant contre cette situation matrimoniale parfaitement illégale, le pape Innocent III a jeté l'anathème sur le royaume de France, du moins sur le domaine royal. Difficile de résister ! La mort d'Agnès, en 1201, permet de trouver une solution. Philippe Auguste admet de nouveau Ingeborg auprès de lui, sans l'autoriser à paraître à la Cour. Elle devra attendre 1213…

De cette aventure le roi Philippe a gardé une rancune tenace : hors de question d'apporter le moindre appui au pape. Mais inutile de l'affronter. Habilement, le roi autorise la croisade mais annonce son refus d'y participer. Au prétexte qu'en guerre avec Jean sans Terre, il ne peut combattre sur deux fronts. L'attitude royale ralentit les ardeurs des seigneurs français. Seuls trois Grands acceptent d'engager leurs troupes : le duc de Bourgogne, le comte de Saint-Pol et celui de Nevers. Très vite, deux d'entre eux abandonneront les croisés en cours de route. Aussi, Arnaud Amaury doit-il se contenter de voir venir à lui les petits barons désargentés du Nord et d'Île-de-France, avides d'acquérir des fiefs à bon compte. L'un d'entre eux, Simon de Montfort, sera nommé chef de l'expédition, il y trouvera la mort en juin 1218.

La croisade des Albigeois ruine les comtes de Toulouse

Sans appui significatif de la noblesse française, l'armée des croisés doit recourir à l'emploi de mercenaires : de cruels Flamands et de sanguinaires reîtres allemands. Cette troupe sans pitié va commettre d'innommables massacres sous les yeux horrifiés des contingents de la noblesse. Rien de chrétien dans cette armée croisée où la troupe étrangère, payée par tranches de quarante jours, ne cherche que viol et pillage alors que les petits nobles entendent se saisir des fiefs des seigneurs du Sud qui protègent les cathares. La valeur militaire de cette troupe hétéroclite est faible, Philippe Auguste le sait. Mais Raymond VI n'est pas en état de lui résister : il capitule, accepte de combattre l'hérésie, de se joindre à la croisade et même de partir en Terre sainte. Après les succès initiaux de Béziers et de Carcassonne contre Raymond-Roger Trencavel à l'été 1209, l'armée croisée voit les grandes villes ouvrir leurs portes : Narbonne, Limoux, Castres… Mais Simon de Montfort échoue, en 1210, devant Toulouse que défend, malgré sa volte-face, le comte de Toulouse. Il s'empare cependant, à partir de 1212, de la Comminges et de l'Agenais. En 1213, à bout de souffle, Raymond VI fait appel à son suzerain Pierre II d'Aragon qui vient, l'année précédente, d'écraser les musulmans d'Espagne à Las Navas de Tolosa. Auréolé de sa gloire, Pierre II est négligent : à la bataille de Muret, Simon de Montfort le bat à plate couture. En 1215, le concile de Latran dépouille Raymond VI du comté de Toulouse apporté à Simon de Montfort, ne laissant à son fils Raymond VII qu'un État croupion en Provence.

Cependant, la croisade achevée, Montfort ne dispose plus que de troupes squelettiques. Entré triomphalement dans Toulouse en 1216, il lui faut à présent la défendre contre les entreprises de Raymond VII qui entend reconquérir sa terre. Or le pape refuse de se mêler du conflit : ne s'agit-il pas, à présent, d'un simple conflit féodal entre grands seigneurs se disputant des fiefs ?

Le roi a tissé sa toile

Philippe Auguste n'est pas sans observer l'évolution des événements : tant Simon de Montfort que Raymond VII sont extrêmement affaiblis. Peu lui importe de savoir qui va l'emporter. Il a exigé, avant la croisade, que Simon de Montfort prononce à son égard le serment vassalique. Si Montfort est vaincu, les comtes de Toulouse devront également plier devant la monarchie française et accepter le lien de vassalité : l'ost ne ferait qu'une bouchée de leurs maigres troupes !

La chance sert le roi patient. Certes Raymond VII a soulevé Foix et Comminges, certes Raymond VI est rentré dans Toulouse avec quelques forces, chassant

Montfort. Et ce dernier a obtenu du pape Honorius III la relance de la croisade. En 1218, alors que Montfort assiège Toulouse, le 25 juin, un boulet de pierre lui fait éclater la tête. Aussitôt, Raymond VII, à la tête de contingents provençaux, rejoint son père dans la capitale aquitaine. Amaury, fils de Simon de Montfort, tente de reprendre Toulouse : il obtient le secours, insuffisant, du dauphin Louis, que Philippe Auguste a refusé de pleinement soutenir. Amaury doit se retirer et voit ses fiefs fondre comme neige au soleil. Il dépend désormais totalement du roi Philippe !

Le comté de Toulouse saisi par la monarchie

Dès son avènement en 1223, plus impatient que son père, Louis VIII entend s'emparer du comté de Toulouse. S'étant fait céder tous ses droits contre compensation financière par Amaury de Montfort, il obtient du pape Honorius l'excommunication de Raymond VII (Raymond VI est mort en 1222), avant que de prendre la tête d'une nouvelle croisade en 1226. L'échec et la mort l'attendent. La veuve de Louis VIII, devenue régente pour le compte du petit Louis IX, soutient la résolution du nouveau pape Grégoire IX de relancer la croisade des Albigeois. Dès 1227, les troupes royales dévastent le Languedoc. Raymond VII ne dispose pas d'une force militaire capable de résister : il se décide à traiter. Par le traité de Meaux, également repéré comme étant celui de Paris, le 12 avril 1229, il accepte les exigences de la régente. Après s'être publiquement humilié sur le parvis de Notre-Dame de Paris, il accepte de donner son unique fille, Jeanne, en mariage au frère de Louis IX, Alphonse de Poitiers. Devenue héritière de ses fiefs à la mort de Raymond VII, Jeanne apportera ainsi le comté de Toulouse au domaine royal. Si les deux époux meurent sans enfant, le comté reviendra à la maison de France, nonobstant la survie éventuelle de Raymond VII.

L'INQUISITION EN LANGUEDOC COMMENCE VINGT-TROIS ANS APRÈS LA FIN DE LA PREMIÈRE ET PRINCIPALE CROISADE DES ALBIGEOIS

Timides débuts

Après avoir pris fin, pour l'essentiel, en 1218-1219, la croisade des Albigeois a été relancée en 1226, enfin, en 1227. Il est habituel de considérer que le traité de Meaux signé entre la régente, Blanche de Castille, et Raymond VII, clôt ce sévère chapitre de l'histoire de France. Car la guerre a ruiné Languedoc et Toulousain, pays de haute civilisation politique et culturelle. C'est à ce moment précis que la France va prendre un siècle de retard par rapport à ses voisins : la Renaissance française poindra cent ans après l'italienne, le *quattrocento* (xve siècle italien) devançant largement les premières tentatives du roi Charles VIII.

Un pan plus noir encore de l'histoire nationale est désormais prêt à s'ouvrir. En 1227, à Narbonne, un premier concile met en place des témoins synodaux dont la mission est de rechercher les hérétiques, d'organiser les procédures judiciaires, enfin de les déférer à la justice civile.

En 1229, un second concile se tient à Toulouse, présidé par le cardinal Saint-Ange, le légat du pape, en présence du comte Raymond VII. Il ordonne l'obligation de dénoncer les hérétiques (dès douze ans pour les filles et quatorze ans pour les hommes), de détruire les lieux de culte cathares, enfin de confisquer les biens des hérétiques.

Trois ans plus tard, c'est à Béziers, ville martyre, qu'un nouveau concile rappelle l'ardente obligation d'appliquer les mesures déjà décidées, car les premiers résultats sont particulièrement décevants.

C'est cette absence de résultats qui décide le pape Grégoire IX à confier la tâche de la lutte contre les hérésiarques aux ordres prêcheurs, Dominicains et Franciscains. En 1232, la bulle *Ille humani generis* avertit les évêques de sa résolution concernant la lutte contre les hérétiques de France et des nations voisines. Il leur ordonne d'aider les frères prêcheurs de tous leurs pouvoirs. C'est alors que naît officiellement le terme d'inquisition, qui vient du latin *inquiere,* c'est-à-dire « enquêter ». La recherche des hérétiques s'effectue selon une procédure bien ordonnée : investigation et repérage des suspects, enquête, enfin, sentence.

Dès 1233, les prêcheurs dominicains et les mineurs franciscains interviennent en France.

Mise en place délicate

Tant le légat du pape, le cardinal de Saint-Ange que l'évêque de Toulouse, Foulques, obtiennent des conversions. À partir de 1235, c'est l'un des compagnons fondateurs de saint Dominique, Pierre Seila, qui fait office de premier inquisiteur: il s'appuie sur deux autres religieux, Guillaume Arnaud et Arnaud Cathala. C'est sans doute cette confusion qui a fait porter le poids du déclenchement de l'Inquisition à un saint Dominique bien innocent de telles pratiques. Lorsque l'évêque Foulques meurt, il est aussitôt remplacé par un prélat beaucoup plus engagé dans la lutte contre l'hérésie. Et qui inaugure son ministère en faisant brûler une mourante qui a avoué sa foi cathare, ce qui déclenche une protestation unanime de tous les Toulousains. Mais le pape renchérit en nommant un nouveau légat, Jean de Vienne, l'ancien lui paraissant trop indulgent envers les hérétiques.

L'Inquisition s'est organisée très rapidement autour des Dominicains de Toulouse. Et elle va bien vite faire vivre tout un monde de secrétaires, d'officiers, de notaires, de greffiers, de plumitifs, de juristes et même de bourreaux, bien loin d'être uniquement peuplé de clercs et de frères réguliers.

Le malheureux comte Raymond VII fait ce qu'il peut pour protéger ses administrés de la fureur inquisitoriale. Il ne cesse de s'opposer aux Dominicains. Un grave conflit survient entre le clergé inquisitorial et le pouvoir civil lorsqu'un bourgeois, Bernard de Soler, est accusé de catharisme par l'Église. Il porte l'affaire devant les capitouls, c'est-à-dire les conseillers municipaux de Toulouse, qui condamnent son dénonciateur.

Cependant les excès des inquisiteurs, pas seulement à Toulouse, mais également à Moissac, à Cahors, vont entraîner des réactions brutales. Lorsque des capitouls sont accusés d'être hérétiques, la ville se révolte. Des inquisiteurs dominicains sont agressés, d'autres tués comme à Cordes. Bien plus, l'archevêché et le couvent des Dominicains sont placés en quarantaine par la population toulousaine. Fin 1235, l'archevêque et les frères prêcheurs doivent quitter la ville.

Guillaume Arnaud réagit aussitôt, excommuniant le comte de Toulouse. Il faut pourtant négocier : la sanction est finalement levée et les Dominicains sont autorisés à rentrer dans la Ville rose. Cependant le pape n'est pas loin de penser que les Dominicains ont fait preuve de trop de zèle : il leur adjoint un Franciscain, plus modéré. Or les Dominicains, ayant obtenu la conversion d'un parfait cathare, Bernard Gros, en obtiennent de nombreuses informations. Les voilà, cette fois, déterrant les cadavres des hérétiques et les brûlant, puis arrêtant nobles et bourgeois dénoncés par Gros. La haine populaire atteint une telle intensité que le pape décide de suspendre l'Inquisition dans le Sud-Ouest durant trois années, jusqu'en 1241. À cette date seulement, elle reprend pour ne plus s'interrompre avant 1321…

Appréciation des crimes de l'Inquisition

Il est extrêmement difficile de quantifier le poids de l'hérésie cathare. En ce qui concerne Béziers, sans doute les estimations du nombre des sentences rendues par Pierre Seila permettent-elles d'estimer qu'environ 15 % de la population a été gagnée par l'hérésie.

Le comte de Toulouse, qui a dû renouveler son serment d'allégeance au roi Louis IX en 1241, tente une révolte en s'associant au roi d'Angleterre Henri III et à Hugues de Lusignan. Mais ils sont vaincus par Louis XI tant à Taillebourg qu'à Saintes. Ayant obtenu son pardon, Raymond VII doit briser la révolte de Montségur, où les assassins de onze inquisiteurs se sont réfugiés. Le 16 mars 1243, la chute de Montségur brise définitivement l'hérésie cathare.

C'est, paradoxalement, à partir de cette date, que l'Inquisition va connaître son âge d'or. En 1244, la venue des moines et de Jean de Saint-Pierre renforce ses moyens, alors que l'hérésie est, à l'évidence, en voie d'extinction ! L'enquête des deux religieux est extrêmement précieuse pour approcher l'état religieux de la population et l'ampleur de l'hérésie.

On peut estimer qu'environ 5 % de la population d'Aquitaine et Languedoc, de quelque deux millions et demi d'habitants à l'époque, a été inquiétée et poursuivie pour faits d'hérésie en une dizaine d'années, entre la chute de Montségur et celle du dernier château cathare, Quéribus. Quant au nombre d'hérétiques brûlés vifs, il se situe entre 5 et 6 % du total des personnes poursuivies, soit vraisemblablement environ cinq mille malheureux.

La Sainte Inquisition
savait soigner ses clients.

Ce qui explique le traumatisme subi par les populations du sud-est de la France.

Le pape Alexandre IV, à partir de son accession en 1254 jusqu'à sa mort en 1261, s'efforce de freiner l'ardeur des Dominicains, ces *domini canes,* ces « chiens de Dieu », qui ne savent que mordre et confondre, condamner et exécuter. Il recommande de pratiquer des cérémonies expiatoires collectives qui permettent de blanchir ensemble, suspects et coupables, sans condamnations autres que pénitentielles. Alphonse de Poitiers, frère du roi Louis XI et héritier du comté de Toulouse, malgré une bigoterie avérée, poursuit cette sage politique.

À sa mort, en 1271, le catharisme n'existe pratiquement plus : le clergé des parfaits ne doit guère dépasser une trentaine d'individus. Pourtant les persécutions se poursuivent, avec Jean Galand à Carcassonne, Bernard Gui à Toulouse, Jacques Fournier le fameux interrogateur de Montaillou… C'est d'ailleurs Fournier qui fait brûler vif l'ultime parfait en 1321, Bélibaste, en la cour du château Villerouge-Termenès. Voilà plus d'un siècle, cent douze ans exactement, que Béziers est tombé aux mains des croisés !

Ruiné par la guerre, ses élites décapitées, la lignée des comtes de Toulouse à jamais éteinte, le Sud n'est plus que l'ombre de lui-même. Depuis des décennies, ses habitants ont dû apprendre, pour sauver leur vie, à dénoncer ceux qui pratiquaient la religion interdite, leurs frères et leurs sœurs…

PHILIPPE IV LE BEL, PARADOXALEMENT OPPOSÉ À LA DESTRUCTION DES TEMPLIERS

Un ordre puissant

C'est vers 1118-1120 que Hugues de Payns, chevalier champenois, fonde l'ordre du Temple, vingt années après la prise de Jérusalem par Godefroy de Bouillon. Ils sont sept à l'accompagner dès l'origine : Geoffroy de Saint-Omer, André de Montbard, Payen de Montdidier, Geoffroy Bisol, Rolland, Archambault de Saint-Amand et Gondemare. Le groupe se baptise du nom inattendu de « Milice des pauvres chevaliers du Christ et du temple de Salomon ». L'objet même du Temple, en apparence, est de protéger la communauté des chanoines du Saint-Sépulcre, gardienne des reliques sacrées, tout en protégeant les pèlerins se rendant en Terre sainte. Soumis à la double règle de saint Augustin et de saint Benoît, longue de soixante-douze articles concoctés par saint Bernard (qui comporte trois vœux essentiels : obéissance, chasteté et pauvreté), l'ordre obtient la reconnaissance papale dès 1127. Deux années plus tard, le concile de Troyes valide sa règle. Innocent II place alors l'ordre sous sa protection exclusive.

L'ordre du Temple présente l'exceptionnelle singularité d'être à la fois un ordre militaire et religieux et il lui faut composer une synthèse entre deux conceptions du monde assurément opposées. S'étant vu accorder par le roi de Jérusalem, Baudouin II, une partie de son palais, à l'emplacement même du temple mythique des juifs, les Templiers entendent-ils reconstruire symboliquement ce « temple » et faire ainsi renaître Jérusalem, métropole religieuse phare de la chrétienté ? Il leur faut, aussi, en tant qu'ordre papal bénéficiant de l'exterritorialité, présenter le vrai visage du Christ, celui de la droiture, de la charité, de la compassion, de l'ouverture, sans lien aucun avec la figure dévoyée apportée par les croisés qui n'ont cessé de commettre, en Orient, d'ignobles massacres d'orthodoxes, de juifs, de musulmans...

Ordre guerrier, les Templiers ne peuvent guère refuser de protéger les États chrétiens d'Orient implantés le long de la côte de l'Asie Mineure et de la côte phénicienne. Les Templiers s'efforcent d'établir de bons rapports de voisinage avec les musulmans, tout en édifiant une bonne dizaine de puissantes forteresses : Château-Pèlerin, Safed, Sidon, Beaufort dans le royaume de Jérusalem ; Tortose, Arima et Chastel-Blanc dans le comté de Tripoli ; Baghras, Roche de Roisel et Roche-Guillaume dans la principauté d'Antioche. Très vite leur immense bravoure les fait craindre et ils forment le fer de lance des armées chrétiennes.

Il demeure difficile d'évaluer leur nombre. À l'évidence, ils ont essaimé en Europe : Espagne, Portugal, Écosse, Allemagne, Pologne, Hongrie, Italie. Lorsqu'ils reviennent en Occident après l'échec des croisades et la chute de leur dernier bastion, Saint-Jean d'Acre, en 1291, ils auraient maîtrisé près de neuf mille commanderies selon Mathieu Pâris, chiffre encore accru par la *Chronique des Flandres.* Des estimations sans doute exagérées, car, par exemple, en France, le nombre de leurs implantations n'atteint pas deux mille, mais plutôt la moitié, voire seulement sept cents. Les historiens de la période ne sont pas d'accord entre eux : la France de Philippe IV le Bel compterait de mille cinq cents à quatre mille templiers. Le chiffre le moins élevé apparaît comme le plus vraisemblable car le roi ne parviendra même pas à faire arrêter un millier de templiers lors de la grande rafle qu'il ordonne le 13 octobre 1307.

Avec en France environ sept cents commanderies de plein exercice et quinze cents chevaliers templiers, l'ordre a encore fière allure au début du XIVe siècle. Certes il a perdu ses bases proche-orientales, mais il a su accumuler une richesse considérable. Ne dispose-t-il pas d'une flotte, de ports et de comptoirs, d'immenses terres agricoles et de haras, de vignes, de forges, de menuiseries. Sans doute le Temple n'est-il pas devenu un État dans l'État mais sa puissance financière inquiète et provoque, alors que sa justification principale, la défense de la Terre sainte, a totalement disparu.

Philippe IV le Bel admire le Temple

Malgré l'avis hostile d'Enguerrand de Marigny et plus encore celui de Guillaume de Nogaret, le roi de France admire le Temple et envie sa fortune. Avec une habileté consommée, il confie le trésor royal aux Templiers qui le conservent précieusement à l'abri des hautes murailles de leur orgueilleuse forteresse parisienne. Et il flatte le vieux Jacques de Molay avec lequel il simule une relation très amicale. Lequel accepte d'avancer de l'argent au roi, si bien que c'est leurs propres fonds que les Templiers gardent en leur forteresse du Temple pour le compte de la monarchie. Une situation bien risquée !

Philippe IV sait parfaitement que l'opinion publique n'est guère favorable à ces templiers arrogants, bien souvent âgés, devenus inutiles et qui affichent trop ouvertement leur puissance financière. Il lui faut impérativement, pour redresser les finances publiques, capter l'héritage templier : un seul moyen, se faire élire à la tête de l'ordre. Mais celui-ci est placé sous la seule dépendance du pape... Ne peut-on s'assurer du soutien du Vatican ? Par chance, en 1304, Benoît IX vient à mourir. Cardinaux français et italiens, en nombre équivalent, s'opposent férocement. Après une année de conclave, le nouveau pape n'est toujours pas élu. Philippe IV se fâche, envoie Robert d'Anjou avec trois cents lances et de nombreux archers envahir la cité italienne. La menace est claire. Il est entendu. Le 24 juillet 1305, le cardinal de Bordeaux, Bertrand de Goth, est élu pape. Cet homme de quarante ans prend le nom de Clément V. Philippe IV exige que le pape soit sacré à Lyon le 15 novembre suivant. Le pape, après moult pérégrinations, finit par s'installer en Avignon.

Philippe entend devenir grand maître

Philippe IV ne tarde guère à exprimer son exigence à ce pape qu'il a fait élire : il veut le Temple. Le pape n'est guère armé pour résister, d'autant qu'il réside sur le territoire français (même s'il a pris la précaution de loger au monastère de Notre-Dame-de-Groseau, à Malaucène, au pied du mont Ventoux, en principe chez lui). Il cède. Mais Jacques de Molay ne veut rien savoir : cet homme d'une soixantaine d'années est d'une intelligence médiocre et ne saisit nullement les nouveaux rapports de force.

Alors Philippe IV suggère au pape de fusionner les deux ordres principaux de la chrétienté, Templiers et Hospitaliers. De nouveau, Molay s'y oppose avec acharnement.

Dès lors, sauf à voir l'État tomber en faillite, après avoir spolié les juifs en 1306 (bannissement et saisine), il faut s'emparer du trésor des Templiers tout en éteignant la dette royale. C'est contraint par l'attitude figée du grand maître que Philippe IV le Bel se résout à détruire l'ordre.

Où l'on constate que la manipulation ne rapporte guère

Ayant longuement préparé son affaire, Philippe IV frappe brutalement l'ordre à l'automne 1307, en faisant arrêter tous les Templiers qui n'ont pu s'échapper du pays, sur la base du témoignage plus que douteux d'un prieur de l'ordre, Esquieu de Florian. Ce dernier a dénoncé des pratiques obscènes au sein de l'ordre, tant sur le plan des rapports homosexuels que dans le domaine purement religieux. Bien qu'ils n'en aient nul droit, les inquisiteurs royaux ont recours à la torture, et ils obtiennent, naturellement, des aveux. Oui les frères se baisent sur la bouche, oui ils ont des pratiques sodomites, oui ils renient le Christ, oui, enfin, ils adorent un Baphomet, une idole dont le nom n'est que la déformation de Mahomet. Certes, les malheureux templiers sont bien loin de tout reconnaître, et le pape tente de les défendre à partir de 1308. Et en 1310, des templiers qui ont avoué reviennent sur leurs déclarations : considérés comme relaps, une soixantaine sont aussitôt brûlés.

La malédiction des Templiers
(d'après un témoin de l'époque)

Un concile se tient finalement à partir du 16 octobre 1311 à Vienne. Le 22 mars 1312, la bulle *Vox in excelso* dissout l'ordre du Temple. Sur les six cent cinquante templiers français arrêtés, deux cent cinquante sont déjà morts, de vieillesse, torturés, épuisés, ou brûlés vifs.

Mais le pape réserve au roi un coup de pied de sa mule : Philippe IV ne touche que des indemnités pour frais de procédure. Absolument pas le trésor de l'ordre confié aux Hospitaliers.

Désireux de démontrer la culpabilité de l'ordre, Philippe IV fait traduire sur le parvis de Notre-Dame de Paris les quatre plus hauts dignitaires de l'ordre. Les deux principaux, l'ex-Grand maître Jacques de Molay et le précepteur de Normandie, Geoffroy de Charnay, décident de protester de leur innocence. La foule commence à gronder contre cette monarchie injuste et sans pitié. L'ordre royal tombe aussitôt d'exfiltrer les deux hommes et de les brûler vifs dans la soirée, sur une île de la Seine, probablement à l'emplacement actuel de la statue de Henri IV. Avant de périr, Jacques de Molay maudit le roi, sa dynastie, le pape… Les faits sont avérés : Philippe IV et Clément V meurent dans l'année. Quant aux trois fils de Philippe IV, ils ne règnent, au total, que quatorze années, n'assurant pas leur succession. Ainsi s'éteint, en 1328, la race maudite par le Temple des Capétiens.

ÉTIENNE MARCEL N'EST NULLEMENT HOSTILE AU ROI

Du champion de Paris au « traître à la France »

Du statut de champion de Paris en 1355, le prévôt passe à celui de « traître à la France » trois ans plus tard. Étienne Marcel a surtout été victime de son péché d'orgueil. Administrateur hors pair et chef de guerre charismatique, cet homme de génie, dont on vante l'éloquence, est à la fois l'artisan et la victime de la révolution parisienne de 1358. Sur le personnage lui-même, les sources sont maigres. Son physique et ses traits demeurent inconnus. Aucune statue de Marcel n'orne nos places, aucun portrait n'a été conservé dans nos musées. On sait à peine son âge, environ quarante ans. Il est issu d'une riche famille de commerçants qui a connu son essor dans la draperie. En cette année 1355, il est élu prévôt des marchands. Sur fond de guerre de Cent ans, il devient le principal magistrat de la capitale, celui qui fixe le prix des marchandises et veille au bon entretien des fortifications. Présidant la juridiction commerciale de Paris, Étienne Marcel en est aussi la figure de proue politique.

Rendre le roi plus digne d'exercer son pouvoir

Son ambition est de transformer Paris en une ville commerciale de type italien. Il se manifeste pour la première fois d'une manière spectaculaire lors des états généraux de langue d'oïl réunis au mois de décembre 1355. Avant même le désastre révélateur de

Poitiers et devant la santé chancelante de la monnaie, Étienne Marcel mais aussi Robert le Coq cherchent à limiter les prérogatives royales. En d'autres termes, loin de vouloir abolir la royauté, le prévôt des marchands veut rendre le roi plus digne de son royaume en imposant un contre-pouvoir capable de limiter les excès de la monarchie. À compter de la promulgation de l'ordonnance du 28 décembre, les états entendent contrôler les finances royales, répartir équitablement les charges publiques et réduire le rôle des officiers royaux. En d'autres termes, plus aucun impôt ne pourra être levé sans leur accord. Les états s'érigent en véritable contre-gouvernement. Pour couronner le tout, ils décident eux-mêmes de se réunir régulièrement dès le début de l'année 1356. Fait unique dans notre histoire nationale : pendant près de trois ans, jusqu'à la chute d'Étienne Marcel, les états généraux conditionnent le jeu de la politique française. On peut même parler d'une éclipse partielle de la royauté et d'un avant-goût de république. Au mois de septembre 1356, la défaite des troupes françaises à Poitiers ne fait qu'accentuer le discrédit de la monarchie.

Poitiers : la monarchie française humiliée

19 septembre 1356. Les troupes françaises de Jean II le Bon, pourtant numériquement supérieures, sont cruellement défaites par les forces anglo-saxonnes du Prince Noir sur le plateau de Maupertuis. Réédition de la bataille de Crécy livrée par son père Philippe VI, dix ans plus tôt, la rencontre de Poitiers illustre à elle seule l'absence de stratégie de la noblesse française. Méprisant

les schémas tactiques, les chevaliers privilégient l'exploit individuel. Une fois encore, les arcs anglais ont raison des arbalètes et de la charge de cavalerie française.

Désarçonnés et empêtrés dans leurs lourdes armures, les nobles sont égorgés et achevés par la piétaille anglaise. Avec sa couronne rivetée sur son bassinet à face de chien, Jean le Bon lui-même est capturé. Au terme de cette sombre journée du 19 septembre, deux mille hommes jonchent le terrain de bataille. Des barons, des comtes, mais aussi le porteur de l'oriflamme, deux maréchaux et le connétable Gauthier lui-même font partie des illustres victimes. Plus solides et plus mobiles, les Anglais ont écrasé la première armée d'Europe. Il faut se rendre à l'évidence, aucune leçon militaire n'a été tirée de Crécy. Plus qu'une défaite, la bataille de Poitiers est un choc social. La noblesse humiliée, le roi prisonnier, les paysans qui ont dû payer l'équipement de leurs seigneurs ne peuvent que mépriser ces nobles incapables de venir à bout d'une armée de manants.

Les conséquences de cette nouvelle défaite sont incalculables. Le désastre de Poitiers renforce la volonté d'Étienne Marcel de contrôler véritablement l'exercice de la monarchie. Le fils aîné de Jean le Bon, à savoir le dauphin Charles (qui a pris le titre de lieutenant du royaume depuis le mois de novembre 1356), règne sur un territoire exigu qui fait pâle figure auprès des possessions anglaises. La montée en puissance d'Étienne Marcel va de pair avec le délabrement de l'autorité royale. Affaibli par la défaite et la captivité de son père, Charles, le duc de Normandie, est un jeune homme de dix-neuf ans désormais sans royaume, sans argent et sans armée. Pour les députés des trois ordres, il est temps de prendre l'initiative en matière judiciaire, financière et économique…

Mars 1357 : vers une monarchie constitutionnelle ?

Le moment est venu d'établir un impôt régulier et annuel pour solder une armée de trente mille hommes. En mars 1357, à la suite d'une session des états, une grande ordonnance est publiée. Comportant plus de soixante articles, celle-ci entend stabiliser la monnaie, assainir les finances et rétablir la discipline militaire. Lutter contre la spéculation et les dépenses inutiles, tel est l'objectif fixé par les collègues d'Étienne Marcel. Moins que d'édifier une monarchie parlementaire, il s'agit d'exercer un meilleur contrôle sur les agissements du corps administratif royal. En conséquence, les députés entrent au Conseil du roi.

Il y a cependant un fossé entre une décision et son application. Dès le mois d'avril 1357, l'ordonnance du 3 mars bat de l'aile. Considérée comme une initiative spécifiquement parisienne, la province rechigne à suivre les états de langue d'oïl. Des villes comme Saint Lô, Toulouse ou encore Montbrison refusent de s'acquitter du nouvel impôt. Devant l'impuissance manifeste des états, le dauphin Charles recouvre quelque peu son autorité. Finalement, en décidant de ne pas entériner l'ordonnance du 3 mars 1357, le futur Charles V le Sage s'oppose à l'entrée de membres des états dans son conseil. Plus encore, il garde les anciens conseillers de son père dont les députés ont pourtant réclamé l'exclusion. En bref, il entend gouverner seul. Devant l'entêtement du dauphin, Étienne Marcel et Robert le Coq décident de libérer l'un des plus farouches détracteurs des Valois, à savoir Charles II le Mauvais[2]. Arrière-petit-fils de Philippe le Bel, le roi de Navarre revendique la couronne de France. Son ambition n'a d'égale que son arrogance et sa perfidie…

De retour à Paris, Charles de Navarre fait cause commune avec Étienne Marcel. La confrontation avec le dauphin apparaît alors inéluctable…

Janvier 1358 : l'épreuve de force avec le dauphin

La journée du 23 janvier 1358 est déterminante. Après l'annonce d'une nouvelle dévaluation de la monnaie par le dauphin, la contestation reprend de plus belle. Le trésorier royal Jean Baillot est trucidé par le valet d'un changeur. Le lendemain, le meurtrier est pendu haut et court au gibet de Montfaucon. La réaction des états ne se fait pas attendre. Dès le 11 février, ils réclament l'application de l'ordonnance du 3 mars 1357 et entendent confisquer au Conseil du roi ses prérogatives financières. Onze jours plus tard, c'est le drame. Faisant irruption dans le palais même du dauphin, Étienne Marcel et une troupe de fidèles, tous coiffés du chaperon rouge et bleu, bousculent l'entourage royal dans le but d'intimider Charles. Il l'oblige à se débarrasser des anciens conseillers de son père et à appliquer les réformes décidées par les états. Joignant le geste à la parole, ils massacrent

2. Charles de Navarre a été enfermé à Château-Gaillard en 1356, après ses manigances avec les Anglais. Il est aussi le gendre de Jean le Bon depuis son mariage avec Jeanne de France.

littéralement deux maréchaux sous les yeux même du dauphin. Jean de Conflans et Robert de Clermont font ainsi les frais de cette visite intempestive. Pour couronner le tout, Étienne Marcel coiffe le dauphin ainsi de son propre chaperon. L'autorité royale est bafouée. Le régent du royaume est devenu l'otage des Parisiens. Un gouvernement bourgeois s'est substitué au pouvoir du dauphin. Devant cette situation intolérable, Charles prend la fuite en pleine nuit. Quelques jours plus tard, il réunit les états dévoués à sa cause à Compiègne et obtient l'argent qu'il réclame. Relatant les meurtres inexcusables de ses deux maréchaux, le dauphin dresse les députés contre la capitale et Étienne Marcel. À Paris même, des voix commencent à s'élever contre l'action du prévôt des marchands. Survient alors la révolte des paysans, la jacquerie du printemps 1358, un mouvement populaire aussi violent qu'inattendu...

Juillet 1358 : la population parisienne se retourne contre Étienne Marcel

Exaspérés par la pression fiscale et harcelés par les troupes anglo-navarraises, les paysans se soulèvent contre leurs seigneurs, une noblesse discréditée auprès des masses populaires après le désastre de Poitiers. Fin mai 1358, quatre chevaliers et cinq écuyers sont massacrés par des paysans armés de pieux à Saint-Leu-d'Esserent. En l'espace de quinze jours, l'émeute se transforme en révolte, laquelle se propage aux terres les plus riches du Bassin parisien. Sous l'impulsion d'un certain Guillaume Carle, les Jacques ne reculent devant aucune violence, pillant les châteaux et en massacrant les habitants. À seul titre d'exemple, Froissard nous contre l'histoire terrible d'un chevalier littéralement embroché, rôti et mangé sous les yeux de sa femme, laquelle est à plusieurs reprises violée par toute une bande d'émeutiers. Face à cette barbarie, les nobles dames décident de se réfugier à Meaux, dans la forteresse dite « du Marché ». Le mouvement s'essouffle faute de discipline.

Malgré sa brièveté, la Jacquerie a durablement marqué les consciences. Face à cette révolte sans précédent, Étienne Marcel a fait preuve d'un incroyable esprit d'indécision. Tout en soutenant les Jacques du bout des lèvres, il en souhaite intérieurement la défaite. Quand il apprend l'écrasement définitif des manants de Guillaume Carle par les troupes de Charles le Mauvais, le 10 juin, Marcel pousse un soupir de soulagement.

Au seuil de l'été 1358, la position du prévôt des marchands est des plus délicates. En décidant d'accorder son pardon aux Parisiens et de lever le blocus de son armée après un petit mois de siège, le futur Charles V réussit un coup de théâtre remarquable : il affaiblit la détermination des défenseurs de la capitale tout en refusant de leur livrer combat. Devant la levée du siège de Paris par les troupes royales (opérée le 20 juillet), la population parisienne remet en question la présence des troupes anglo-navarraises au cœur de la capitale. D'aucuns doutent désormais du bien-fondé de l'action d'Étienne Marcel. Dans les rues de Paris, les Anglais sont pris à partie. Trente et un des leurs sont massacrés par les Parisiens. De son côté, Étienne Marcel joue la carte anglo-navarraise en laissant échapper plus de quatre cents prisonniers anglais de la tour du Louvre. Pour les Parisiens, il n'y a plus de doute : le prévôt des marchands a trahi leur cause…

31 juillet 1358 : le meurtre du « traître navarrais »

À compter de la fin du mois de juillet 1358, une fraction importante de la bourgeoisie urbaine se détourne du prévôt des marchands. S'accrochant désespérément à son pouvoir illusoire, Étienne Marcel croit jusqu'au bout possible de reprendre le dessus. « Dans son acharnement à conserver une autorité qu'il ne contrôle plus, le bourgeois conformiste s'est fait, par phobie du désordre, le serre-file de l'émeute et le dénominateur d'un prince apeuré qui n'oubliera pas et ne pardonnera pas », nous dit Jacques d'Avout[3]. Pour maintenir son autorité, l'appui des mercenaires étrangers lui est indispensable. Le chef de la municipalité parisienne signe son arrêt de mort en décidant d'ouvrir la porte Saint-Denis aux troupes anglo-navarraises restées autour de la capitale… Au soir du 31 juillet 1358, suite à une altercation avec un certain Jean Maillard, autre grand marchand de la capitale, Étienne Marcel et les siens sont bousculés et massacrés à coups de hachette et de poignard. Sitôt sa basse besogne commise, Jean Maillard s'empresse d'enfourcher un cheval et de déployer une bannière de Jean le Bon. « Montjoie au roi et au duc ! » crie-t-il en signe de victoire…

3. Jacques d'Avout, *Le Meurtre d'Étienne Marcel*, Éditions Gallimard, 1960.

L'ARTILLERIE FAIT SON APPARITION AU SIÈGE D'HARFLEUR ET À LA BATAILLE DE CASTILLON ET NON PAS À CRÉCY

Henri V de Lancastre roi d'Angleterre

Dès son accession au trône d'Angleterre, Henri V de Lancastre entend profiter de la guerre civile qui règne en France entre Armagnacs et Bourguignons, mais aussi de la faiblesse mentale de Charles VI, pour affirmer ses prétentions à la couronne de France, celles d'Édouard III et de ses fils. Le roi s'efforce d'obtenir la main de Catherine de France, la fille de Charles VI, et entend obtenir la restitution des terres française reconquises par Charles V. Des négociations s'ouvrent : les Armagnacs les rompent au mois de juillet 1415. En vérité, depuis le printemps 1414, Henri V prépare un débarquement en France. Il lève des troupes et réunit une flotte. Dès fin juillet 1415, il lance une lettre de défi à Charles VI, puis prend la mer. Parti de Portsmouth à bord de La *Trinité*, suivi de centaines de vaisseaux, le roi d'Angleterre se dirige vers sa chère terre normande qu'il ne possède plus. Il entend attaquer le port de guerre de Harfleur qui garde la Seine sur la rive nord de son embouchure. Il débarque à quelque distance de Harfleur, au Chef-de-Caux, puis se dirige vers le port français avec environ douze mille hommes, dont une moitié d'archers. Accompagné de son frère, le duc de Clarence, le roi Henri V vient mettre le siège devant Harfleur. Il s'agit tant d'abattre ce port de guerre que de faire cesser les opérations des corsaires qui, depuis Harfleur, vont ravager les côtes d'Angleterre.

Harfleur victime de la canonnade

Le port de Harfleur n'est défendu que par une petite garnison d'environ une centaine de lances, auxquelles Jean d'Estouteville et le sire de Gaucourt, Raoul, viennent prêter main-forte. Au total, les Français parviennent à aligner quatre cents lances. Ils avertissent sans tarder le roi Charles VI de la situation périlleuse dans laquelle ils se trouvent. Mais l'ost n'est pas levé et le gouvernement monarchique est bien en peine de leur venir en aide. Ainsi l'attaque anglaise, pourtant annoncée par le roi lui-même aux ambassadeurs français début juillet 1415, a-t-elle surpris le parti des Armagnacs.

Le roi Henri V a décidé d'employer les grands moyens, réunissant bombardes, canons et autres bouches à feu. Cette fois, les Anglais disposent de moyens techniques nouveaux et les utilisent pour battre la muraille de Harfleur. On a prétendu qu'à Crécy deux ou trois bombardes avaient été employées avec succès, du moins du côté français, car on en trouve nulle trace dans les archives anglaises. Soixante-dix ans plus tard ou presque, malgré le harcèlement de petits contingents français conduits par le connétable Charles d'Albret et Bernard VII d'Armagnac, devant les destructions causées par l'artillerie naissante, les défenseurs français demandent merci. Après un mois de résistance, à un contre trente, ils capitulent le 22 septembre.

Le siège a été plus long que prévu même si le port est stratégique. Mais surtout, une épidémie de dysenterie a ravagé l'armée. Fin septembre, il n'est plus question de marcher sur Paris, voire même de s'enfoncer en Normandie. Aussi, après avoir laissé une forte garnison à

Harfleur, Henri V décide-t-il de se replier en toute hâte vers Calais, car il vient d'apprendre que les Français ont réuni une puissante armée autour de Rouen. En effet, d'Albret et le maréchal Boucicaut ont rassemblé plus de quinze mille combattants et ils entendent prendre les Anglais dans une nasse et les forcer à combattre le dos à la mer. On sait que Henri V échappe d'extrême justesse au piège français avant de faire face à Azincourt et de vaincre brillamment des troupes françaises indisciplinées qui n'appliquent pas le plan, pourtant très valable, mis au point par Boucicaut.

Castillon-la-Bataille ou la revanche française

Après s'être emparé de la Normandie et de tout l'Ouest à la suite de la grande victoire Formigny en 1450, le roi Charles VII entend profiter du désarroi anglais pour expulser les *Goddons* d'Aquitaine (ou Guyenne). En 1451, une première offensive permet aux Français de s'emparer de Bordeaux, puis de Bayonne.

Devant ces lourds désastres, Henri VI en vient à craindre un débarquement français en Angleterre. À l'été 1452, malgré les difficultés, il se décide à lever une armée de cinq mille hommes et à l'envoyer en Guyenne, où les Anglais continuent de bénéficier de complicités importantes. C'est l'expérimenté John Talbot, un homme de près de soixante-dix ans, qui commande le corps expéditionnaire anglais. Le voici promu lieutenant du roi en Guyenne. Le 17 octobre 1451, la flotte anglaise croise devant Bordeaux, puis donnant l'assaut s'en empare le 23. Olivier de Coëtivy, le sénéchal français est ainsi capturé. Faisant preuve d'un activisme remarquable, Talbot rétablit le contrôle anglais sur tout le Bordelais et poste même une garnison à Castillon, cité située au bord de la Dordogne. Et il s'établit également à Libourne et à Langon. En 1453, Talbot reçoit le renfort de son fils, le vicomte Lisle, accompagné de deux mille combattants.

Charles VII ne saurait demeurer sans réaction : il lève trois armées et les engage. Toutes se dirigent vers Bordeaux. Le comte Jean de Clermont pénètre le premier en Médoc : Talbot vient le défier. Aussitôt Clermont appelle en renfort la seconde armée du comte Gaston de Foix. En infériorité numérique, Talbot se replie sur Bordeaux. C'est alors que la troisième armée, celle des maréchaux Culan-Jalognes, Laval-Lohéac, de l'amiral Jean de Bueil, de Jacques de Chabannes décide d'assaillir Castillon. Ainsi l'a recommandé Jean Bureau, trésorier de France et grand maître de l'artillerie. C'est lui qui vient de doter le pays d'un ensemble redoutable de bouches à feu, composées de couleuvrines, de bombardes, de veuglaires et de ribaudequins, servis par un personnel formé et spécialisé. Son frère, Jean Bureau, dirige en personne l'artillerie française à Castillon. La troisième armée entend donc s'emparer de Castillon, défendue par une garnison anglaise qui fait aussitôt appel à Talbot. Avec environ huit mille hommes, les Français ne sont que légèrement supérieurs en nombre aux forces anglaises que Talbot rassemble à la hâte. Jean Bureau fait dresser un camp dans lequel il installe bagages et pièces d'artillerie, à l'abri de palissades et d'un large fossé. Une partie des forces françaises s'est installée à proximité de Castillon, à hauteur du prieuré de Saint-Florent, alors que les autres contingents se sont positionnés sur la hauteur, au nord du camp de Bureau, près du village de Capitourlan. Dès le 21 juin 1453, Talbot, accompagné de son fils, se rue sur les francs archers de Saint-Florent qu'il chasse sans peine. Au prix de pertes non négligeables, les Français parviennent à regagner le camp de Bureau. Vainqueur facile, Talbot pense emporter le gain de la bataille et entouré de ses troupes d'élite, donne l'assaut au camp français. Une première décharge de l'artillerie de Bureau brise l'élan anglais, couchant la moitié des assaillants. Pourtant ces derniers poursuivent le combat, mais l'intervention des troupes descendues de Capitourlan les place dans une position intenable. Blessé d'un coup de couleuvrine, Talbot est abattu, ainsi que son fils venu à son secours. Dès lors la panique s'empare de la troupe anglaise qui cherche refuge dans la cité et le château de Castillon. Le 19 juillet, affamés, les mille cinq cents soldats anglais de Castillon se rendent. Dès lors, après ce premier grand succès remporté par l'artillerie française, alors la meilleure d'Europe, la résistance anglaise faiblit. Et le 19 octobre 1453, Bordeaux capitule. Les Anglais sont ainsi pratiquement boutés hors de France : ils ne contrôlent plus que quelques ports en France, essentiellement Calais. Le rêve anglais d'un empire continental s'est totalement effondré. Les défaites en France déstabilisent le roi Henri VI, un homme bienveillant, cultivé, pénétré de religion, mais d'une grande faiblesse politique. L'Angleterre, ruinée par la guerre et l'érection de monuments dispendieux, voit les débris des armées anglaises continentales refluer sur l'île. Les York sont déterminés à en profiter pour arracher le pouvoir. Ainsi le succès des couleuvrines françaises à Castillon est-il, indirectement, la cause de la guerre des Deux Roses, la blanche, celle des Lancastre et la rose, celle des York, qui s'achève par l'assassinat du roi Henri VI et de son fils Édouard, prince de Galles, en 1471.

LES SIX BOURGEOIS DE CALAIS, ACTEURS D'UNE PIÈCE BIEN ORDONNÉE

La victoire de Crécy sans lendemain ?

Le roi Édouard III a beau avoir remporté une grande victoire à Crécy, ce 26 août 1346, il n'en demeure pas moins lucide. Touchée par la dysenterie, éloignée de ses bases en territoire ennemi, son armée doit regagner l'Angleterre. De cette campagne, le roi entend toutefois tirer un profit minimal : s'emparer d'un port qui lui servirait ensuite de base permanente pour envahir la France. Aussi décide-t-il de mettre siège devant Calais, imaginant qu'il se rendra maître rapidement de la cité, certes fortifiée et défendue par deux cents professionnels des armes, à la tête desquels Jean de Vienne se révèle être un chef d'exception. Ayant investi la ville en septembre 1346, il l'entoure d'un fossé et l'enveloppe de puissants retranchements de bois. Puis il édifie une véritable ville, avec ses logis de gens de guerre, son marché, ses artisans de bouche, ses drapiers et ses merciers...

Ravitaillé par des navires venus d'Angleterre, Édouard III ne tente pourtant aucun assaut, afin d'éviter de lourdes pertes, et décide de réduire le port français par la famine. Il sait se montrer homme d'honneur en acceptant de laisser une bonne partie de la population calaisienne sortir de la ville. Pour dire vrai, il s'agit principalement des gens les plus démunis, chassés des fortifications parce qu'ils sont incapables de financer la constitution de leurs propres provisions. Ainsi s'affronte-t-on entre militaires !

Lassé du siège, dès la fin octobre Édouard III fait quérir sa reine Philippa de Hainaut, qui vient le rejoindre, accompagnée de sa Cour.

Le siège se durcit

Cependant, la situation à Calais devient plus difficile : jusqu'alors, le roi anglais n'a pu empêcher les corsaires de Boulogne de franchir le blocus de la flotte anglaise et de ravitailler la ville. En novembre, Édouard III décide de fermer l'accès au port par la mer : il coule des navires, édifie une tour de bois imposante, l'équipe de bombardes et d'espringales et la dote d'une garnison de plus de deux cents archers. Désormais, plus aucun navire ne peut pénétrer dans le port de Calais.

Philippe VI, qui se tient informé de l'admirable résistance de Calais, a renforcé les garnisons de Boulogne, de Guines et des villes d'Artois, pour entraver toute tentative d'élargissement d'Édouard III, mais au printemps, il ne peut se soustraire à la nécessité de porter secours à son loyal serviteur, Jean de Vienne, alors gouverneur de Calais.

Philippe VI osera-t-il ?

Début mai, Philippe VI rassemble son armée à Amiens et décide de marcher sur Calais pour forcer Édouard III à lever le siège. Le voici, occupant les hauteurs de Sangate, examinant le dispositif anglais autour de Calais. Depuis la bataille de Crécy, il ne veut plus affronter un adversaire retranché derrière un mur de bois. Aussi cherche-t-il à négocier avec Édouard III, mais ce dernier s'y refuse. Dépité, le roi de France préfère se retirer. En juin, se sachant abandonné, Jean de Vienne entame des négociations avec le roi anglais. Celui-ci semble se montrer intraitable, exigeant une capitulation sans conditions, qui laisse soldats et civils à sa totale merci. Inacceptable pour le Français ! Il est vrai que les corsaires calaisiens ont souvent attaqué et pillé les ports anglais, alors que depuis plus de neuf mois, le roi piétine au pied de ses murailles. Dominant son exaspération, Édouard III, noble chevalier, veut imposer aux Calaisiens une humiliation qui montre son courroux.

Les bourgeois de Calais

Édouard III n'exige nullement la tête de six bourgeois de Calais, comme le raconte le chroniqueur Froissart. Mais il impose une cérémonie expiatoire à l'issue de laquelle, après avoir traversé Calais la corde au cou, six bourgeois viendront lui demander pardon de l'avoir offensé en résistant aussi longuement.

Ainsi la fameuse scène de la reine Philippa de Hainaut se jetant, enceinte, aux pieds de son époux, pour obtenir la grâce des six bourgeois est-elle purement imaginaire comme l'a fort bien démontré Jean-Marie Moeglin[4].

La comédie écrite de Jean Froissart

Et pourquoi donc Froissart a-t-il ainsi transformé la réalité, s'inspirant d'ailleurs de la chronique de Jean Le Bel ? Jean Froissart est un personnage assez obséquieux qui vit au service des grands et cherche à les flatter. D'abord au service de la cour d'Angleterre, il devient clerc de la reine Philippa de Hainaut, à l'époque du siège de Calais. Puis il accompagnera le prince de Galles à Bordeaux avant de passer au service du duc de Clarence, enfin de séjourner à la cour de Brabant. La mort de sa protectrice majeure, la reine Philippa, le laisse orphelin : le voilà prêtre, poursuivant la rédaction de ses *Chroniques*. Il se place désormais au service de princes français : Gui de Châtillon, Gaston Phébus…

Sans doute Froissart a-t-il voulu, dans cette affaire des bourgeois de Calais, rendre hommage à Philippa de Hainaut. Une reine qu'il admire tout particulièrement, non seulement parce qu'elle assure son bien-être, mais aussi parce qu'il est, comme elle, originaire du Hainaut.

4. Nommé au conseil scientifique de l'IHA, en janvier 2012, Jean-Marie Moeglin est professeur d'histoire médiévale à l'université Paris IV-Sorbonne et directeur d'études cumulant à l'École pratique des hautes études (EPHE).

Et d'ailleurs le capitaine de l'armée de siège anglaise à Calais est également originaire de cette région. Froissart crée alors de toutes pièces une scène héroïque pour rendre hommage à la générosité de sa mécène, à la grandeur de l'armée anglaise, et, pourquoi pas, à lui-même. En effet, le geste de Philippa apporte la démonstration que, décidément, ces gens du Hainaut sont infiniment généreux.

CE SONT BIEN LES ANGLAIS QUI ONT PERDU LA GUERRE DE CENT ANS

Lourdes défaites à l'Écluse, à Crécy et à Poitiers

Édouard III, le fils d'Isabelle de France, fille de Philippe IV le Bel, revendique le royaume de France, puisque les trois fils du roi français sont morts sans héritiers. Dès 1337, il engage la guerre, en appuyant la révolte des Flandres de Jacob van Artevelde contre les Français. Il cherche, ainsi, en privant les ateliers flamands de laine anglaise, à briser la puissance économique française qui repose, en partie, sur la florissante industrie des draps de Gand et de Bruges.

Philippe VI de Valois est un roi courageux: après sa brillante victoire de Cassel de 1328 face aux révoltés flamands, il ne craint pas d'affronter l'Angleterre. Il sait son pays riche en hommes avec quinze millions d'habitants alors que les Anglais doivent combattre loin de leurs terres avec une population ne dépassant pas quatre millions d'individus. Philippe IV le Bel lui a laissé une flotte remarquable. Aussi envoie-t-il deux cents nefs, depuis l'arsenal de Rouen, contrer le débarquement anglais. Assistée par des conseillers génois, la flotte est dirigée par Béhuchet et Quiéret. Hélas, non seulement les deux hommes ne s'entendent guère, mais le premier est un financier et le second un corsaire. Ils sont bien incapables de diriger une flottille de cette dimension. Ils la positionnent dans l'estuaire de la Zwin, devant Bruges, en face de l'Écluse. Au lieu d'écouter les Génois qui conseillent un affrontement avec les Anglais en haute mer où la vélocité des nefs françaises devrait leur donner un avantage décisif, ils préfèrent enchaîner leurs navires les uns aux autres. La bataille navale se déroule le 24 juin 1340. Criblés de flèches, ne pouvant manœuvrer, ne répondant que par des tirs d'arbalètes trop espacés, les Français doivent affronter un corps à corps où ils sont inférieurs. Environ quinze mille Français sont ainsi massacrés : seules une vingtaine de nefs et leurs deux mille hommes qui ont refusé de s'enchaîner, parviennent à se dégager. Capturés, les deux amiraux français sont pour le premier, pendu à un mat et pour le second, décapité sur le bastingage de son navire. Assurément, Édouard III ne fait pas la guerre en dentelle. Cependant ce grand succès ne profite guère au roi anglais car son homme lige en Flandre, Artevelde, est bientôt exécuté par ses anciens partisans.

En juillet 1346, Édouard III débarque en France à Saint-Vaast-la-Hougue avec l'intention de s'emparer de Rouen. Mais il doit bientôt fuir devant l'ost français qui menace de l'encercler. Aussi décide-t-il de combattre son adversaire à Crécy, dans la Somme, le 26 août. Philippe VI ne parvient pas à se faire obéir de ses troupes. Son arme secrète, « l'arbalétrerie » génoise, se révèle un fiasco, les cordes des arbalètes se trouvant distendues à la suite des orages. Et la lourde cavalerie française effectue des assauts désordonnés repoussés par des pluies de flèches expédiées par les archers gallois. Sans doute les Français comptent-ils cinq mille tués, soit approximativement un combattant sur trois. Quant aux huit mille Anglais, ils ne perdent que quelques dizaines d'hommes.

Cependant, se jugeant trop faible, Édouard III ne poursuit pas les Français : il se dirige vers Calais et en fait le siège. Il lui faut près de neuf mois pour prendre la ville remarquablement défendue par Jean de Vienne. Ainsi, dès 1347, les Anglais disposent-ils avec Calais, jusqu'à la fin de la guerre de Cent ans (qui dure jusqu'en 1453), d'une base solide pour leurs opérations en France.

Dix ans plus tard, Édouard III laisse ses fils, le Prince Noir (Édouard prince de Galles) et Jean de Gand (duc de Lancastre), conduire des raids sanglants, pour le premier depuis Bordeaux vers l'Auvergne, le Berry et la Touraine, pour le second depuis la côte, en Normandie. Le roi Jean II est décidé à les briser. Il s'avance jusqu'à Poitiers, débordant les six mille hommes du prince de Galles, contraint d'accepter le combat. La retraite vers Bordeaux est coupée. Cerné sur le plateau de Maupertuis, l'Anglais est perdu. Il doit combattre à un contre deux ou périr de faim et de soif. Mais le roi Jean est chevaleresque : il ne veut pas d'une victoire trop aisée. Il ordonne l'assaut contre l'avis de son entourage. Placée sur la hauteur, l'archerie anglaise massacre la cavalerie française qui ne peut charger que par un étroit sentier, avant que l'Anglais n'attaque le roi de France dans la plaine. Abandonné par une partie de ses troupes, le roi Jean est finalement capturé avec son fils Philippe. Les pertes françaises sont beaucoup moins élevées qu'à Crécy, peut-être de deux mille hommes.

Privée de roi, la France va connaître une période sombre. Le dauphin Charles, futur Charles V, doit affronter les états généraux dont il a besoin pour voter l'impôt. Il faut, en effet, tant payer la rançon de Jean II retenu captif en Angleterre que reconstituer une armée digne de ce nom.

Crécy.
J-1

MESSIRES ! MOI, GÉNÉRAL NIVELLE, COMMANDANT EN CHEF DE NOS FORCES ARMÉES, J'AFFIRME QUE GRÂCE À NOTRE ARTILLERIE ET À NOS EFFECTIFS SUPÉRIEURS EN NOMBRE, CES BOCHES D'ANGLOIS SERONT DÈS DEMAIN ÉCRASÉS ET BOUTÉS HORS DE FRANCE !
CRÉCY

Le redressement de Charles V

Après avoir brisé la révolution parisienne conduite par Étienne Marcel, le dauphin Charles, qui se révèle un homme énergique et rusé, signe avec l'Angleterre, en 1360, le traité de Brétigny qui fixe la rançon de Jean II à trois millions d'écus et le territoire anglais au tiers du pays français (Aquitaine jusqu'aux Pyrénées et au Massif central, région de Calais, Ponthieu inclus).

Dès la mort de son père en 1364, le nouveau roi, Charles V, après avoir dû reconnaître Jean de Montfort comme nouveau duc de Bretagne (1365) – il lui prête serment –, engage une active guérilla contre le Prince Noir qui contrôle la vaste principauté d'Aquitaine. Appuyant les revendications du comte d'Armagnac, il entreprend une reconquête progressive des territoires perdus, avec l'appui de son connétable, du Guesclin. Ces actions de guérilla sont couronnées de succès, même si à la mort du roi, en 1380, les Anglais tiennent encore solidement Bordeaux, Bayonne et Calais.

En raison des graves problèmes rencontrés par Richard II en Angleterre, le temps est plutôt à la trêve entre les deux nations. Puis c'est au tour de la France d'être en proie à la guerre civile, la démence du roi Charles VI déclenchant une lutte féroce entre les Bourguignons de Jean sans Peur et le duc d'Orléans, Louis, frère du roi en titre. Après l'assassinat de Louis d'Orléans par son rival, Bernard d'Armagnac reprend le flambeau des Valois. La lutte entre Bourguignons et Armagnacs est si intense que les deux parties en viennent à rechercher l'alliance anglaise.

Un roi anglais en France

En 1415, le nouveau roi d'Angleterre, Henri V, se décide à la guerre : il entend imposer une double monarchie anglo-française sous son égide. Il débarque en France avec douze mille hommes. Aussitôt l'ost français, privé toutefois d'une fraction importante des troupes bourguignonnes dont Jean sans Terre refuse l'engagement, vient l'affronter à Azincourt, le 24 octobre. Il y subit une terrible défaite, perdant près de trois mille soldats. La défaite d'Azincourt affaiblit les Armagnacs qui ont perdu nombre des leurs sur le champ de bataille du Pas-de-Calais. Aussi, en 1418, les Bourguignons parviennent-ils à s'emparer de Paris, faisant un grand massacre d'Armagnacs, dont Bernard VII. Cependant, le dauphin Charles, futur Charles VII, est parvenu à s'enfuir, échappant aux Bourguignons. Devant l'avancée rapide des troupes anglaises qui ont achevé la conquête de la Normandie et se dirigent désormais vers Paris, partisans du dauphin Charles et Bourguignons se rapprochent. Mais, prenant sa revanche du meurtre de son oncle, Louis d'Orléans, le dauphin Charles fait assassiner le duc de Bourgogne, Jean sans Peur, au pont de Montereau, en 1419. Rejetés dans l'alliance anglaise, les Bourguignons obtiennent du roi Charles VI qu'il exhérède son fils. Ainsi déshérité, le futur Charles VII devient l'unique résistant, suivi par toute la France du Centre et du Sud, au traité de Troyes signé en 1420 entre Philippe le Bon, le nouveau duc de Bourgogne, Charles VI et le roi anglais Henri V. Ce traité prévoit de confier à titre perpétuel la couronne de France au roi Henri V, dès la mort du roi Charles VI. Henri V épouse alors Catherine de France, fille de Charles VI, qui lui donne très vite un fils, le futur Henri VI.

Mais la situation du dauphin Charles est moins désespérée qu'il n'y paraît : le riche Languedoc lui fournit des subsides pour lever une armée, alors que dès 1422, Charles VI et Henri V quittent ce bas monde. Le nouveau régent, frère du roi défunt, le duc de Bedford, exerce la régence au nom du tout petit Henri VI. Il obtient avec difficulté des renforts, car la guerre pèse déjà lourdement sur les finances anglaises. Aussi se décide-t-il à tenter d'abattre le dauphin Charles, en cherchant à le repousser au sud de la Loire, pour le prendre en étau entre Bourgogne et Guyenne. Et il lui faut faire vite car il ne peut supporter une guerre longue, faute de moyens.

Le 22 mars 1421, l'armée écossaise du dauphin Louis inflige une dure défaite au duc de Clarence, frère du duc de Bedford, à Baugé. Non seulement, le duc est tué, mais il perd près de quatre mille hommes, dont plus de cinq cents prisonniers. Deux ans plus tard, les Anglais prennent leur revanche à Cravant, le 23 juillet 1423 : l'armée française y affronte les Anglo-Bourguignons. Principalement composée d'Écossais et d'Espagnols, elle est écrasée, laissant trois mille tués sur le terrain et un millier de prisonniers.

L'affrontement le plus important de la guerre de Cent ans se déroule le 24 août 1424, à Verneuil-sur-Avre. Alors qu'ils se sont emparés de Verneuil et qu'après la terrible charge des cavaliers lombards, qui a pulvérisé le front anglais, ils semblent avoir la victoire en main, Français et Écossais se désunissent.

Ils sont finalement vaincus par le duc de Bedford en personne qui n'aligne que huit mille hommes face à ses quinze mille ennemis. Bedford prétend avoir compté plus de sept mille cadavres franco-écossais mais il minimise ses propres pertes, certainement assez lourdes, pas moins de trois mille hommes, car la bataille a duré toute la journée. Aussi, avec probablement huit mille tués, la bataille de Verneuil est-elle, bien que souvent ignorée, la plus meurtrière de la guerre de Cent ans.

Le miracle de Jeanne

Fort de son succès (encore faut-il remarquer que les défaites de Cravant et de Verneuil ont lieu en terre anglo-bourguignonne, à la suite d'offensives françaises), Bedford entend en profiter. Il décide, dès 1428, de porter un coup de butoir décisif contre Orléans, pour rompre la ligne de défense du futur Charles VII sur la Loire. Bien défendue par Dunois, avec soixante-dix canons et deux cents combattants d'élite, Orléans est difficilement prenable. D'autant que le capitaine anglais, Salisbury, dispose de forces insuffisantes. Après la défaite française de Rouvray-Saint-Denis, dite également « bataille des harengs », due à la désunion entre l'Écossais John Stuart et le comte de Clermont, qui a permis aux Anglais de se ravitailler, Orléans semble à bout de souffle. La survenance de Jeanne d'Arc réveille l'esprit de résistance français. Le 29 avril 1429, précédant l'armée de secours, Jeanne fait son entrée par le fleuve. Dès le 4 mai, les Français reprennent la bastide Saint-Loup, puis le 6, celle des Augustins. Les Anglais de Suffolk décident de se retirer. Alors l'avancée française est irrésistible: Jargeau, Beaugency tombent entre leurs mains, avant que, le 18 juin, les troupes anglaises en fuite ne soient sévèrement vaincues à Patay, perdant deux mille cinq cents hommes et des centaines de prisonniers. La marche du roi Charles vers Reims où il se fait couronner permet d'obtenir la reddition de villes puissantes comme Troyes. Mais le roi ne veut pas risquer inutilement ses troupes. Dès l'échec du premier assaut devant Paris, il abandonne la partie. Il ne veut plus de guerre ouverte, mais est décidé à séparer Anglais et Bourguignons. Il n'est pas sans avoir constaté que l'alliance avec l'Angleterre n'a rien rapporté à la Bourgogne.

L'offensive généralisée de 1450

Le 21 septembre 1435, Philippe le Bon signe la paix d'Arras avec Charles VII. Il en obtient Auxerre, Mâcon, Bar-sur-Seine, Péronne, Montdidier, Roye, Luxeuil...

Dès lors, seul face aux Anglais, Charles VII accomplit des progrès rapides. En 1436, Richemont s'empare de Paris. Ayant brisé le soulèvement féodal de la Praguerie en 1440, Charles VII signe une trêve avec l'Anglais à Tours en 1444. Il en profite pour mettre sur pied de grandes réformes militaires, créant une artillerie modèle et de grandes compagnies à cheval permanentes (sept mille hommes), sans oublier l'archerie.

Ayant reconquis Le Mans dès 1449, Charles VII entreprend la reconquête de la Normandie. Il reprend Rouen dès le 4 novembre 1449, puis écrase des forces anglaises récemment débarquées le 15 avril 1450 à Formigny. Les Anglais perdent près de trois mille huit cents tués et laissent douze cents prisonniers entre les mains françaises. En juillet, Caen tombe, avant que Cherbourg ne se rende le 12 août 1450.

Débute alors une seconde offensive contre la Guyenne et Bordeaux qui s'achève le 19 octobre 1453 par la prise de Bordeaux, après une série de désastres militaires anglais dont le plus significatif est sans conteste celui de Castillon (mille hommes tués et quinze cents faits prisonniers).

Ainsi s'achève cette guerre de Cent ans qui aura duré cent treize ans, par une victoire totale des troupes de la monarchie française. Les rois d'Angleterre ne conservent plus que Calais en France (jusqu'en 1553) !

La France sort donc victorieuse d'un conflit où, par deux fois, sous Jean II et sous Charles VI, elle a failli sombrer. La supériorité démographique française est pour beaucoup dans ce succès, car l'occupation de la France est inaccessible à un pays dont les ressources financières et militaires s'avèrent bien trop faibles. Par ailleurs, beaucoup de victoires anglaises sont dues à de graves défaillances du commandement français et non pas à une pensée stratégique anglaise d'exception. Dès que le commandement français est de qualité, il remporte les affrontements.

LA FAVORITE AGNÈS SOREL, PROBABLEMENT EMPOISONNÉE POUR ABATTRE JACQUES CŒUR

La belle favorite

Fille de Jean Soreau, modeste seigneur picard, et de Catherine de Maignelais à la noblesse plus affirmée, Agnès naît sans doute en 1422. Accueillie à la cour de René d'Anjou, attachée au service de son épouse, Isabelle de Lorraine, elle reçoit une éducation raffinée. En 1443, alors qu'elle est âgée de vingt et un ans, elle est remarquée par le roi Charles VII lors d'un séjour à Toulouse. Bien qu'avouant presque le double de son âge, le roi éprouve un véritable coup de foudre. Il l'impose comme sa favorite, alors que la reine en titre, Marie d'Anjou, ne peut guère combattre, se trouvant enceinte de son douzième enfant…

Agnès est assurément une superbe créature ainsi que le montrent ses portraits (pensons à *La Vierge de Melun* de Jean Fouquet), son gisant de Loches, son marbre sculpté de la collégiale de Saint-Ours, et, bien sûr, la reconstitution de son visage effectué par le CHU de Lille sous la direction de Philippe Charlier.

Le roi la comble de biens, en lui offrant le château de Beauté, à proximité de Nogent-sur-Marne et qui lui vaut le surnom de « dame de Beauté », mais aussi ceux d'Issoudun, de Roquecezière, de Vernon. Elle dépense sans compter en robes, fourrures, bijoux, constitue une maison plus vaste que celle de la reine, impose les modes du sein dénudé et du hennin le plus audacieux.

Une femme de tête

En six années, la favorite donne trois filles au roi, avant de tomber enceinte d'une quatrième enfant en 1450. L'aînée, Marie, est légitimée: elle épousera Olivier de Coëtivy. Les deux cadettes le seront également, plus tardivement: Charlotte est mariée pour son malheur à Jacques de Brézé et Jeanne, à Antoine de Bueil. Il s'agit là d'unions inespérées avec les plus grands seigneurs de France.

Agnès Sorel est très pieuse en dépit de sa position délicate de maîtresse officielle, et comble de biens la cathédrale de Loches, ville où elle réside souvent. Poétesse, latiniste, musicienne, elle brille par son intelligence et sa relation avec la reine est moins dégradée qu'on le prétend bien souvent. Agnès se montre respectueuse et Marie préfère savoir son roi dans les bras d'une seule. Mais il existe un autre motif, plus solide encore: les deux femmes sont du parti de la guerre contre l'Anglais et s'efforcent de convaincre Charles VII, volontiers attentiste, de le chasser de France. Après la mort de la favorite, la reine consent à marier l'une de ses filles d'honneur à Jean Soreau, le frère d'Agnès.

Agnès a largement favorisé le renouvellement du personnel politique: elle appuie l'irrésistible ascension de Jacques Cœur et sait conjuguer leurs intérêts.

Le trésorier de la monarchie importe et offre à la favorite des vêtements de luxe qu'elle porte, favorisant leur diffusion parmi la noblesse et la bourgeoisie en les plaçant au firmament de la mode. Le chancelier Juvénal des Ursins, les chefs de guerre Brézé et Coëtivy, les frères Bureau de la Rivière (aux finances et à l'artillerie) sont des proches d'Agnès Sorel qu'elle a soutenus.

Le dauphin la hait

Le futur Louis XI entretient une exécrable relation avec son père depuis que ce dernier l'a marié de force. Il complote contre lui comme lors de la Praguerie en 1440. Aussi le roi le prive-t-il de maison et lui interdit-il de gouverner le Dauphiné qui lui revient de droit. Le dauphin estime que la haine que lui voue son père est due à la favorite. Il la déteste à un point tel qu'il en vient à la souffleter, ce qui provoque son exil.

Jacques Cœur trop ambitieux

Jacques Cœur est trop rapidement devenu immensément riche. Ayant épousé Macée de Léodepart, la fille du prévôt de Bourges, il lance, à l'aide de sa propre flotte, un commerce transméditerranéen d'épices et de produits orientaux de luxe (mousselines, soieries). Il s'implante à Marseille et à Montpellier, puis établit un chantier naval à Aigues-Mortes. Et ses comptoirs couvrent bientôt l'Italie, l'Afrique, la Syrie, l'Égypte. Il transporte alors les pèlerins en Terre Sainte mais aussi marchandises et esclaves. Devenu un familier de Charles VII, il est nommé, en 1439, argentier du roi. Le voici maître du trésor royal, mais également intendant du domaine royal, devant assurer le ravitaillement de la Cour. Il conseille judicieusement le roi pour ses réformes monétaires et fiscales, au point de se voir anoblir en 1440. Très proche du pape qui le protège, Jacques Cœur ne se sent plus de limites : il multiplie les activités industrielles comme la teinture, la fabrication de pâte à papier, se lance dans la banque, investit dans les mines (argent et plomb). Enfin, il édifie à Bourges un indécent et splendide palais qui provoque la jalousie.

Et le roi doit lui emprunter de l'argent pour conduire, à partir de 1449, sa guerre de reconquête de la Normandie. En échange, l'habile financier obtient de pouvoir se positionner dans les bagages de l'armée en campagne pour être le premier à investir dans les cités reconquises.

Le tortueux et peu reconnaissant Charles VII, l'homme qui a abandonné Jeanne d'Arc à son terrible sort, commence à trouver encombrant ce personnage dont il est devenu le débiteur et qui vit dans un luxe supérieur au sien. Mais il sait ne pouvoir l'atteindre sans compromettre sa relation avec Agnès Sorel.

Ayant signé la paix avec le Bourguignon Philippe le Bon à Arras en 1435, reconquis Paris en 1436, réaffirmé sa primauté sur le pape par la Pragmatique Sanction de Bourges en 1438, brisé la révolte féodale de la Praguerie en 1440, conclu une trêve avec les Anglais après avoir repris Pontoise en 1444, signé en 1445 les ordonnances de Loupy-le-Châtel et de Montils-lès-Tours organisant une armée de métier et créant de nouvelles compagnies d'archers, le roi Charles VII doit se sentir irrésistible.

La mort d'Agnès

C'est le 6 août 1449 que l'armée royale se met en branle pour chasser l'Anglais du pays. Agnès, enceinte de son quatrième enfant, n'accompagne pas le roi, demeurant à Loches. Le 28 août, s'étant emparé de Vernon, Charles VII l'offre à sa favorite. Le 10 novembre est une grande journée : Rouen tombe aux mains françaises.

Cependant les nouvelles qu'Agnès reçoit du front l'inquiètent. Quelle idée a-t-elle eu de présenter sa cousine, la jeune et belle Antoinette de Maignelais, au roi ? Elle semble être devenue la nouvelle maîtresse de Charles. Après réflexion, Agnès décide de rejoindre le roi, en plein hiver, bien qu'elle ait dépassé le septième mois. Sans doute veut-elle remettre les choses en place. Partie en décembre, elle parcourt trois cents kilomètres en charroi et parvient début janvier 1450 au Mesnil-sous-Jumièges, à proximité de la célèbre abbaye, alors que les opérations militaires se sont interrompues. Charles VII l'accueille en personne. Le 9 février, elle expire alors que le roi l'a quittée quelques jours auparavant, partant à la conquête de Honfleur.

A-t-elle été assassinée ?

Agnès est demeurée au Mesnil, entourée du chambellan de Normandie, le comte de Tancarville, de son écuyer Guillaume Gouffier, de Jeanne Crespin, l'épouse de Pierre de Brézé, du docteur Poitevin, le médecin attitré de la reine Marie d'Anjou, un fidèle de la monarchie. Toutes ces personnes sont autant de suspects.

Car depuis les travaux du CHU de Lille, il est tout à fait certain qu'Agnès Sorel est morte d'une absorption brutale et excessive de mercure. Dès le XVe siècle, la rumeur de son empoisonnement a couru. Il faut pourtant rappeler qu'à l'époque, le vif-argent est employé pour favoriser les accouchements délicats, détruire les parasites intestinaux (or, Agnès semble atteinte du ver solitaire) et bien sûr soigner les maladies vénériennes.

A-t-on voulu favoriser le travail, tuer le ver? A-t-on forcé sur la dose pour faire disparaître la favorite? Ou est-elle morte tant sous l'effet de fièvres puerpérales dues au voyage que sous l'action du mercure?

Et à qui profite le crime? Au dauphin qui la déteste, mais il n'a pas d'homme dans la place. À Jacques Cœur qui sera accusé de ce crime mais se verra disculpé pour ce motif: tout à fait improbable car Agnès est sa meilleure protectrice comme la suite le prouvera. Au roi, enfin, qui certes l'a profondément aimée mais se trouve, désormais, dans les bras de la Maignelais. Et surtout qui souhaite la chute de Jacques Cœur, seul moyen de désendetter la monarchie. Mais aussi, issue indispensable pour briser les contacts que le trésorier entretient avec le pape, voire avec le dauphin. Et puis, il y a cette arrogance et cette richesse étalées au grand jour, tout ce que ce roi discret et timide hait au plus profond de lui-même.

Nul ne saura jamais la vérité, mais il est évident que Poitevin est à l'origine de la mort d'Agnès. A-t-il forcé la dose de mercure parce que l'accouchement se déroulait mal? Ou bien l'a-t-il fait sur ordre pour la tuer, un ordre qui ne peut venir que du roi?

Certes Agnès a bien d'autres ennemies, depuis sa cousine de Maignelais (quelqu'un a-t-il voulu lui plaire en supprimant Agnès?) jusqu'à la vieille noblesse écartée par ses soins (mais elle n'a pas de représentant à Jumièges).

La fin de Jacques Cœur

Mort naturelle ou crime d'État, la disparition d'Agnès précipite la chute de Jacques Cœur. Ce qui renforce l'hypothèse, sans rien prouver néanmoins, de la complicité du roi dans le décès « accidentel » d'Agnès Sorel. Dès juillet 1451, le 30, Jacques Cœur est arrêté et accusé de l'empoisonnement d'Agnès Sorel, de détournements de fonds, de fabrication de fausse monnaie, de conspiration avec le dauphin. Pour le perdre, Charles VII choisit les juges. Torturé, il avoue tout et est condamné à mort en 1453. Toutefois, l'accusation absurde concernant le meurtre d'Agnès a été abandonnée par les juges. Sans doute rongé par le remords, le roi Charles VII accepte de commuer sa peine en bannissement. Il doit demeurer en prison jusqu'au paiement de l'amende de quatre cent mille écus qui lui est infligée. Mais son réseau d'associés, demeuré fidèle, parvient tant à placer à l'abri une partie de sa fortune qu'à le faire évader en 1454. Il se réfugie alors auprès de son protecteur, le pape Nicolas V…

Mercure combattant
le ténia d'Agnès Sorel.
(Allégorie anonyme du XVe siècle)

JEANNE DES ARMOISES, LA FAUSSE JEANNE D'ARC

30 mai 1431. Jeanne d'Arc est brûlée vive à Rouen

Au terme de quatre longs mois de procès, la Pucelle de Domrémy est condamnée à périr brûlée vive. À aucun moment, elle n'a voulu quitter ses habits d'homme. Le mercredi 30 mai 1431, après avoir été confessée par deux dominicains, Jeanne est conduite sur la place du Vieux-Marché, lieu de son supplice. Elle est coiffée d'une mitre sur laquelle on peut lire ces mots : « hérétique, relapse, apostate et idolâtre ». Sur le bûcher, elle est voilée et placée à trois mètres de hauteur. Selon les témoins, elle aurait crié à six reprises le nom de « Jésus » avant de rendre l'âme. Jeanne avait dix-neuf ans. Loin de la conspuer, la foule est prise de compassion. Même les Anglais sont touchés. Preuve en sont ces propos du secrétaire de Henri VI : « Nous sommes tous perdus, car une sainte a été brûlée. » Pour éviter tout culte posthume, on décide de disperser ses cendres.

L'ingratitude de Charles VII

À aucun moment, le roi de France Charles VII n'intercède en faveur de la Pucelle. Loin de la protéger, il ne tente nullement de la racheter ou de faire pression sur le régent anglais Jean de Bedford. Au lendemain de la mort de Jeanne, le roi de France ne manifeste pas la moindre compassion. Cela accrédite la thèse selon laquelle « le roi de Bourges » se serait servi de la jeune paysanne. Vite portée aux nues, Jeanne d'Arc est donc vite oubliée, tout au moins jusqu'en 1436. Tout juste cinq ans après le supplice de Rouen, une femme originaire de Metz prétend être Jeanne d'Arc. Répondant au prénom de Claude, elle est l'épouse d'un certain Robert des Armoises, le sire de Jaulny. Ce dernier est un proche parent de Robert de Baudricourt, ce seigneur qui a facilité la folle chevauchée de Jeanne vers Chinon…

Le retour triomphal de la « Pucelle »… de Metz

Si l'épopée de Jeanne n'a pas dépassé six mois, l'escroquerie de la simulatrice de Metz dure quatre longues années. Un exploit. De 1436 à 1440, « Jeanne » des Armoises induit ainsi en erreur tous ceux qui l'approchent, à commencer par la propre famille de la Pucelle. Les Orléanais eux-mêmes suspendent les services funèbres à la mémoire de Jeanne d'Arc. En juillet 1439, la cité lui verse des émoluments et la reçoit en grande pompe. Événement aussi incroyable qu'improbable, la prétendue Jeanne d'Arc s'éclipse au cours du banquet offert en son honneur pour tout simplement prendre la poudre d'escampette. Le compagnon de route de la Pucelle, à savoir Gilles de Rais, n'échappe pas à l'enthousiasme général. À l'exemple des frères de Jeanne, le maréchal de France se méprend sur l'identité véritable de la jeune femme et lui confie même une petite troupe. Une telle adhésion à une mythomane peut surprendre. À défaut d'être la vraie Jeanne, tout au moins Claude des Armoises doit-elle fort lui ressembler, tant dans les traits que dans la gestuelle. À l'image de la Pucelle de Domrémy, elle est vêtue de noir et « rasée à l'écuelle »…

Crédulité et superstition au Moyen Âge.

Quand « Jeanne » des Armoises se rétracte... devant Charles VII

Pendant quatre ans, Claude-Jeanne des Armoises n'a de cesse de demander audience au roi. Cet entretien capital, elle l'obtient au printemps 1440 mais pour son plus grand malheur. Au contraire des Orléanais, de Gilles de Rais ou des deux frères de Jeanne d'Arc, Charles VII n'est pas séduit par ladite « libératrice de la France ». À aucun moment, « Jeanne » des Armoises ne le convainc de son identité. Onze ans après l'entrevue historique avec Jeanne d'Arc, laquelle lui confie un lourd secret, le roi est confronté à une femme qui s'avère incapable de lui restituer les propos tenus en février 1429. « Vous recouvrerez votre royaume avec l'aide de Dieu et par mon labeur, de la part de Dieu, je vous dis que vous êtes héritier de France et fils du roi », lui avait alors confié la vraie Jeanne. De ces confidences, Jeanne des Armoises n'en a nul souvenir. Démasquée, elle ne peut que se rétracter. Se sentant perdue, elle demande alors grâce...

L'imposture démasquée, la fausse Jeanne admet publiquement son mensonge devant le Parlement de Paris. Elle avoue ainsi « qu'elle n'est pas pucelle ». Humiliée et ridiculisée, l'aventurière se retire sur ses terres, au château de Jaulny, pour y finir ses jours à l'âge de quarante-deux ans, sans descendance. D'aucuns prétendent qu'elle serait morte les armes à la main en se battant au nom du pape.

LE MOYEN ÂGE, OU LES LUMIÈRES D'UNE FAUSSE PÉRIODE OBSCURE

Un Moyen Âge victime de son nom !

Le Moyen Âge ? Aux yeux du tout un chacun, un *no man's land* temporel. Une période noire et minée par les superstitions, dépourvue de créativité et d'inventivité, coincée entre la décadence de l'Empire romain et les fastes de la Renaissance. Le temps de tous les fléaux et de toutes les calamités, des épidémies aux guerres en passant par les comportements les plus absurdes à l'exemple du procès du cochon ! Une vision d'Épinal qui fait table rase de mille ans d'Histoire. Au même titre que la pseudo-peur de l'an Mil évoquée précédemment, cette appréhension d'un Moyen Âge obscurantiste et arriéré a été complètement construite par les historiens du XIXe siècle, véritables détracteurs de la période médiévale. Loin d'être un grand retour en arrière, le Moyen Âge est en fait le théâtre d'un incroyable bond en avant des sciences et de la technologie. Même son nom est mal choisi. Réducteur au possible, on s'imagine une période faite d'un seul bloc. En réalité, il n'y a aucune comparaison possible entre le temps des royaumes barbares et celui de la guerre de Cent ans. Un contemporain de Clovis plongé dans le monde de Jean le Bon serait aussi désorienté qu'un homme de la Révolution française catapulté à note époque moderne…

Le Moyen Âge : un géant méconnu de l'Histoire

Le Moyen Âge ne se limite pas seulement aux moines copistes, aux chevaliers bardés de fer et aux serfs courbant l'échine devant leurs seigneurs : c'est aussi une époque fertile en découvertes. Du collier d'attelage à la brouette en passant par les moulins à eau, l'assolement triennal et l'arbre à cames, le Moyen Âge révolutionne notre appréhension du monde et transforme profondément les rapports entre l'homme et la nature. Loin d'être une longue nuit méconnaissant le progrès, la période médiévale porte en germes l'éclosion du monde technologique...

Sombre, obscurantiste, sanguinaire, superstitieuse, les mots ne manquent pas pour qualifier une période que d'aucuns décrivent comme baignée d'une ferveur religieuse confinant au mysticisme et empêchant toute avancée sociale et technique. Les invasions barbares, les ravages de la peste noire, les affres de la guerre de Cent ans ou le procès des Templiers sont des faits définitivement accolés à la légende noire du Moyen Âge. La réalité médiévale est bien sûr infiniment plus complexe. Elle se traduit par une incroyable expansion démographique (surtout à partir du XIIe siècle), une croissance économique vertigineuse, lesquelles sont indissociables d'un prodigieux essor du machinisme. De la maîtrise de l'énergie hydraulique à l'augmentation des surfaces cultivées, le Moyen Âge n'est pas synonyme de déclin. Au-delà du progrès des sciences et des techniques, on assiste également à un incomparable changement de mentalités, comme en témoignent l'avènement de la littérature française et l'émancipation de la femme...

La France des Valois n'est pas celle des Mérovingiens !

Du baptême de Clovis au triomphe définitif des Valois sur les Anglais, il s'écoule près de mille ans. Contrairement à une idée reçue, le Moyen Âge ne présente pas un ensemble homogène. Entre l'esclave de la société mérovingienne et le serf de la guerre de Cent ans, le paysage socio-économique se modifie en profondeur. Les villes se hérissent de cathédrales, les campagnes de châteaux forts, le système « féodo-vassalique » s'organise et l'État se consolide. Certes, les guerres, les famines et les maladies sont toujours présentes, mais elles ne sont pas une spécificité médiévale.

Saint Louis rendant la justice sous son chêne, Jeanne d'Arc brûlée à Rouen, Pierre l'Ermite prêchant la croisade ou la chevalerie française fauchée à Crécy, tels sont les premiers événements qui viennent à l'esprit quand on évoque le Moyen Âge. Tous ces faits sont bien authentiques mais ils nous donnent une image incomplète, superficielle et simplifiée d'une époque autrement plus riche. Contrairement à une autre idée reçue, les périodes de paix l'emportent largement sur les temps de guerre et les confrontations médiévales font peu de victimes en comparaison des grandes batailles de l'Antiquité gréco-romaine. À seul titre d'exemple, les batailles de Crécy, de Poitiers et d'Azincourt, à elles trois, ne totalisent pas plus de quinze mille morts. Par ailleurs, les excès de l'Inquisition, les joutes des chevaliers et l'épopée des chevaliers ne doivent pas masquer une réalité beaucoup plus subtile : celle des penseurs, des techniciens et des artisans. Grâce à leur audace, à leurs travaux ou à leurs prouesses, la France des Valois diffère radicalement de celle des Mérovingiens. On cesse de confondre le public et le privé, le profane et le sacré, le civil et le militaire. En l'espace de dix siècles, la loi salique franque perd de sa substance, les forêts reculent, l'esclavage disparaît et les clercs perdent l'apanage de la connaissance. Tous ces phénomènes ont une explication : le progrès du machinisme.

Une période charnière à plus d'un titre

Treize millions d'hectares, c'est la superficie occupée par les forêts sur le territoire français à la veille de la guerre de Cent ans. Aussi important que cela paraisse, c'est en fait un million de moins qu'aujourd'hui.

À compter du XIe siècle, on assiste en effet à un vaste mouvement de déforestation, lequel est inséparable d'une poussée démographique sans précédent. Très utilisé dans l'industrie et notamment dans les souffleries de verre pour actionner les fours, le bois est aussi omniprésent dans les constructions, qu'il s'agisse des ponts ou encore des moulins et des églises. On calcule qu'il faut abattre une douzaine de chênes pour construire une seule maison. Au XIIe siècle, la pénurie de bois est si criante que Suger, le célèbre abbé de Saint-Denis, se plaint de la difficulté de s'approvisionner en poutres susceptibles d'aider à l'édification de la nef de son église.

Le défrichement accéléré des campagnes françaises est généré par l'éclosion de nouvelles techniques et la mise au point de machines performantes. Outre l'incontournable moulin à eau[5], qui permet à la fois

5. Le Moyen Âge voit la naissance de toute une variété de moulins dont le moulin à bière (996), le moulin à vent (1180), le moulin à fer (1197) et le moulin à papier (1276).

de moudre le grain, de fouler les draps, de faire de la pâte à papier et de préparer les teintures, le paysage médiéval voit l'irruption de machines inconnues des Anciens : la charrue de fer. Pourvus d'un lourd versoir recourbé permettant de pénétrer profondément dans la terre (contrairement à l'araire utilisée par les Romains), l'outil facilite le défrichement rapide d'importantes surfaces forestières. Cette machine a beau être révolutionnaire, elle aurait été inutilisable sans l'adoption d'un procédé ingénieux : le collier d'attelage. Tirée par des bœufs mais aussi par des chevaux, la charrue aurait été impossible à mouvoir en utilisant les seules techniques romaines. Pour éviter l'étranglement des bêtes de somme (consécutif à un attelage au cou) on met au point un collier que l'on pose sur les épaules des chevaux. Autres innovations de taille : le ferrage des sabots des chevaux (dès le haut Moyen Âge) et leur attelage en ligne. Fortes de ces deux nouveautés, les seigneuries augmentent rapidement la surface cultivée de leurs domaines. Consécutivement au progrès des techniques agricoles, on cherche dès lors à laisser reposer la terre pour mieux la retravailler. C'est le principe de la jachère[6]. À côté de l'amélioration de la vie des campagnes, la seconde période du Moyen Âge connaît une formidable expansion urbaine, laquelle s'articule autour de l'édification de nombreuses cathédrales.

6. Dès l'époque carolingienne, les terres se reposent un an sur trois. C'est la technique de l'assolement triennal, conséquence première de l'augmentation des surfaces cultivées.

La Révolution gothique ou « la Renaissance du XIIe siècle »

Quatre siècles avant le début officiel de la Renaissance italienne, le Moyen Âge connaît un véritable bond en avant auquel participe l'Église. Déjà avant l'an mille, on érige plus d'une centaine d'abbayes et de monastères en l'espace de trois ans. À compter du début du XIIe siècle, le mouvement s'accélère. Avec l'avènement du style gothique, c'est à qui édifie les cathédrales les plus élevées. Étalée sur plusieurs décennies, parfois plus d'un siècle, la construction de ces monuments dédiés à la gloire de Dieu accapare toutes les énergies. De Chartres à Paris en passant par Amiens, Beauvais et Reims, on rivalise d'ingéniosité pour bâtir les voûtes les plus hautes. Après Notre-Dame de Paris, dont la hauteur en voûte culmine à trente-cinq mètres, Reims affiche trente-sept mètres et Amiens quarante-deux ! Le record est détenu par la cathédrale de Beauvais avec ses quarante-huit mètres. Chaque cathédrale est l'expression d'un patriotisme à la fois local et religieux. Leur édification est un hymne à la puissance de Dieu, mais surtout au savoir-faire de la cité.

Plus hauts et plus majestueux que les anciennes cathédrales romanes, ces nouveaux vaisseaux de pierre sont la manifestation d'une nouvelle révolution architecturale : celle de l'art gothique. Les nouveaux édifices consacrent le triomphe de verticalité et de la lumière. La légèreté va de pair avec la solidité, la beauté avec la force. Aux tribunes et aux murs épais de l'âge roman se substituent des structures plus légères, percées de larges baies, dont l'élévation est facilitée par l'avènement de voûtes en ogives et des arcs-boutants épaulés par d'imposants contreforts.

À une architecture spécifiquement militaire succède un art libéré des contraintes qui traduit une approche différente de la foi. Les nouveaux temples de la chrétienté se métamorphosent aussi bien intérieurement qu'extérieurement. Doubles déambulatoires, triforiums ajourés, chapelles rayonnantes et roses majestueuses transforment les cathédrales en de magnifiques labyrinthes.

En l'espace de trois siècles, de l'an mille à la guerre de Cent ans, la France capétienne charrie plus de pierres que l'Égypte pharaonique. Plus de cent soixante-dix cathédrales et de cinq cents grandes églises voient le jour. Cette expansion artistique et spirituelle est étroitement liée à l'essor urbain et industriel. La cathédrale, ou plutôt « l'ensemble épiscopal », est à l'image de la ville : un lieu de marché, de commerce et d'échanges culturels. Mais aussi un endroit où l'on se soigne, où l'on enseigne et où l'on se rencontre.

L'émancipation des femmes

Parallèlement aux bâtisseurs de cathédrales, contemporains des croisades, se développe toute une littérature vantant les vertus des valeurs chrétiennes. Outre *La Chanson de Roland,* qui raconte « l'exploit » de Roncevaux, des auteurs écrivent des textes profanes, comme en témoignent les œuvres de Jean Bodel et de Rutebeuf. Avec *Le Jeu de saint Nicolas,* le premier nous conte l'aventure de croisés en Terre sainte, pendant que le second nous parle d'un prêtre vendant son âme au diable dans son *Miracle de Théophile.* La « Renaissance du XIIe siècle » s'exprime à travers les chansons de geste, colportées par les poètes et autres troubadours. De

La légende du roi Arthur au roman de *Tristan et Iseult,* les ménestrels étonnent les hommes et ravissent les femmes. Loin d'être déconsidérées, celles-ci bénéficient d'un statut juridique qui rivalise avec celui des hommes. Après l'épisode des croisades, beaucoup d'entre elles en viennent à gérer les fiefs ou à recevoir des hommages. Actives, compétentes et précieuses, les femmes du XIIe siècle tournent radicalement le dos à l'image de soumission véhiculée pendant la période mérovingienne...

En résumé, le Moyen Âge en France n'est nullement synonyme d'obscurantisme mais de préfiguration du siècle des Lumières. Encore aujourd'hui, nos gestes de la vie quotidienne trahissent l'héritage médiéval. Des lunettes aux horloges en passant par les fourchettes, les boutons de veste et autres brouettes, le Moyen Âge marque définitivement notre histoire de son empreinte...

CHARLES LE TÉMÉRAIRE, PRINCIPAL ARTISAN DE SA PROPRE DÉFAITE

Les trois premiers ducs de Bourgogne

Héritier du duché de Bourgogne, le roi de France Jean II le Bon, libéré d'Angleterre en 1360, fait son entrée à Dijon à la veille de la Noël 1361. Et, après avoir accordé une Grande Charte, il place le comte de

Tancarville, Jean de Melun, à la tête du duché. Mais en avril de l'année suivante, Tancarville est vaincu et capturé à Brignais par la Grande Compagnie, une bande de Routiers. Profitant de la vacance qui s'offre ainsi à lui, Jean II concède alors le duché bourguignon à Philippe, son fils préféré, qui a combattu à son côté jusqu'au bout à Poitiers et l'a accompagné dans sa captivité anglaise. Dès 1364 le nouveau roi, Charles V, confirme par lettre patente cette donation de son père à son frère.

Désormais surnommé Philippe le Hardi, le nouveau duc épouse Marguerite de Male (veuve de Philippe de Rouvre), recevant ainsi l'héritage des Rouvre, Artois et Flandre. Jouant habilement de sa position de pair de France, sans rechercher l'indépendance, Philippe le Hardi parvient tant à recevoir de larges subsides de la France (près de 20 % de ses ressources budgétaires) qu'à faire intervenir l'ost à la fleur de lys contre les révoltés flamands. Il s'agrandit du Brabant avant que de laisser son fils, Jean sans Peur, lui succéder. À la différence de son père, Jean sans Peur entend intervenir dans les affaires de France. Il est vrai que la démence du roi Charles VI favorise ses entreprises. Après avoir fait assassiner Louis d'Orléans en 1407, il voit se dresser contre lui le parti des Armagnacs dont il finit par triompher en 1418. Il recherche alors une alliance avec le dauphin Charles, futur Charles VII, pour contrer l'offensive anglaise contre Paris. Mais le dauphin le fait exécuter en 1419 au pont de Montereau, vengeant ainsi son oncle Louis d'Orléans. Le fils de Jean sans Peur, Philippe le Bon, après avoir tâté de l'alliance anglaise qui ne lui apporte rien, finit par traiter avec un Charles VII qui a su s'imposer à la tête du pays.

C'est le traité d'Arras de 1435 qui concède d'importantes villes françaises proches de la Bourgogne et d'autres dans la Somme. Grâce à une politique active, Philippe agrandit ses territoires du Nord, héritant de la Hollande, de la Zélande, du Brabant et de Bruxelles, enfin du Luxembourg qu'il paie comptant. Le voici à la tête d'un État bourguignon formé de deux ensembles territorialement séparés : Artois, Picardie, Flandre, Hollande et Brabant fortement urbanisés et industrialisés, constituant l'atelier textile de l'Europe, d'une part, Bourgogne rurale et agricole rassemblée autour de Dijon, petite cité d'à peine quinze mille âmes, de l'autre. La brillante cour de Bourgogne est naturellement itinérante se déplaçant de Dijon à Bruxelles, Lille, Gand et Bruges, où le duc fait édifier des palais somptueux. Le prestigieux chancelier de Philippe le Bon, Nicolas Rolin, dote superbement sa ville natale, Beaune, d'une collégiale et d'un hôtel-dieu. La richesse de la Bourgogne éclate aux yeux lorsqu'en 1430, le duc Philippe se rend à Bruges pour épouser Isabelle du Portugal. Il est rapporté que quinze chariots sont nécessaires pour transporter les tapisseries destinées à couvrir les pièces de réception du Prinsenhof et de l'Hôtel vert.

C'est donc d'un État puissant et fortuné qu'hérite le duc Charles dit le Téméraire en 1467. Mais un État qui présente un point faible majeur, celle de la discontinuité territoriale entre Bourgogne et « Benelux ».

Face à face entre le duc et Louis XI

Bien que Louis XI et Charles le Téméraire se connaissent parfaitement – chassé par son père, le dauphin Louis a trouvé refuge auprès de Philippe le Bon à la cour de Bourgogne –, ils ne s'apprécient guère. Il est vrai que Charles aspire à la constitution d'un État bourguignon continu, une nouvelle Lotharingie, se posant ainsi en rival principal de la France.

Dès 1465, le duc de Bourgogne engage les hostilités en participant à une révolte féodale, la ligue du Bien public, qu'animent le frère du roi, Charles de France, le duc François II de Bretagne, le vieux Dunois et Jean d'Alençon. Mais à Montlhéry, le roi résiste fort bien à l'armée félonne. Il faut bien négocier : au traité de Conflans, Charles le Téméraire obtient la restitution des villes de la Somme et du Ponthieu que Louis XI avait rachetées à Philippe le Bon.

Louis XI s'efforce alors d'entraver la marche en avant du duc de Bourgogne, en suscitant des troubles à Liège tout en cherchant à persuader le Téméraire de renoncer à toute guerre contre la France. Mais il finit par se retrouver piégé par ses propres manipulations. En effet, alors qu'il négocie une paix avec Charles le Téméraire à Péronne, terre bourguignonne, à partir du 9 septembre 1468, le roi Louis XI voit ses alliés liégeois se révolter, beaucoup top tôt, contre les Bourguignons et les massacrer. Dès le 11 septembre, la nouvelle parvient à Péronne. Aussitôt le duc de Bourgogne fait fermer les portes de la ville. Voici le roi (qui ne dispose que de sa garde écossaise et d'une escorte de trois cents hommes) à la merci du duc de Bourgogne. Et Louis XI doit accepter de signer le traité de Péronne qui confirme la cession des villes de la Somme et l'oblige à donner en apanage à son frère Charles de France, allié du Bourguignon, Champagne et Brie, l'affaiblissant d'autant. Ainsi qu'à assister à l'opération de représailles que l'armée bourguignonne conduit contre Liège. Le 30 octobre, le connétable de Saint-Pol pénètre dans la ville et s'y livre à une épouvantable tuerie. Le chiffre de cinq mille tués est rapporté, soit le quart de la population.

En vérité, Louis XI n'a pas vraiment suscité le soulèvement de Liège mais il ne l'a pas découragé. Le roi de France, étant parvenu à se tirer des griffes du Téméraire, fait annuler par une assemblée de prélats, dès 1470, l'ensemble des engagements consentis à Péronne sous la contrainte.

Début 1471, le connétable de Saint-Pol, passé au roi Louis XI, conduit une offensive brutale en Picardie, s'empare de Saint-Quentin et d'Amiens. Face à ce grave revers, le Téméraire obtient une trêve, puis levant une armée, riposte en 1472. Il s'empare de Roye, faisant un grand massacre de prisonniers contrairement à l'usage, puis échoue devant Beauvais, ardemment défendu par la fameuse Jeanne Hachette et de solides contingents royaux. Il tente alors de ravager la Normandie, avant de renoncer. En 1475, Louis XI poursuit sa politique de reconquête de la Picardie : il s'empare de Montdidier, Roye, pénètre en Artois, tout en battant l'armée de Charles le Téméraire à Montreuillon en Bourgogne. Après avoir vainement fait appel à l'appui anglais (Édouard IV, débarqué en France, traite aussitôt avec Louis XI à Perquigny), le Téméraire doit se résoudre à demander une trêve. Louis XI la lui accorde à Soleuvre : elle ne sera jamais rompue.

Le triomphe du Téméraire inquiète l'Europe

Charles le Téméraire s'efforce, tout en surveillant de près l'attitude française, d'assurer la continuité territoriale de son duché, sa priorité principale. En 1469, il se fait céder, contre espèces, la Haute Alsace (Sundgau et Brisgau), puis en 1473 s'empare de la Gueldre (Nimègue aux Pays-Bas) et du comté de Zutphen. Cette politique agressive commence à inquiéter l'empereur Habsbourg Frédéric III. Il suscite la formation d'une ligue de Constance regroupant les confédérés suisses (au premier rang desquels les Bernois se portent) et la Basse Union (villes de Strasbourg, Bâle, Colmar et Sélestat). Le roi Louis XI ne manque d'encourager diplomatiquement et peut-être financièrement ladite ligue. Mais il n'intervient pas militairement.

En 1475, le 30 novembre, l'armée bourguignonne s'empare de Nancy, chassant le roi René II. Pour la première fois le royaume de Bourgogne s'étend, d'un seul tenant, du Texel à Mâcon ! Alors que le Téméraire paraît avoir triomphé, le duché de Bourgogne va disparaître en deux années…

Le duc mesure mal la puissance militaire suisse

Parce qu'il mesure mal les rapports de force, le duc de Bourgogne décide de s'en prendre aux Suisses. Sans doute veut-il protéger ses possessions en Haute-Alsace, liaison essentielle entre l'Italie et la Savoie. Il engage, sans véritable nécessité, en février 1476, son armée contre la ville fortifiée de Grandson et s'en empare le 28. Mais le 2 mars, le hérisson suisse composé de redoutables hallebardiers le surprend et lui inflige une sévère défaite, s'emparant de son artillerie et de ses bagages qui abritent le trésor de Bourgogne. Cependant malgré la honte de la défaite, les pertes bourguignonnes ont été moins importantes qu'on l'affirme généralement. Durant le printemps, Charles reconstitue une armée de quinze mille hommes et décide d'aller punir les Bernois, fédérateurs de l'armée suisse. Dès juin, il assiège Morat. Mais le 22, les Suisses le surprennent et l'attaquent. Cette fois, les Bourguignons sont écrasés et perdent des milliers d'hommes.

Charles le Téméraire ne parvient pas à se relever de cette déroute. Il tente bien de rassembler une nouvelle armée, mais les fonds manquent. Avec seulement huit mille hommes, il part à la reconquête de la Lorraine et de Nancy qui s'est révolté. Il en fait le siège à partir d'octobre. Le roi René II est parvenu à s'enfuir : grâce aux subsides versés par Louis XI, il rassemble une armée de dix mille hommes. Le 5 janvier 1477, le froid est intense lorsque René II attaque le camp bourguignon, joignant ses efforts à ceux des Nancéens qui tentent une sortie. L'armée du Téméraire, affaiblie par de nombreuses désertions, car les soldes n'ont pas été versées, est réduite à trois mille combattants. Elle est pulvérisée par la mâchoire qui se referme sur elle. Le duc meurt en combattant : on retrouvera son cadavre, percé de coups, dénudé, pris dans la glace, le lendemain.

Ainsi triomphe Louis XI qui n'aura finalement guère affronté directement le duc de Bourgogne, se contentant, après Péronne, de soutenir les Suisses et les Lorrains, profitant ainsi des lourdes fautes commises par un homme au caractère trop emporté.

La mort de Charles le Téméraire
(d'après le rapport du médecin légiste)

LES HUGUENOTS, PARTI DE L'ÉTRANGER ?

Le protestantisme recrute dans toutes les couches de la société française...

En juin 1559, la mort dramatique de Henri II, fossoyeur provisoire du protestantisme, rallume les passions. Nullement enrayé, le mouvement réformiste, sous l'impulsion des calvinistes, se propage à travers tout le territoire français. À la veille du déclenchement des guerres de Religion, les huguenots disposent de plus de deux mille temples, véritable embryon d'une armature étatique plus performante. Après le traité de Cateau-Cambresis (1559) où la France abandonne littéralement l'Italie aux Habsbourg, nombreux sont les soldats et autres gentilshommes désœuvrés et ruinés qui ne tardent pas à gonfler le rang des réformés. La doctrine de Calvin rencontre ainsi un succès indéniable dans toutes les couches de la société, et particulièrement chez la petite bourgeoisie et le monde des artisans. On compte beaucoup de commerçants, de médecins, d'avocats mais aussi des serruriers, des charpentiers et des cordonniers. Le protestantisme est devenu une réalité incontournable du paysage politique et social français.

1562 : quand le traité de Saint-Germain préfigure le massacre de Wassy

À défaut de pouvoir combattre les réformés, Catherine de Médicis organise le colloque de Poissy et conclut, en janvier 1562, un premier traité de Saint-Germain accordant aux huguenots le droit de célébrer leur culte. On fait ainsi table rase du fameux édit d'Écouen, lequel proposait aux réformés de choisir entre la fuite et la mort. Mais le vœu de Saint-Germain ne résiste pas à l'épreuve du temps. Quelques mois plus tard, François de Guise met le feu aux poudres en massacrant les protestants dans une grange en Champagne. À peine éteint, l'incendie est rallumé entre les deux confessions. De part et d'autre, on rivalise d'atrocités et d'horreur. Les huguenots ne se contentent pas de détruire les reliques et les statues dans les églises : aux deux cents noyés calvinistes de Sens, le baron des Adrets répond en forçant les catholiques de Montbrison à se jeter du haut de leurs remparts sur une rangée de piques dressées par ses hommes.

Le traité de Hampton Court ou la main tendue à l'Angleterre d'Elizabeth Ire

Très rapidement, l'impasse militaire conduit les belligérants à rechercher des alliances à l'étranger. Si les catholiques s'adressent naturellement à Madrid, les protestants tendent la main à Londres. Dès le début du conflit, des émissaires protestants, dont le vidame de Chartres et Robert de la Haye, concluent avec Elizabeth Ire le traité de Hampton Court. En échange de la restitution de Calais, les Anglais promettent de l'argent et des hommes ; soit cent mille couronnes et dix mille hommes. Malgré le désaccord d'un certain nombre de chefs huguenots, Gaspard de Coligny leur livre la ville du Havre. Quoi qu'il en soit, le soutien anglais est de courte durée. Dès le mois d'avril 1564, le traité de Troyes met fin aux ambitions anglaises sur le territoire français. En revanche, les Guise sacrifient aisément la fibre patriotique sur l'autel de l'alliance espagnole.

Une guerre civile internationalisée?

Tout bascule vingt ans plus tard, en 1584, avec la disparition de François d'Alençon, dernier frère du roi Henri III. En l'absence d'héritier mâle direct, la couronne doit échoir à l'aîné de la famille des Bourbons, à savoir Henri de Navarre. Légitime devant la loi salique, le Béarnais ne paraît pas avoir le profil religieux requis pour devenir le nouveau roi Très Chrétien à la tête de la fille aînée de l'Église. La perspective de voir un protestant, voire un relaps, monter sur le trône de France précipite le duc de Guise dans les bras de Philippe II d'Espagne. Le 31 décembre 1584 est ainsi formée la Seconde Ligue, dite « de Sainte Union », à l'occasion du traité de Joinville. Défiant ouvertement le pouvoir royal, les Guise entendent clairement se substituer aux Valois pour diriger la France. Dans cette optique, ils n'hésitent pas à s'allier avec l'Espagne sous couvert d'extirpation de « l'hérésie protestante ». Dès le mois de septembre 1584, les buts définis par les conjurés sont clairs. Ils veulent installer sur le trône le cardinal de Bourbon, lequel rompra l'alliance contre-nature conclue avec l'Empire ottoman. Pour mener à bien leur lutte, les Guises disposent d'un allié de choix: la Ville de Paris. Incontestablement, le Balafré fait figure de roi, voire de nouveau croisé. Vainqueur héroïque à Dormans, il s'est taillé une solide réputation de champion du catholicisme. De son côté, le roi Henri III défend sa position en avançant le fait que ce sont les derniers états généraux de Blois qui ont refusé de lui accorder les crédits pour affronter les huguenots…

Quand la Ligue catholique reçoit le soutien de Philippe II

En février 1588, les Guises somment le roi Henri III d'instituer l'Inquisition. Fournissant hommes, armes et argent, Philippe II est le moteur de la Ligue. Pour inciter les Guises à reprendre les hostilités contre le roi de France, le monarque espagnol leur a livré six mille soldats et versé plus de cinq cent mille écus. L'alliance avec l'Espagne est maintenant un fait accompli. Preuve en est l'initiative du duc d'Aumale qui, s'emparant des villes de Picardie, entend appuyer l'Invincible Armada espagnole dans son projet de débarquement en Angleterre. Le duc d'Aumale échoue devant Boulogne-sur-Mer, ce qui oblige Philippe II à appareiller des Pays-Bas. Au printemps 1588, Henri de Guise pénètre dans la capitale sous les exclamations de la foule. « Vive le pilier de l'Église ! » crient les Parisiens. Devant la détérioration de la situation et le ralliement des milices urbaines à la cause de la Ligue, Henri III fait entrer son armée à Paris dans le but de maintenir l'ordre et non d'en exterminer les habitants. La réaction des Parisiens ne se fait pas attendre. Sous l'impulsion du Conseil des Seize, ils dressent des barricades. De leur côté, les soldats royalistes ne cherchent nullement à en découdre. Malgré quelques incidents, l'affrontement est évité. Loin de chercher à exploiter la situation, Henri de Guise calme les Parisiens. Mais le lendemain 13 mai, sous la pression de la foule, le roi est contraint de quitter le Louvre et Paris. « Ville ingrate, je t'ai aimée plus que ma propre femme », se serait-il exclamé.

Sous la protection des Suisses et d'un grand nombre de partisans, il rejoint Saint-Cloud et s'installe à Chartres.

La rupture définitive avec les catholiques ultras n'est pas consommée pour autant. Malgré la fuite du roi, le duc de Guise empêche les Parisiens de se livrer à une nouvelle Saint-Barthélemy, démontrant ainsi qu'il n'est pas hostile à la poursuite des négociations avec le Valois. S'il est un rebelle, il ne se considère nullement comme un révolté. Avant de devenir l'ennemi du roi, le Balafré entend faire la guerre aux huguenots. L'édit d'Union du 21 juillet 1588 marque l'ultime réconciliation entre les deux camps du catholicisme. Conséquence immédiate : Henri de Guise se veut le nouveau bras armé de la royauté en devenant le lieutenant général de Henri III. Coup de théâtre supplémentaire ? Pas tout à fait. Cette alliance est en fait un faux-semblant…

Une fois encore, les événements extérieurs interfèrent avec la politique française. Après l'exécution de Mary Stuart en 1587 qui a poussé les catholiques à la révolte, la nouvelle de la défaite de l'Invincible Armada au large des côtes anglaises persuade le Valois d'en finir avec les Guise. Dans cette optique, il décide de mettre en place un plan d'action à l'occasion des états généraux de Blois. Le 24 décembre 1588, Henri de Guise est exécuté dans la chambre même du roi. Son corps est ensuite brûlé et jeté dans la Loire…

Les Rochelais sont appuyés par les Anglais

En 1598, l'édit de Nantes met provisoirement fin aux conflits avec les huguenots. Malgré l'acte de Henri IV, le protestantisme reste une menace. Sous Richelieu, les places fortes protestantes font figure de véritable État dans l'État. En 1627, le siège de La Rochelle marque le paroxysme de l'affrontement entre le pouvoir royal et les derniers foyers protestants. Cette fois-ci, il n'y a plus d'ambiguïté : l'Angleterre de Charles Ier prend fait et cause pour les huguenots. Ses motifs sont autant d'ordre religieux que stratégique. Désirant s'opposer aux ambitions de Richelieu « d'étendre sa monarchie sur l'Océan », les Anglais se portent ostensiblement au secours des Rochelais. Dans un premier temps, en juillet 1627, Buckingham débarque dans l'île de Ré avec plus de cinq mille hommes et une centaine de cavaliers. Le corps expéditionnaire anglais prête ainsi main-forte aux protestants français retranchés derrière les murs du fort Saint-Martin. Malgré une vive résistance, les Anglais sont chassés de l'île par les forces du cardinal Richelieu. Le conflit n'est pas terminé pour autant. Il repart même de plus belle avec l'entrée en scène de La Rochelle. Entraînée dans la rébellion ouverte contre Paris par les Anglais, l'orgueilleuse cité protestante est la dernière place de sûreté des huguenots en France. À compter du mois de septembre 1627, Richelieu investit la place à la tête d'une lourde armée de plus de vingt mille hommes. Pour empêcher le ravitaillement de La Rochelle par la mer, le cardinal n'hésite pas à faire ériger une énorme digue. Long de mille cinq cents mètres et haut d'une vingtaine de mètres, l'édifice en question est une œuvre proprement pharaonique qui repose sur des vaisseaux coulés ou encore remblayés. À l'instar de César devant Alésia, Richelieu se fixe comme objectif d'affamer les assiégés rochelais en interdisant tout secours éventuel en provenance de l'extérieur, en l'occurrence de la flotte anglaise. Et la manœuvre du cardinal de réussir : au terme de treize mois de siège éprouvants, les Rochelais capitulent en octobre 1628. Moins d'un an plus tard, en juin 1629, l'édit d'Alès referme la longue parenthèse des guerres de Religion.

Une aide limitée…

D'une certaine façon, cette guerre civile entre Français a largement franchi les frontières de l'Hexagone. Les Espagnols tout comme les Anglais ont soutenu, financièrement et militairement, leurs alliés respectifs, mais sans jamais intervenir massivement. Côté huguenot, il faut même attendre le dernier acte des guerres de Religion, à savoir le siège de La Rochelle, pour assister à une aide directe de la Perfide Albion. En pure perte. Malgré l'intervention des forces de Buckingham, les protestants français sont mis en déroute par les troupes royales de Richelieu. Au regard de l'édit de Nantes signé en 1598, l'édit d'Alès de 1629 apparaît comme un véritable camouflet pour la cause huguenote : ils perdent ainsi toutes leurs places de sûreté. Déjà hérétiques aux yeux des catholiques, les protestants font maintenant figure de traîtres à la « patrie »…

NON, LE CONNÉTABLE DE BOURBON N'EST PAS UN TRAÎTRE!

Le plus grand propriétaire du royaume

Charles III, comte de Montpensier, de Mercœur, de Clermont, de Forez, d'Auvergne, épouse en 1505 sa cousine Suzanne de Bourbon, la fille d'Anne et de Pierre de Beaujeu. Le duc de Bourbon descend de Saint Louis et compte parmi les trois plus grandes familles de France avec les Orléans et les Angoulême. Ses possessions sont les plus étendues de toute la noblesse: Auvergne, Forez, Beaujolais, Dombes, Marche, Combrailles, mais aussi les cités de Clermont, Gien, Murat, Annonay, Mercœur, Bourbon-Lancy. Dominant ainsi tout le centre de la France, tenant une Cour à Moulins, ayant développé une administration similaire à celle de la monarchie, il est bien considéré par le roi de France, Louis XII. Valeureux et compétent miliaire, il perçoit une pension de cinquante-six mille livres l'an, avant que de recevoir le titre de lieutenant général du Languedoc en 1412, puis celui de connétable de France en 1514. Le roi lui a même remis la Bourgogne, à charge de la défendre contre les Suisses.

Dirigeant l'armée, il occupe également la position enviée de Grand Chambrier à la cour. Mais son caractère ombrageux, son manque de souplesse et son immense orgueil l'empêchent de devenir un intime du futur roi François Ier.

Il sert François Ier comme Louis XII

Nul ne peut reprocher au connétable de Bourbon son manque de courage à Marignan. Dirigeant l'avant-garde, il subit le choc des Suisses. Pour le récompenser, le roi François lui confie le gouvernement du Milanais dont il devient vice-roi, pour une seule année cependant.

Charles Quint qui n'ignore rien des immenses besoins financiers du duc de Bourbon cherche à le détacher de la monarchie française. Ainsi lui accorde-t-il une compensation financière pour son duché perdu de Sesse que les Montpensier détenaient à Naples en 1521, puis lui fait miroiter la perspective d'un mariage avec sa sœur Éléonore (car l'épouse de Charles III vient de mourir). François Ier est-il au courant de ces tractations ? Bizarrement, le connétable n'a pas été convié au camp du Drap d'Or en juin 1520 et n'a pas participé à la campagne militaire d'Italie de 1521.

Louise de Savoie décidée à l'épouser

La mère de François Ier, femme de caractère, régente dès 1515, possède une vraie tête politique. Elle a toujours cru au miracle qui a finalement porté son fils sur le trône de France en 1515. Devenue veuve, encore très séduisante, elle jette son dévolu sur le duc de Bourbon à présent libre, afin de joindre leurs fortunes. Il semble que Louise soit, ô surprise, tombée amoureuse de Charles III. Le rejet hautain du duc la blesse profondément et transforme bientôt sa passion amoureuse en haine féroce. S'appuyant sur

François Ier, elle en vient à contester l'héritage du duc en provenance de Suzanne de Beaujeu.

À la vérité, la question de l'héritage des Beaujeu est assez complexe. Louise de Savoie réclame, en effet, les biens légués par Suzanne à son époux Charles, en tant que plus proche parente de Suzanne. Elle agit, en la circonstance, au nom de sa mère, Marguerite, la fille de Charles Ier de Bourbon, morte depuis longtemps, laquelle a, par acte, renoncé à ses droits en faveur de ses frères. On voit là toute l'étendue de la mauvaise foi de la reine mère et de son fils. Car le roi François entend recouvrer les fiefs qui devaient être rendus à la monarchie en cas d'extinction de la race Beaujeu, ce qui est le cas, puisque le fils de Suzanne et de Charles est mort en bas âge. Mais il cherche également à reprendre les apanages, par nature restituables à la Couronne, après le décès du dernier descendant mâle Beaujeu, à savoir Pierre, le père de Suzanne.

Ainsi le connétable de Bourbon voit-il l'ensemble de ses titres contestés devant le parlement de Paris en une affaire où tout n'est pas limpide, même si, il faut le rappeler, le roi Louis XII a formellement, par lettres patentes, abandonné toute revendication de la monarchie, confirmant les droits de propriété du Bourbon.

Coup de force en 1422

Alors que les travaux du parlement de Paris sont loin d'être achevés, le 7 octobre 1522, brutalement, le roi François Ier fait pencher le fléau de la balance en faveur de sa mère. Il accepte l'hommage rendu par Louise pour les fiefs légués à Charles de Bourbon par Suzanne de Beaujeu, à savoir l'essentiel des possessions de ce dernier : duchés de Bourbon et d'Auvergne, comtés de Forez, de Beaujolais, de la Marche, de Clermont-en-Beauvaisis, vicomtés de Murat et de Carlat.

Il s'agit là d'un acte insensé, non conforme aux relations entre un roi et son vassal. Au lieu de protéger son connétable, le roi le spolie hors du droit, tenant pour nul le procès en cours. Voilà le duc délié de ses engagements féodaux !

Riposte immédiate

Sentant venir l'injuste position royale, qui brise son statut de Grand de France, le connétable de Bourbon rétablit le contact rompu avec l'empereur Charles Quint. Lorsque François Ier prend partie contre lui à l'automne 1522, le duc de Bourbon s'efforce d'éviter la rupture. Une précaire réconciliation intervient début 1523. Mais lorsque le parlement, refusant de trancher, place tous ses biens sous séquestre et en nomme son grand rival, le maréchal de Chabannes, seigneur de La Palice, administrateur, alors le duc perd tout espoir. En juillet 1523, il rompt toute relation avec le roi et conclut une alliance avec Charles Quint. Sans doute peut-on parler de trahison, mais elle intervient après celle commise par le roi à l'endroit de son grand féal.

Habitué à considérer l'essentiel, le duc de Bourbon entend frapper le royaume de France au cœur grâce au double appui du roi anglais Henri VIII et de Charles Quint. Prenant en compte la déroute subie par l'armée française en Milanais en 1522, il anticipe la réaction du roi François. Ce dernier, en effet, concentre une nouvelle armée à Lyon pour reconquérir le Milanais.

Sitôt que le roi aura franchi les Alpes, des offensives conjuguées seront conduites contre le territoire français : Charles Quint envahira la Provence et la Navarre, au sud, l'Artois au nord ; Henri VIII investira la Picardie et la Normandie depuis Calais. Alors le connétable de Bourbon rejoindra les Anglais devant Paris pour y prononcer la destitution des Valois-Angoulême. En Italie même, les Suisses, par avance rétribués, et les Vénitiens, retournés, rallieront les troupes impériales espagnoles pour écraser l'armée française. Vaincu en Italie, chassé de France, François Ier ne sera plus en mesure de s'opposer au démembrement de son royaume. L'empereur Charles Quint retrouvera sa chère Bourgogne, l'Angleterre la Picardie et Charles de Bourbon ajoutera à ses terres recouvrées, Provence, Champagne et Poitou.

L'affrontement

Cependant François Ier est informé de ce qui se trame par le grand sénéchal de Normandie, Louis de Brézé. Il s'efforce de rétablir un contact avec Charles de Bourbon, réfugié en sa cour de Moulins et le mande à Lyon. Mais le connétable est gravement malade. François Ier le place sous surveillance. Le duc joue la comédie d'une longue maladie et profite de l'absence de celui qui l'espionne, Pérot de Warty, pour s'enfuir, accompagné de deux cents hommes d'armes, d'abord à Besançon, puis en Italie.

Cependant les armées de Henri VIII progressent en Normandie, alors que les Impériaux de Charles Quint atteignent Cambrai. D'autres contingents, suisses et allemands, convergent sur Dijon, alors que l'armée du duc de Bourbon que commande La Motte des Noyers, menace Champagne et Franche-Comté. Les Français parviennent à rétablir la situation dans l'Hexagone: Guise repousse des Noyers, alors que Vendôme et La Trémoille bloquent les Anglais. En Italie, après un succès initial qui conduit l'amiral Bonnivet devant Milan, les Français subissent de multiples revers: Verceil, puis Romagnano, où Bayard est tué...

Cependant, le duc de Bourbon, alors que les débris de l'armée d'Italie regagnent à grand-peine la France, attaque en juillet 1524 la Provence avec vingt mille hommes espérant porter le coup d'estoc. Il s'empare de Draguignan puis de Grasse et d'Aix, et investit Marseille. Le port résiste, forçant le connétable de Bourbon à lever le siège.

Le traité de Madrid

Malgré ces menaces, François Ier reprend l'offensive en Italie. Dès le 24 octobre 1524, il assiège Pavie. Regroupant leurs forces autour de Lannoy, Pescaire et le duc de Bourbon, les Impériaux, environ vingt-cinq mille hommes, attaquent François Ier dans la nuit du 25 février 1525. Réduits à vingt mille hommes, utilisant mal leur puissante artillerie, les Français sont étrillés. Non seulement le roi est capturé mais son état-major est décimé: Bonnivet, La Palice, René de Savoie, Bussy d'Amboise, La Trémoille se sacrifient tous pour protéger le roi.

Emmené à Madrid, durement traité par Charles Quint, François Ier doit finir par signer l'infamant traité de Madrid le 14 janvier 1526. Il prévoit, en échange de sa libération, la cession de la Bourgogne, de l'Artois et de la Flandre à Charles Quint et l'abandon de toute prétention française sur Milan, Gênes et Naples. Enfin, le connétable de Bourbon est rétabli dans tous ses titres. *Summa injuria*, l'exécution du traité sera garantie par le transfert en Espagne de deux otages prestigieux, les deux dauphins de France, François et Henri (le futur Henri II).

Cependant le roi François n'entend point respecter ce qu'il a signé sous la contrainte et finit par affirmer l'appartenance de la Bourgogne au territoire français. Charles Quint ne peut l'admettre ; la guerre reprend. Cependant l'Empereur doit faire face à l'offensive turque sur l'Autriche, au refus du pape de le couronner empereur, à une insuffisance de ressources financières.

Il lui faut pourtant réagir : en septembre 1526, le duc de Bourbon prend la tête d'une armée impériale qui assiège Rome et s'en empare, la livrant au pillage pendant dix longues journées. Lors de l'assaut final, le connétable de Bourbon, sur le point de triompher, est tué d'un coup d'arquebuse… Il est enseveli en l'église Saint-Pierre de Rome en grande pompe.

Épilogue

En 1527, le connétable de Bourbon est condamné par contumace et tous ses biens sont confisqués et répartis. Ainsi Beaujolais et Forez sont-ils attribués au duc d'Angoulême alors que Bourbonnais et Auvergne reviennent à Louise de Savoie jusqu'à sa mort. Ce viager prend fin dès 1531. Ainsi la reine mère aura-t-elle peu profité de cette spoliation…

GABRIELLE D'ESTRÉES VEUT ÊTRE REINE DE FRANCE : L'A-T-ON EMPOISONNÉE ?

Une belle donzelle très ambitieuse

En deux années, Henri de Navarre s'est sérieusement rapproché du trône de France : en septembre 1589, il a battu les troupes de la Ligue emmenées par le duc de Mayenne à Arques, puis les a écrasées à Ivry, en mars 1590. Le voici de nouveau devant Paris, entreprenant un second siège alors que le cardinal de Bourbon s'est autoproclamé roi de France sous le nom de Charles X. Pourtant Henri IV est toujours excommunié par le pape…

Le siège est difficile car les Espagnols ravitaillent. Après quatre mois, il faut renoncer. Une nouvelle tentative échoue en janvier 1591, alors que les assiégeants se sont déguisés en meuniers. La guerre traîne et laisse quelque loisir à Henri de Navarre.

Son ami, le grand écuyer de France, Roger de Bellegarde, souhaite lui présenter sa dernière conquête : il le suit au château de Cœuvres, à proximité de Compiègne. C'est là qu'il découvre Gabrielle d'Estrées, ravissante créature aux yeux bleus, âgée de 17 ans. Il en tombe aussitôt amoureux. Mais la belle se refuse à cet homme court sur pattes, coiffé à la diable et sentant fort. Ce ne sera que sur les conseils de sa tante, l'habile Isabelle de la Bourdaisière, dame de Sourdis qui a su séduire le chancelier de France, que Gabrielle consentira à se donner à Henri, lors du siège de Chartres.

Cependant, Henri de Navarre songe alors à se convertir au catholicisme pour enfin l'emporter, aussi entend-il fréquenter une femme mariée. Il va donc arranger un mariage entre Gabrielle et Nicolas d'Amerval, seigneur de Liancourt et baron de Benais *(sic)*, et ainsi pourra-t-il fréquenter son aimée sans obstacle.

La fort avisée Gabrielle d'Estrées ne cesse de pousser le roi à mettre fin à la guerre au prix d'une solennelle abjuration de sa foi huguenote. Alors qu'en cette année 1593, la Ligue a convoqué les états généraux en une ultime manœuvre pour porter sur le trône Isabelle d'Espagne, son échec offre un large espace au Béarnais. Les Parisiens, la France entière, sont las d'une guerre qui les ruine.

Le 25 juillet 1593, Henri IV se convertit au catholicisme à la basilique de Saint-Denis après un ultime entretien. Le sacre du roi est célébré à Chartres le 25 février 1594, alors que Paris, exsangue, lui ouvre ses portes le 22 mars suivant.

Gabrielle d'Estrées maîtresse de Henri IV

Le sens politique de la favorite a impressionné le nouveau roi. Il l'adore, lui fait trois enfants et la couvre de biens. Par chance, les enfants de la favorite naissent après le sacre et Gabrielle entend les faire légitimer. Il faut alors défaire le mariage d'avec Nicolas d'Amerval. Lequel refuse le motif avancé de non-consommation du mariage pour cause d'impuissance. Tout le doigté du chanoine Roze sera nécessaire – et récompensé d'un évêché –, pour finalement découvrir que Gabrielle d'Estrées est une parente de la première épouse de Nicolas, la défunte Anne Gouffier. On tient là un sérieux motif d'annulation !

César, fils aîné de Gabrielle et du roi, naît en 1594 : il sera duc de Vendôme. Puis viennent au monde Catherine Henriette unie à Charles II de Lorraine, enfin, Alexandre, chevalier de Vendôme, futur grand prieur de France.

Comblée par son amant, Gabrielle reçoit le titre de marquise de Montceaux-les-Meaux en 1595, puis celui de duchesse de Beaufort, avant enfin de duchesse de Verneuil et d'Étampes en 1598. Elle dépense sans compter, se parant comme une reine qu'elle aspire désormais à devenir.

Mais il faut que le roi divorce

Après avoir définitivement vaincu les forces de la Ligue alliées aux Espagnols à Fontaine-Française, en Bourgogne, début juin 1495, Henri IV signe, en mai 1598, le traité de Vervins avec l'Espagne qui ramène la paix entre les deux nations.

Il faut à présent racheter les consciences de la Ligue, à commencer par celle du duc de Mayenne, sans oublier le fils du duc Henri de Guise, maître de l'importante cité de Reims, ainsi que tous les grands chefs catholiques… alors que les caisses sont vides et que la guerre a lourdement endetté Henri de Navarre.

Sans mariage, pas de reine ! Or, deux obstacles considérables s'opposent à l'union de Henri IV et de Gabrielle d'Estrées, la maîtresse en titre. Il faut d'abord que le roi divorce de son épouse officielle, Marguerite de Valois. Et donc obtenir du pape l'annulation de ce mariage et l'accord préalable de l'intéressée. Mais la sœur des rois François II, Charles IX et Henri III ne l'entend point de cette oreille. Elle n'espère pas, certes, pouvoir regagner la couche de Henri IV qui ne l'aime pas mais elle ne saurait déroger en acceptant de laisser la place à une femme de petite noblesse qu'elle traite de « catin » et de « décriée bagasse ». Quant au pape florentin Clément VIII, il souhaiterait, c'est bien humain, favoriser l'union du roi Henri avec l'une de ses compatriotes, Marie de Médicis.

Si l'on ajoute à ce panorama le parti pris de Sully, le chemin du trône apparaît bien ardu pour la belle Gabrielle. Devenu surintendant des Finances, Sully sait qu'il faut trouver des ressources pour redresser le pays et acheter les consciences des ligueurs. Sans compter l'important prêt contracté auprès des Médicis pour acheter des armes et lever des mercenaires qu'il faut rembourser. Inutile de dire que Sully pousse de toutes ses forces en faveur de l'union italienne qui effacerait d'un coup la dette florentine, sans compter la dot que l'on serait en droit d'espérer. Le marquis de Rosny n'est pas sans souligner l'insupportable mésalliance que représenterait le mariage de Henri et Gabrielle. Pour trouver de nouvelles ressources, Sully en est réduit à imaginer une paulette, un impôt qui permettra la transmission héréditaire des offices. Pas question de laisser échapper l'argent des Médicis…

Pourtant envers et contre tout, Henri IV maintient le mariage et en fixe même la date à la Quasimodo, le dimanche qui suit Pâques.

Gabrielle d'Estrées, la bimbo d'Henri IV.

L'assassinat?

Par prudence et parce que beaucoup de catholiques doutent encore de la sincérité de la conversion du roi, Henri IV décide de se séparer de sa maîtresse durant la semaine sainte. Aussi, le mardi saint, Henri IV et Gabrielle d'Estrées se quittent-ils jusqu'au dimanche suivant. Ce 6 avril 1599, la favorite se fait tirer les cartes: elles révèlent un avenir très noir et même mortel…

Enceinte de sept mois, Gabrielle se rend alors à Paris chez sa sœur Diane, la maréchale de Ballagy qui demeure à l'Arsenal. Elle arrive très fatiguée mais reprend des forces, suffisamment pour honorer l'invitation du banquier Zamet, un fidèle du roi. En vérité, Zamet est un fieffé coquin. Italien né à Lucques, il est entré au service du roi Henri III, sans doute comme cordonnier, puis a spéculé sur le sel, s'enrichissant considérablement. Proche de Henri IV mais aussi du duc de Mayenne, il a favorisé leurs négociations. Ayant obtenu une trêve en 1593, il entre, pour services rendus, dans le cercle étroit du roi Henri IV. Bref c'est un opportuniste, fortement enrichi par des activités de banque, un être sans foi ni loi. Il s'est fait construire un fort bel hôtel particulier rue de la Cerisaie: c'est là qu'il accueille Gabrielle d'Estrées en cette soirée du 6 avril 1599. Le printemps est précoce et il règne une incroyable chaleur.

Pour se rafraîchir, la favorite consomme un jus de citron glacé: la voilà aussitôt prise de brûlures d'estomac et de violentes douleurs. Il faut la reconduire chez sa tante, Madame de Sourdis, au doyenné de Saint-Germain l'Auxerrois.

Le 7 avril, au matin, Gabrielle se confesse, puis va assister à la messe au couvent du Petit-Saint-Antoine. Fort lasse, elle s'en retourne auprès de sa tante. Alors de nouvelles douleurs l'envahissent et les contractions commencent.

Le 8 au matin, elle se sent mieux et va communier à Saint-Germain l'Auxerrois. Dans le milieu de l'après-midi, elle est prise de convulsions. Le 9 au matin, son état est si alarmant que les médecins décident de la libérer de l'enfant qu'elle porte, une fille, mort-née. Gabrielle a perdu beaucoup de sang et elle souffre encore le martyr. Son agonie se prolonge jusqu'au samedi 10 avril.

On raconte qu'avant de mourir, évoquant le dîner de Zamet, Gabrielle elle-même affirme avoir été empoisonnée. La rumeur court tout Paris et se renforce encore lorsque Zamet est le premier à accueillir Marie de Médicis dès son arrivée à Paris. Quant à l'autopsie, elle renforce l'hypothèse d'un empoisonnement : le rapport précise qu'elle a un poumon et un foie gâtés, une pierre en pointe dans le rognon et un cerveau offensé…

L'attitude paradoxale du roi

Dès qu'il est informé du décès de Gabrielle d'Estrées, Henri IV laisse éclater sa douleur, du moins verbalement. Mais ses propos, excessifs, sont pleins d'affectation et ne témoignent pas d'un amour profond. Son attitude est, en revanche, beaucoup plus révélatrice. Car durant les heures d'agonie de la favorite, le roi ne s'est pas montré sous son meilleur jour. Averti par Guillaume Fouquet de la Varenne qui a galopé jusqu'à Fontainebleau dans l'après-midi du 9, porteur d'une lettre de la main de

Gabrielle qui supplie le roi de l'épouser et de légitimer ses enfants, le roi décide de se rendre à Paris. Le 10 avril, en chemin, il apprend la mort de Gabrielle et se laisse convaincre de faire demi-tour… Aussitôt dans tout Paris, la rumeur court que le roi a fait assassiner sa favorite. Ce que Henriette d'Entragues proclamera plus tard…

Mais en est-on si sûr ? Il est vrai qu'elle est morte d'éclampsie, dans des douleurs atroces, ainsi que son visage en portait la trace, mais il est tout à fait plausible de penser que l'empoisonnement en est la cause.

Beaucoup trouvent un immense soulagement dans le décès subit de Gabrielle d'Estrées : le roi tout d'abord, mais aussi Sully, enfin le grand-duc Ferdinand de Toscane.

Comment le roi pourrait-il faire accepter à son peuple la bigamie ? Comment pourrait-il contracter une telle mésalliance sans déchoir ? Comment pourrait-il, sans moyens financiers, obtenir la fidélité des chefs de la Ligue ? Comment, enfin, pourrait-il espérer relancer une économie dévastée par quarante ans de guerre sans finances pour investir ?

De tout cela Sully est comptable : il faut agir coûte que coûte, avec ou sans la complicité du roi. Au final, Henri IV l'en remerciera.

Quant à Ferdinand de Toscane, l'oncle de Marie de Médicis, fortement soupçonné, son intérêt est manifeste. On raconte qu'il a fait parvenir à Gabrielle par l'intermédiaire d'un certain Jacopo Guicciardini, des médications contenant, peut-être des substances vénéneuses. Il tient par-dessus tout à marier sa nièce à un parti aussi prestigieux que le roi Bourbon français.

Au total, il apparaît que Gabrielle d'Estrées devait disparaître avant ce dimanche de Quasimodo, sauf à jeter le royaume de France dans une nouvelle et dramatique crise. Il y a donc lieu de penser qu'elle est morte victime d'un crime d'État.

Dès le 17 décembre 1599, le pape annule le mariage entre Marguerite de Valois et Henri de Navarre. Douze mois plus tard, le roi Henri IV épouse Marie de Médicis en la primatiale Saint-Jean à Lyon. Gabrielle a été bien vite oubliée.

BARTHÉLEMY DE LAFFEMAS, LE VRAI SULLY

Un pays ravagé

Du règne de François II à l'avènement de Henri IV au trône de France, huit guerres religieuses ont dévasté le pays. La conversion de Henri de Navarre le 25 juillet 1593 puis la promulgation de l'édit de Nantes le 13 avril 1598 permettent, enfin, de ramener la paix civile. Le roi Henri n'a plus qu'une décennie à vivre, une décennie pour redresser l'économie française. Car la guerre a détruit les routes, ensablé les canaux, entravé l'exploitation forestière, freiné les échanges, détérioré les bâtiments publics…

Il revient au duc de Sully, Maximilien de Béthune, marquis de Rosny, de redresser l'économie. Ne concentre-t-il pas tous les pouvoirs ? Surintendant des finances, surintendant des fortifications, surintendant des bâtiments, grand voyer (c'est-à-dire en charge de la voirie), maître de l'artillerie, il cumule les fonctions régaliennes.

Bon financier, Sully récupère d'abord l'argent dû à l'État par les officiers, puis impose le monopole sur la fabrication des armements, s'efforce de réaliser des économies (réorganisation de la taille, diminution du nombre des trésoriers de France), et renégocie la dette de l'État tout en augmentant les taxes sur la circulation des biens. Ainsi parvient-il à présenter un budget en équilibre dès 1607. Naturellement la création de la paulette, qui autorise la transmission héréditaire des offices contre versement de sommes annuelles à l'État, l'explique largement. Une mesure ô combien dangereuse pour l'avenir de la monarchie, l'une des causes de sa disparition !

La popularité imaginaire de Henri IV et de Sully

Ce sont les historiens du XIXe siècle qui ont développé l'idée tout à fait erronée de la popularité du bon roi Henri et de son ministre principal. Car en 1610, à la mort du roi, le pays est bien loin d'être redressé, alors que les grands travaux se sont déroulés avec lenteur. Point de poule au pot pour chaque Français ! D'ailleurs, il n'existe aucune manifestation de sympathie avérée en 1610 : nul ne pleure le roi.

Que Sully ait compris qu'il est nécessaire de rétablir les voies de communication, nul ne peut le nier. Mais la remise en état des routes et des canaux est lente. Ainsi, le canal de Briare commencé en 1604, n'est-il achevé que sous le règne de Louis XIII, en 1642. La plantation des ormes le long des routes n'est pas si fréquente. En matière agricole, chacun connaît le mot célèbre du ministre: « Labourage et pâturage sont les deux mamelles de la France, ses vrais mines et trésors. » Mais recommander la seule production de matières premières, c'est abandonner la valeur ajoutée à d'autres nations. Si Sully pousse à l'extension des terres cultivées – notamment par l'assèchement des marais –, à la rationalisation de la sylviculture, à l'introduction de nouvelles cultures, il ne tient aucun compte des recommandations, pourtant essentielles, d'Olivier de Serres, en matière de marnage, de chaulage, de rotation des céréales, d'enfouissement des chaumes, d'assolement par roulement, de prairies artificielles…

Certes la monarchie entreprend des grands travaux urbains et monumentaux, à Paris, mais aussi à Charleville (une seconde place des Vosges), à La Flèche (l'école militaire à deux cours)… Dans la capitale, qui compte déjà sans doute quatre cent mille âmes, le roi fait construire le pont Neuf (le plus ancien de la capitale), un pont en pierre avec trottoirs et sans maisons, reliant les deux rives de la Seine à l'extrémité avale de l'île de la Cité. Créée en 1605, la place des Vosges est tracée sur l'emplacement du palais des Tournelles, avec façades en briques encadrées de pierres blanches.

Toutefois le véritable patron de la réforme économique est le contrôleur général du Commerce, Barthélemy de Laffemas, injustement oublié par l'histoire.

Mai 1610.
Le peuple de France pleure
le bon roy Henri.

Barthélemy de Laffemas, sieur de Beausemblant

Protestant, tailleur, il habille Henri de Navarre et le suit à Paris lorsqu'il devient roi. Ayant brillamment réussi dans les affaires, le voici premier valet de chambre du roi auquel il propose de réorganiser l'économie.

Dès 1602, il est nommé contrôleur général du commerce. Ses théories sont limpides et très en avance pour le temps. Il veut supprimer les monopoles, réglementer la fabrication et les prix de vente, uniformiser les règles du travail dans toutes les manufactures, employer toute la main-d'œuvre disponible, prohiber les importations de matières premières et favoriser les exportations de produits industriels transformés. Il rejoint, sur cette dernière recommandation, Sully qui, avec ses lois somptuaires, cherche à réduire les importations françaises de biens de luxe (dentelles, tapisseries, cuirs, gants, tissus, lainages, soieries, faïences, teintures…).

À la vérité, Laffemas souhaite un plan d'industrialisation du pays lui permettant de vivre en autarcie partielle. Aussi encourage-t-il Olivier de Serres, auteur d'un ouvrage encore non publié (*Théâtres d'agriculture et mesnage des champs)* à rendre public le chapitre relatif au vers à soie. En son domaine du Pradel, Serres a planté trois mille mûriers blancs dont les feuilles nourrissent des ver à soie posés sur des clayettes installées dans des magnaneries chauffées. Chaque mûrier fournit quarante kilos de feuilles, permettant de nourrir des vers qui assurent la production annuelle de deux kilos de fils de soie grège. Henri IV, enthousiaste, fait planter des mûriers aux Tuileries en 1601. La culture se diffuse dans les Cévennes et le Languedoc et l'on tisse désormais de la soie française à Lyon, à Saint-Chamond, à Nîmes, alors que reculent brutalement les importations venues d'Italie. Velours, brocarts, crêpes, moires, satins, damas, la France couvre toute la gamme des tissus de luxe.

Henri IV soutient Laffemas qui incite la noblesse à investir dans les industries à valeur ajoutée : soie, verre, faïence, forge. Il existe quarante-huit manufactures verrières en France en 1610. Et c'est le duc de Nevers qui a fait venir les frères Corrado en sa ville pour développer les fameux camaïeux bleus.

À Paris, d'intéressantes expériences sont menées qui permettent d'associer les grands marchands (Édouard Colbert, Le Camus, Sainctot) à des financiers (Paulet, Moisset) pour créer des manufactures. Ils se voient offrir des prêts à taux réduit de 6,25 %. Certaines entreprises atteignent une belle taille comme la manufacture de la place Royale qui produit soieries et brocarts et emploie cinq cents ouvriers. On compte aussi des verreries au faubourg Saint-Germain, des fabriques de tissus crêpe au faubourg Saint-Antoine.

En 1610, on recense dans toute la France environ deux cent soixante manufactures auxquelles le roi accorde des commandes, des monopoles de fabrication ou de vente, des avances financières, des exemptions fiscales, des exonérations de statuts, des libertés d'extension…

Le régime a de la chance : à partir de 1604, les prix des produits de luxe grimpent et font progresser fortement la valeur des exportations.

Ce nationalisme commun à Henri IV et Laffemas, une forme de colbertisme avant l'heure, n'a guère de limite.

Ainsi le roi ordonne-t-il à son contrôleur de faire prospecter le sous-sol français: de nombreuses mines de fer sont alors découvertes.

Au total, si les progrès sont réels dans le domaine industriel et commercial, il n'en est pas de même pour l'essentiel d'une population composée de paysans, dont le sort demeure très précaire. Les paysans du Nord-Est peints par Le Nain vers le milieu du XVIIe siècle constituent une exception, car en de nombreuses régions les famines sont encore fréquentes.

Mais les classes supérieures s'enrichissent ainsi que le démontre l'expansion des librairies parisiennes. On en compte deux cent trente-cinq installées dans la capitale en 1610, dont un tiers ouvertes depuis 1606.

MARIE DE MÉDICIS A-T-ELLE FAIT TUER HENRI IV?

Henri IV: du pacificateur à l'unificateur

Henri de Navarre: en moins d'un quart de siècle, ce petit Gascon caustique passe du statut d'excommunié à celui de roi de tous les Français. Après avoir épousé la reine Margot, survécu miraculeusement à la Saint-Barthélemy et s'être échappé du Louvre au terme de quatre années « d'emprisonnement », l'enfant du Béarn devient le protecteur et le leader charismatique des huguenots. En juin 1584, la mort du duc d'Anjou fait de Henri, descendant direct de Saint Louis, l'héritier légitime de la couronne de France. La perspective d'avoir un « hérétique » sur le trône de France provoque une véritable levée de boucliers des milieux extrémistes catholiques. Sous l'emprise de la Sainte Union, la guerre reprend. Après avoir combattu sans conviction Henri III, le roi de Navarre se rallie au Valois à Plessis-lès-Tours dans une atmosphère de liesse populaire…

Plus attaché à la France qu'à ses convictions religieuses, il change cinq fois de confession, le Navarrais succède au Valois au lendemain du geste de Jacques Clément, en août 1589. Roi sans royaume, Henri finit par abjurer le protestantisme et par se faire couronner dans la cathédrale de Chartres. Conséquence de ce double événement : Henri IV entre triomphalement à Paris en mars 1594 au terme de cinq longues années de siège. Pacificateur et unificateur, il raffermit l'autorité royale, guerroie victorieusement contre l'Espagne, guérit les écrouelles et assainit les finances aux côtés de l'incontournable Sully. Henri IV se pose aussi en digne successeur du Valois et fait du catholicisme la religion d'État. Soucieux avant tout de préserver l'unité et la sécurité du royaume, il promulgue l'édit de Nantes et n'hésite pas à contracter des alliances avec les princes allemands du Saint Empire pour mieux contrecarrer les ambitions autrichiennes…

Le roi de presque tous les Français

L'année 1598 marque assurément l'apogée du règne de Henri IV. Après avoir mis fin à la guerre avec les ennemis extérieurs, Henri IV entend pacifier l'intérieur du royaume. En d'autres termes, l'édit de Nantes fait écho à la paix avec les Espagnols. Simultanément aux accords de Vervins, Forget de Fresnes et quatre délégués de l'assemblée des églises réformées parviennent à un accord historique dans l'enceinte du château de Bretagne à Nantes. En ce 30 avril 1598, soit trois jours avant la paix conclue avec les Espagnols, ce huitième édit de pacification religieuse apparaît comme l'acte fondamental du règne de Henri IV. Depuis la levée de son excommunication en 1595 par Clément VIII, et ce malgré le contexte de guerre contre les Habsbourg, le Navarrais veut se poser en roi de tous les Français. Comportant quatre parties, l'édit d'avril 1598 officialise le catholicisme comme première religion du royaume et établit l'égalité civile entre les sujets des deux confessions. Mais aussi tolérant soit-il, cet acte est loin de soulever l'enthousiasme général. Côté protestant, d'aucuns s'offusquent de ne pouvoir exercer librement leur culte dans l'ensemble du royaume, voire d'ériger en religion officielle ce que d'aucuns continuent de qualifier d'idolâtrie papiste. Astreints à payer la dîme au clergé et de rendre les biens confisqués pendant la guerre, les plus récalcitrants des huguenots parlent de traîtrise du roi. Côté catholique, les extrémistes ne demeurent pas en reste. Sans évoquer l'indignation de voir subsister les places de sûreté, on reproche au roi de ne pas appliquer les clauses du concile de Trente et de ne pas introduire l'Inquisition en France. D'une certaine façon, la politique de tolérance à l'égard des protestants a creusé la tombe de Henri IV.

Douze ans après la promulgation de l'édit de Nantes, en 1610, quand Henri IV s'apprête à partir en guerre contre le Roi Très Catholique d'Espagne, d'aucuns considèrent ce conflit comme un acte hérétique. À commencer par un certain Ravaillac…

Bruits de bottes contre l'Espagne

En ce début de XVIIe siècle, la France est devenue une pièce maîtresse de l'échiquier européen. Forte de sa double victoire sur la Savoie et l'Espagne, elle s'est agrandie du Bugey, de la Bresse, du Valromey et du pays de Gex. Elle est devenue la principale force antagoniste de la puissance des Habsbourg. De par leurs possessions excentrées, du Milanais aux Pays-Bas en passant par le Saint Empire germanique et, bien sûr, l'Espagne, ces derniers entourent littéralement le royaume de France. Or en 1609, le torchon brûle de nouveau entre les deux grandes dynasties à la faveur d'un problème de succession dans les principautés rhénanes. À la suite des décès sans héritiers du duc de Clèves et de Juliers, Henri IV défend la candidature de l'électeur de Brandebourg et du palatin de Neubourg, lesquels s'opposent au candidat désigné par la maison d'Autriche. Prenant fait et cause pour les princes protestants face aux prétentions habsbourgeoises, Henri IV se pose en défenseur des libertés mais aussi en leader du protestantisme européen. Au printemps 1610, les deux puissances sont à deux doigts d'en découdre. Dans cette perspective, Henri IV a massé plus de trente mille hommes dans la région de Châlons-sur-Marne. Le départ est fixé pour le 19 mai. Loin de cimenter l'unité nationale, ce conflit ne ressemble en rien à celui de 1595. Très mal perçu par l'ensemble des Français, beaucoup qualifient l'expédition de « guerre huguenote ». Cette levée de boucliers n'inquiète pas le roi. Avant de partir en guerre, il confie, le 13 mai, la régence à Marie de Médicis. Le lendemain 14 mai, Henri s'apprête à accueillir la reine à Paris...

Vendredi 14 mai 1610

Ce jour-là, un instituteur d'Angoulême réussit là où un avocat d'Angers, un chartreux d'Anvers ou encore un procureur de Senlis avaient échoué. Depuis le geste de Jean Châtel, rares sont les années écoulées sans qu'une tentative d'attentat ait été perpétrée contre le roi. Mais en ce vendredi 14 mai, le roi a l'esprit accaparé par les préparatifs de guerre contre les Habsbourg. Récapitulons brièvement les faits. Vers 3 heures de l'après-midi, Henri décide de se rendre à l'Arsenal où il doit s'entretenir avec Sully, lequel est toujours surintendant des Finances. Dans son lourd carrosse aux portières de cuir, Henri IV n'est pas seul. À sa droite se trouve le duc d'Épernon (un catholique), et en face de lui se tiennent le maréchal de Lavardin et le duc de Montbazon. Après avoir emprunté le chemin de la Croix-du-Tiroir et la rue Saint-Honoré, le carrosse royal entre dans la petite rue de la Ferronnerie alors complètement embouteillée. Le véhicule ne tarde pas à être coincé entre deux charrettes, dont l'une est chargée de foin et l'autre de tonneaux de vin.

Le roi ne s'impatiente pas. Au contraire, il est absorbé par la lecture d'une lettre qu'il a confiée au duc d'Épernon suite à l'oubli de ses lunettes. Soudain, l'histoire bascule. Un homme surgit de la foule et bondit sur la roue gauche du carrosse. Armé d'un couteau volé dans une taverne, l'individu frappe à trois reprises Henri IV. Sectionnant l'aorte, le second coup est mortel.

Le duc d'Épernon protège le meurtrier du roi du lynchage

Depuis son entrée solennelle à Paris seize ans plus tôt, le Bourbon avait échappé à dix-sept tentatives d'assassinat. Heureusement pour Henri, sa tenue de guerre lui avait fait éviter le pire en 1594, lors de la tentative de Jean Châtel. Mais en ce 14 mai 1610, il en est tout autrement. Le régicide a atteint son but. Le corps du roi est immédiatement transporté au Louvre. Dès le lendemain, il est embaumé. Ses entrailles sont transférées à Saint-Denis et son cœur à la chapelle de la Flèche. De son côté, son meurtrier est arrêté. Il échappe de peu à la colère populaire grâce à l'étonnante protection du duc d'Épernon. Écartant l'épée d'un gentilhomme qui s'apprêtait à frapper le meurtrier, le duc crie à la foule déchaînée que le « roi n'est que légèrement blessé » tout en couvrant le régicide d'un manteau. Âgé de trente et un ans, c'est un instituteur répondant au nom de François Ravaillac. De forte corpulence, cet homme à la barbe rousse n'en est pas à sa première tentative d'assassinat. En décembre 1609, il avait déjà essayé d'attenter aux jours du roi…

Ravaillac prétend avoir agi seul

Dans l'heure qui suit l'assassinat, le régicide est conduit à l'hôpital de Retz pour y être immédiatement interrogé et torturé. Dès le surlendemain, le 16 mai, il est déplacé à la Conciergerie. À la requête du procureur général du roi, des commissaires du Parlement le questionnent sans relâche sur la présence d'éventuels complices. Mais Ravaillac n'en démord pas : il a agi seul à l'unique motif de défendre le catholicisme. Le régicide est intimement persuadé que le roi voulait partir en guerre contre le pape et transférer le Saint-Siège à Paris. « Il se croirait coupable envers Dieu s'il ne vengeait sur la personne de l'impie l'honneur de Dieu », commente Roland Mousnier[7]. Après avoir traversé la France à pied pendant huit jours, ce catholique dévot a donc mis fin aux jours de l'homme qu'il qualifie d'hérétique déguisé. Selon Ravaillac, Henri IV a trahi la cause romaine en n'essayant pas de convertir les protestants au catholicisme. L'édit de Nantes n'était pourtant pas dirigé contre les catholiques. Tout au plus peut-on parler d'une paix de religion destinée à assurer la cohabitation entre les deux confessions. Mais la folie l'emporte sur la raison. Pendant plus de dix jours et malgré les tortures, Ravaillac tient invariablement le même discours. En résumé, Henri IV était l'ennemi du catholicisme et le meurtrier a agi de sa propre initiative. Le 27 mai, le Parlement du roi rend sa sentence. On déclare Ravaillac « atteint et convaincu du crime de lèse-majesté divine et humaine au premier chef, pour le très méchant, très abominable et très détestable parricide commis en la personne du feu Henry quatrième ». En conséquence, l'assassin est conduit en procession jusqu'à la place de Grève.

7. *L'Assassinat d'Henri IV (14 mai 1610)*, collection « Trente Journées qui ont fait la France », Éditions Gallimard, 1964.

Le supplice de la place de Grève

Sur le chemin du supplice, il doit affronter la furie populaire. Les hurlements succèdent aux insultes et les coups aux crachats. Les femmes tentent de lui arracher la barbe, les enfants lui lancent des pierres. Quand Ravaillac arrive sur le lieu de l'exécution, la colère du peuple redouble de violence. Les gardes ont toutes les peines du monde à la contenir. La mort du régicide s'entoure alors de toute une mise en scène destinée à frapper les esprits. Le bras qui a tué le roi est d'abord plongé dans du soufre enflammé. On verse ensuite de l'huile bouillante et du plomb fondu sur les jambes, les bras et les épaules du condamné tout en lui arrachant les pectoraux avec de grosses tenailles. Les cris de Ravaillac sont couverts par les clameurs de la foule. On lui somme de livrer ses complices. Mais jusqu'au bout, Ravaillac nie l'existence de tout complot. Après avoir été écartelé par quatre chevaux, il expire. La foule encore déchaînée se précipite sur le corps du malheureux. Le cadavre est littéralement démembré, dépecé et dispersé aux quatre coins de la capitale. Des morceaux de chair de Ravaillac sont même mangés…

À qui profite le crime ?

Jusqu'à son dernier souffle, Ravaillac a donc prétendu agir seul. L'assassinat de Henri IV comporte pourtant quelques zones d'ombre. Sans compter le comportement étrange du duc d'Épernon, catholique convaincu, on relève la déclaration d'un officier de justice de Pithiviers annonçant l'assassinat de Henri IV le matin même de sa mort ! Autre singularité : la réorientation brutale de la politique extérieure de la France. En résumé, l'intervention armée contre l'Espagne est tout bonnement ajournée. La plupart des ministres bellicistes sont congédiés et Sully est même remercié. Reste l'attitude ambiguë de Marie de Médicis. Tout en déplorant la perte de son mari, la reine s'acharne à désavouer sa politique.

Tous les témoins décrivent une reine « fort éplorée » qui ne dormit pas pendant une semaine. Son chagrin et son effondrement sont-ils pour autant une preuve de son innocence? Pas nécessairement. Ils peuvent aussi traduire un profond remords d'avoir participé à une sombre machination. Ses actes sont un cruel désaveu de la politique de Henri IV. Non seulement Marie de Médicis met fin aux préparatifs de guerre contre l'Espagne, mais elle ne ratifie pas le traité de Nantes (dès le 3 juillet 1610). Preuve de ce retournement de situation: en novembre 1615, le jeune Louis XIII se marie avec l'infante Anne d'Autriche. Il faut se rendre à l'évidence: Ravaillac a réussi son pari…

Il est impossible de négliger les travaux récents de Jean-Christian Petitfils qui révolutionnent les thèses jusqu'ici communément admises. Il voit dans l'assassinat du roi le bras armé des archiducs de Bruxelles, dont l'armée française s'apprêtait à traverser les territoires, déclenchant la guerre contre les Habsbourg. Un commando venu du Nord se serait finalement servi de Ravaillac, opportunément repéré à Paris, comme d'un bras armé… La réponse des Habsbourg au roi Bourbon qui l'agressait avec une immense armée, la plus puissante d'Europe… La poursuite de la lutte entre les deux grandes dynasties entreprise depuis François Ier et Henri II…

L'AFFAIRE DES URSULINES DE LOUDUN

Loudun, ancienne place forte protestante…

À l'automne 1632, à peine sortie du cycle infernal des guerres de Religion, la France connaît une histoire singulière : l'affaire des possédées de Loudun. Déjà très éprouvée par une épidémie de peste sans précédent, plus de trois mille cinq cents morts dénombrés en quatre mois, cette petite commune de la Vienne est brutalement projetée sur la scène de l'actualité. La raison : un démon hanterait le couvent des Ursulines. Pis encore, toutes les sœurs seraient tombées sous son emprise. À compter du 21 septembre 1632, la situation est proprement incontrôlable. Apparitions mystérieuses, convulsions délirantes et possessions démoniaques deviennent le lot quotidien du couvent de Loudun. À l'origine religieuse et mystique, l'affaire de Loudun se transforme rapidement en crise politique majeure. À défaut d'éclaircir l'affaire, on désigne un bouc émissaire : le prêtre de la paroisse. Opposant notoire à Richelieu, Urbain Grandier est en effet le coupable idéal. En septembre 1633, l'arrivée d'un envoyé du cardinal de Richelieu dans l'ancienne place forte protestante confère à l'affaire de Loudun une dimension nationale. Moins d'un an plus tard, en juillet 1634, un bûcher est dressé sur la place du Marché : Urbain Grandier y est brûlé vif. Assurément, le prêtre de la paroisse a été sacrifié sur l'autel de la démence d'une bande de nonnes en mal de séduction…

Des sœurs en proie à des crises d'hystérie

Fondé huit ans plus tôt, le couvent des Ursulines est le théâtre de phénomènes étranges. Ses locataires, pas moins de dix-sept sœurs, ne jurent que par le démon. En proie à la démence, elles hurlent à tue-tête et prétendent être les victimes du Malin. La première d'entre elles, une certaine Jeanne des Anges, est sujette aux délires les plus extravagants. Tout commence pendant la nuit de l'équinoxe d'automne de l'année 1632. La mère supérieure décrit ainsi une boule noire traversant le réfectoire ou encore un fantôme parcourir en silence les couloirs du couvent. Dans les semaines qui suivent, la plupart des sœurs du couvent sont à leur tour victimes d'hallucinations. Littéralement en proie aux délires, elles sombrent dans la démence la plus totale et se roulent par terre en poussant des cris hystériques. Selon elles, le couvent serait hanté par le démon. Leur hystérie collective est bientôt connue des habitants du village. À la fin de l'année 1632, la curieuse affaire des Ursulines de Loudun se répand dans tout le royaume. Des prêtres accourent alors pour sauver les âmes de ces pauvres sœurs en proie au démon. Assurément, leur possession a été facilitée par la présence à Loudun d'une personne peu recommandable : le curé du village, un certain Urbain Grandier.

Urbain Grandier, un prêtre ensorceleur trop proche des protestants

Recteur de l'église Saint-Pierre du marché de Loudun, Urbain Grandier fait figure de coupable idéal. Sa prestance n'aurait d'égale que son intelligence. Séducteur et charismatique, le prêtre en question captive ses fidèles, impressionne les villageois et surtout ensorcelle les femmes. Aussi admiré que redouté, Urbain Grandier fait l'objet de toutes les convoitises et de toutes les critiques. Pour ses détracteurs, l'affaire des possédées de Loudun tombe à pic. Même si Urbain Grandier n'a jamais mis les pieds au couvent des Ursulines, ses adversaires profitent de l'occasion pour dénoncer la personnalité par trop encombrante du prestigieux ecclésiastique. Les Capucins sont en première ligne, les détracteurs de Grandier n'hésitent pas à mettre en exergue les opinions politiques du recteur de l'église Saint-Pierre.

Arrêté pour ses opinions politiques

S'insurgeant contre la politique de Richelieu, l'impétueux prêtre est en effet l'auteur d'un pamphlet particulièrement virulent contre le cardinal-ministre de Louis XIII. Quand l'envoyé de Richelieu, un certain baron de Laubardemont, arrive à Loudun en septembre 1633, l'occasion devient alors trop belle de se débarrasser d'un opposant gênant. Sous couvert de sorcellerie, le prêtre est en fait arrêté pour ses prises de position politique. Le lendemain même de l'arrivée de Jean de Laubardemont, Grandier est jeté aux fers.

Une arrestation qui ne met pourtant pas fin aux crises de démence des nonnes de Loudun. Loin de là ! Et pourtant, le commissaire dépêché par Richelieu n'en démord pas : Grandier est l'envoyé du diable. Confondant les témoignages des Ursulines, il prétend cumuler les preuves de sorcellerie contre le curé de Loudun. Des médecins et des exorcistes sont conviés pour examiner les crises d'hystérie des Ursulines. Les villageois eux-mêmes assistent aux séances d'exorcisme à l'intérieur même du couvent. À n'en pas douter, seul le surnaturel peut expliquer ces crises de démence. Et ces crises ont une origine : Urbain Grandier. À compter du mois de juillet 1634 est donc instruit le procès contre le « prêtre maléfique ».

Une parodie de procès : Grandier brûlé vif

Dans le contexte des tensions religieuses qui prévaut depuis plus d'un demi-siècle, seulement six ans après le terrible siège de La Rochelle, Richelieu orchestre une véritable chasse aux sorcières. Et l'affaire des possédées de Loudun tombe à merveille pour éradiquer les dernières poches de résistance. Au début de l'été 1634, Urbain Grandier est déjà un condamné à mort en sursis. Quels que soient ses arguments, il n'échappera pas au bûcher. Prétextant que le pouce de l'accusé présente une cicatrice, Laubardemont n'hésite pas à parler de signe évident d'un pacte avec le diable. Le 18 août 1634, au terme de quarante jours de procès, les douze juges rendent leur verdict : la mort ! La sentence est exécutée le jour même. Urbain Grandier est brûlé vif sur la place du Marché devant une foule de paroissiens déchaînés. Jusqu'à son dernier souffle, le prêtre martyr clame son innocence…

Jeanne des Anges : une mère supérieure stigmatisée

Étonnamment, les crises de démence des nonnes baissent en intensité. Mieux encore, les couloirs ne sont plus hantés par des entités maléfiques mais par des êtres bienveillants qui apaisent progressivement le cœur et les âmes des Ursulines. À commencer par Jeanne des Anges : elle voit maintenant se profiler la silhouette de saint Joseph dans les couloirs du couvent. Des gouttelettes d'huile sainte témoigneraient de son passage sur la chemise même de Jeanne des Anges ; c'est la fameuse « onction de saint Joseph ». L'apparition du père du Christ a pour effet de faire disparaître ses douleurs. Elle se dit « miraculeusement guérie ».

À compter de l'année 1635, la mère supérieure est littéralement « stigmatisée ». Aux dires de témoins, des lettres rouge vif se dessineraient à intervalles réguliers sur le dos de sa main gauche. Selon l'intéressée elle-même, six des sept démons qui hantaient son corps et son esprit sont désormais partis vers d'autres cieux. Pour se délivrer de « Béhémot », la dernière des entités démoniaques, la mère supérieure décide de se rendre à Annecy, sur le tombeau même de saint François de Sales.

De « la possédée » à « la miraculée » de Loudun

Au cours de son pèlerinage de 1638, Jeanne des Anges est accueillie en véritable star, voire en sainte. La foule se presse sur son passage et cherche à l'approcher si ce n'est à la toucher. Sa chemise porteuse de « l'onction de saint Joseph » générerait des miracles ! À Meaux, la désormais légendaire nonne de Loudun croise Richelieu en personne. Quelques semaines plus tard, à Paris, elle est présentée à Louis XIII et Anne d'Autriche. Une rencontre profitable. Désormais, le couvent de Loudun bénéficiera d'une protection royale.

Dans les années qui suivent, les signes de possession diminuent encore en intensité. À compter de l'année

1642, ils disparaissent complètement. Seuls les stigmates de Jeanne des Anges perdurent, et ce jusqu'en 1661. C'est au cours de la même année que la mère supérieure est victime d'une attaque cérébrale qui la laisse hémiplégique. Quatre ans plus tard, en 1665, la célèbre possédée de Loudun rend son âme à Dieu... Avec elle est enterré le mystère des Ursulines.

LE MASQUE DE FER, CRÉATION LITTÉRAIRE D'ALEXANDRE DUMAS ?

Il n'est pas le frère de Louis XIV

De Voltaire dans son ouvrage référent *Le Siècle de Louis XIV* à Marcel Pagnol dans *Le Secret du Masque de fer*, ils sont nombreux à avoir affirmé, sans aucune preuve, que le Masque de fer était bien le frère aîné de Louis XIV. Il n'en est rien. Pourtant, Pagnol connaît bien l'existence du comte Matthioli, mais il conteste qu'il soit le Masque de fer. Selon lui, ce dernier serait arrivé après le Masque de fer en la forteresse de Pignerol. Et il affirme, sans le savoir, que le Masque de fer était beaucoup mieux traité que Fouquet et Matthioli, ce qui démontrerait qu'il s'agit d'un grand seigneur.

Il n'est pas Matthioli

Le comte italien Ercole Matthioli, plus connu sous le nom du « traître de Casals » est l'un des proches du roi Charles II de Mantoue. Il vend secrètement à la France la forteresse de Casals, une cité de la première importance puisque située à seulement quinze lieues de Turin. Mais l'affaire échoue. Furieux, Louis XIV fait enlever Matthioli et l'enferme à Pignerol. Mais il ne porte nullement un masque de fer.

Il n'est pas le chirurgien Auger

Le chirurgien Auger, mort à la Bastille en 1703, est l'un des condamnés de l'affaire des Poisons. Il n'est pas non plus le Masque de fer, car il s'agit d'un personnage secondaire dans une affaire qui a vu cent quatre-vingt-quatorze emprisonnements et quatre-vingt-huit condamnations dont trente-six à mort. Quant aux autres prisonniers, ils sont purement et simplement mis au secret et répartis en plusieurs forteresses.

Peut-être s'agit-il d'un valet ?

En vérité nous disposons de deux valets, tous deux victimes des comportements de leur maître. Le premier s'appelle Eustache Dauger : il serait peut-être le coursier, le messager portant les dépêches échangées entre Louis XIV et Charles II Stuart d'Angleterre.

Le Roi-Soleil souhaite en effet parvenir à ramener le souverain anglais à la foi catholique. Il échoue, malgré les subsides versés qui ont toutefois permis la mise en force d'une alliance franco-anglaise. Son frère et successeur Jacques II Stuart sera chassé du trône d'Angleterre par Guillaume d'Orange dès 1689, après trois ans de règne. Sans doute, Louis XIV estime-t-il nécessaire de faire disparaître toute trace de la trahison de Charles II Stuart envers son peuple après sa mort.

L'homme au masque de fer était-il
le frère de Louis XIV ?...

En ce qui concerne le second valet, Martin, il sert le huguenot Roux de Marcilly, l'auteur présumé d'une conspiration contre la France. Effectivement la monarchie a fait arrêter en Suisse, un certain Roux et son valet Martin.

Voici donc deux valets, sans savoir d'ailleurs s'il ne s'agit pas du même homme, des personnages somme toute secondaires, dont on comprend mal qu'on les ait affublés d'un masque de fer pour empêcher toute identification.

Le Masque de fer a-t-il existé ?

Il est légitime de mettre en doute l'existence même du Masque de fer. En effet, après la mort de Fouquet en 1680 et la libération du duc de Lauzun la même année, le gouverneur de la forteresse, Saint-Mars, se trouve sans prisonnier célèbre. Pour maintenir son statut, et donner le change à la garnison, il prétend détenir un dernier prisonnier de la plus haute naissance, le Masque de fer. Puis, lorsque Saint-Mars est muté à Exiles, le Masque de fer le suit dans ses bagages, peut-être le malheureux Dauger est-il ainsi sacrifié par le gouverneur ? Saint-Mars maintient également enfermé La Rivière, le valet de Fouquet, par peur d'une indiscrétion sur les circonstances de la mort de Fouquet, ce qui laisse penser que Fouquet n'a jamais été libéré avant sa mort brutale. Peut-être est-il mort en prison ou bien a-t-il été empoisonné avant sa libération ?

Lors de sa nouvelle affectation à l'île de Sainte-Marguerite, l'une des deux îles de Lérins, il emmène de nouveau Dauger ou son double avec lui, sans La Rivière qui est mort. Enfin, Saint-Mars devient gouverneur de la Bastille : Dauger, à moins qu'il s'agisse cette fois du chirurgien Auger, bref, le Masque de fer, y meurt le 19 décembre 1703.

Enfin vient la Palatine

Charlotte Élisabeth de Bavière, dite « la princesse Palatine », est la fille de l'Électeur du Palatinat. Elle épouse le frère de Louis XIV et connaît donc parfaitement les histoires de famille. Elle est la mère de Philippe duc d'Orléans, futur régent de France après la mort de Louis XIV. Dotée d'une forte carrure et d'une grande franchise, elle a la dent dure et les courtisans la craignent. Elle déclare, concernant le Masque de fer, qu'il s'agit d'un milord anglais qui aurait comploté contre la France. Ainsi au lieu de s'éclaircir, le mystère s'épaissit-il !

L'AFFAIRE DES POISONS DÉMONTRE LA PUISSANCE DE L'OCCULTISME CRIMINEL AU GRAND SIÈCLE

La marquise de Brinvilliers, personnage secondaire

L'affaire des Poisons en comporte deux et se déroule de 1666 à 1682. Une période brillante du règne de Louis XIV, durant laquelle la France remporte la guerre de Dévolution (annexion de la Belgique actuelle) et la guerre de Hollande (annexion de la Franche-Comté et de nombreuses villes du Nord). Et pourtant, outre les crimes de la marquise de Brinvilliers, un personnage secondaire, se tisse un vaste réseau d'empoisonneurs, de mages, de médecins dévoyés, de prêtres pratiquant messes noires et sacrifices humains… Un Paris ésotérique, diabolique, occulte, peuplé de criminels que fréquentent les plus grands du royaume. C'est la face noire du règne du Roi-Soleil qui se trouve ainsi mise à jour. Voilà qui explique la violence de la répression – près de deux cents arrestations – qui n'aura pourtant pas raison de tout ce Mal.

La première affaire concerne donc Marie-Madeleine Dreux d'Aubray, fille du lieutenant civil de la prévôté de Paris, un homme puissant placé au sommet de la hiérarchie judiciaire. Mariée au marquis de Brinvilliers, mère de cinq enfants, elle se détache peu à peu de son époux qui la ruine par des dépenses inconsidérées. Dotée d'un solide appétit sexuel, la menue marquise aux yeux bleus et à la peau d'une blancheur étincelante, prend amant. L'élu, Jean-Baptiste Gaudin, est un solide gredin qui a usurpé l'identité du chevalier de Sainte-Croix. Aussi peu scrupuleux l'un que l'autre, les deux amants semblent très amoureux. Mais le père de Marie-Madeleine, irrité par le jeu adultère de sa fille, fait enfermer le faux Sainte-Croix à la Bastille par lettre de cachet, en 1663. Incarcéré dans la cellule de l'alchimiste Exili, Sainte-Croix y apprend la science des poisons. À sa sortie, il n'a guère besoin de convaincre la marquise de Brinvilliers d'empoisonner toute sa famille pour s'emparer de l'héritage Dreux d'Aubray. Tous deux mettent au point des poisons que Marie-

Madeleine expérimente avec un cynisme inimaginable en ses bonnes œuvres, lors de ses visites caritatives dans les hôpitaux parisiens. Ils finissent par mettre au point un dosage qui ne laisse aucune trace.

En 1666, la marquise de Brinvilliers passe à l'acte : elle empoisonne d'abord son père (dont l'autopsie conclut à une mort naturelle), puis s'attaque à son mari. Mais devant ses souffrances, elle cesse d'empoisonner sa nourriture. En 1670, elle liquide ses deux frères mais ne parvient pas à trouver le moyen de tuer sa sœur, alors au Carmel. Ayant dépensé sans compter un héritage qu'elle n'a pas encore touché, elle s'est largement endettée auprès de Sainte-Croix. Lorsqu'il lui faut vendre l'hôtel particulier des Brinvilliers, elle panique, menace Sainte-Croix. Celui-ci constitue alors un dossier pour se protéger, comportant des lettres et des reconnaissances de dettes de Marie-Madeleine, mais aussi des fioles et des sachets de poison. Aussi, lorsqu'il meurt en 1672, de mort naturelle semble-t-il, la marquise cherche-t-elle à tout prix à récupérer la bien dangereuse cassette où tous leurs crimes sont consignés, mais la justice va s'en saisir la première. En 1673, la marquise, qui a réussi à s'enfuir à l'étranger, est condamnée à mort. Réfugiée aux Pays-Bas, elle est capturée par les troupes françaises victorieuses en 1676.

La Brinvilliers tente par trois fois de se suicider, puis finit par avouer être coupable non seulement d'adultère (deux de ses cinq enfants seraient nés des œuvres de Sainte-Croix), mais également de crimes (trois meurtres par empoisonnement). Sans compter les malheureux vieillards victimes de ses tentatives d'empoisonnement.

Condamnée à la peine capitale, elle doit pourtant subir la question. Attachée nue sur la table de torture, elle avale huit pots d'eau sans aucune plainte : alors seulement l'abbé Pirlot lui donne l'absolution. Préparée pour le supplice, revêtue de la chemise de toile écrue des pénitents, la corde au cou, pieds nus, elle monte dans le tombereau qui s'avance vers la place de Grève. Après un arrêt devant Notre-Dame, où elle se repent à genoux devant le portail, elle parvient au lieu du supplice et monte sur l'échafaud. Le bourreau, tournant la marquise vers Notre-Dame, lui bande les yeux. Puis d'un seul coup d'épée, il lui tranche la tête. Ses restes sont brûlés sur un bûcher et ses cendres dispersées dans la Seine. La marquise de Sévigné assiste au supplice et rapporte la scène avec son talent désinvolte habituel dans une lettre écrite à sa fille : « Enfin, c'en est fait, la Brinvilliers est en l'air. Son pauvre petit corps a été jeté, après exécution, dans un fort grand feu et les cendres au vent, de sorte que nous la respirons, et par la communication des petits esprits, il nous prendra quelque humeur empoisonnante dont nous serons tous étonnés. »

Un certain abbé Nail

C'est par le plus grand des hasards que la seconde affaire des Poisons, va débuter. Une inconnue glisse, à confesse, un billet dénonciateur à un jésuite : il y est question de poudre blanche. Ledit billet circule jusqu'au sommet de l'ordre, le provincial, le père de La Chaise. Le voici sur le bureau de Colbert qui le transmet à La Reynie, le lieutenant général de police du royaume depuis dix ans. La Reynie croit à une nouvelle affaire Brinvilliers. La chance le sert : il découvre l'auteur du billet, un certain abbé Nail. Et l'écheveau des crimes les plus affreux se déroule devant ses yeux ébahis.

L'abbé avoue avoir empoisonné maître Faurie, avocat au Grand Conseil, pour le compte de Madeleine de la Grange, la veuve d'un receveur de taille et de gabelle. Amant de Madeleine, Nail a réalisé un faux contrat de mariage préalablement à l'exécution de Faurie qui permet à Madeleine de capter son héritage. En 1679, les deux criminels sont exécutés.

Mais l'interrogatoire de Nail a permis de découvrir une véritable internationale du crime. Des nobles appartenant à la meilleure société – le chevalier de Vannes, le comte et la comtesse de Bachimond – utilisent le poison pour assassiner des personnages du plus haut rang, tel le duc de Savoie, Charles-Emmanuel III. Et ils ont mis sur pied un véritable commerce des poisons avec ses fournisseurs, ses distillateurs, ses laboratoires, ses médecins, ses convoyeurs, le tout doublé d'un important trafic de fausse monnaie. À ce réseau est relié tout un monde obscur de cartomanciennes, tireuses de cartes, apothicaires, avocats, banquiers, chirurgiens, auquel La Reynie est parvenu à remonter en démêlant les circuits de lettres de change. Il a également reconstitué le cheminement des matières toxiques, en découvrant les laboratoires clandestins, en identifiant les trafics de fausse monnaie, en repérant, enfin, les principaux convoyeurs.

Enfin, la Voisin détectée

Le lieutenant général en réfère à Colbert, puis au roi : l'ampleur des ramifications criminelles est tel qu'il faut prendre des décisions brutales. Au cœur de ce que

La Reynie surnomme désormais le « commerce des impiétés » surgit un personnage insolite, une femme, Catherine Deshayes, épouse Monvoisin. La quarantaine, le physique peu attrayant, elle vit dissimulée à Paris dans une maison du quartier de la Villeneuve-sur-Gravois. Elle semble fort riche et tout le quartier la craint. D'accoucheuse, elle est devenue chiromancienne, tireuse de cartes, astrologue avant de se spécialiser dans les poisons : arsenic, acide prussique, vif argent, ciguë, ivraie, racine de mandragore, opiacés… Sa spécialité est redoutablement efficace : la chemise poudrée au poison ou frottée au savon arsenical.

Elle a mis sur pied toute une organisation, un vaste réseau criminel, répartissant les tâches entre Lesage, Vannes, la Lepère, la Chéron…

Mais La Reynie n'est pas au bout de ses surprises : la Voisin et ses complices composent également des philtres d'amour, des avortements de fœtus parfaitement viables proches du terme, des infanticides, des messes noires célébrées par l'abbé Guizbourg sur le ventre nu des femmes, allant jusqu'à l'accouplement avec l'officiant, des pactes démoniaques.

La clientèle de la Voisin est composée tant du petit peuple de Paris que de la bourgeoisie, voire de quelques personnes de haut rang : sortent d'abord ceux de Madame de Dreux (son époux est maître des requêtes), de Madame Léféron, la femme du président de la première chambre des Enquêtes, de la duchesse de Vivonne, épouse du frère de la Montespan…

Au total, une bonne centaine de criminels sont arrêtés, enfermés à la Bastille et à Vincennes. Louis XIV et Louvois décident de la création d'une Chambre ardente en mars 1679 qui siège à l'Arsenal sous la haute surveillance de La Reynie. Les condamnations, puis les exécutions s'enchaînent alors que les arrestations se poursuivent. Au mois de juin 1679, c'est la propre fille de la Voisin qui est envoyée croupir en prison.

Le grand déballage de la fille de la Voisin

Ce sont Lesage et la Voisin qui, les premiers, dénoncent les nobles dames et grands seigneurs venus les consulter. Début 1680, sur la foi de témoignages pourtant bien douteux, la Chambre ardente décide de faire arrêter le maréchal de Luxembourg, la comtesse de Soissons, née Olympe Mancini, la marquise d'Alluye, la marquise de Cessac, la vicomtesse de Polignac, alors que d'autres noms sont révélés sans être encore inquiétés tels la duchesse de Bouillon, née Marie-Anne Mancini, la maréchale de la Ferté, le marquis de Feuquières, la princesse de Tangry, la comtesse du Roure…

Cependant, les grands noms mis en cause se défendent avec ardeur et voient s'effondrer les charges retenues à leur encontre. Seul le maréchal de Luxembourg, stupidement accusé d'avoir passé un pacte écrit avec le diable qui se révèle un faux grossier, est maintenu trois mois en prison, alors que la présidente Laféron et Madame de Dreux se trouvent bannies du royaume.

Le 22 février 1680, après avoir subi les brodequins, la Voisin est brûlée vive. C'est alors que débute l'interrogatoire de la fille de la Voisin, Marie-Marguerite Monvoisin, jusqu'alors mise au secret. Elle rapporte qu'elle a vu la Montespan dans la boutique et que sa mère est allée porter à Saint-Germain des philtres d'amour et des poudres à son intention. L'une des complices, la Filastre, ajoute que c'était pour conserver l'amour du roi et que des doses de poison étaient destinées à la nouvelle conquête du roi, Mademoiselle de Fontanges. Que faut-il penser de ces accusations ? À l'époque, en 1679, il est notoire que le roi délaisse la couche de la Montespan pour celle d'une belle sotte, Marie-Angélique de Fontanges, dame d'honneur de la princesse Palatine, laquelle meurt brutalement lors d'un second accouchement en janvier 1680 ! De caractère, la marquise Françoise-Athénaïs de Rochechouart n'en manque pas. Devant la menace d'être supplantée par Mademoiselle de Fontanges et de perdre son statut de favorite, elle peut avoir réagi avec une grande violence. Mais c'est une chrétienne sincère et elle ne présente pas un profil criminel, d'autant que ses accusatrices sont des scélérates de la pire espèce qui cherchent, par des révélations scandaleuses, à sauver leur peau. Il apparaît plus vraisemblable qu'elle ait fait absorber au roi des philtres d'amour – dont la composition fait frémir – pour tenter de le retenir.

Informé par La Reynie, le roi délaisse la Montespan, sans pourtant l'exclure de la Cour où elle demeure jusqu'en 1691. C'est dire qu'il ne croit guère aux accusations proférées par la fille de la Voisin. D'ailleurs, il est bien obligé de ménager son ancienne maîtresse, mère de sept bâtards. Pour étouffer le scandale, il ordonne la suspension des séances de la Chambre ardente.

L'affaire s'achève par la mise au secret de tous les accusés. Au total, trente-quatre personnes sur près de deux cents auront été exécutées. L'édit de juillet 1682 punit de mort les crimes des magiciens, des devins, des sorciers, des empoisonneurs et un registre des produits toxiques est institué. Enfin, seuls les médecins, apothicaires et autres professeurs de chimie peuvent procéder à des expériences en laboratoire. Et pourtant l'hydre n'est pas morte, comme le grand nombre de morts suspectes autour du trône va le démontrer. Songeons à Henriette d'Angleterre, au Grand Dauphin, à la dauphine et au duc de Bourgogne, au duc de Bretagne…

LA BÊTE DU GÉVAUDAN DÉMASQUÉE

Au-delà du simple fait divers, sous le règne de Louis XV

Le royaume sort à peine de l'infructueuse guerre de Sept ans qu'une histoire aussi effrayante qu'invraisemblable ridiculise la cour de Louis XV : l'impensable affaire de la Bête du Gévaudan. Pendant trois longues années, de 1764 à 1767, un monstre sans pareil sème la terreur dans l'ancien pays du Gévaudan, aujourd'hui appelé la Lozère. On dénombre une centaine d'attaques mortelles. Le plus généralement, les victimes sont des femmes ou des enfants isolés dans les champs ; on les retrouve généralement le visage lacéré, la gorge tranchée et l'abdomen déchiré. Aux dires des témoins, l'agresseur serait un animal non identifié, une espèce d'hybride entre le chien, le loup et la hyène. D'aucuns évoquent même un loup-garou ou encore un monstre rougeâtre surmonté d'une raie noire sur le dos. Seul point commun à toutes ces déclarations Intempestives : l'animal en question serait énorme, unique et très agressif. Étonnamment, il cherche plus à tuer qu'à dévorer ses victimes. Au fil des mois et des attaques, les esprits s'échauffent, les rumeurs courent et l'irrationnel bat son plein. L'Église elle-même intervient. Devant un fait aussi extraordinaire qu'inexplicable, l'évêque de Mende en vient à parler de châtiment divin. Si la population du Gévaudan veut se débarrasser du « fléau de Dieu », elle doit expier ses fautes… On frôle désormais l'hystérie collective.

Le scandale est tel que le roi décide de réagir en envoyant un régiment de dragons et surtout son plus grand louvetier : François Antoine de Beauterne. Du simple fait divers, l'histoire de la Bête du Gévaudan devient une affaire d'État…

Des cadavres atrocement mutilés par une bête non identifiée et introuvable

Tout commence en juin 1764 par l'attaque d'une jeune vachère par un « énorme loup » dans la région de Langogne. Elle s'en sort miraculeusement grâce à l'intervention de ses bœufs, lesquels mettent en fuite la fameuse bête. Mais peu de temps après, le monstre agresse une jeune fille de quatorze ans. Cette fois-ci, l'attaque est mortelle. Répondant au nom de Jeanne Boulet, la première victime officielle de la Bête est originaire du village de Hubacs, en Vivarais. N'ayant pu se confesser avant son décès, la jeune fille est inhumée sans sacrements. Et les attaques de se succéder dans la vallée de l'Allier mais aussi autour de la forêt de Mercoire, en Lozère. Les cadavres sont littéralement déchiquetés et horriblement mutilés. La plupart du temps, les enfants tués sont décapités. Dans la paroisse de Prunières, la tête d'une fillette est ainsi retrouvée seulement huit jours après l'agression de la Bête. À compter de la fin août, la psychose s'empare des paysans, lesquels n'hésitent pas à organiser de vastes battues pour traquer la bête. Armés de faux et de piques, ils ratissent de fond en comble la forêt de Mercoire. En vain. Pis encore, les attaques du monstre se multiplient, elles gagnent même l'Aubrac et la Margeride. Devant l'ampleur et la bizarrerie du phénomène, les autorités locales décident de réagir. Le gouverneur militaire du Languedoc donne l'ordre au capitaine de Clermont, un certain Duhamel, d'engager ses dragons en Gévaudan.

L'impuissance des dragons de Duhamel

Au début du mois de novembre 1764, les dragons de Duhamel s'installent à Saint-Chély d'Apcher. Leur traque de la Bête est d'emblée contrariée par la rudesse des conditions météorologiques. En raison de l'enneigement des sentiers et du grand froid, la marge de manœuvre des dragons est limitée. Une fois encore, les battues organisées par les hommes de Duhamel s'avèrent vaines. Apparemment, la Bête est douée d'un don de prescience ; elle ne se trouve jamais à l'endroit où l'attendent ses supposés prédateurs. L'année 1765 débute sans le moindre résultat probant.

Face à ce constat d'échec, une gigantesque traque, réunissant pas moins de soixante-treize paroisses du Gévaudan et d'Auvergne, est organisée au mois de février 1765. Sans plus de succès. Résultat : la tension monte encore d'un cran. L'Église catholique elle-même ajoute son grain de sel en parlant de « fléau de Dieu » qui impose la pénitence des sujets du royaume. « J'armerai contre eux les dents des bêtes farouches », lirait-on dans l'Ancien Testament. L'évêque de Mende, à savoir monseigneur de Choiseul-Beaupré, est le chef de file des défenseurs de « la logique du châtiment divin ». Il déclare ainsi sans ambages que les paysans doivent expier leurs fautes avant de chasser la Bête…

Une affaire d'État

Un lourd climat de suspicion et de peur pèse sur le Languedoc. Au printemps 1765, la psychose des paysans est telle qu'elle déborde désormais le seul cadre de la région du Languedoc et parvient jusqu'aux oreilles du roi. Mieux encore, la presse se fait l'écho de l'affaire. Au cours du printemps 1765, l'histoire épique de la bête du Gévaudan franchit allègrement la Manche, les Alpes et le Rhin. Elle devient rapidement la risée des chancelleries d'Europe.

En l'espace de quelques jours, « Tuer la Bête » devient l'obsession du royaume. À défaut d'avoir terrassé le « lion britannique » pendant la guerre de Sept ans, Louis XV entend rapporter à Paris, coûte que coûte, le cadavre de ce monstre hors normes. D'une certaine façon, le succès en Gévaudan doit faire oublier les déboires contre l'Angleterre.

La Bête du Gévaudan
(par Tex Avery)

Devant l'ampleur et l'invraisemblance du phénomène, Louis XV décide d'envoyer son meilleur louvetier, à savoir François Antoine. Encore appelé François de Beauterne, celui-ci a reçu pour mission de tuer le monstre et de le ramener empaillé à la cour de Versailles. Le 8 juin 1765, le porte-arquebuse de Sa Majesté quitte Paris pour le Gévaudan. Loin de partir seul, le meilleur louvetier du royaume est accompagné par huit capitaines de la garde royale et plusieurs gardes-chasses. Tout échec lui est interdit, il en va de la réputation de la France.

L'arrestation d'un certain Jean Chastel

Arrivé au tout début de l'été en Gévaudan, François Antoine est convaincu qu'il ne peut s'agir que d'un loup. Aussi énorme soit-elle, la Bête doit être un animal et non un monstre surgi des abîmes pour punir les hommes d'un quelconque péché. Selon le louvetier, toute explication surnaturelle ou irrationnelle doit être écartée. À défaut de mettre la main sur le prédateur, l'envoyé du roi étudie les traces de l'animal et il découvre en effet de curieuses similitudes avec celle d'un grand loup. Le lieutenant des chasses royales s'étonne par ailleurs du comportement très particulier du monstre. Aussi insaisissable qu'exotique, celui-ci déshabille et dénude ses victimes. Et si la Bête en question était un homme ? Mieux encore, s'il s'agissait d'un vulgaire chien dressé pour tuer ? Un animal sauvage ne s'en prendrait pas exclusivement à des enfants en observant toujours le même rituel. Peut-être faudrait-il chercher le ou les coupables du côté de vagabonds isolés qui auraient domestiqué des chiens pour les entraîner à tuer afin de dépouiller les victimes. De forts soupçons pèsent alors sur Jean Chastel et ses fils. Garde forestier régional, ce dernier affiche un air goguenard et induit volontairement en erreur les gardes-chasses royaux. Pas plus tard que le 16 août 1765, deux hommes de François Antoine s'embourbent dans un marécage après avoir suivi les conseils avisés donnés par la famille Chastel. Loin d'être confus, les fils Chastel s'amusent de la situation. Aussi le ton monte-t-il rapidement entre les gardes-chasses et les locaux. Quand les deux gardes-chasses s'emparent du plus jeune des garçons, son père les met carrément en joue avec une arme à feu. Rapidement mis au courant de l'incident du jour, François de Beauterne décide de faire arrêter Jean Chastel et de le jeter en prison.

Septembre 1765 : l'affaire du faux trophée d'Antoine de Beauterne

Les Chastel incarcérés, les attaques de la Bête baissent bizarrement de rythme. Quoi qu'il en soit, l'envoyé de Louis XV reste sans dépouille. Il ne peut pourtant revenir à Versailles sans trophée. On l'avertit alors qu'un loup énorme rôde du côté de Saint-Julien-des-Chazes, une région que la Bête n'a pas l'habitude de fréquenter. Sans plus attendre, François Antoine décide de se porter au-devant de la Bête. Avide de gloire, il entend exécuter l'animal et passer ainsi à la postérité. Sur place, le monstre en question est rapidement repéré. Apparemment, il s'agit d'un loup plus grand et plus lourd que la moyenne.

Secondé par une quarantaine de tireurs, le meilleur louvetier du royaume cerne l'animal, le met en joue et tire. Bien que touché, le loup a encore la force de se jeter sur François Antoine. Sans l'intervention d'un certain Rinchard, sans doute l'animal aurait-il tranché la gorge de l'envoyé du roi. Le garde-chasse tue en effet l'animal d'un coup d'arquebuse. S'agit-il vraiment de la Bête qui sème la terreur dans la région depuis plus de quinze mois ? Les rares témoins qui ont vu l'animal le confirment. Fort de ces constatations, le louvetier royal porte la dépouille du loup de Chazes à Clermont-Ferrand et le fait empailler. Arrivé le 1er octobre à Versailles, il présente triomphalement son trophée comme étant « la Bête du Gévaudan ». Qu'il s'agisse ou non du monstre, peu importe en vérité, l'essentiel est que les Français y croient. Il faut avant tout faire cesser les rumeurs, ramener la paix sociale en Languedoc et redorer le blason du royaume. Exposé dans les jardins du roi, le loup de Chazes est présenté comme la véritable Bête du Gévaudan. Et il n'est pas question de douter de la thèse officielle…

Juin 1767 : le monstre a-t-il été tué par son maître ?

Le louvetier du roi a-t-il vraiment tué le monstre du Languedoc ? En attendant, de nouvelles attaques interviennent dès le printemps 1766, à un rythme soutenu. Les battues reprennent mais aussi la panique. En désespoir de cause, on se remet à prier. À défaut de chevaucher la campagne pour trouver la Bête, d'aucuns se rendent en pèlerinage à Notre-Dame-de-Beaulieu. Quant à François de Beauterne, il n'est nullement inquiété. Officiellement, la Bête est morte et il est hors de question de la ressusciter. La presse mais surtout la Cour n'ont pas envie d'exhumer une affaire qui empoisonne la royauté et sème la peur dans les campagnes. Quoi qu'il en soit, le dénouement réel de l'histoire arrive en juin 1767. Paradoxalement, c'est l'homme jeté en prison au cours de l'été 1765 qui vient à bout de la Bête. Et ce le plus simplement du monde. Selon les faits rapportés, c'est au cours d'une énième battue dans le bois de la Ténazeire que le dénommé Jean Chastel tire sur la bête, un autre loup, et l'abat sans que l'animal ne cherche à se défendre ou à fuir ; comme si celui-ci connaissait très bien le chasseur en question… Dresseur ou non de la fameuse Bête du Gévaudan, Jean Chastel apparaît comme le véritable tueur du monstre aux yeux de la postérité. Sans doute une façon habile de dissiper les soupçons autour de sa personne…

Quand Jean Chastel décide d'en finir avec sa création…

Ainsi s'exprime l'abbé Pierre Pourcher : « Quand la Bête lui arriva, Chastel disait des litanies de la Sainte Vierge, il l'a reconnu fort bien, mais par un sentiment de piété et de confiance envers la Mère de Dieu, il voulut finir ses prières ; après, il ferme son livre, il plie ses lunettes dans sa poche, et prend son fusil et à l'instant tue la Bête, qui l'avait attendu. » Si ces faits s'avèrent exacts, ils militent en faveur de la culpabilité du chasseur. Autre fait accablant : les attaques de la Bête cessent du jour au lendemain…

Porté ensuite au château de Besque, le loup tué par Chastel est à son tour naturalisé et exposé à la foule. Ainsi se referme la page mystérieuse de la Bête du Gévaudan.

Un loup qui ne s'attaque qu'à des enfants sans dévorer ses victimes et qui reste singulièrement immobile devant l'homme qui l'abat.

LE BON NECKER, TRAÎTRE À SON ROI ?

Le banquier philanthrope

En 1776, un banquier originaire de Genève devient directeur général des Finances. Succédant à Turgot, Necker a amassé une fortune considérable après avoir spéculé sur la Compagnie des Indes. Dévoré par l'ambition, il a débuté sa carrière politique quatre ans plus tôt en devenant ministre de Genève à Paris. Pendant le ministère de Turgot, il n'hésite pas à critiquer ouvertement la politique de son prédécesseur. Une fois au pouvoir, le doctrinaire s'efface devant la réalité économique. Loin de réformer le système fiscal par des mesures énergiques destinées à secouer le joug des privilégiés, Necker finance l'expédition militaire française en Amérique par une politique d'emprunts. Au lieu de privilégier l'impôt, le nouveau directeur général des Finances ne lance pas moins de sept emprunts en l'espace de quatre ans, lesquels ont pour seul effet d'accentuer encore le creux de la dette publique. Rétablis par Louis XVI, les parlements s'opposent en effet à toute réforme du système fiscal.

Devant cette impasse financière, Jacques Necker soigne sa popularité en multipliant les gestes de bienfaisance. De la fondation d'hôpitaux à la création d'un mont-de-piété, l'ex-banquier se pose en philanthrope patenté.

Remercié une première fois en 1781

Même timides, les mesures de l'ex-banquier sont jugées trop avant-gardistes par les parlements. La situation économique empire. Devant cette impasse, Necker décide de dénoncer les sommes astronomiques des pensions versées aux courtisans et les dépenses exorbitantes de la Cour à travers son *Compte rendu au roi*. Tiré à cent mille exemplaires, cet écrit est un véritable coup de poignard dans le dos de la monarchie. En défendant son bilan, dont il fausse les résultats, Necker cherche à se disculper vis-à-vis du peuple. Si les Français le cautionnent, les parlementaires l'exècrent. De son côté, indigné par le compte rendu, le roi décide de s'en séparer. Nous sommes en mai 1781…

Rappelé en 1788

Les successeurs de Necker, à savoir Calonne et Loménie de Brienne, ne réussissent pas mieux à rééquilibrer le budget. Malgré l'exemption de la taille, l'abolition de la corvée royale et la suppression des douanes intérieures, le projet d'égalité devant l'impôt rencontre la même hostilité de la part des privilégiés. Au printemps 1788, la réaction nobiliaire se conjugue avec la fronde des parlements. Se posant en défenseur des droits de la nation, le parlement de Paris repousse l'édit de subvention territoriale et réclame la convocation de l'assemblée des états généraux, seule habilitée à légiférer en matière fiscale. C'est la fameuse « Déclaration des lois fondamentales » (datée du 3 mai 1788). À défaut de pouvoir supprimer les prérogatives des parlements (réforme Lamoignon), on fait appel à l'homme providentiel : Jacques Necker.

Necker, l'homme providentiel ?

Après sa retraite forcée dans son domaine de Saint-Ouen, où il mène une vie mondaine, Necker est considéré comme le seul homme capable de sauver la monarchie. Il n'en a pourtant ni l'ambition ni les moyens. Rappelé en août 1788 par Louis XVI, il occupe cette fois le poste de ministre d'État. La convocation des états généraux est confirmée pour le mois de mai 1789... Necker ne mesure ni l'ampleur de la crise économique ni même la gravité de la situation sociale. Devant les difficultés, il persiste à emprunter et continue à user d'expédients, à l'exemple de l'interdiction de la libre circulation des grains pour conjurer la disette. À chaque épreuve de force entre le roi et la noblesse, il oblige Louis XVI à céder.

Dans la perspective de sa politique d'emprunts, Necker ne suit pas de plan précis. Son objectif numéro un est de contenter tout le monde pour ne pas perdre la face. Tout en restituant au Parlement le droit de remontrances, il mécontente les aristocrates en annonçant, lors d'un conseil en décembre 1788, le doublement du nombre de députés du tiers pour la future session des états généraux. Par ailleurs, il ne se prononce pas sur la question du vote par ordre ou par tête au sein de la prochaine assemblée.

Necker de nouveau disgracié…

Le 5 mai 1789, mille deux cent quatorze députés sont réunis dans la salle des Menus-Plaisirs à Versailles. Les états généraux s'ouvrent et Necker déçoit d'emblée en prononçant un discours insipide, long de trois heures. Se contentant d'énumérer des chiffres, Necker ne convainc ni la noblesse ni même les députés du tiers état. Il ne se réfère à aucun moment au projet de nouvelle constitution et n'aborde pas la question du vote par ordre ou par tête. Après cette désillusion, les députés du tiers se proclament « Assemblée nationale » (17 juin) et décident de ne plus se séparer tant qu'une nouvelle Constitution n'aura pas été établie (20 juin). C'est le fameux serment du jeu de Paume. Trois jours plus tard, le roi réunit les trois ordres en séance plénière en stipulant qu'il refuse de reconnaître la souveraineté nationale tout en garantissant les libertés individuelles. De son côté, Necker presse Louis XVI de céder aux exigences des députés du tiers (il tient surtout à réhabiliter son image après son discours décevant du 5 mai). Le roi décide de suivre l'avis de son ministre des Finances : les députés du clergé et de la noblesse sont invités à rejoindre ceux du tiers état. Mais, début juillet, l'autorité du roi est bafouée : forts de leur victoire juridique, les députés du tiers se proclament « Assemblée constituante ». Pour le roi et son entourage, Necker est le principal artisan de ce recul royal. Le 11 juillet 1789, Necker est disgracié.

Un renvoi qui soulève le peuple de Paris

Cette initiative a l'effet d'une bombe dans les rues de Paris. Pour les Parisiens, le renvoi de Necker et son remplacement par Breteuil sont synonymes de dissolution de l'Assemblée et de hausse des prix. À tort ou à raison, ils considèrent l'ancien banquier suisse comme le seul rempart face aux accapareurs. Preuve en est ce seul discours de Camille Desmoulins : « Citoyens, vous savez que la nation avait demandé que Necker lui fût conservé, on l'a chassé !... Après ce coup, ils vont tout oser et, pour cette nuit, ils méditent, ils disposent peut-être d'une Saint-Barthélemy de patriotes ! Aux armes ! Aux armes ! » Événement inséparable de la prise de la Bastille, la disgrâce de Necker est le prélude aux premières grandes heures de la Révolution...

Rappelé... il abandonne la royauté à son sort

Rappelé par Louis XVI le 16 juillet sous la pression populaire, Necker s'avère un pâle serviteur du nouveau régime. Après avoir essayé en vain de s'opposer à la confiscation des biens du clergé, il quitte définitivement la vie politique en septembre 1790, pour se réfugier en Suisse. Il y meurt en 1804.

Plus opportuniste que véritable traître, Jacques Necker a sacrifié la monarchie sur l'autel de sa carrière...

LE VRAI BILAN HUMAIN DE LA RÉVOLUTION FRANÇAISE

De la maison Réveillon *à l'élection de la Convention*

Le premier grand massacre de la Révolution française se déroule les 27 et 28 avril 1789. La révolte des trois cent cinquante ouvriers de la maison Réveillon, fabrique modèle de papiers peints, a pour origine une baisse de salaires. La terrible émeute qui s'en suit contraint les gardes françaises à tirer pour rétablir l'ordre: trois cents manifestants sont tués. Puis vient le 14 juillet 1789, la prise de la Bastille se révélant beaucoup plus meurtrière qu'on ne l'écrit généralement. Des cent quatorze défenseurs, invalides et Suisses, plus de la moitié sont tués par les révolutionnaires qui ont eux-mêmes perdu au moins autant d'hommes lors des fusillades. Au meurtre du gouverneur de Launay vient s'ajouter celui de Flesselles, le prévôt des marchands, puis ceux le 22 juillet suivant, de l'intendant de Paris, Bertier de Sauvigny et de son beau-père, le conseiller d'État Foulon. Désormais la foule des sans-culottes hume l'odeur du sang: elle a pu constater que rien ne lui résiste.

Le 10 août 1792, la prise des Tuileries qui conduit à la disparition de la royauté s'avère extrêmement sanglante: sept cent cinquante gardes suisses sont tués, de même plusieurs centaines de serviteurs de la monarchie (des nobles qui sont venus la défendre mais surtout les domestiques de la maison royale), alors que les sans-culottes ont perdu trois cents des leurs sans compter les blessés, beaucoup plus nombreux. Juste avant les élections à la

Convention, pour impressionner les opposants modérés (seuls 10 % de la population osera aller voter), Manuel, Billaud-Varenne, Sancerre, Panis, Sergent et Guiraut donnent l'ordre de massacrer les prisonniers politiques dans toutes les prisons parisiennes. Du 2 au 6 septembre 1792, mille cinq cent trente-deux personnes (sur deux mille huit cents prisonniers) sont abattues à l'arme blanche par de véritables commandos très organisés et nourris par l'État, sans compter les dix-neuf abattus à la mairie de Paris.

La destruction de la Gironde

À partir de mars 1793, une puissante insurrection agite la Vendée, alors que le 2 juin suivant, les principaux leaders girondins sont chassés du pouvoir avant d'être, dès juillet, jetés en prison. La moitié de la France, girondine, se soulève contre la dictature de la Montagne. Durant trois mois, les combats sont féroces : Lyon chute fin octobre, Toulon en décembre. La répression conduite par les représentants en mission à Lyon, Bordeaux, Nantes, Toulouse, Caen, Bourges, Nîmes, Montpellier et Marseille est sanglante : des milliers de morts, pas moins de vingt-cinq à trente mille. On en compte sept mille à Lyon (cinq mille tués durant le siège et deux mille exécutions), dix mille à Nantes, deux mille à Toulon…

Vingt-et-un députés girondins (et même vingt-deux avec Valazé qui s'est suicidé mais dont le cadavre est tout de même raccourci) sont, pour leur part, guillotinés le 31 octobre. Mais bien d'autres, poursuivis, sont massacrés ou se donnent la mort comme Pétion, Buzot, Barbaroux, Brissot, Roland, Condorcet…

La guerre de Vendée

Les Vendéens se sont révoltés, non pas pour défendre la mémoire du roi, mais pour ne pas quitter leurs terres lors de la levée en masse de trois cent mille hommes en mars 1793. Ils remportent d'abord d'importants succès. Menés par des chefs de valeur comme La Rochejacquelein, D'Elbée, Charrette, Stofflet, Lescure, Bonchamp, ils parviennent en juin devant Nantes. Faute d'artillerie, ils échouent à s'emparer de la cité. Après avoir repoussé une première contre-attaque des bleus en septembre, ils doivent reculer en octobre devant six armées républicaines, luttant à un contre deux, voire parfois trois. Écrasée à Granville, puis à Savenay, ayant perdu en ces deux affrontements plus de dix mille tués ou prisonniers (tous guillotinés ou fusillés), l'armée vendéenne n'existe plus. Pourtant, le gouvernement républicain lance, début 1794, des colonnes infernales, celles d'Haxo et de Turreau, pour briser toute résistance. Près de trente mille civils vendéens, femmes, enfants et vieillards principalement, sont alors massacrés sans motif dans les campagnes.

Au total, le bilan de la guerre de Vendée peut être estimé, y compris les morts à l'armée, entre cent quarante et cent cinquante mille morts, dont une majorité de civils. Jean-Clément Martin les estime à deux cent trente-cinq mille, Reynald Secher à cent dix-sept mille…

L'avènement de Robespierre

À la tête du Comité de Salut public, Robespierre fait voter la terrible loi des suspects le 4 décembre 1793. Alors que la Montagne domine la Convention, les deux grands Comités de Salut public et de Sûreté générale, régentent le pays. Robespierre frappe ses ennemis successivement, d'abord les Hébertistes de la gauche extrême en mars 1794, puis les modérés ou indulgents de Danton en avril suivant.

En onze mois, de septembre 1793 à juillet 1794, qui voient la chute de Robespierre et la liquidation de ses partisans (une centaine en deux jours), environ cinq cent mille citoyens français sont arrêtés. Quant à la guillotine, elle fonctionne de façon folle : ainsi, du 11 juin au 27 juillet 1794, près de mille quatre cents têtes tombent sous le couperet, la plupart à Paris.

Bilan global

On sait que, selon les registres, de 1792 à 1794, seize mille six cents personnes ont été guillotinées dans l'Hexagone. À ces morts, il faut ajouter les prêtres massacrés par la foule ou morts sur les pontons (deux à trois mille), les prisonniers exécutés de septembre 1792, les populations vendéennes, les victimes des journées révolutionnaires, les martyrs de la répression antigirondine partout en France…

Au total, il paraît possible d'estimer, que hors la guerre de Vendée, environ cinquante mille citoyens ont été guillotinés, fusillés, massacrés dans des émeutes, voire canonnés comme à Lyon dans la plaine des Brotteaux ou noyés comme à Nantes.

Avec le bilan vendéen, ce sont près de deux cent mille Français qui ont été victimes de la Révolution, soit 0,7 % de la population française alors estimée à vingt-six ou vingt-sept millions d'habitants.

Répartition des victimes par classes sociales

L'analyse des seize mille six cents victimes de la Veuve réserve bien des surprises. Ainsi constate-t-on que la noblesse, 2 à 3 % de la population, paie un lourd tribut puisqu'elle compte pour 8,5 % des victimes. Quant au clergé, qui pèse moins de 1 % du total de la population, il constitue la catégorie sociale la plus touchée, avec 6,5 % du total des exécutions capitales. La bourgeoisie, celle qui a mené la Révolution de 1789, pourtant très minoritaire en France, se trouve véritablement fauchée avec 25 % du total des exécutions. Ce chiffre est la résultante des luttes politiques à la Convention et plus encore de la répression des partisans de la Gironde, des élites provinciales, durement frappées. Quant aux paysans qui constituent près de 85 % de la population, ils ne représentent que 28 % des morts violentes. Ce sont les ouvriers, les artisans, les commerçants, le petit peuple prolétarisé des villes qui est le plus frappé, ô surprise! Ils figurent pour 31 % des victimes, soit deux ou trois fois leur poids démographique.

Un nouveau profil de la Révolution se dessine: les prêtres, largement démunis, les ouvriers, les artisans, les commerçants et les bourgeois ont été les plus lourdement frappés par cette guerre civile qu'est devenue la Révolution. Les nobles, dont beaucoup ont fui, ont échappé au pire. Alors que les paysans (sauf en Vendée) peu concernés, se sont enrichis en se gorgeant de biens nationaux, c'est-à-dire de terres d'église et d'abbayes. En quelques années, le nombre des propriétaires fonciers est d'ailleurs passé de quatre à six millions et demi, parmi lesquels de nombreux bourgeois, ceux qui ont soutenu la Révolution par intérêt.

LOUIS XVI, TRAHI PAR LES SIENS

Le manifeste de Brunswick soulève l'indignation des Parisiens

Depuis la folle équipée de Varennes, en juin 1791, la monarchie n'est plus en odeur de sainteté. Louis XVI s'est durablement discrédité. Devant la détérioration de la situation, le seul salut pour les Bourbons est sans conteste la guerre. Croyant à tort la France révolutionnaire à bout de souffle, Louis XVI et les siens comptent sur les dynasties étrangères pour renverser par la force des armes ce régime impie qui souille le royaume depuis près de trois ans. Le 20 avril 1792, quand l'Assemblée législative déclare la guerre à l'Autriche, Marie-Antoinette jubile intérieurement. « Les imbéciles, ils ne voient pas que c'est nous servir », écrit-elle à Fersen. Elle va rapidement déchanter. Au fil des semaines, les passions s'exacerbent et chaque défaite devant l'ennemi ranime la rage des révolutionnaires. Pis encore, les déconvenues militaires françaises sont imputées aux ennemis de l'intérieur, à savoir les royalistes, ces mauvais patriotes...

Le ressentiment des Français à l'égard de la famille royale est d'autant plus vif que Louis XVI oppose systématiquement son veto aux mesures prises par l'Assemblée législative. C'est notamment le cas pour le décret demandant l'instauration d'un camp de vingt mille fédérés chargés de protéger Paris. Sitôt connue l'initiative du Bourbon, la foule parisienne investit les Tuileries. C'est la journée du 20 juin 1792. Pour éviter le lynchage, Louis XVI accepte l'humiliation. Coiffant le bonnet phrygien devant une foule de sans-culottes hirsutes et dépenaillés, Louis XVI boit à la santé de la nation. Il sauve alors de très peu sa tête. Mais un mois plus tard, la situation se détériore de nouveau. La faute en revient au chef des armées prussiennes, le duc de Brunswick. Croyant à tort impressionner les Parisiens en les menaçant des pires exactions s'ils s'en prenaient aux membres de la famille royale, le général prussien met le feu aux poudres. Ainsi un chef militaire étranger prétend punir les Parisiens si le moindre outrage était fait au roi et à sa famille. Loin de calmer les révolutionnaires, le manifeste de Brunswick aboutit au résultat inverse : il précipite malgré lui la fin de la monarchie...

La prise des Tuileries sanctionne la fin de la monarchie

Les Parisiens en sont maintenant convaincus : Louis XVI complote contre la nation. Sans nul doute, Louis Capet et ses sbires sont de mèche avec les Autrichiens et les Prussiens. Dès le 3 août, les sections parisiennes proclament la déchéance du roi. En conséquence, le Bourbon et les siens n'ont plus de raison d'être. Sous l'impulsion de Danton et de Pétion, la prise des Tuileries est décidée. Dans la nuit du 9 au 10 août 1792, une commune insurrectionnelle menée par Santerre s'empare de l'Hôtel de Ville avant de se diriger, au petit matin, vers le château des Tuileries. Convergeant des boulevards Saint-Antoine et Saint-Marcel, plus de vingt mille sectionnaires, fédérés marseillais et autres sans-culottes parisiens marchent sur le palais royal en hurlant des slogans hostiles à Louis XVI. « À bas le traître ! » « À bas le veto ! » peut-on entendre dans les rangs des révolutionnaires. Apparemment, les heures du roi sont comptées. Défendues par un peu moins d'un millier de gardes suisses et une poignée de gentilshommes, les Tuileries apparaissent comme une proie facile face à une foule de manifestants déchaînés et armés de piques. Submergés par le nombre, les mercenaires suisses, malgré leur professionnalisme, sont littéralement taillés en pièces par les sans-culottes. Les deux tiers d'entre eux sont massacrés par les Parisiens. Craignant désormais pour sa vie et celle de sa famille, Louis XVI et les siens se réfugient à la salle du Manège, autrement dit au siège de l'Assemblée législative. Présidée par Vergniaud, celle-ci demande aux Parisiens révoltés de respecter la liberté et les droits de l'homme. Peine perdue. Sous la pression populaire, les députés décident de suspendre le roi. Une mesure jugée pourtant insuffisante aux yeux des sans-culottes, lesquels réclament ni plus ni moins la déchéance de Louis XVI…

La prison du Temple, dernière demeure du roi

Incontestablement, la commune insurrectionnelle est la grande bénéficiaire de la journée du 10 août 1792. Le pouvoir est maintenant dans la rue et non plus sur les bancs de la salle du Manège. Sous la menace des Parisiens, l'Assemblée législative est dissoute pour laisser place à une nouvelle Assemblée constituante, celle de la Convention. La page de la monarchie, qu'elle soit absolue ou constitutionnelle, est définitivement tournée. Toujours sous la pression des sectionnaires, la famille royale est transférée à la prison de la tour du Temple à compter du 13 août. Pendant plus de cinq mois, le quotidien de celui qui n'est plus Louis XVI est fait d'humiliations, de provocations et de vexations permanentes. Chaque jour, la cellule de la famille royale est inspectée et fouillée de fond en comble par les sbires de Santerre. Obsédés par la menace d'un pseudo-complot, les sans-culottes suppriment progressivement tout ce qui pourrait faciliter une improbable évasion. Des couteaux aux ciseaux en passant par les rasoirs et même le papier, tout est absolument réquisitionné. De complot, il n'en est pourtant pas question. À aucun moment, les royalistes n'essaient de libérer la famille royale…

Quand l'épisode de l'armoire de fer condamne le roi

En prison, Louis XVI apprend successivement les massacres de septembre, la création d'un tribunal révolutionnaire et l'institution de la Ire République. Toujours sous prétexte d'un pseudo-complot royaliste contre la nation, plus de mille quatre cents détenus sont ainsi trucidés ou lynchés par la foule armée de piques et de sabres. En majorité remplies de prêtres réfractaires et d'aristocrates déchus de leurs droits, les prisons de l'Abbaye, des Carmes ou encore de la Force sont l'objet d'une justice pour le moins expéditive. Rudoyés et bousculés par la foule, les détenus sont exécutés sans avoir eu le temps de se défendre. L'une des victimes les plus célèbres de ces journées de terreur est sans conteste une proche de Marie-Antoinette, la princesse de Lamballe, qui est démembrée et outragée, et dont la tête est portée au sommet d'une pique jusqu'au pied de la tour du Temple. Deux semaines après ces terribles massacres, la République est proclamée. La royauté abolie, reste à statuer sur le sort même du roi. Faut-il le juger et le condamner à mort ? Face aux montagnards qui réclament sa tête, les girondins essaient d'éviter l'irréparable. Pendant tout le mois d'octobre 1792, le palais des Tuileries est systématiquement fouillé dans l'espoir de trouver des documents prouvant la correspondance du roi avec l'étranger.

Appelé désormais Louis Capet, celui qui fut roi de France est l'objet de toutes les enquêtes et de toutes les discussions. Le 20 novembre, la découverte de « l'armoire de fer » rend le procès inévitable. Cette fois, il n'y a plus de doute, Louis XVI a bel et bien correspondu avec les puissances étrangères. Il est du devoir de la nouvelle Assemblée de juger le traître. Le 3 décembre, Barrère, le président de la Convention, annonce le procès de Louis Capet. Celui-ci débute une semaine plus tard… Il va durer seize jours.

Seize jours de procès et quarante chefs d'accusation

Du 10 au 26 décembre 1792, tous les jours de 11 heures du matin à 6 heures du soir, Louis Capet est traduit devant ses juges. À compter du 12 décembre, on lui accorde trois avocats, à savoir Lamoignon de Malesherbes, Tronchet et de Sèze.

Pas moins de quarante chefs d'accusation lui sont adressés. On lui reproche entre autres de s'être opposé à la convocation des états généraux, d'avoir fait piétiner la cocarde tricolore par ses gardes, d'avoir expédié des sommes astronomiques aux émigrés et d'être le responsable de la fusillade du Champ-de-Mars. Sans compter sa correspondance permanente avec l'ennemi et son abus éhonté du droit de veto face aux décrets de l'Assemblée. Face à ses accusateurs, Louis XVI récuse carrément les faits ou s'indigne de l'absurdité des accusations. Quand on lui reproche nommément de s'être tu sur le traité de Pillnitz d'août 1791, déclaration dans laquelle les souverains de Prusse et d'Autriche s'engageaient à rétablir la royauté en France, Louis Capet s'évertue à répondre que ce n'était pas de son ressort et se réfugie derrière la Constitution de 1791. Quant aux documents trouvés dans l'armoire de fer, il en nie l'existence. Ses défenseurs protestent aussi contre un tel chapelet d'inepties. Selon Raymond de Sèze, son client est même condamné avant d'être jugé. Parlant des juges de la Convention, l'avocat de Louis XVI ne mâche pas ses mots : « Je cherche en vous des juges, je ne vois que des accusateurs. » Une plaidoirie qui ne suffit pas à sauver la tête du roi. Le 17 janvier 1793, la sentence tombe : Louis XVI est reconnu coupable de conspiration contre la liberté de la nation et d'attentat contre la sûreté générale de l'État. Sur sept cent vingt et un députés, trois cent soixante et un se sont prononcés pour la peine de mort.

Philippe Égalité, le royaliste qui a envoyé Louis XVI à la guillotine.

La mort du roi votée à une voix près, celle du royaliste « Philippe Égalité » !

Trois cent soixante et une voix contre trois cent soixante ! Le roi est condamné à la guillotine à une voix près. Parmi les députés ayant voté son exécution, on retrouve la voix de Louis-Philippe d'Orléans, royaliste et prince de sang de son état. « Uniquement préoccupé par mon devoir, convaincu que tous ceux qui ont attenté à la souveraineté du peuple méritent la mort, je vote la mort », déclare-t-il à la tribune. Pensant gagner le cœur et la reconnaissance de ses « amis » montagnards, Philippe Égalité ne suscite que mépris et rejet de la part des révolutionnaires. Son geste est même interprété comme un manque d'honneur et de courage. Un vote qui choque Robespierre lui-même : « Il est le seul membre de l'Assemblée qui pût se récuser », déclare l'Incorruptible. Membre du club des Jacobins depuis sa création, le duc en question se fait appeler « Philippe Égalité » depuis le début de la Convention. Député de la Montagne, le duc d'Orléans n'a jamais caché son hostilité aux Bourbons. Dans un premier temps, son optique est moins de changer de régime que de changer de dynastie. Autrement dit, prendre la place de Louis XVI sur le trône de France. La République, Louis-Philippe l'accepte faute de moyens pour s'y opposer. En attendant des jours meilleurs, l'orléaniste endosse les habits républicains pour mieux dissiper les soupçons, allant même jusqu'à renoncer à ses titres et à changer de nom. Garant de sa bonne foi révolutionnaire, il a même participé à la prise de la Bastille et à celle des Tuileries. Quand il vote la mort de Louis Capet, il est

Philippe Égalité. Sa seule pensée est alors de garder la vie sauve, au risque de passer pour un traître aux yeux des royalistes…

Louis XVI pardonne à ses ennemis

À défaut de sauver son trône et bientôt sa tête, Louis XVI conserve une attitude digne de son rang pendant tout le temps qui le sépare de son exécution. Dès le 25 décembre 1792, il rédige un testament, dans lequel il n'exprime pas la moindre rancœur ou le moindre ressentiment contre ses accusateurs. « Je plains de tout mon cœur nos frères qui peuvent être dans l'erreur, mais je ne prétends pas les juger… Et Louis XVI d'ajouter : je pardonne de tout mon cœur à ceux qui se sont faits nos ennemis… » Il recommande même à son fils, si un jour il a le malheur de devenir roi, de songer avant tout à faire le bonheur de son peuple. Le 21 janvier 1793, au pied de l'échafaud, Louis XVI fait preuve de la même mansuétude : « Je souhaite que mon sang cimente le bonheur de la France », déclare-t-il les mains liées dans le dos, au milieu des roulements de tambour et des clameurs de la foule…

Les traîtres meurent aussi…

Moins de dix mois après la mort de Louis XVI, le 6 novembre 1793, Philippe Égalité est à son tour guillotiné. Accusé de trahison à la patrie après la fuite de son fils à l'étranger, ce prince de sang « indigne des siens » n'en subit pas moins le même sort que son adversaire Bourbon. Une génération plus tard, quand son fils

Louis-Philippe monte enfin sur le trône, l'attitude peu noble de Philippe Égalité est encore dans tous les esprits. Pour faire oublier le geste de son père, le nouveau roi des Français fait édifier l'obélisque de Louxor à l'emplacement même de l'exécution de Louis XVI, sur l'actuelle Place de la Concorde[8]. Ainsi tourne la roue du Temps…

LA FRANC-MAÇONNERIE, ÉLIMINÉE PAR LA RÉVOLUTION FRANÇAISE DE 1789

L'expansion rapide de la maçonnerie à la veille de la Révolution

Venue d'Angleterre, la maçonnerie touche la France au début du règne de Louis XV, à l'époque de la Régence. Le fils de la duchesse de Montespan, le duc d'Antin, devient le premier maître de la maçonnerie, la Grande Loge de France. Certes, le pape Clément IXI l'interdit par une bulle, demeurée sans effet. En effet, le Parlement se refuse à l'enregistrer. Mais c'est avec un ami de la Pompadour (décidément les favorites jouent un grand rôle), le comte de Clermont, Louis de Bourbon

8. Baptisée « place de la Révolution » au lendemain de la prise des Tuileries. La statue équestre de Louis XV est alors renversée et envoyée à la fonte.

Condé, prince de sang, abbé de Saint-Germain-des-Prés, un homme à la culture encyclopédique, vivant de façon parfaitement provocatrice avec une danseuse de l'Opéra (qui lui a donné deux enfants) que la maçonnerie trouve son essor. Ce remarquable général, très difficilement battu par les Prussiens durant la guerre de Sept ans, à Crevelt en 1758, alors qu'il vient de prendre son commandement, découvrant une armée en piètre état, parvient à multiplier par dix le nombre des loges. D'une quarantaine, elles deviennent quatre cents. Il est vrai qu'il effectue son recrutement dans les garnisons du pays et y recrute beaucoup d'officiers en mal d'occupation.

Les loges regroupent la haute noblesse, les parlementaires, les bourgeois, les professionnels libéraux, certains industriels, tous ceux qui sont gagnés aux idées nouvelles, en particulier ceux qui sont favorables à une monarchie constitutionnelle. Ces idées-là, les loges les diffusent.

Louis-Philippe d'Orléans, grand maître du Grand Orient

En 1771, Louis-Philippe d'Orléans, duc de Chartres, le fils de Louis-Philippe Ier et le père du futur roi Louis-Philippe, vient occuper le poste de grand maître de la maçonnerie française. Il transforme la Grande Loge en Grand Orient de France. Opposant déterminé au roi Louis XVI qu'il méprise, il se fait élire député à la Convention et vote la mort du roi en janvier 1793. Il sera finalement lui-même guillotiné en novembre de la même année.

Juste avant la Révolution, les maçons professent des idéaux de tolérance, d'égalité, de fraternité, de liberté. Ils souhaitent construire un monde meilleur, mais ne s'investissent guère dans les questions sociales. Élitistes, ils jouent de leur influence et s'efforcent, avec bonne volonté, de faire évoluer la société et le système politique.

Avec huit cents loges et trente-trois à trente-cinq mille frères, la maçonnerie française ne peut exercer qu'une faible influence et affirmer qu'elle a pu conduire un complot propre à déclencher la Révolution est risible. À l'évidence, la thèse développée par le jésuite Barruel dans ses *Mémoires pour servir à l'histoire du jacobinisme* est erronée. D'ailleurs, la solidarité dans les loges est artificielle. Ainsi la loge dans laquelle milite le futur montagnard Couthon qui prendra la tête du redoutable Comité de Salut public, s'intitule « Saint Maurice » à l'Orient de Clermont-Ferrand et comporte dix officiers nobles, dont le comte de Clermont-Tonnerre.

Aussi le tableau de Nicolas Perceval représentant en 1789 l'union des trois ordres, leurs députés se donnant fraternellement la main devant un temple maçonnique, est-il bien idéaliste. Sans doute illustre-t-il l'excellente ambiance qui règne au sein des loges dont les noms témoignent de l'état d'esprit : « Bienveillance », « Parfaite Égalité », « Parfaite Union »...

La maçonnerie ne résiste pas au choc révolutionnaire

L'unité de façade des maçons ne résiste pas au choc révolutionnaire. Les frères doivent choisir leur camp : les voici jacobins, feuillants, girondins, indulgents, montagnards, contre-révolutionnaires, émigrés, chouans, prêtre réfractaires ou constitutionnels...

Dès juin 1790, la loi Le Chapelier porte un coup sévère à l'organisation puisqu'elle interdit toute forme d'association et de corporation.

Aussi beaucoup de loges se mettent en sommeil même si les maçons apparaissent en nombre dans les différents clubs politiques qui fleurissent : cordeliers, jacobins et feuillants. Songeons que l'on compte parmi les frères aussi bien La Fayette que le peintre David, Mirabeau, Desmoulins, Couthon, Rouget de l'Isle, Chaderlos de Laclos ou encore le Chouan La Rouerie. D'ailleurs la maçonnerie, composée pour l'essentiel de chrétiens, selon la tradition anglo-saxonne, la seule qui existe alors en France, constituée pour l'essentiel de privilégiés n'est pas préparée à résister à un mouvement idéologique qui prône l'affrontement des classes et la laïcité.

Le duc d'Orléans montre sa lâcheté en ne cherchant pas à utiliser les loges pour établir un dialogue entre des hommes politiquement opposés, mais qui se respectent. En février 1793, il prend prétexte qu'il n'est pas convenable de tenir des assemblées secrètes sous une République, pour abandonner sa fonction de Grand Maître. La majorité des maçons le condamne.

Sur le fond, maçonnerie et révolution ne peuvent faire bon ménage, car les loges ont toujours défendu la forme démocratique du gouvernement, alors que les partisans de la Révolution en sont venus, dès 1792, à promouvoir des politiques de terreur.

À la chute de Robespierre, fin juillet 1794, la franc-maçonnerie reprend timidement ses réunions. À Toulouse, par exemple, il faut attendre octobre, pour que la première tenue ait lieu. C'est le Directoire qui autorise officiellement les loges à rouvrir. Et il faut attendre 1795 pour qu'un nouveau Grand Maître soit désigné pour remplacer Philippe Égalité, un certain Roettiers de Montaleau. Il est puissamment soutenu par Cambacérès. Sous l'Empire, les loges retrouvent rapidement leurs effectifs d'avant la Révolution et les dépassent. En 1814, il existe mille deux cents loges…

LOUIS XVII EST BIEN MORT AU TEMPLE

L'enfant du Temple… pour l'éternité

Au même titre que le mystère qui plane sur l'hypothétique survie d'Anastasia Romanov un bon siècle plus tard, d'aucuns croient à celle du fils de Louis XVI au nom d'une vérité savamment cachée par les autorités. Régulièrement, des articles ou des livres paraissent pour dénoncer la version officielle. Et pourtant, la science de l'ADN est formelle: l'enfant-roi est bien mort au Temple à l'âge de dix ans. Pas plus tard qu'en avril 2000, le professeur allemand Bernd Brinkmann a corroboré cette hypothèse. Aujourd'hui, les interrogations portent moins sur l'identité du prisonnier royal que sur les circonstances et les véritables raisons de sa disparition. Un an après la chute de Robespierre, l'otage du Temple devient un obstacle pour la paix…

En l'an 1795, an III de la République, Louis XVI et Marie-Antoinette ont déjà été exécutés depuis plus d'un an et la France est en guerre contre le reste de l'Europe. Incarcéré au Temple depuis près de trois ans, le fils cadet de Louis XVI peut à tout moment être libéré par les Blancs. L'assassiner ? Les thermidoriens en feraient un martyr. Aussi Barras décide-t-il de laisser dépérir le dénommé Charles Capet en prison. Pour éviter toute réaction royaliste, l'enfant de dix ans est enterré dans le plus grand secret au cimetière Sainte-Marguerite…

Orphelin depuis 1793

En août 1792, après la prise de Tuileries par les sans-culottes, la monarchie a définitivement vécu. Louis XVI ne peut plus se targuer d'être un monarque constitutionnel. Désigné désormais par les républicains sous le nom de Louis Capet, il est placé sous la surveillance étroite de la nation. Le roi et sa famille sont ainsi retenus à la prison du Temple. Moins d'un an et demi plus tard, Louis XVI et sa femme Marie-Antoinette ont été tour à tour exécutés sur l'actuelle place de la Concorde. Ils laissent derrière eux deux orphelins dont Charles, le dauphin. Tout juste âgé de huit ans, l'enfant est alors plongé dans le plus grand isolement au deuxième étage de la prison. Séparé de sa sœur, Madame Royale, et arraché à sa mère dès le 3 juillet 1793. Celui que d'aucuns considèrent comme le nouveau roi de France est désormais un enfant meurtri, malade et abandonné. Pendant le procès de sa mère, on essaie même de lui extorquer des informations sur de prétendues relations incestueuses…

Placé sous la garde de Simon, cordonnier de son état

Après la perte de ses parents, Louis XVII est confié à la garde du cordonnier Simon. Contrairement à une opinion largement répandue, ce geôlier n'est pas un bourreau. Désigné comme le « précepteur du petit Capet », Simon ne maltraite pas le dauphin, mais prend un malin plaisir à lui inculquer les « vertus républicaines ». En d'autres termes, le cordonnier apprend à Charles à injurier tout ce qui symbolise l'ancienne monarchie. Pendant six mois, l'enfant reçoit une éducation de petit « sans-culotte ». Il peut alors jouer dans le jardin de la prison et n'est pas encore trop malheureux. Mais, à compter du mois de janvier 1794, la situation empire brutalement.

C'est maintenant l'isolement total

Sur ordre du procureur de la Commune Chaumette, Simon est remercié et l'enfant est confié à la garde des commissaires. Ces derniers seront renouvelés quotidiennement. Suite aux menaces d'enlèvement ou de fuite, les mesures de sécurité sont renforcées. Cette initiative républicaine se solde par un isolement complet de Charles. Son sort n'est pas plus enviable que celui des prisonniers du château d'If. Reclus au deuxième étage de la tour du Temple, l'enfant va connaître un véritable enfer. « Toutes les issues de sa chambre sont obstruées. La porte est murée jusqu'à mi-hauteur et munie de barreaux de fer : seul un étroit guichet permet de passer la nourriture. L'enfant vit dans la pénombre. Personne ne peut entrer dans la cellule qui devient vite un cloaque[9]. »

Que faire de Charles Capet, un prisonnier aussi encombrant mort que vivant ?

Depuis le mois de septembre 1793, le Comité de Salut public exerce la Terreur et Paris est plongé dans le chaos. Les têtes tombent tous les jours et les sans-culottes vivent dans la hantise du complot. À défaut de l'exécuter, la Convention montagnarde garde Charles Capet en otage. Il pourrait servir éventuellement comme monnaie d'échange.

Le 27 juillet 1794 (9 Thermidor), « l'Incorruptible » Robespierre et les siens sont arrêtés et exécutés. Avec la disparition de « l'Être suprême » s'achève la période de la Terreur. Dès le lendemain de la chute du montagnard, les modérés thermidoriens rouvrent les cachots, abrogent la loi des suspects et rétablissent la liberté de la presse. Barras, devenu commandant général, se présente à la prison du Temple. L'un de ses premiers soucis est de s'informer de la santé du prisonnier royal. Sa surprise est totale. Il découvre un enfant abattu moralement et physiquement.

9. *Grandes Énigmes de l'histoire de France,* « Louis XVII est-il bien mort en prison ? », Larousse, 2004.

Il ne peut même plus faire un pas. Immobile et silencieux sur son lit, Louis XVII a le visage bouffi et les genoux enflés. Il est atteint de scrofule par manque d'hygiène.

La Convention thermidorienne est désormais placée devant une alternative. Que faire de Charles Capet ? Le libérer serait considéré comme une victoire du camp royaliste. Il pourrait par la suite devenir le leader des contre-révolutionnaires et reconstituer un royaume. Le tuer mettrait de nouveau le feu aux poudres en Europe et risquerait de transformer Louis XVII en martyr. Devant cette impasse, les thermidoriens décident de jouer la carte de l'oubli. Seule la mort naturelle est envisagée.

Quand les thermidoriens laissent mourir l'enfant du Temple… le 8 juin 1795

Malgré la visite de plusieurs médecins, dont le docteur Desault, l'état de l'enfant du Temple empire chaque jour. Moins d'un an après la visite de Barras au Temple, le 8 juin 1795 (20 Prairial an III), Charles décède de tuberculose. Il est âgé de dix ans. Le corps de l'enfant est ensuite conduit dans la plus grande discrétion au cimetière Sainte-Marguerite… En laissant mourir l'enfant du Temple, les révolutionnaires font table rase d'un emblème, celui que les Chouans arborent sur leurs étendards. Des bourreaux d'enfant ? Pas le moins du monde. Pour éviter ce genre d'accusations, les thermidoriens optent pour le silence le plus total. Jusqu'à la fin de la Révolution, rien ne filtre sur la mort et l'enterrement de Charles Capet, alimentant pendant plusieurs décennies les hypothèses les plus extravagantes…

Tout juste deux cent neuf ans après la mort de l'enfant du Temple, le 8 juin 2004, le cœur de Louis XVII est transféré dans la crypte de Saint-Denis.

LA GUERRE D'ESPAGNE, PERDUE PAR LA SEULE FAUTE DE NAPOLÉON Ier

L'Espagne ou la « plaie » de l'Empire

Une calamité, un bourbier, une impasse stratégique, la campagne d'Espagne cristallise toutes les craintes et toutes les incertitudes. Plus encore que la Russie, l'Espagne porte en germes l'agonie de l'aventure impériale. En vérité, dès le printemps 1808, Napoléon cumule les erreurs d'analyse. L'un de ses premiers faux pas est de se poser en arbitre de la monarchie espagnole. À commencer par le coup de théâtre de Bayonne et la répression du « Dos de Mayo ». En plaçant son frère Joseph à la tête de l'Espagne, Napoléon a exaspéré le sentiment national espagnol. La révolte est menée par des moines, lesquels encouragent leurs fidèles à égorger les Français, considérés comme autant de démons en uniforme. Plus qu'un conflit, la campagne d'Espagne est une « contre-révolution ». Pis encore, une « guerre sainte »...

Trois ans après son triomphe à Austerlitz, Napoléon est au faîte de sa puissance. Sans doute aveuglé par sa réussite, il ne mesure pas qu'en traversant les Pyrénées, il ouvre une véritable boîte de Pandore...

Échec aux rois!

En novembre 1807, les Français sont à Lisbonne et l'administration du Portugal est confiée à Junot. Napoléon regarde désormais vers l'Espagne. Son souci primordial est d'en écarter la famille régnante, les Bourbons. Dans cette perspective, il dépêche une armée de cinquante mille hommes placée sous le commandement du maréchal Murat. Fini le temps des *conquistadores* et les traversées épiques de l'Atlantique, les heures de gloire de l'Espagne appartiennent à des temps révolus. À Aranjuez, pâle copie de Versailles, Charles IV apparaît comme une caricature de Louis XVI qui n'a plus de roi que le nom. Le véritable maître de l'Espagne est Manuel Godoy. Amant de la reine, cet ancien garde du corps promu duc d'Alcudia est détesté par son peuple, lequel n'a d'yeux que pour Ferdinand, fils du roi et prince des Asturies. Ce dernier a la faveur de l'Espagne car il s'oppose à l'asservissement de l'Espagne par son voisin d'outre-Pyrénées. En mars 1808, les événements s'accélèrent. Suite à des rumeurs de départ de la famille royale en Amérique, les esprits s'échauffent. Le 18 mars, une foule compacte – où se côtoient pêle-mêle des *hidalgos* et des moines – se presse devant les grilles du palais. Elle n'hésite pas à conspuer Godoy et à acclamer Ferdinand. Devant l'effervescence de son peuple, Charles abdique une première fois. Les événements prennent alors une tournure insolite.

Murat, l'envoyé de Napoléon à Madrid, se pose en protecteur de Charles IV et lui demande de revenir expressément sur sa décision. Résultat : l'Espagne se retrouve avec deux rois, une royauté à deux têtes conduisant à l'impasse. Murat ne s'y trompe pas : l'imbroglio monarchiste est l'occasion pour la France de se poser en arbitre. Devant la force militaire française, les monarques espagnols ne peuvent que se soumettre à la volonté impériale. Les deux rois espagnols sont ainsi conviés à Bayonne pour s'entretenir avec Napoléon. Loin de trouver un compromis, l'entrevue tourne à la foire d'empoigne entre Ferdinand VII et ses parents. Napoléon en profite alors pour imposer ses vues : il entend placer son frère Joseph sur le trône de Madrid. Se présentant aux Espagnols comme le « régénérateur de la patrie », l'Empereur ne mesure nullement les effets de son acte. En forçant leurs rois à se démettre, il exaspère le réflexe national espagnol…

Napoléon, le « régénérateur de la patrie » espagnole

Une double abdication des Bourbons et la nomination d'un roi français sur le trône espagnol : la France va-t-elle trop loin ? Quand le chanoine Escoïquiz s'inquiète auprès de l'Empereur des éventuels troubles que pourrait provoquer ce type de nouvelles, Napoléon lui sourit en prétendant que «… les pays où il y a beaucoup de moines sont faciles à soumettre ». Les faits à venir vont pourtant cruellement démentir ces propos. Ces moines que l'Empereur méprise vont littéralement fanatiser leurs « frères » en présentant les Français comme des envoyés de Satan. Pour les Espagnols, l'événement de Bayonne est ressenti comme un véritable rapt.

Le « Dos de Mayo » (2 mai 1808)

Le 2 mai 1808, quand les Madrilènes aperçoivent un carrosse transportant la princesse d'Étrurie et le jeune infant don Francisco, ils ne peuvent plus cacher leur colère. La France veut ainsi kidnapper toute la famille royale. Équipés d'armes de fortune et sous la houlette des prêtres, des citadins et des paysans bousculent un premier détachement français de dragons. Quelques soldats français sont égorgés. Ces sautes d'humeur de la population seraient restées au stade d'une simple révolte sans la riposte énergique de Murat… Apprenant les événements, le maréchal investit rapidement les rues de Madrid avec ses escadrons de hussards et de mamelouks. Les troupes françaises convergent vers la *Puerta del Sol.* En cet endroit sont rassemblés plusieurs centaines de Madrilènes. L'affrontement est inévitable. Déterminés à disperser la foule, les mamelouks chargent sabre au clair. De leur côté, les Espagnols se défendent avec leurs faibles moyens en essayant de couper les jarrets des chevaux des Français. Comme il se doit, la charge tourne à l'avantage des troupes de Murat. Après quelques échauffourées, les insurgés finissent par s'enfuir. Dans les heures qui suivent, l'insurrection perd de l'ampleur et, le soir même, des commissions militaires chargées de traquer les fauteurs de troubles arrêtent tout Madrilène porteur d'une arme. On dénombre dans la nuit quelques dizaines d'exécutions sommaires. Dès le lendemain, Murat écrit à Napoléon : « Votre Majesté peut disposer de la couronne d'Espagne ; la tranquillité ne sera plus troublée ; tout le monde est résigné. » C'est une cruelle erreur d'analyse. Loin d'être l'épilogue d'une courte révolte, le « Dos de Mayo » est le prélude à un vaste soulèvement qui va embraser l'ensemble de la péninsule espagnole.

De la répression madrilène de Murat à l'embrasement général de l'Espagne

Certes, la répression de Murat ne relève en rien du carnage. Le nombre des morts madrilènes, 200 à 300, n'est que deux fois supérieur à celui des soldats français. Le « Dos de Mayo » serait presque demeuré un événement anodin si celui-ci n'avait pas provoqué une véritable vague d'insurrections dans toute l'Espagne. De Valence à Séville, les Français sont harcelés et attaqués par des foules fanatisées par les hommes d'Église. Ces derniers n'hésitent pas à comparer Napoléon à l'Antéchrist et somment leurs frères et sœurs de tuer les soldats français s'ils veulent assurer leur salut. Cette « guerre sainte » s'en prend aussi aux notables jugés trop favorables aux troupes napoléoniennes, comme en témoigne l'assassinat du comte Torre Fresca, littéralement découpé en morceaux dans les rues de Badajoz.

Napoléon s'aventure et s'enlise en Espagne

Dès le début de l'été 1808, les mauvaises nouvelles s'accumulent. Après la déclaration de guerre de la province des Asturies, le 24 juin, Napoléon apprend la capitulation du général Dupont à Bailén, le 22 juillet.

1808: La paëlla espagnole se rebelle contre Napoléon.

C'est la première défaite d'une armée française en rase campagne depuis l'avènement de l'Empire. Pour les ennemis de la France, c'est absolument inespéré : les Français ne sont plus invincibles ! Le retentissement de cette débâcle est considérable. Joseph est contraint de quitter Madrid, les Anglais débarquent au Portugal et Napoléon en personne est obligé de franchir les Pyrénées à la tête d'une imposante armée. Malgré la réinstallation de son Joseph Bonaparte à Madrid, la résistance ne faiblit pas. Pis, elle s'intensifie et se transforme en une guerre civile impitoyable. Napoléon a beau supprimer les deux tiers des couvents, abolir l'Inquisition et faire table rase des survivances féodales, l'Empereur s'aliène définitivement le clergé espagnol sans pour autant rallier la population de la péninsule. Faute de monarque reconnu, les particularismes régionaux s'affranchissent de la tutelle madrilène et entrent en rébellion. Face à ces foyers d'incendie qui se multiplient, les Français sont débordés. Efficaces devant des armées régulières en formation de combat, les troupes impériales s'avèrent inadaptées face à des opérations de guérilla. Incontestablement, l'Espagne devient un bourbier. En mars 1809, c'est la formation de la cinquième coalition, laquelle marque le début du déclin de l'Empire…

TALLEYRAND, D'ABORD FRANÇAIS !

L'homme de tous les régimes : de l'ami de Bonaparte à l'ennemi de Napoléon

De la cathédrale d'Autun à l'ambassade de Londres, Charles-Maurice de Talleyrand est l'archétype du diplomate qui a traversé tous les régimes. Tour à tour député des états généraux, ministre des Affaires étrangères sous le Directoire, grand chambellan de l'Empire et membre de la chambre des Pairs pendant la Restauration, l'homme au pied bot est de tous les retournements, de tous les complots et de toutes les trahisons. N'ayant d'évêque que l'habit, ce diplomate hors pair affirme haut et fort travailler au nom de l'intérêt de la France, lequel est incompatible avec la politique napoléonienne de conquêtes et d'annexions. « La véritable primauté est d'être maître chez soi et n'avait jamais la ridicule prétention de l'être chez les autres », explique-t-il. Autrement dit, la voie des armes ne sert en rien la gloire de la France. Au fil des campagnes militaires, l'ami de Bonaparte devient l'ennemi de Napoléon. Aussi s'évertue-t-il à détruire l'édifice impérial après avoir constitué à le consolider et favorise-t-il le rétablissement de la monarchie après en avoir été l'un des plus farouches détracteurs…

Quand l'évêque d'Autun soutient la Révolution

Froid, réservé, hautain, les mots ne manquent pas pour qualifier cet homme au pied bot dont l'élégance n'a d'égale que son intelligence politique. Après avoir grandi à la cour princière du cardinal archevêque-duc de Reims et fréquenté assidûment les séminaires, Talleyrand ne pouvait qu'embrasser une carrière ecclésiastique. À son grand désarroi. En juin 1775, à l'âge de vingt-et-un ans, l'abbé de Périgord assiste au dernier sacre d'un roi de droit divin à Reims (celui de Louis XVI), quelques mois après avoir prononcé ses vœux à Saint-Sulpice. Prêtre sans conviction, il écoute la cérémonie sans émotion. Ayant hérité de l'abbaye de Saint-Rémy de Reims, jadis fondée par le légendaire Clovis, Talleyrand se montre pourtant peu enclin aux affaires religieuses. Indiscutablement, l'abbé de Périgord préfère les salons aux cathédrales et le plaisir de la chair à celui de la prière. On lui prête beaucoup d'aventures. Charlotte de Lorraine, Dorothée Dorinville et l'incontournable comtesse de Flahaut apparaissent comme autant de maîtresses de l'homme au pied bot. Malgré son handicap, Talleyrand affiche une grande élégance, une taille respectable (1,76 m) et un charme sans égal…

Quoi qu'il en soit, l'abbé de Périgord s'avère un serviteur zélé de l'Église. Tout au moins à ses débuts. Preuve en est sa prestation en tant qu'agent général du clergé. En 1785, aux côtés de l'abbé de Boisgelin, il remplit admirablement sa mission. Après avoir insisté sur les biens inaliénables de l'Église, il brosse un tableau exhaustif des fonctions et des revenus de l'Église de France. Son ascension est alors fulgurante. Avec l'aimable soutien de son oncle futur archevêque de Paris, Talleyrand devient évêque d'Autun puis député des états généraux. Nous sommes à la veille de la Révolution… et de sa première trahison.

Loin de se poser en défenseur du clergé et de la monarchie, il propose ni plus ni moins la confiscation des biens de l'Église en se déclarant partisan de la Constitution civile du clergé.

La rupture avec l'Église

Admirateur inconditionnel de la philosophie des Lumières, Talleyrand prend fait et cause pour l'œuvre révolutionnaire. « Les biens dont jouit le clergé, et dont il ne peut disposer, ont été non pour l'intérêt des personnes, mais pour le service des fonctions », déclare-t-il sans ambages. Partisan actif de la liberté de conscience et de la laïcité de l'État, ce prêtre défroqué n'est plus en odeur de sainteté auprès de ses condisciples. L'année 1791 consacre sa rupture avec l'Église. Condamné par le pape, il n'en continue pas moins de sacrer les évêques constitutionnels. Après avoir été l'un des serviteurs émérites de l'Assemblée constituante, les premiers pas de l'ancien évêque dans le laïc sont quelque peu chaotiques. La fin précipitée de Louis XVI et son corollaire, à savoir la Terreur, forcent Talleyrand à fuir la France régicide…

La rupture avec la Révolution

Ébloui par les événements de 1789, Talleyrand déchante rapidement en apprenant ceux de 1792. Si la chute de la Bastille augurait tous les espoirs, celle des Tuileries annonce les pires catastrophes. À défaut de défendre la monarchie, l'ancien évêque d'Autun s'efforce de sauver le roi. En vain. En poste à Londres en tant que diplomate, Talleyrand justifie le régime issu de la journée du 10 août en espérant ainsi préserver la paix. C'est aussi en pure perte qu'il essaie d'obtenir la neutralité de l'Angleterre dans le conflit qui oppose l'Autriche et la Prusse à la République naissante. Un malheur n'arrivant jamais seul, Talleyrand devient lui-même la proie des révolutionnaires. Après le scandale de l'armoire de fer, l'ancien évêque d'Autun est accusé de complicité avec l'ennemi. Fuyant la Convention, il se réfugie en Angleterre, puis aux États-Unis où il débarque au mois de février 1794 au terme d'une traversée éprouvante de trente-sept jours. Il y reste près de deux ans. Revenu en France après l'exécution des montagnards, Talleyrand entame alors une véritable carrière de diplomate, celle dont il a toujours rêvé…

Ancien ami de Mirabeau, Talleyrand s'attire la sympathie de Barras, l'homme fort de l'après-Robespierre. Après avoir servi loyalement le Directoire en tant que ministre des Affaires étrangères, Talleyrand encourage Bonaparte lors du coup d'État du 18 Brumaire. Cette lune de miel va être de courte durée…

Quand le prince de Bénévent sacrifie l'Empereur sur l'autel de la Paix

Pourfendeur de l'Empire ? Une victoire napoléonienne de plus et c'est la mort de la France ! Telle pourrait être résumée la conviction profonde du grand chambellan de l'Empire (fonction occupée par Talleyrand entre les années 1804 et 1809). Selon lui, les annexions de l'Empereur sont autant de « jeux cruels de la déraison politique ». « La France doit rester circonscrite à ses propres limites ; elle le doit à sa gloire, à sa justice, à sa raison, à son intérêt, à celui des peuples qui seront libérés par elle. » Lunéville, Amiens, Tilsit apparaissent comme autant de traités préparés par l'ancien évêque d'Autun. À compter de l'année 1808, Talleyrand considère Napoléon comme un usurpateur. En termes clairs, la gloire de la France et celle de l'Empereur sont incompatibles. En décidant l'invasion de l'Espagne, Napoléon a commis une grave erreur : celle de s'aliéner tout un peuple. Aussi Talleyrand s'emploie-t-il à saper l'œuvre de son ancien protecteur. À Erfurt, il trahit l'Empereur en incitant le tsar à se dresser contre lui. « Le Rhin, les Alpes, les Pyrénées sont la conquête de la France, le reste est la conquête de l'Empereur, la France n'y tient plus », n'hésite-t-il pas à déclarer.

Lors de la première abdication de Napoléon en 1814, Talleyrand invite les Alliés à marcher sur Paris. Le tsar de Russie s'installe carrément à l'hôtel Saint-Florentin, demeure de Talleyrand. Le 2 avril de cette même année 1814, le prince de Bénévent (titre dont il a hérité en 1806) prend la tête d'un gouvernement provisoire qui prononce la déchéance de Napoléon. Talleyrand a toujours la conviction d'œuvrer pour le bien de son pays...

Le sentiment d'avoir bien servi son pays...

S'il tourne le dos à l'Empire, Talleyrand entend préparer le retour des Bourbons dans le respect de la nation.

Ne demande-t-il pas aux royalistes de faire leur entrée dans la capitale en hissant le drapeau tricolore ? Cet attachement à la France, il l'exprime aussi dans son action diplomatique. De nouveau ministre des Affaires étrangères sous Louis XVIII, Talleyrand s'évertue à briser la coalition dressée contre la France. Soucieux de préserver l'équilibre des puissances sur l'échiquier européen, il joue la carte autrichienne contre les prétentions prussiennes et russes. C'est l'épisode du Congrès de Vienne…

Après Waterloo, Talleyrand survit à l'expérience républicaine et impériale en devenant président du Conseil sous la Seconde Restauration. Sa lune de miel avec les Bourbons s'avère pourtant de courte durée. Talleyrand est littéralement détesté par les ultras, le tsar Alexandre, mais aussi Louis XVIII. Après être passé dans l'opposition libérale, sous Charles X, Talleyrand opère un dernier coup d'éclat en favorisant l'arrivée au pouvoir du duc d'Orléans. Reconnaissant envers celui « qui a sacrifié tous les princes pour leur conserver un père », le nouveau roi Louis-Philippe le nomme au poste ô combien prestigieux d'ambassadeur de France en Grande-Bretagne. Après avoir servi la monarchie de Juillet pendant plus de quatre ans, ce grand champion de la politique se retire de la vie publique pour mourir paisiblement en 1838, à l'âge de quatre-vingt-quatre ans. Après avoir trahi successivement le clergé, l'empire et les Bourbons, celui que d'aucuns considéraient avec mépris s'éteint en ayant le sentiment d'avoir bien servi son pays…

Talleyrand, le diable boiteux qui sort de sa boîte à chaque changement de régime.

NAPOLÉON Ier PEUT-ÊTRE EMPOISONNÉ À SAINTE-HÉLÈNE ?

Le proscrit

Il est 16h30, peut-être 17 heures, Napoléon a pu hisser une batterie qui balaie le plateau Saint-Jean. Ça y est, il tient les Anglais à merci. Mais il est inquiet car des Prussiens, de plus en plus nombreux, surgissent par l'est. Enfin, un vaste nuage de poussière annonce l'arrivée d'une division entière. Il dit Grouchy… c'était Blücher.

Trois heures plus tard, entouré des débris de la Vieille Garde, Napoléon fuit. Il parvient miraculeusement à échapper à la cavalerie adverse. Le 21 juin, il est à l'Élysée, cependant que Soult a rassemblé les fuyards de Waterloo et les troupes de Grouchy à Laon et remonte vers Paris. Sous la pression de Fouché, la Chambre somme l'Empereur d'abdiquer : il y consent, le lendemain, le 22 juin. Le fidèle Davout, ministre de la Guerre, convainc alors l'Empereur de fuir : à Paris, sa vie est en danger. Le 25 juin, Napoléon part pour La Malmaison. De son côté, Fouché rejoint par Talleyrand, travaillant à une seconde Restauration de Louis XVIII. Le 8 juillet, le roi fait son entrée dans la capitale.

Cependant, Napoléon n'est pas demeuré inactif : il s'est installé à Rochefort le 3 juillet et espère pouvoir s'enfuir, par la mer, ou bien se livrer à l'Angleterre. Il craint par-dessus tout de tomber aux mains des royalistes, des Prussiens ou des Russes. Le fidèle Clauzel peut le protéger à Bordeaux avec vingt mille hommes, et deux frégates très rapides, aptes à échapper à la flotte anglaise, sont prêtes à lever l'ancre, la *Méduse* et la *Saale*.

L'amiral Decrès fait transférer l'Empereur à l'île d'Aix, car il craint que Louis XVIII lui ordonne de l'arrêter. Le 9 juillet, l'ordre venu de Paris est clair : maintenir coûte que coûte l'ex-Empereur sur l'île d'Aix. Cette fois, Napoléon n'a plus guère de choix. Nul ne sait comment la nouvelle monarchie le traiterait.

Tous ceux qui sont demeurés à ses côtés lui conseillent de se rendre à la flotte anglaise. D'ailleurs, de sa propre initiative, sans être couvert par ses chefs, le capitaine Maitland, aux commandes du *Bellerophon* qui croise au large, tient des propos ambigus et bienveillants.

Le 15 juillet, se rangeant à l'avis de tous, sauf de celui de Montholon qui craint un lointain exil, Napoléon se décide à monter sur le pont du *Bellerophon,* espérant pouvoir s'installer en Angleterre. Le voici, prisonnier de l'Angleterre.

Son arrivée à Plymouth déclenche une immense curiosité : des centaines d'embarcations entourent le vaisseau britannique. Mais nul n'autorise l'Empereur à descendre. Le 31 juillet, l'amiral Keith, le pacha de l'escadre de Plymouth monte à bord du *Bellerophon* pour signifier son exil à Napoléon. Et c'est à bord du *Northumberland,* un vaisseau de haut bord, que, le 9 août, Napoléon et ses quelques compagnons effectuent la traversée de l'Atlantique vers Sainte-Hélène. Le 17 octobre 1815, ils touchent Jamestown, une petite île volcanique de cent vingt-deux kilomètres carrés.

Las Cases, maître des requêtes au Conseil d'État, qui rédigera le *Mémorial de Sainte-Hélène,* le général Bertrand (aide de camp de Napoléon et l'un des fondateurs de l'École polytechnique) avec son épouse, le général Gourgaud (officier d'ordonnance de Napoléon à qui il sauve la vie à Brienne en 1814), le général Montholon et son épouse la belle Albine, Marchand, le valet de chambre, le mamelouk Ali l'homme à tout faire, Cipriani le maître d'hôtel, Santini chargé du portefeuille, enfin Noverraz, un valet d'origine suisse, l'accompagnent.

Après avoir logé dans le pavillon des Briards chez les Balcombe, le 10 décembre 1815, Napoléon intègre *Longwood House* une ferme spécialement aménagée à son attention. Outre ses compagnons d'exil, une petite dizaine, la domesticité de l'empereur est importante : une cinquantaine de serviteurs se relaient à *Longwood.*

Les Montholon, au cœur du mystère

Remarqué par Bonaparte lors du coup d'État du 18 Brumaire, le comte Charles de Montholon est nommé capitaine en 1801, avant d'entrer à l'état-major de l'empereur en 1805. Général de brigade en 1814, il est aide de camp de Napoléon durant les Cent-Jours. En 1812, contre l'avis impérial, il épouse une superbe divorcée (deux fois) et en est durement sanctionné, avant que le temps des défaites ne favorise sa réhabilitation. Sur la base de documents inédits, son descendant, François de Candé-Montholon, pense que Charles de Montholon serait l'empoisonneur de Napoléon. Sa démonstration est très convaincante.

Dans ses *Mémoires*, le valet Louis Marchand, fidèle et irréprochable, note les différents symptômes de la maladie de l'Empereur : ils sont exactement ceux d'un empoisonnement progressif à l'arsenic. De même, les médecins qui entourent Napoléon et qui l'ont soigné – O'Meara, Stokoë, Antommarchi (le Corse), Arnott – ont rédigé leurs souvenirs sur le sujet. Ils s'accordent à dire qu'à quarante-six ans l'Empereur a beaucoup abusé de sa santé, mais tous consignent des attitudes qui rappellent clairement un empoisonnement chronique : refus de la lumière, toux, surdité, migraines, sensation de froid aux extrémités, chute des dents, rougeurs cutanées, anxiété, diarrhées suivies de constipation, douleurs de poitrine, battements rapides du cœur… Marchand, plus familier, ajoute même la perte des poils.

D'ailleurs, deux hommes, Marchand et Hudson Lowe, le dur gouverneur anglais, comprennent ce qui se passe. Si Marchand doit se taire, Lowe constate la dégradation de l'Empereur, puis la mort brutale de son majordome Cipriani. Il ne sait que faire, étant conscient que si l'on apprend que l'Empereur a été empoisonné, sa carrière sera à jamais brisée.

L'examen des cheveux de Napoléon – ceux de la mèche ramenée par Noverraz – révèle un taux d'arsenic 6,6 fois plus élevé que la normale. L'eau de Longwood en serait-elle responsable? Impossible : les cheveux d'Albine de Montholon, à leur tour examinés, ne contiennent pas d'arsenic!

Pourquoi donc le général Montholon a-t-il cherché à empoisonner Napoléon? Pour retrouver son épouse,

Albine, tout simplement. Des ébats amoureux de Charles et Albine à bord du *Northumberland*, naît le 18 juin 1816, date anniversaire de Waterloo, une petite Napoléone, ainsi prénommée en l'honneur de l'Empereur déchu. Bien que disposant d'une domestique locale pour assouvir sa libido, l'Empereur jette son dévolu sur Albine de Montholon et la séduit. Par jeu, en accord avec son mari, elle se livre. De ce commerce incestueux naît, en 1818, une seconde fille, prénommée avec un goût très sûr, Joséphine ! En juillet 1819, Albine, alors âgée de trente-sept ans, quitte Sainte-Hélène pour des motifs qui tiennent tant à l'éducation des enfants qu'au règlement de ses intérêts financiers en France. Montholon, laissé seul, rumine son désespoir.

Charles de Montholon est probablement l'empoisonneur

Un événement affreux est intervenu le 24 février 1818 : durant le service du dîner impérial, Cipriani s'est brutalement effondré : trois jours plus tard, il est mort… Ce Cipriani est plus qu'un maître d'hôtel ; il est chargé d'espionner l'entourage impérial et Hudson Lowe est pour lui une vieille connaissance qu'il a connu lors de la prise de Capri par les Français en 1810. De quoi donc est-il mort ?

Il semble que pour régaler sa maîtresse, une servante d'Albine de Montholon, il ait volé plusieurs bouteilles de vin de Constance réservées à l'Empereur, dans une cave gérée par le seul comte de Montholon. D'ailleurs, la servante, personne ne le souligne, meurt également.

Charles de Montholon,
créateur de cocktails.

Ce vin de Constance, un vin sud-africain produit dans la région du Cap, ressemble à s'y méprendre au Gevrey, le vin préféré de Napoléon. Las Cases l'a fait expédier lorsqu'il a quitté Sainte-Hélène, fin 1816, et Montholon renouvelle les commandes. Il arrive sur l'île en tonnelets et Montholon le met en bouteille, enduisant le goulot de quelques gouttes d'arsenic. L'empoisonnement est lent car l'Empereur ne consomme qu'un verre de vin coupé d'eau à chaque repas.

En veut-on une preuve supplémentaire : lorsque le général Montholon tombe malade en 1819 et doit garder la chambre de juillet à octobre, comme par enchantement, l'Empereur se rétablit.

L'affreux dilemme de Montholon

Le général Charles de Montholon se trouve ainsi placé dans une situation dramatique. Il adore sa femme qui se trouve à présent en France et ne peut espérer la revoir qu'en supprimant l'Empereur pour pouvoir quitter Sainte-Hélène au plus vite. Depuis 1817, date à laquelle Napoléon a séduit Albine, le général s'est mis à le détester. Voir son épouse enceinte a décuplé sa jalousie et sa fureur rentrée. Et il s'est décidé à empoisonner l'Empereur. À présent, il lui faut regagner la France, retrouver cette Albine qu'il ne veut pas perdre. Il tente de corrompre les médecins britanniques, affirmant que l'Empereur est gravement malade et qu'il doit être rapatrié en Angleterre. En vain ! Il lui faut, à présent, augmenter les doses de poison…

Ô paradoxe, l'Empereur renforce ses liens avec Montholon. Il est gêné de lui avoir enlevé son épouse, puis d'être la cause de leur séparation. Ainsi, ami et traître à la fois, Montholon poursuit-il son curieux dessein.

Le 17 avril, sentant sa fin prochaine, l'Empereur modifie son testament et accorde à Montholon deux millions de francs-or, au lieu des cinquante mille francs couchés dans le précédent, soit les deux tiers de sa fortune. C'est le prix du remords de l'Empereur !

La fausse autopsie du 7 mai 1821

La mort de Napoléon, le 5 mai 1821, est sans doute accélérée par les médications que les praticiens lui administrent : des vomitifs contenant de l'antimoine, des purgatifs de protochlorure de mercure… Au contact de l'arsenic, ils se transforment en poison. L'autopsie pratiquée sous la responsabilité d'Antommarchi, en présence de six médecins anglais, est unanime : il ne s'agit pas d'un cancer de l'estomac, ainsi que le démontrent l'absence de pilosité et la dilatation du foie. Pourtant Montholon s'efforce de convaincre Antommarchi du contraire. Le gouverneur Lowe est du même avis. L'autopsie mensongère du 7 mai 1821 affirme l'hypothèse du cancer, une hypothèse qui arrange tout le monde.

Au début de l'année 2007 qu'un groupe de scientifiques suisse, américain et canadien prétendent que « Napoléon est mort en exil à Sainte-Hélène des suites d'un cancer de l'estomac et non d'un empoisonnement à l'arsenic ». L'étude reconnaît également que l'atavisme familial n'est nullement en cause mais que le cancer est survenu sur « fond d'inflammation chronique provoquée par un micro-organisme ». Les experts ont établi leur diagnostic à partir des comptes rendus d'autopsie et des observations notées par tous les médecins qui ont approché Napoléon. En 1823, O'Meara avait pourtant suggéré qu'il s'agissait bien d'un empoisonnement.

Épilogue troublant

Lorsqu'il rentre en France, Charles de Montholon est riche. Il constate qu'Albine s'est définitivement éloignée et il lui faut batailler trois ans contre la famille Bonaparte pour toucher l'héritage de Napoléon. Il doit accepter de donner cent mille francs à Antommarchi, sans doute parce que ce dernier le menace de révéler le pot aux roses, c'est-à-dire le résultat réel de l'autopsie qu'il a dirigée.

Toujours bonapartiste, Montholon soutient les velléités politiques de Louis-Napoléon, le fils de Louis et d'Hortense. Après l'échec de la tentative de coup d'État de Boulogne, le futur Napoléon III est interné à Ham avec son compagnon préféré, Montholon. Ce dernier y fait la connaissance d'une Irlandaise fort délurée, Catherine O'Hara, qu'il partage sans doute avec le futur empereur, avant de l'épouser, une fois libéré.

Lors de leur détention, les deux hommes deviennent comme des frères. Alors, sans doute, Montholon se laisse-t-il aller à la fatale confidence qu'il est l'auteur de la mort du glorieux oncle de Louis-Napoléon.

Tant sous la IIe République que durant le Second Empire, Charles de Montholon ne sera jamais invité, ni à l'Élysée ni aux Tuileries. Et lorsqu'en 1853, alors que son père est mort, Charles-Frédéric de Montholon, le fils de Charles, sollicite de Napoléon III l'autorisation d'inhumer la dépouille de son père aux Invalides, auprès celles de Napoléon Ier et du général Bertrand, la réponse vient, glaciale : « Il n'y a pas sa place après ce qui s'est passé. »

Aussi, forte de tous ces témoignages convergents, notre opinion est plutôt favorable à un empoisonnement de Napoléon à Sainte-Hélène et ce, d'autant plus que les scientifiques ont écarté l'hypothèse d'un cancer à caractère familial. Le meilleur spécialiste contemporain de l'empereur, Thierry Lentz[10], penche en sens inverse, sans toutefois trancher tout à fait. Mais c'est affaire de conviction…

LE CARNAGE DE LA GUERRE DE CRIMÉE

Contrer les Russes !

Le neveu pense comme l'oncle : pas question de laisser les Russes s'emparer des vastes territoires contrôlés en Europe par l'empire turc moribond, celui qui n'est plus désigné que sous le nom « d'homme malade de l'Europe ». Car comme Alexandre Ier, Nicolas Ier entend

10. Thierry Lentz est notamment directeur de la Fondation Napoléon depuis juin 2000.

dépecer l'Empire ottoman. La France peut compter sur le soutien anglais qui veut à tout prix éviter de voir les Russes contrôler les détroits et pénétrer ainsi en Méditerranée au risque de perturber la route des Indes et le trafic du canal de Suez. Napoléon III songe, également, à la vocation ancestrale du pays : protéger les lieux saints. Or, les moines orthodoxes contestent la suprématie des ordres religieux catholiques tant à Jérusalem qu'à Bethléem. Pas question de laisser une troisième Rome s'établir à Moscou ! D'autant que la diplomatie russe « ne joue pas dans la dentelle » : elle prétend protéger tous les chrétiens de l'Empire turc, Roumains, Bulgares, Serbes... Ambition totalement rejetée par les Turcs qui provoque l'envahissement de la Valachie et de la Moldavie. D'ultimes négociations s'engagent pour éviter le pire : elles échouent. Le 27 mars 1854, la France et l'Angleterre déclarent la guerre à la Russie.

Les zouaves de l'Alma, bien vite oubliés

Dès le 14 septembre, les Alliés débarquent à Eupatoria : les Russes les attendent, retranchés derrière la rivière l'Alma. Victime du choléra, le général de Saint-Arnaud, moribond, chef de l'expédition, trouve la force de l'emporter. Les alliés perdent six cents hommes (et trois mille mutilés), les Russes dix fois plus. Mort à bord du *Berthollet* qui le ramène vers la France le 29 septembre, Saint-Arnaud, le seul général de valeur (avec Niel) de l'armée française, est remplacé par un brave combattant, Canrobert, dépourvu de toute capacité de commandement. Non seulement il n'a guère d'idées, mais il s'entend mal avec les forces britanniques, dirigées, il est vrai, par un homme impossible, lord Raglan. Mal coordonnés, les Alliés laissent les Russes s'échapper et l'occasion de pénétrer à leur suite dans Sébastopol. Certes ils ne disposent pas de cavalerie, à l'égal des Russes. Les troupes du tsar en profitent pour se fortifier dans le grand port du Sud, sous l'énergique détermination du comte Todleben, remarquable ingénieur militaire qui renforce les fortifications (multipliant mamelons, bastions, redoutes), creuse d'immenses fossés, coule la flotte à l'entrée du port. Ainsi force-t-il les Alliés à un long siège meurtrier.

Deux cent cinquante mille morts en une année

Les premières tranchées alliées sont creusées le 9 octobre 1854. À partir du 17, d'intenses bombardements ne parviennent guère à ébranler les murailles de granit de Sébastopol alors que les levées de terre, en partie effondrées par les tirs, sont relevées chaque nuit.

Le 25 octobre, les Anglais du général Liprandi supportent l'assaut des vingt-cinq mille Russes de Gortchakov, à Balaklava. Il faut la charge désespérée et meurtrière de la brigade légère (quatre cent soixante-dix cavaliers sont tués), puis l'intervention des chasseurs d'Afrique du général Morris pour disperser les Russes.

Après l'échec de Balaklava, Gortchakov tente une nouvelle offensive dès le 5 novembre, à Inkermann. Galvanisés par l'arrivée des grands ducs Nicolas et Michel, les Russes attaquent à hauteur de la rivière Tchernaïa avec trente-cinq mille hommes, pour moitié sortis de Sébastopol et pour l'autre appartenant à l'armée de secours de Paulov. Conduit de nuit, l'assaut d'Inkermann surprend une fois encore les Britanniques. Cependant, autour de la célèbre batterie dite « des sacs de terre », le sacrifice anglais bloque Paulov. Il faut l'énergie des troupes de Bourbaki, puis des chasseurs à pied, des zouaves et des tirailleurs algériens de Bosquet, pour repousser les Russes du plateau. Leurs pertes sont énormes : environ dix mille morts et blessés. Les Anglais comptent trois mille tués, les Français environ huit cents.

Devant l'énormité des pertes, Raglan et Canrobert décident de renforcer leurs positions et de passer l'hiver devant Sébastopol. Dans la boue et le froid, les troupes anglo-françaises subissent une véritable hémorragie, surtout les troupes de Canrobert dont le service de santé laisse à désirer : le typhus, le choléra, le scorbut par manque de vitamines, la dysenterie tuent des dizaines de milliers d'hommes.

Cependant, Pélissier, plus fin tacticien, a remplacé Canrobert et reçu des renforts, comme son collègue anglais, Simpson (qui a remplacé lord Raglan). Il est décidé de tenter de s'emparer des bastions situés face au faubourg de Karabelnaïa, au final du fort Malakoff, qui, dominant Sébastopol, permettrait de bombarder directement le port et de détruire l'armée russe.

Les 6 et 7 juin 1855, après un intense bombardement, Bosquet ordonne l'assaut général. Les brigades des généraux de Failly et de Lavarande enlèvent les deux Ouvrages blancs, puis la brigade Wimpfen le Mamelon vert. Mais l'assaut sur Malakoff est impitoyablement brisé par les Russes.

Devant cette avancée française, les généraux russes tentent une ultime contre-attaque avec leur armée de secours. Le 16 août, descendant de leur repaire du plateau Mackenzie, soixante-dix mille Russes attaquent les positions alliées de la rivière Tchernaïa. Face aux Français, renforcés des Piémontais et des Sardes, ils laissent huit mille morts et blessés sur le terrain de Traktir.

L'assaut final du 8 septembre 1855

Dès le 17 août, les Alliés, qui n'ont nulle envie de passer un second hiver devant Sébastopol, intensifient les bombardements. Durant trois semaines, la population civile de Sébastopol subit des pertes quotidiennes qui dépassent mille morts et blessés par jour. Le 8 septembre, l'assaut final est ordonné, alors que le nouveau tsar, Alexandre II, a décidé de ne plus secourir Sébastopol.

Les Français de Mac-Mahon en tête, les Alliés s'emparent du fort Malakoff et de sa célèbre tour, alors que les Anglais échouent au grand Redan. Les combats ont été féroces : vingt mille combattants sont tués ou blessés : dix mille Russes, sept mille cinq cents Français, deux mille cinq cents Anglais.

Dans la nuit, les Russes évacuent la citadelle de Sébastopol, non sans avoir fait sauter forts, batteries, magasins, dépôts de munition et canons.

Un bilan désastreux

En une année d'affrontement, les pertes françaises sont colossales : quatre-vingt-quinze mille morts dont vingt mille seulement au combat. Les épidémies ont décimé le corps expéditionnaire : soixante-quinze mille hommes aguerris sont morts pour rien, pour une guerre de prestige qui ne rapporte strictement aucun avantage au pays. Cette saignée ne sera jamais remplacée. Pour leur part, les Anglais, moins nombreux, n'ont perdu que vingt-deux mille hommes dont une moitié tuée au combat. Enfin, les Piémontais et les Sardes, arrivés tardivement, ont laissé deux mille cinq cents hommes en Crimée, principalement à l'infirmerie de campagne.

Les Russes sont les plus durement touchés, avec sans doute, cent cinquante mille disparus.

Le 25 février 1856 s'ouvre à Paris le Congrès de la paix, présidé par Walewski, le fils de Napoléon Ier et de la comtesse Walewska. Avec opportunisme la Russie se rapproche de la France et limite les conséquences de la défaite militaire. C'est finalement la Turquie qui doit accepter l'autonomie des deux provinces de Valachie et de Moldavie, toutes deux placées sous l'autorité d'un gouvernement élu, le prince Couza, un ami de la France.

LA TROUPE FRANÇAISE VICTORIEUSE AU MEXIQUE EN 1866

Une intervention aux motivations bien spécieuses

Le Mexique n'a cessé de voir son territoire amputé par les États-Unis depuis 1845 : après l'achat du Texas, les *Yankees* ont annexé la Californie et le Nouveau Mexique, profitant des désordres du pays et de sa faiblesse militaire. Après la dictature du général Santa Anna, libéraux et conservateurs se sont brutalement opposés. En 1858, le conservateur Miramon s'est emparé du pouvoir au Mexique, s'appuyant sur les grands propriétaires fonciers. Deux années plus tard, il est renversé par l'Indien Juarez, férocement laïque, héros des classes moyennes pour autant qu'elles existent. En suspendant le paiement de la dette mexicaine, Juarez offre aux principaux créanciers étrangers – la France, l'Angleterre et l'Espagne – une occasion d'intervenir.

En octobre 1861, une opération commune est définie. En décembre, les Alliés débarquent à Vera Cruz : face à cinq mille cinq cents Français et six mille Espagnols, on ne compte que sept cents Anglais ! Juarez cherche à négocier alors que l'empereur Napoléon III porte son corps expéditionnaire à dix mille hommes. Face à ce qui devient un différend purement franco-mexicain, Anglais et Espagnols décident de se retirer. Quels motifs ont donc décidé Napoléon III à intervenir militairement au Mexique ? On a beaucoup glosé sur le rôle incitatif de Morny, commissionné par le banquier suisse Jecker pour récupérer sa dette assimilée à celle de la France.

Napoléon III au Mexique.

Sans doute cette pression a-t-elle joué, mais elle ne semble pas avoir été déterminante. Plus fondamentales sont les considérations économiques et géopolitiques qui soulignent, s'il en était besoin, que l'Empereur est un éternel rêveur éveillé. Alors que les États-Unis sont en proie à la guerre civile et donc paralysés, l'occasion paraît bonne de s'attribuer les richesses minières du Mexique et de s'allier aux Sudistes américains pour importer leur coton. Par ailleurs, à Paris, les partisans mexicains de Miramon sont parvenus à circonvenir l'impératrice : la restauration du catholicisme au Mexique serait une juste compensation aux contraintes imposées à la papauté en Italie. Napoléon III songe déjà à un nouveau continent nord-américain avec un Mexique catholique équilibrant des États-Unis protestants, dirigé par un prince européen ainsi que le souhaite Miramon. Le choix se porte sur l'archiduc Maximilien, frère de l'empereur autrichien François-Joseph, époux de Charlotte, la fille du roi des Belges. Ainsi la France se rapproche-t-elle de l'Autriche face à la menace prussienne.

Puebla résiste

Il faut donc à présent s'emparer de Mexico. Partie de Vera Cruz, l'armée française se heurte à la forteresse de Puebla. En mai 1862, le général de Lorencez lance une première offensive qui échoue lamentablement. Contraint de faire retraite, Lorencez est remplacé par le général Forey à qui l'Empereur envoie vingt-trois mille hommes, portant le corps expéditionnaire à trente-trois mille soldats. À partir de mars 1863, Puebla est assiégée : la ville, défendue par vingt mille hommes commandés par le général Ortega, finit par capituler, après que l'armée de secours a été détruite. La lutte a atteint une rare violence, les Français et leurs alliés mexicains brûlant les récoltes et détruisant les convois de ravitaillement du général Ortega. C'est durant cette campagne que le capitaine Danjou, à la tête d'une compagnie de légionnaires, tient tête jusqu'au dernier homme à mille cinq cents Mexicains à Cameron.

Ayant intégré de nombreux prisonniers dans des corps francs, Forey, par défaut de vigilance, laisse six mille combattants mexicains s'enfuir. Il s'est contenté de couper les boutons de leurs uniformes pour les empêcher de prendre la poudre d'escampette ! Une lourde erreur, car les militaires français retrouveront tous ces hommes en face d'eux dans les rangs des combattants de Juarez.

Le 7 juin, l'entrée des troupes françaises est un véritable triomphe populaire, alors que Juarez s'est réfugié au Potosi, dans le nord-ouest du Mexique. Le 10 juillet, une assemblée constituante de notables et de propriétaires fonciers, dominée par l'Église, offre la couronne à Maximilien.

Cependant, devant la menace que représentent les partisans de Juarez, Maximilien hésite à venir occuper son nouveau trône d'outre-Atlantique. Nommé maréchal de France après l'occupation de Mexico en raison de son rôle décisif à Puebla, Bazaine assure le commandement en chef, et en raison de l'absence de Maximilien, le pouvoir tout court.

Le rôle controversé de Bazaine

Diriger une armée de trente-cinq mille hommes est à la portée d'un Bazaine qui, au lendemain de son échec à Polytechnique, a préféré franchir tous les échelons de la hiérarchie militaire grâce à son talent. Tant en Algérie, où il a épousé une Indigène, qu'en Crimée, Bazaine a fait bonne impression. Mais l'homme est à la fois ambitieux et tortueux, manipulateur et hésitant. Au Mexique, il se comporte en vice-roi, s'entoure d'une cour, et s'installe dans un somptueux palais avec sa seconde épouse, une jeune Mexicaine alors seulement âgée de dix-sept ans, qui se trouve être la nièce d'un ancien président du pays. Cette dernière a de l'ambition pour deux et pousse son époux à s'emparer du pouvoir.

Toutefois, Bazaine ne néglige pas la guerre. En la personne du colonel Dupin, héros de la prise de la Smala, il dispose d'un baroudeur hors pair, spécialiste de la contre-guérilla. Ses cavaliers sont redoutés des partisans de Juarez, tout comme ceux du Mexicain Marquez dont les dolmans rouges et les sombreros noirs jettent la terreur dans tout le Mexique. Ayant occupé peu à peu l'ensemble du pays jusqu'à Guadalajara et la côte Pacifique, il force Juarez à se réfugier à Monterrey, à proximité de la frontière nord-américaine. Au sud, le maréchal français est même parvenu à réduire la guérilla de Porfiro Diaz. Fin novembre 1863, Bazaine peut affirmer, à juste titre, qu'il n'a plus que des opérations de simple police à conduire.

Dans l'attente de Maximilien

C'est seulement en juin 1864 que Maximilien se décide enfin à occuper son trône mexicain. Chacun s'attend à voir celui qui se fait accompagner d'une légion belge et d'une autre autrichienne, aux valeurs militaires bien incertaines, s'appuyer sur les classes moyennes favorables à un compromis avec l'Église et d'abord soucieuses de paix civile. Aussi les Mexicains, tout comme Bazaine, sont-ils stupéfaits de voir le nouveau roi refuser la restitution des biens au clergé et appeler des libéraux au pouvoir.

S'étant ainsi aliéné ses soutiens naturels, Église et propriétaires conservateurs, sans gagner aucunement le cœur des partisans de Juarez, le nouveau souverain se révèle, en vérité, incapable de gouverner. Il ne constitue pas armée, ni ne gère convenablement la situation financière exécrable du pays. Il ne pense qu'à écarter Bazaine, sa seule protection, et souffrant de dépression, s'enferme dans son palais, voire se réfugie durant de longues semaines à la campagne, laissant sa jeune femme exercer ce qui ne s'apparente pas vraiment à une régence.

Face à ce désastre, Bazaine songe à son destin… Car il est parvenu à assurer, au prix d'une terrible répression, la sécurité militaire. Et sa jeune épouse le pousse à l'action : ne pourrait-il s'imposer à la tête de l'État ?

La fin de la guerre civile américaine

Cependant, en 1865, après le désastre d'Appomattox, Lee doit se rendre à Grant. Le gouvernement américain refuse alors de reconnaître Maximilien et réclame l'application stricte de la doctrine de Monroe : « L'Amérique aux Américains. » Napoléon III ne peut se permettre d'engager une guerre outre-Atlantique alors que la Prusse se fait toujours plus menaçante. Sadowa le lui confirme. Il faut impérativement se retirer. Ni les plaintes de Charlotte venue spécialement en Europe, ni les ambitions nouvelles de Bazaine qui hésite à obéir, ne détournent l'Empereur de la nécessité de rapatrier le contingent français. Dès 1866, chacun le sait au Mexique, les soutiens de Maximilien s'effondrent, alors que Juarez fait avancer des troupes réarmées par l'Amérique.

Bazaine tente d'obtenir l'abdication de Maximilien, alors que Napoléon III devenu fort méfiant envers son général en chef, envoie le général de Castelnau pour s'emparer de force de Maximilien et le ramener en Europe.

Cependant accompagné de ses Belges et de ses Autrichiens ainsi que des Mexicains fidèles de Miramon et de Marquez, environ dix mille hommes, Maximilien tente de résister, alors qu'en février, Bazaine a rembarqué avec sa troupe depuis Vera Cruz. Cerné au mois de juin, près de Queretaro, Maximilien décide de rendre son épée pour éviter le massacre de ses partisans. Le 19, il est fusillé, malgré l'intervention américaine, en compagnie de Miramon.

BAZAINE A BIEN TRAHI SON PAYS EN AOÛT 1870

Une carrière peu commune

Achille Bazaine, de dépit d'avoir échoué au concours d'entrée à Polytechnique, s'engage comme simple légionnaire, à vingt ans, en 1831. Il sert en Algérie sous Louis-Philippe, puis en Espagne, avant de retourner combattre en Afrique du Nord. C'est à cette époque qu'il rencontre Mac-Mahon, un homme qu'il méprise et à qui il voue une haine durable. En 1850, après dix-neuf ans de carrière, Bazaine accède au grade de colonel. Deux ans plus tard, il épouse une Algérienne dont il est profondément amoureux. Très présent lors de la guerre de Crimée, le voilà général de division en 1855, à son retour. En 1863, engagé au Mexique, malgré le beau succès de Forey à Puebla, il le remplace comme commandant en chef du corps expéditionnaire. Le décès de son épouse le laisse libre de tout lien : il convole avec une toute jeune patricienne mexicaine, fort belle et très ambitieuse. L'arrivée tardive de l'empereur Maximilien a permis à Bazaine de poser ses jalons : il dispose de la force militaire et se voit bien en vice-roi.

La politique déplorable conduite par un Maximilien qui se met à dos Église et propriétaires, alors qu'il est parvenu à briser la guérilla de Juarez, le conduit à envisager de devenir le maître du Mexique. Il est vrai que depuis que Bazaine a été nommé maréchal de France, en 1864, il s'autorise toutes les dérives, passant le plus clair de son temps aux pieds d'une épouse qu'il adule et qui le pousse au crime. Son état-major se montre de plus en plus offusqué, alors que Napoléon III, informé de son attitude, lui bat froid avant de lui donner l'ordre de se replier en métropole. Il obéit à regret. Mais le jusqu'au-boutisme de Maximilien qui refuse son rapatriement n'a guère laissé de choix à Bazaine. Placé en semi-disgrâce, il est pourtant nommé à un poste prestigieux en 1869, commandant de la garde impériale.

La non préparation française à l'été 1870

Épuisée par des pertes considérables tant en Crimée (quatre-vingt-quinze mille hommes) qu'en Italie (vingt mille hommes) et au Mexique (six mille hommes), l'armée manque d'effectifs. D'autant que la loi Niel d'allongement du service militaire à trois ans a été rejetée par la Chambre. En métropole, l'armée ne peut aligner que deux cent soixante-quinze mille hommes, sans compter les soixante mille hommes disposés en Algérie.

Face aux trente-six millions de Français, les Prussiens ne sont que vingt-deux millions, mais ils sont parvenus à mobiliser près de huit cent mille hommes, ainsi que les contingents badois, bavarois et wurtembergeois.

Hors l'excellent fusil Chassepot, les Français ont de lourds handicaps en matière d'armement : le canon Krupp en acier se chargeant par la culasse possède une portée supérieure d'un kilomètre au canon français en bronze chargé par la gueule, sans compter le nombre de mitrailleuses est beaucoup plus élevé du côté allemand. De plus l'état-major français ne dispose d'aucun plan alors qu'il a déclaré la guerre, à la différence du redoutable plan d'encerclement préparé de longue date par von Molkte.

Deux armées rivales et un Empereur malade

Plus encore que la disproportion des forces et des équipements, c'est la médiocrité du commandement côté français qui est la plus inquiétante. Depuis les disparitions de Saint-Arnaud et de Niel, aucun officier supérieur français n'est à la hauteur : Canrobert et Ladmirault sont braves, Lebœuf et Mac-Mahon incompétents, Bazaine dépassé et peu sûr, toujours tiraillé par son ambition personnelle. Seul Frossard, militaire de cour, sait tirer partie du terrain.

L'Empereur, très diminué par la grave maladie de la pierre qui l'affecte, a constitué deux armées, la première confiée à Mac-Mahon et la seconde à Bazaine. En parvenant à Metz avec le petit prince impérial, Napoléon III prend conscience de l'incroyable désordre qui règne dans l'armée dont l'intendance est déficiente. Il a pourtant tout tenté pour éviter la guerre, mais le parti de son épouse, la guerrière Eugénie, l'a emporté. Thiers et Gambetta ont bien raison : la France n'est pas prête !

Mac-Mahon anéanti

Le premier affrontement de la guerre franco-prussienne se déroule à Wissembourg le 4 août : l'armée d'Alsace, celle de Mac-Mahon, qui supporte le choc, doit battre en retraite, non sans avoir infligé des pertes similaires aux siennes aux Prussiens, environ deux mille morts et blessés. Toutefois l'artillerie prussienne a fait la démonstration de sa puissance et la supériorité numérique a fait le reste. On peut espérer que Mac-Mahon en tire la leçon, refuse de se battre dans la plaine, et choisisse des zones vallonnées pour affronter l'ennemi, annulant ainsi l'avantage de la plus longue portée des Krupp allemands. Il n'en est rien : le 6 août, il ose affronter sur terrain plat, à Woerth-Froeschwiller, une armée prussienne deux fois plus importante que la sienne. Il est anéanti, sacrifiant, par surcroît, de façon stupide en s'entêtant, sa cavalerie et ses turcos, le meilleur de sa troupe, pour couvrir une retraite trop tardive. Il n'y a plus d'armée d'Alsace : elle a perdu vingt mille hommes, deux fois plus que les Prussiens. Elle fuit, à présent, vers Châlons-sur-Marne pour tenter de se reconstituer.

Le 6 juin, l'armée de Bazaine doit également faire face à une attaque importante à Forbach. Le général Frossard, accroché au terrain, résiste vaillamment, demandant en vain des renforts à Bazaine. Il perd deux mille hommes et laisse deux mille prisonniers. Certes, en reculant, il livre la Lorraine à l'ennemi, mais il lui a infligé quatre mille tués.

Bazaine général en chef de toute l'armée

Devant cette situation tout à fait désespérée, l'Empereur, souffrant le martyr, trouve la force de contraindre Bazaine à assumer le commandement en chef des armées françaises. Ce dernier, conscient de ses faiblesses, s'y refuse. L'Empereur s'emporte, hurlant qu'il s'agit d'un ordre !

Napoléon III décide de rejoindre les débris de l'armée de Mac-Mahon pour interrompre sa fuite. Quant à Bazaine, il doit s'efforcer de rejoindre Verdun : c'est là que l'Empereur viendra faire sa jonction avec une nouvelle armée, celle de Mac-Mahon, réorganisée et renforcée à Châlons.

De Borny à Rezonville, les Prussiens contenus

Formé sur le tas, Bazaine est inapte au commandement d'une armée de cent soixante mille hommes. Et il songe qu'avec les trente mille hommes de la garnison de Metz et les mille six cents canons dont il dispose, il devient le personnage clé dans la guerre. Si Napoléon III est battu n'est-il pas le seul interlocuteur possible, tant pour l'impératrice qui s'est emparée du pouvoir à Paris, chassant Émile Ollivier au profit d'un général de pacotille, Cousin-Montauban, ci-devant duc de Palikao, que pour les Prussiens qui ne devraient pas souhaiter abattre un empire et favoriser l'installation d'une république en France.

Aussi s'ébranle-t-il mollement en direction de Verdun, le 14 août.

Ce jour-là, en contradiction avec les ordres reçus, la division Grenier engage le combat à Borny. Il faut bien le secourir. C'est alors que Bazaine est blessé par un éclat d'obus à l'épaule. Mais l'armée française remporte une victoire, la seule : elle n'a perdu que trois mille hommes, infligeant des pertes du double aux Prussiens.

Le 16 août, sans aucun enthousiasme, Bazaine ordonne de poursuivre l'avancée en direction de Verdun. Il se heurte aux Prussiens à Mars-la-Tour-Rezonville. Il n'engage pourtant que quatre-vingt-dix mille hommes face à cent trente-cinq mille Prussiens et ne parvient pas à percer. Mais le succès ennemi est une victoire à la

Pyrrhus : les pertes allemandes dépassent dix-sept mille hommes, contre seulement douze mille côté français.

La première trahison du 17 août

Demeurée sur ses positions, l'armée tout entière attend l'ordre de Bazaine pour forcer le destin de la guerre. En surnombre, en engageant toutes ses forces, elle devrait pouvoir percer le 17 août au matin.

C'est alors que Bazaine trahit : le 16 août, vers 23 heures, il ordonne le repli. Il prétend qu'il ne dispose plus de suffisamment de cartouches pour poursuivre l'offensive, ce qui est faux quelques jours plus tard, on en découvrira, ô surprise ! un stock de quatre millions dans Metz...

La seconde trahison à Saint-Privat le 18 août

Cependant, le 18 août, les Prussiens attaquent l'armée française en repli : elle doit combattre. Le sort de la bataille se joue autour de Saint-Privat que Canrobert défend avec héroïsme. Il brise les assauts successifs des régiments de la brigade Berger, puis ceux de la division von Pape, enfin, ceux de la Garde royale. Il appelle Bazaine au secours : on lui envoie cent canons, il lui en faut le double ! Et des hommes ! L'épée à la main, Canrobert se bat au milieu de sa troupe. Vers 19 h 30, il n'en peut plus : c'est dans le cimetière du village qu'il tire ses dernières cartouches. Sans eau, sans munitions, il donne l'ordre de la retraite, trouvant la force d'emporter ses canons. Épuisé, l'ennemi le laisse filer... En partie tournée par le recul de Canrobert, l'armée française doit se replier sur Metz : d'abord Ladmirault, puis Leboeuf, enfin Frossard.

Pourtant les Français ont tué plus de vingt mille Prussiens, perdant seulement douze mille hommes. Un succès était à portée si Bazaine avait envoyé des renforts : son refus est une trahison qui entraîne la perte de la guerre, alors qu'une victoire à Saint-Privat (ou Gravelotte) forçait les Prussiens à reculer profondément.

Le 22 août, Bazaine tente de faire valider par ses maréchaux et généraux la position défensive qu'il a choisie : c'est la conférence de Grimont.

Cependant, Bazaine ne peut éviter de tenter une nouvelle sortie : les 31 août et 17 septembre, il engage de faibles moyens pour tâter les Prussiens : ce sont les combats de Noisseville-Servigny.

Alors que l'armée de Mac-Mahon doit capituler à Sedan le 3 septembre, Bazaine se contente de coups de main pour rechercher fourrage et ravitaillement. Il apprend le désastre de Sedan le 15 septembre, alors que l'armée se trouve déjà à court de vivres dans Metz.

Troubles manœuvres à Metz

Bazaine s'efforce de jouer ses ultimes cartes : un compromis paraît possible avec la Prusse si la France accepte de perdre l'Alsace-Lorraine. Alors l'armée, deux cent mille hommes avec la garnison de Metz, pourrait soutenir une forme de régence de l'impératrice Eugénie Bazaine exerçant la réalité du pouvoir. Le maréchal envoie le général Bourbaki rencontrer Eugénie en Angleterre, à Chislehurst, où elle s'est réfugiée, puis un contact a lieu avec Gambetta, le maître du régime républicain, à Tours. Sans résultats !

Le 10 octobre 1870, Bazaine obtient l'accord de tous les chefs de corps pour engager des négociations avec les Prussiens. Il est vrai qu'outre la famine qui tenaille les hommes, le choléra a fait son apparition, provoquant de nombreuses victimes.

Mais il n'a pas renoncé à son rêve de grandeur : le même jour, il expédie le général Boyer à Versailles : Bismarck confirme son exigence d'obtenir l'Alsace et peut-être la Lorraine. Eugénie, de nouveau jointe, accepte le compromis, avant que de se rétracter, le lendemain, 22 octobre.

Il ne reste plus à Bazaine qu'à capituler : le 27 octobre, les cent soixante-treize mille survivants (dont vingt mille malades) de l'armée de Bazaine se livrent à l'ennemi avec leurs canons. La presse voue le traître Bazaine aux gémonies, car il libère deux cent mille Prussiens qui se hâtent de briser la marche victorieuse des armées de province, constituées à la hâte par Gambetta. Incarcéré à Cassel, Bazaine se réfugie en Suisse à sa libération.

Condamnation à mort et triste fin espagnole

Bazaine accepte de se livrer et passe devant un conseil de guerre à partir du 6 octobre 1873. Le 10 décembre, présidé par le duc d'Aumale, le tribunal le condamne à mort à l'unanimité pour haute trahison, peine commuée en vingt ans de réclusion par le président de la République, le maréchal Mac-Mahon. Il est même dispensé de dégradation.

Enfermé au fort de l'île Sainte-Marguerite, Bazaine s'en échappe, avec l'aide de son épouse mexicaine, qui a acheté les gardiens. Réfugié en Espagne, abandonné par sa femme, il vit chichement. En 1888, son dernier fils, Alphonse, le découvre mort dans son appartement.

Ainsi s'éteint un maréchal de France dont la lâcheté a provoqué la défaite de la guerre de 1870, alors qu'au soir du 16 août, encore en surnombre, l'armée de Metz aurait pu l'emporter définitivement sur les Prussiens.

LES VERSAILLAIS MASSACRENT BEAUCOUP PLUS QUE LES COMMUNARDS

Un gouvernement de la Défense nationale succède au Second Empire

À l'annonce du désastre de Napoléon III à Sedan, les Parisiens proclament la déchéance de l'Empire et l'avènement de la République. Le 4 septembre 1870, un gouvernement de la Défense nationale est constitué. Sous l'impulsion de Gambetta, la résistance est organisée. Ce gouvernement « se sent mal à l'aise dans son illégalité ». Il s'est assigné pour mission d'organiser la défense nationale. Mais le gouvernement est enfermé dans Paris assiégé par les Prussiens. Nommé ministre de la Guerre, seul Gambetta réussit à quitter la capitale en ballon pour regagner Tours d'où il lève inlassablement de nouvelles armées. En vain. Elles s'avèrent incapables de forcer le blocus de Paris et de redresser la situation militaire. Devant cette impasse, le 28 janvier 1871, le gouvernement capitule. Le chancelier Bismarck n'acceptant de signer la paix qu'avec un pouvoir légal, les Français s'empressent d'organiser des élections.

La République, un régime provisoire… en attendant la restauration monarchique

Le 8 février 1871, les élections portent à l'Assemblée nationale une majorité de monarchistes, lesquels se prononcent pour une paix immédiate avec la Prusse au contraire des républicains. La monarchie est-elle de retour ? C'est sans compter la division qui sépare les orléanistes, partisans du comte de Paris (petit-fils de Louis-Philippe), des légitimistes, fidèles du comte du Chambord (petit-fils de Charles X). Quand les premiers acceptent le compromis avec les républicains, les seconds affichent un conservatisme sans bornes, à l'exemple du refus d'adopter le drapeau tricolore et le principe de souveraineté populaire.

Plébiscité dans vingt-six départements, l'orléaniste Thiers est nommé chef du pouvoir exécutif de la République française. Mais il doit s'engager par le pacte de Bordeaux à ne pas prendre position sur le futur régime du pays.

La République est dite « provisoire ». Son existence est doublement menacée. Sans parler du danger royaliste, le péril socialiste en mine les assises comme en témoigne le terrible épisode de la Commune de Paris. Le double choc de la capitulation et de l'élection d'une assemblée monarchiste a tôt fait d'exaspérer les Parisiens…

Quand les Parisiens refusent la capitulation devant la Prusse

En janvier 1987, après quatre mois de siège par les Prussiens, les Parisiens sont littéralement affamés. Ils en viennent à manger les chats, les rats et même à abattre les éléphants du zoo. Malgré toutes ces épreuves, leur détermination reste intacte. De capitulation devant l'ennemi, il n'en est pas question ! Et ce refus de la reddition, les Parisiens l'expriment lors d'un premier soulèvement sur la place de l'Hôtel-de-Ville. C'est la journée du 22 janvier 1871. Considéré comme un monstrueux « capitulard », le gouvernement de la Défense nationale est pris à parti par une foule en colère. La réaction du maire-adjoint Gustave Chaudey ne se fait pas attendre. À la suite d'un coup de feu tiré par un provocateur, les gardes mobiles ripostent. On relève cinq morts parmi les émeutiers et quatre-vingt-trois meneurs sont arrêtés. Parmi eux, un certain Charles Delescluze, un futur communard…

Cette première journée de répression ne fait qu'exaspérer la résistance des Parisiens. N'ayant pu s'opposer à la fin de la guerre contre les Prussiens, ils entendent désormais s'opposer avec force à la récupération des canons de la capitale par les « soldats capitulards ». Les armes en question sont mises sous bonne garde à Belleville, aux Buttes-Chaumont, mais surtout à Montmartre. C'est tout au moins l'initiative du Comité central provisoire de la garde nationale…

18 mars 1871 : les « canons de Montmartre » mettent le feu aux poudres

Ces canons, les Parisiens les ont payés pour moitié par souscription, une manière de répondre à l'appel patriotique lancé par Victor Hugo. Ils en détiennent près de quatre cents, dont cent soixante-dix-sept parqués sur la butte Montmartre. Pour Thiers, le chef de l'exécutif, il n'est pas question de transiger avec les Parisiens. Il en fait une affaire nationale. Une occasion d'affermir son autorité et d'en finir avec les dissidents de la capitale. Renoncer à s'en emparer reviendrait à discréditer durablement son gouvernement…

Le 18 mars, à 2 heures du matin, ordre est donné aux soldats de reprendre en main la capitale et de récupérer toutes les pièces d'artillerie. L'opération doit être aussi brève qu'efficace. Pas plus d'une dizaine d'heures ! Dans cette perspective, les soldats ne reçoivent pas de matériel de couchage ni même de vivres. Composée des brigades Paturel et Lecomte, la division Susbielle a reçu la mission de s'emparer sans coup férir des bouches à feu de Montmartre. En cette année 1871, la Butte ressemble à un terrain vague, ponctué de taudis, de moulins et de baraques misérables. *A priori,* la mission devrait se dérouler sans anicroches. Mais c'est sans compter la rencontre avec un certain Turpin. Membre de la garde nationale, celui-ci n'hésite pas à interpeller et à intercepter les policiers qui précèdent la troupe du général Lecomte. S'ensuivent des invectives et des coups. Dans la bagarre, un policier tire et Turpin s'écroule, très gravement blessé. En l'espace de quelques minutes, l'accident fait le tour de la Butte. Louise Michel accourt et crie à la trahison. Elle demande instamment au général de transporter le blessé à l'hôpital, mais celui-ci refuse catégoriquement. Turpin meurt finalement de ses blessures. Le ton monte, et, affolée par les cris, la foule des Parisiens et des gardes nationaux s'épaissit.

Des rumeurs alarmistes parlent d'un coup de force royaliste ou d'une nouvelle intrusion des Prussiens. Face à un tel regroupement de gens hostiles, le général Lecomte cède à la panique. Il demande à ses troupes d'armer leurs fusils et de tirer. Mais la troupe refuse d'obtempérer. Au contraire, elle lève la crosse et fraternise avec les Parisiens. Dans la précipitation, près de la rue des Rosiers, les généraux Lecomte et Clément-Thomas sont fusillés par les fédérés. C'est le commencement de l'épreuve de force de la Commune de Paris…

L'insurrection de la Commune

L'insurrection se répand comme une traînée de poudre. En moins de vingt-quatre heures, Paris passe aux mains des gardes nationaux et des déserteurs de l'armée régulière. À l'instar de 1848, des barricades s'érigent dans les rues de la capitale. Toujours présent à l'Hôtel de Ville, Adolphe Thiers songe désormais à fuir. Craignant de se retrouver captif des émeutiers, le chef de l'exécutif entend regagner Versailles afin de préparer la reconquête de Paris. Dans l'après-midi du 18 mars, sous la protection de deux pelotons de gendarmes à cheval, Thiers quitte précipitamment la capitale via le pont de Sèvres. Ordre a été donné à toutes les troupes républicaines d'évacuer Paris. Le soir même, vers 18 heures, les quarante mille hommes du général

Derroja opèrent leur repli sur Versailles. En désespoir de cause, le maire Jules Ferry quitte en catimini l'Hôtel de Ville. Dans la nuit du 18 au 19 mars, Paris tombe aux mains des insurgés…

Entre le Comité central de la Garde nationale et le gouvernement, réfugiés à Versailles, c'est désormais l'épreuve de force. Elle va durer soixante-dix jours…

L'an 79 de la République

Très rapidement, les insurgés élisent un Conseil de la Commune. On y retrouve pêle-mêle des jacobins, des blanquistes, des anarchistes et des internationalistes proudhoniens. Tous partisans d'une République répondant aux aspirations du peuple, ils s'opposent sur la politique à suivre. Un Conseil aussi divisé tactiquement qu'idéologiquement. Aux blanquistes préconisant une République autoritaire et centralisatrice, héréditaire des idéaux des montagnards de la Révolution, les proudhoniens réclament d'emblée des mesures sociales radicales transformant en profondeur la hiérarchie de la société. Ils s'opposent notamment à la création d'un Comité de salut public, organe gouvernemental jugé trop associé aux souvenirs peu glorieux de la Terreur de 1793. En majorité constitué d'ouvriers, le Conseil de la Commune réunit aussi des journalistes, des médecins, des artisans et des commerçants. Eugène Varlin, Jules Vallès et le peintre Gustave Courbet sont les figures de proue de cet embryon de république sociale. Tout en professant le droit à l'insurrection, à savoir « le plus sacré des droits et le plus imprescriptible des devoirs », la Commune de Paris met en place une politique paradoxalement modérée. S'ils ont à cœur d'établir une république sociale et démocratique œuvrant à l'émancipation du prolétariat, les fédérés se posent plus en réformateurs qu'en véritables révolutionnaires.

Certes, la Commune affiche clairement son anticléricalisme, à l'exemple de la fermeture des écoles catholiques, mais elle se monte plutôt timide en matière sociale. Aucune expropriation forcée n'est envisagée, aucune imposition sur les plus riches, pas le moindre coup de force opéré contre la Banque de France, les communards se contentent d'augmenter les impôts indirects, de limiter la durée de la journée de travail à dix heures, de réquisitionner les ateliers abandonnés et de supprimer le travail de nuit dans les boulangeries. Et pourtant, la Commune effraie les nantis. La faute en incombe aux mesures les plus symboliques, à savoir l'adoption du drapeau rouge, le rétablissement du calendrier révolutionnaire (an 79) et la proclamation de l'autonomie de toutes les communes de France. Autres actions chargées de symboles : la destruction de la colonne Vendôme, laquelle est considérée comme l'expression même du despotisme impérial…

Les Versaillais assiègent Paris, avec la bénédiction de Bismarck

En attendant, Thiers organise la contre-offensive. Avec le soutien des Prussiens, lesquels libèrent plus de soixante mille prisonniers de guerre, les Versaillais réunissent une armée de plus de cent trente mille hommes à l'ouest de la capitale. Placés sous le commandement de Mac-Mahon, ils bénéficient d'une large supériorité numérique, technique et tactique sur leurs adversaires communards. Ainsi débute le second siège de Paris. Passant à l'offensive le 21 mars 1871, les Versaillais franchissent sans coup férir le fort du Mont-Valérien et bousculent une première fois les fédérés à la bataille de Courbevoie. Début avril, les communards sont de nouveau mis en déroute lors des rencontres de Rueil et de Meudon. Tour à tour, les forts d'Issy, du Moulin-Saquet, de Clamart et de Vanves sont enlevés par les Versaillais. Aveuglés par leur soif de vengeance, les soldats se livrent à des atrocités sur la population.

En guise de représailles, le nouveau Comité de salut public de la Commune arrête un certain nombre de personnalités, parmi lesquelles se trouve l'archevêque de Paris, monseigneur Darboy. Accusés « d'intelligence avec l'ennemi », ils sont désormais les otages de la Commune...Le dimanche 21 mai, les troupes loyalistes pénètrent dans Paris *via* la porte de Saint-Cloud. Une entrée facilitée par les bons services d'un certain Jules Ducatel, piqueur des Ponts et Chaussées de son état.

Commence alors la dernière phase de l'épisode communard, à savoir la « semaine sanglante »...

La semaine sanglante

Très rapidement, les troupes républicaines s'emparent des XVe et XVIe arrondissements. Dès le 22 mai, elles occupent un quadrilatère allant de la porte de Vanves à la porte Dauphine en passant par le Champ-de-Mars. En réaction, Delescluze, le délégué communard à la Guerre, en appelle au soulèvement de la population de Paris. Partout dans les rues, des affiches proclament : « Place au peuple, aux combattants aux bras nus ! L'heure de la guerre révolutionnaire a sonné... »

Foutriquet Ier sur son trône de communards.

Les fédérés couvrent la capitale de barricades, en particulier dans les quartiers est. En vain. Au soir du 22 mai, les Versaillais font cesser toute résistance à Montmartre. S'ensuit une répression sauvage. Une cinquantaine d'hommes, de femmes et même d'enfants sont ainsi fusillés à l'endroit même de l'exécution des généraux Lecomte et Clément Thomas. En désespoir de cause, les communards mettent le feu à la capitale. Le 23 mai, Paris s'embrase. À commencer par le palais des Tuileries, symbole exécré de l'ancienne royauté. Arrosés de pétrole par les communards, les principaux édifices de la capitale sont la proie des flammes. Du palais de la Légion d'honneur à l'Hôtel de Ville en passant par la Cour des comptes et la manufacture des Gobelins, Paris brûle de mille feux. Pour couronner le tout, le 24 mai, les communards exécutent leurs otages. Il faut liquider « la race ignoble des curés », précisent-ils. Des actes de sauvagerie qui ne font qu'encourager la répression la plus totale. Le 27 mai, les derniers combats sont livrés à l'arme blanche au cœur même du cimetière du Père-Lachaise. Le lendemain 28 mai, les ultimes rescapés, au nombre de cent quarante-sept, sont fusillés devant le mur des Fédérés…

La République, garante de l'ordre contre les révolutionnaires

Neuf cents morts côté versaillais contre plus de vingt mille côté fédérés ; les chiffres parlent d'eux-mêmes : les Parisiens ont payé au prix fort leur insubordination. Sans compter les victimes des combats, plus de sept mille cinq cents communards sont déportés en Nouvelle-Calédonie dont Louise Michel, la Vierge rouge. En réprimant la Commune de Paris avec l'aide des Prussiens, la République s'inscrit en héritière de l'Empire et de la monarchie. Tout en rassurant les nantis, elle fait figure de nouvel ordre moral. Quant à la Commune à proprement parler, malgré sa brièveté, à peine plus de deux mois, elle devait marquer durablement les esprits et inspirer d'autres mouvements, à l'exemple de la Révolution russe. Marx résume en ces mots l'expérience de 1871 : « L'œuvre première de la Commune, ce fut son existence même. »

LE PRÉSIDENT FÉLIX FAURE, VICTIME DES CHANSONNIERS

Un chef d'entreprise à l'Élysée

Proclamé président de la République le 17 janvier 1895, à l'issue d'une intense bataille contre Henri Brisson, le candidat de la gauche extrême, par quatre cent trente voix contre trois cent soixante et une, Faure est élu par la partie modérée de l'hémicycle. Brisson, en effet, traîne une image extrémiste depuis qu'il a fait voter l'amnistie en faveur des communards condamnés en 1871.

Chef d'une entreprise plutôt prospère de commerce des cuirs au Havre, Faure se fait élire député de la Seine-

Inférieure en 1881. Sa carrière politique est rapide: le voici nommé sous-secrétaire d'État aux Colonies et au Commerce, la même année. En 1890, il s'empare de la présidence de la très influente commission du Budget, puis devient ministre de la Marine en 1894.

À cinquante-quatre ans, le nouveau Président montre une belle prestance physique, adorant la vie mondaine, ses élégances et son étiquette. Ce qui lui vaut les moqueries des chansonniers et de la presse qui le surnomme « le Roi-Soleil ». Il a pourtant le mérite de choisir des présidents du Conseil de valeur, comme Alexandre Ribot, Léon Bourgeois, Jules Méline, Charles Dupuy et même son adversaire Henri Brisson.

Son bilan est objectivement plutôt favorable: non seulement il fait voter la responsabilité patronale pour les accidents du travail, une novation considérable, mais il parvient à maîtriser les retombées de l'affaire de Fachoda, évitant un conflit ouvert avec l'Angleterre. Et surtout, il conforte l'alliance franco-russe, en signant une convention militaire exigeante. Il est aussi l'homme qui généralise la production du canon de 75 et commande aux chantiers navals des croiseurs légers. Quoique dreyfusard, il est ébranlé par le suicide – un aveu – du colonel Henry tout en pratiquant une politique d'ouverture envers les catholiques auxquels il autorise l'ouverture de congrégations. Il suit la politique coloniale de ses devanciers, agrandissant l'Empire du Soudan et de l'île de Madagascar.

Le Président de la dérision

Félix Faure a pris maîtresse en 1897, s'attachant Marguerite Steinheil, l'épouse d'un peintre académique qu'il apaise en faisant acheter par l'État certaines de ses œuvres. Lequel le lui rend bien en composant des toiles serviles. La plus impressionnante est, sans doute, *Le président Félix Faure décore les officiers de l'armée des Alpes sur le front des troupes.*

La presse affirme que le président de la République est mort le 16 février 1899, à son bureau de l'Élysée, terrassé par une hémorragie cérébrale, des suites d'une relation amoureuse avec Marguerite Steinheil. En toute hâte, on aurait fait venir un prêtre pour lui donner l'absolution. Ce dernier, avant de pénétrer dans le bureau fatal, aurait posé une question d'évidence : « Le Président a-t-il encore sa connaissance ? » et se serait vu répondre : « Rassurez-vous, elle (Marguerite Steinheil) est sortie par l'escalier de service. » De fait, Marguerite Steinheil, prenant conscience de l'extrême gravité de l'état de santé de son cher Félix, se serait esquivée à moins que l'entourage élyséen ne l'ait expulsée *manu militari.* Aussi les chansonniers en rajoutent-ils, affublant Marguerite Steinheil de la réputation bien sévère de « pompe funèbre » avant de titrer avec un humour féroce : « Il voulut être César, il ne fut que Pompée. »

La vérité est pourtant bien différente. Certes le Président a bien une maîtresse, certes celle-ci est venue dans son bureau de l'Élysée le jour de sa mort, mais elle n'est, en rien, mêlée à son décès.

La congestion cérébrale du Président se déclare au début de l'après-midi

En 1985, le docteur Germain a présenté dans le cadre de la Société française d'histoire de la médecine un rapport circonstancier reposant sur des témoignages écrits : ceux du professeur Lannelongue qui examina le Président avant sa mort et rédigea l'avis de décès, du secrétaire privé Le Gall, enfin les notes quotidiennes écrites de la main du Président mises à disposition par sa fille Lucie.

À cinquante-huit ans, Félix Faure pratique assidûment les sports : équitation, chasse, gymnastique. Très attaché à sa fonction, il lui sacrifie beaucoup : toujours levé à 5 heures, il ne se couche guère avant minuit. Le Gall témoigne que le 14 février 1899, deux jours avant sa mort, il trouve le Président en train de ranger des papiers d'État. Il lui affirme qu'il souhaite lui montrer leur emplacement, car sa maladie de cœur le fait souffrir. Il craint d'en être prochainement victime. Et il ordonne à Le Gall, en cas d'issue fatale, de confier à sa fille Lucie les notes quotidiennes qu'il rédige sur son activité de Président depuis son arrivée.

Le lendemain, 15 février, le Président se sent mal : il ne quitte point l'Élysée et confie au général Zurlinden, gouverneur militaire de la capitale, venu le rencontrer, son inquiétude sur son état de santé.

Au matin du 16 février, arrivé vers 7 heures, Le Gall trouve le Président en petite forme, et ce dernier affirme lui-même qu'il se sent les jambes molles. Néanmoins, à 9 heures, Felix Faure préside le Conseil des ministres. À la sortie, vers midi, il est pris d'un malaise.

Grosse frayeur rétrospective :
Un jour, quelqu'un a raconté à Bill Clinton que le président Félix Faure était mort dans son bureau de l'Elysée pendant que sa maîtresse lui faisait une petite gâterie...

Le Gall l'accompagne en ses appartements privés: il s'y repose. À 15 h 30, débutent une série d'audiences privées: le cardinal Richard, archevêque de Paris, puis le prince Albert Ier de Monaco sont successivement introduits. Les deux entretiens portent, semble-t-il, sur la question de l'affaire Dreyfus. Après la mort de Félix Faure, le prince albert Ier confiera qu'il a trouvé le Président très éprouvé et perdant parfois le fil de la conversation…

À 18 heures, Madame Steinheil est introduite. Le Président la reçoit dans le bureau de Blondel, l'autre secrétaire privé. Une demi-heure plus tard, il ouvre la porte du bureau, fait quelques pas, titube, il faut l'aider à s'asseoir. Le Gall, chasse alors avec vigueur Madame Steinheil du palais présidentiel. Quant à Félix Faure, il déclare avec courage: « Je ne sais pas ce qui vient de m'arriver; j'ai senti comme un grand coup violent, là, à la nuque; je crois que la mort n'est pas loin, sachez bien que je n'en ai pas peur. »

Joint par téléphone, le professeur Lannelongue arrive très rapidement et son diagnostic est catastrophique: il estime que Félix Faure est victime d'une congestion cérébrale et qu'il sera mort avant dix heures.

Le curé de la Madeleine s'étant absenté, un officier de service fait monter un prêtre rencontré rue Saint-Honoré. L'abbé Renaud donne l'extrême-onction au Président qui entre dans un coma définitif vers 20 heures. À 22 heures, il est mort. À l'évidence, le président Faure est bien incapable, vers 18 heures, d'avoir eu des relations coupables avec sa maîtresse. D'ailleurs, cet homme très attaché à la vie de famille a-t-il vraiment eu des relations intimes suivies avec Madame Steinheil : rien ne le démontre tout à fait, mais rien ne le dément totalement.

Madame Steinheil entretiendra cette réputation d'« exécutrice sexuelle » qui fait d'elle une star du Tout-Paris et plus encore, une femme très recherchée par ceux – à condition qu'ils soient fortunés – qu'attirent les sensations fortes. La belle aventurière regagnera les feux de l'actualité quelques années plus tard, en mai 1908, lorsque l'on retrouve à son domicile son époux, Adolphe, et sa propre mère, Madame Japy, assassinés. Un procès l'innocentera en 1909… À quarante ans, elle s'installe en Angleterre sous un faux nom pour se faire oublier. Elle séduit, en 1917, le baron Aldinger qui l'épouse. La voici lady. Dix ans plus tard, au décès du baron, elle hérite de sa fortune et finit par quitter ce monde en 1954, à l'âge avancé de quatre-vingt-cinq ans…

L'AFFAIRE DREYFUS : UNE MANIPULATION DES SERVICES SECRETS FRANÇAIS ?

Le Figaro du 1er novembre 1894

C'est au cours de la quatrième semaine du mois de septembre 1894 que le service des renseignements de l'armée intercepte un courrier annonçant d'importants envois de documents militaires à l'Allemagne. Il s'agit d'un bordereau en papier pelure, retrouvé déchiré en six morceaux dans la corbeille à papier de l'attaché militaire allemand à Paris, Schwartzkoppen, par une femme de ménage à la solde du Service de renseignements militaire (SR). Très rapidement les soupçons se portent sur le capitaine Alfred Dreyfus. Malgré des expertises graphologiques contradictoires, Dreyfus est arrêté, incarcéré et mis au secret. Le 1er novembre 1894, *Le Figaro* révèle l'affaire.

Traduit devant le conseil de guerre, Dreyfus a beau nier toute implication, le 5 janvier 1895 il est publiquement dégradé dans la cour de l'École militaire. Condamné à la déportation à vie, il embarque en février pour l'île du Diable en Guyane, où il arrive le 13 avril suivant.

Certain de l'erreur judiciaire, son frère Matthieu proteste avec l'appui du journaliste Bernard Lazare. La nomination, le 1er juillet 1895, du commandant Picquart à la tête du SR permet de rouvrir le dossier Dreyfus.

Un tissu de mensonges

La découverte du « petit bleu » en provenance de l'ambassade d'Allemagne, signé Schwartzkoppen et adressé au commandant Esterházy, officier au passé agité, pourtant rattaché à l'état-major français, déclenche un séisme. En effet, dans ce télégramme Schwartzkoppen annonce se passer désormais des services d'Esterházy. Aussitôt Picquart compare l'écriture d'Esterházy à celle du bordereau qui a fait condamner Dreyfus : c'est la même écriture ! Dreyfus est donc innocent…

Peu à peu, Picquart dénoue les fils de l'affaire. Le graphologue retenu pour analyser le bordereau, le lieutenant-colonel du Paty de Clam, a été nommé sur ordre de l'armée officier de police judiciaire. Il interroge Dreyfus, le menace, lui affirme avoir reconnu son écriture, enfin, tente de le contraindre au suicide en lui laissant une arme chargée. Et il conclut à la culpabilité de Dreyfus. Cependant, il faut l'avis d'experts : Bertillon, gloire nationale, affirme que ce n'est pas l'écriture de Dreyfus mais que ce dernier a imité sa propre écriture en la parsemant volontairement de différences trop visibles. Hélas, si Bertillon est un remarquable spécialiste de l'anthropométrie, il n'a aucune connaissance en graphologie ! Et le point de vue de l'autre expert, Gobert, est formel : ce n'est pas Dreyfus. Malgré ces deux rapports, Paty de Clam maintient son avis.

Quant au ministre de la Guerre, le général Mercier, il influence de façon décisive le Conseil de guerre qui juge Dreyfus en faisant fabriquer des faux, notamment une lettre adressée par l'attaché militaire italien Panizzardi à Schwartzkoppen, prétendument interceptée par le SR, commençant par « cette canaille de D ». Ainsi est emportée la conviction du Conseil de guerre présidé par le colonel Maurel…

Cependant, Picquart a mis en cause l'honneur de l'armée : le général Billot, nouveau ministre de la Guerre le lui fait savoir par l'intermédiaire du général Gonse et le menace de destitution. Picquart ne cède pas. Alors le commandant Henry établit de nouveaux faux pour accabler Dreyfus. Cette fois, le ministre, après avoir récompensé Henry en le nommant à la tête du SR, brise la carrière de Picquart, finalement expédié en Tunisie en novembre 1896, où l'on espère qu'il trouvera la mort...

Mais, fin juin 1897, Picquart est de retour à Paris et confie toutes ses découvertes à son ami l'avocat Leblois. Picquart est vraiment devenu dangereux : le ministre le met aux arrêts de rigueur, puis l'exclut de l'armée.

L'avocat Leblois déclenche l'affaire

Leblois, dernier espoir sur qui tout repose, décide d'en parler à un homme réputé pour sa loyauté, le vice-président du Sénat, Scheuer-Kestner. Il devient aussitôt le premier dreyfusard. Clemenceau le soutient. Alors, le 17 novembre 1897, Matthieu Dreyfus adresse une lettre ouverte au ministre de la Guerre, Billot, dénonçant Esterházy. Puis Zola prend position en faveur de Dreyfus dans *Le Figaro* du 25 novembre. Billot tient en mains les preuves de l'innocence de Dreyfus, celles que Picquart a réunies.

Pourtant, interrogé à la chambre, il s'en tient à la culpabilité de Dreyfus.

Esterházy acquitté

Avec un aplomb incroyable, Esterházy demande à être jugé pour prouver son innocence. C'est en vérité le haut état-major français qui le lui a suggéré. Dans le cadre d'un procès arrangé, le conseil de guerre acquitte Esterházy en deux jours, au soir du 11 janvier 1898. Pourtant Esterházy est un officier peu recommandable : il porte son titre sans droit, n'a guère suivi d'études, et s'est spécialement signalé par ses frasques amoureuses et ses spéculations boursières. Officier d'ordonnance du général Grenier, il est repéré par le Deuxième Bureau comme un personnage sur lequel on peut peser.

Après la guerre de 1870-71, il est présenté au commandant Henry avec lequel, simple capitaine, il travaille assidûment de 1877 à 1880. À partir de 1894, il entre au service des Allemands et fournit des renseignements à Schwartzkoppen, sans doute sous la surveillance du SR. Il a donc, très vraisemblablement, écrit le « bordereau » sous la dictée…

Le général Cavaignac ne peut tout couvrir

Nouveau ministre de la Guerre, Cavaignac souhaite en finir avec l'affaire Dreyfus. Émile Zola, en publiant son fameux article *J'accuse,* en première page de *L'Aurore,* le 13 janvier 1898, commence à retourner l'opinion. Clemenceau, Jaurès, Péguy même, le soutiennent. Malgré la condamnation inique de Zola devant la cour d'assises de la Seine le 23 février 1898, Cavaignac décide d'examiner lui-même toutes les pièces du dossier Dreyfus. Il y découvre ce que notre lecteur vient d'apprendre. Mais c'est son officier d'ordonnance, le commandant Cuignet qui constate la falsification grossière du « faux » concocté par le commandant Henry. Convoqué le 30 août 1898, Henry avoue tout : arrêté, enfermé au mont Valérien, il se tranche la gorge d'un coup de rasoir. Le chef du gouvernement, Brisson, exige alors la révision du procès. Cependant que le général Cavaignac et son chef d'état-major, de Boisdeffre démissionnent.

La réhabilitation

Le 29 octobre 1898, la Cour de cassation accepte la demande de révision. Le 3 juin 1899, le jugement de 1894 est annulé. Enfin un nouveau procès s'ouvre devant le Conseil de guerre de Rennes : le 9 septembre, Dreyfus est condamné à dix années de réclusion. Devant un tel scandale, le président de la République, Émile Loubet, le gracie aussitôt.

Mais Dreyfus veut que l'on reconnaisse son innocence. En juillet 1906, il est enfin réhabilité. Le 22 juillet, il reçoit la Légion d'honneur et se voit réintégré dans l'armée avec le grade de commandant. Picquart, présent, est promu général. Il deviendra bientôt ministre de la Guerre.

Mais qui est coupable ?

Paradoxalement, l'affaire Dreyfus n'a pas de coupable : Esterházy a été acquitté et Dreyfus réhabilité.

Sans doute agent double manipulé par la France, ayant de grands besoins d'argent, Esterházy est parfaitement corrompu ; il est prêt à se vendre au plus offrant : ses commanditaires le savent et ne lui livrent jamais des renseignements décisifs.

L'affaire Dreyfus ne relèverait-elle pas, au final, d'un règlement de comptes entre services français ?

En effet, le contre-espionnage français soupçonne le général Saussier, patron de l'armée, devenu l'amant de l'épouse autrichienne de son officier d'ordonnance, un grand ami d'Esterházy, de laisser filer, sans le savoir, des informations militaires confidentielles sur l'oreiller.

D'où l'idée d'intoxiquer les services austro-allemands en faisant effectuer des faux à Esterházy. Ainsi, parvient-on à déclencher une affaire parfaitement artificielle, l'affaire Dreyfus, tout en démontrant à Saussier que ses dérives privées ont de lourdes conséquences pour le pays.

Et le comble de la manipulation ne serait-il pas de détourner ainsi l'attention de services secrets allemands des vrais sujets et notamment du plus important, la mise au point du canon révolutionnaire de 75 ?

Juif, d'abord froid et quelque peu étriqué, le malheureux Dreyfus a le profil du coupable idéal. Il paiera, innocente victime, au nom de la nécessité d'une manipulation des services allemands.

LE SCANDALE POLITIQUE DE L'AFFAIRE PANAMA

Sous la présidence de Sadi Carnot

La IIIe République est à peine remise de la crise boulangiste qu'une affaire politico-financière en secoue la présidence et ravive les tensions sociales : la liquidation de la Compagnie du canal de Panama. Tout auréolé de la construction de Suez, son concepteur Ferdinand de Lesseps tombe de Charybde en Scylla. Honoré du titre de « Grand Français » par Gambetta, le père du canal de Suez est à présent qualifié de « malfaiteur ». Née de la collusion entre les milieux financiers et les hautes sphères de la politique, cette histoire atypique ternit durablement l'image du parlementarisme…

Le canal de Panama : un gouffre financier…

Reliant la mer des Antilles à l'Océan Pacifique, le canal de Panama devait être achevé au terme de douze années de travaux. Résultat : la construction a duré trente-quatre ans. On a sous-estimé la difficulté du terrain, très argileux, et les ravages de la fièvre jaune, plus de quarante morts par jour. Long de soixante-quatorze kilomètres, large de vingt-deux mètres et profond de huit mètres, le canal devait être initialement une réplique du canal de Suez. Il n'en a rien été. Le canal n'est pas à niveaux mais à écluses…

Commencée dès le début des années 1880, la construction du canal s'avère très vite beaucoup plus délicate, beaucoup plus longue et surtout beaucoup plus chère que prévu. En bref, cette entreprise pharaonique fait figure de véritable gouffre financier. Le capital disponible est totalement absorbé. Le déficit s'accroît et les banques commencent à tourner le dos. Les emprunts à lots et les émissions d'obligations à répétition n'enrayent pas la chute des actions. Le 4 février 1889, la Compagnie du canal est mise en liquidation. L'affaire éclate trois ans et demi plus tard quand le journal d'Édouard Drumont, un antisémite viscéral, révèle dans l'article intitulé « Les dessous de Panama » l'incroyable corruption parlementaire.

Des détournements de fonds astronomiques

Le 21 novembre 1892, le député monarchiste de Chinon, Jules Delahaye, renchérit en accusant Lesseps d'avoir versé des subsides à ses relations politiques. Sur les un milliard quatre cents millions de francs obtenus par souscription, la moitié n'a pas été investie dans le creusement du canal. Des sommes énormes auraient ainsi été détournées à des fins politiques voire personnelles. Pour émettre des valeurs à lots, Lesseps corrompt ses amis politiques. L'argent aurait en partie servi à lutter contre le boulangisme. Le principal intermédiaire, le baron de Reinach, banquier de Francfort, meurt mystérieusement la veille du discours de Delahaye. Plus de sept millions de francs auraient été distribués aux députés. Rouvier, Boche, Proust, Dugué de la Fauconnerie et même Clemenceau auraient bénéficié des largesses de Lesseps.

Sus aux « chéquards » : Ferdinand de Lesseps accusé de corruption

Delahaye demande la création d'une commission d'enquête. Un mois plus tard, Hertz prétend qu'une centaine de députés, surnommés les « chéquards », seraient impliqués dans cette affaire politico-financière. Le scandale est énorme.

Les épargnants et les spéculateurs ruinés ainsi que les actionnaires spoliés réclament des têtes. De leur côté, les boulangistes rêvent de résurrection de leur mouvement et les socialistes de révolution…

Des procès en escroquerie de la Cour d'appel de Paris au jugement pour corruption de la Cour d'assises de la Seine, plusieurs hauts parlementaires sont accusés de détournements de fonds. Le père du canal de Suez accuse lui-même le ministre des Travaux publics, Baïhaut, d'avoir exigé plus de trois cent mille francs de la Compagnie. Ces révélations n'empêchent pas Lesseps et son fils d'être condamnés à cinq ans de prison et à trois mille francs d'amende… Les sentences sont toutefois cassées quelques mois plus tard pour vice de procédure. Nous sommes alors en juin 1893.

Quand la crise de Panama favorise la montée de l'anarchisme… et l'assassinat du Président

Les « chéquards » jettent durablement le discrédit sur la classe parlementaire française. À court terme, les carrières politiques de Clemenceau et de Floquet sont compromises. Au sein même du gouvernement, les crises ministérielles s'enchaînent. Freycinet est contraint à la démission et le cabinet Ribot chute à deux reprises. Les retombées de Panama sont par ailleurs inséparables de la montée inexorable du socialisme, laquelle enrichit les rangs des poseurs de bombes. Dans les années 1893 et 1894, on assiste ainsi à une vague anarchiste sans précédent. Après la bombe artisanale lancée au sein même du Palais Bourbon, c'est l'attentat du café *Terminus* de la gare Saint-Lazare. Même si le nombre de victimes est relativement faible, l'effet psychologique de ces actes terroristes est considérable.

Les deux auteurs de ces méfaits, à savoir Vaillant et Henry, sont arrêtés et décapités. À aucun moment, ils ne regrettent leur geste.

Scandalisés par la corruption de la classe politique et la misère de leurs concitoyens, les anarchistes dénoncent les abus de la société capitaliste et réclament des « lois plus justes ». À n'en pas douter, le scandale de Panama a renforcé leurs convictions…

Pis encore, Panama porte en germes l'assassinat du président de la République. En juin 1894, lors d'un voyage à Lyon, Sadi Carnot est poignardé par un anarchiste italien répondant au nom de Caserio. Jeune apprenti boulanger tout juste âgé de vingt ans, le meurtrier n'hésite pas à déclarer sa haine pour l'ordre bourgeois…

DEUX CENTS OFFICIERS SUPÉRIEURS LIMOGÉS POUR INCOMPÉTENCE À L'AUTOMNE 1914

La France a bien failli perdre la guerre début septembre 1914

Joffre multiplie les erreurs lorsque le premier conflit mondial éclate, l'Allemagne déclarant la guerre à la France le 3 août 1914. Le général de Lanrezac, avec la 5e armée, est envoyé en Belgique : il doit y affronter trois armées allemandes. Il combat à un contre trois et parvient, par miracle, à faire retraite, sauvant son armée, mais sera très injustement limogé pour l'exemple. De son côté, Joffre envisage de se retirer derrière la Loire, alors que le gouvernement s'est replié à Bordeaux. En effet, von Kluck s'est avancé jusqu'à Meaux et menace directement Paris. Il faut le sang-froid et la *vista* du vieux Gallieni, rappelé comme gouverneur militaire de Paris, pour sauver la capitale. C'est lui qui, ayant repéré grâce à l'aviation, l'avance trop rapide de von Kluck, qui n'est plus couvert par la 2e armée de von Bulöw, constate qu'il expose ainsi son flanc droit à une contre-attaque française. Il en convainc Joffre. Le 6 septembre, la contre-attaque de la Marne est engagée et la bataille gagnée dès le 10.

En vérité, le commandement en chef a accumulé les erreurs : outre la stupide offensive en Belgique, sur le terrain c'est le plus grand désordre au sein des armées. Les assauts sont conduits par une troupe équipée de pantalons garance, constituant des cibles idéales pour les tireurs allemands, la troupe ne dispose pas de casques en métal, les renforts sont pilonnés par l'artillerie à longue portée allemande à leur approche du front, la cavalerie armée est envoyée au sacrifice, alors que les liaisons téléphoniques sont insuffisamment utilisées pour coordonner les mouvements. Enfin, contrairement au règlement de 1913, de nombreux généraux ordonnent des assauts sans préparation d'artillerie.

Dès le 24 août, alors que la guerre est fort mal engagée en Belgique, le ministre de la Guerre Adolphe Messimy, retrouvant des accents révolutionnaires de 1793, adresse à Joffre le télégramme suivant: « Je reçois votre télégramme signalant des défaillances. Contre celles-ci, il n'y a d'autre peine que la mise à mort immédiate: les premiers frappés doivent être les officiers coupables, s'il en est. La seule loi de la France à l'heure actuelle est: vaincre ou mourir. »

Joffre a suffisamment de sang-froid et de bon sens pour ne pas écouter son ministre.

Le triste état du commandement supérieur

Il faut rendre cette justice à Joffre: il a parfaitement repéré le vieillissement de l'encadrement supérieur dans l'armée. Aussi a-t-il commencé à agir, se servant du règlement de 1913 qui lui donne la possibilité d'effectuer des mutations pour le bien du service.

Par ailleurs, il n'a pas été sans observer les dégâts causés par les pratiques partisanes du ministère de la Guerre. Des pratiques qui ont permis de favoriser la promotion des officiers dits républicains au détriment des officiers qui affichent leur catholicisme, sans prendre en compte les qualités professionnelles. Malgré l'affaire des fiches du général André, révélée au grand public en 1904, ces pratiques se sont poursuivies par la suite. Certes les injustices ont été moins nombreuses que beaucoup ne l'affirment sans preuves, mais des hommes comme Pétain, simple colonel en 1914, ou même Foch et de Langle de Carry, ou encore Castelnau et Fayolle ont vu leurs promotions ralenties.

Joffre s'est entouré de jeunes officiers coupeurs de tête pour mener à chaud une remise en ordre, tout à fait indispensable, du commandement français à l'issue de la bataille de la Marne. Parmi eux se trouve, ô ironie, non seulement l'officier Gamelin (le futur général en chef de l'armée française en 1940, grand responsable de la défaite), mais également Bel et Alexandre.

À l'été 1914, Joffre dispose de cent vingt-deux généraux de division et deux cent vingt-deux généraux de brigade (à l'époque les grades de généraux de corps d'armée et d'armée n'existent pas encore), alors que son besoin d'encadrement s'établit, selon les spécialistes, à respectivement, cent soixante et deux cent soixante. Autrement dit, il lui manque de soixante-dix à quatre-vingts généraux. Aussi appelle-t-il les généraux en retraite pour combler les vides…

Outre les promotions injustifiées, l'âge avancé de nombreux généraux et son corollaire, la méconnaissance de la guerre moderne, sont les deux explications majeures des défaillances rencontrées sur le terrain au cours de l'été 1914. Seuls les officiers coloniaux qui n'ont pas cessé de combattre, échappent à la critique.

Clemenceau complète l'analyse en estimant qu'il faut abaisser l'âge des responsabilités opérationnelles pour les officiers supérieurs. Une mesure qu'il adopte dès son retour aux affaires, en novembre 1917.

Les décisions sévères de Joffre

Dans ses *Mémoires,* Joffre écrit : « Quelque douloureux qu'il soit de révéler certaines faiblesses, il est nécessaire de dire ce qui nous apparut alors. Un trop grand nombre de nos généraux se révélaient alors à l'épreuve au-dessous de leur tâche. On me signalait dans certaines unités une carence totale du commandement. Nul doute, l'épuration du commandement qu'il était dans mes intentions de faire dans le courant de 1914 si la guerre n'avait pas éclaté, il convenait de le faire sans attendre une heure, si nous ne voulions pas que l'échec de notre première manœuvre se transformât en une irrémédiable défaite. »

Encouragé par son ministre, Joffre va taper fort. Il ne se contente pas de retirer leur commandement aux officiers généraux, il les fait arrêter, puis assigner à résidence à Limoges (mais également à Toulouse, Lyon ou Rennes), d'où l'expression utilisée de « limogeage ».

Fin 1914, Joffre aura sanctionné deux cents officiers généraux, mis à la retraite d'office ou mutés dans des postes civils. Précisément, sont concernés :

– vingt généraux commandant une subdivision ou une région militaire,
– trois commandants d'armée,
– vingt-quatre commandants de corps d'armée,
– soixante-et-onze commandants de division,
– quarante-six commandants de brigade,
– cinq commandants d'artillerie de corps d'armée,
– dix commandants de place,
– trois généraux d'état-major.

Si l'on prend en compte la mort au combat dans les premiers mois du conflit de soixante-dix généraux et que l'on y ajoute le poids des limogeages, c'est près de la moitié du commandement supérieur de l'armée qui se trouve modifiée en quelques mois ! La sévérité est même supérieure aux apparences, car parmi les généraux en charge d'une division, d'un corps d'armée ou d'une armée, seuls une trentaine de généraux demeurent en place au 31 décembre 1914.

Joffre n'épargne nullement ses amis, il convient de le souligner. On compte ainsi, parmi les victimes les plus célèbres, les généraux Bonneau, Pau, Archinard, Michel, Ruffey, d'Amade et Sordet.

Naturellement, ces évictions permettent de brillantes promotions, telles celles de Pétain, de Foch, de Maud'huy, d'Urbal, de Wirbel... Une seule injustice est commise, nous l'avons souligné à l'endroit du général de Lanrezac. En fait, Joffre ne peut guère lui reprocher une retraite bien menée, mais il le sanctionne pour mauvaise entente avec les Anglais et plus encore, refus d'obéir à ses ordres. Pourtant Lanrezac a sauvé la 5e armée avec un talent remarquable, mais la défaite appelle une victime expiatoire. À la vérité, Joffre hésite longuement, mais frapper Lanrezac c'est s'exonérer soi-même de la piètre manœuvre ordonnée en Belgique.

Sans doute, l'action qui frappe le haut commandement est-elle l'une des plus courageuses de Joffre, un homme dont le génie militaire n'est guère évident. Ainsi que le démontrent, de nouveau, après le succès de la Marne dû à Gallieni, les offensives inutilement sanglantes en France et la catastrophique expédition des Dardanelles, dès 1915...

PHILIPPE PÉTAIN, VAINQUEUR À VERDUN EN SOIXANTE JOURS

L'attaque aveugle de Falkenhayn

Il neige et le froid pique ce 21 février 1915 lorsque vers 5 heures, un feu d'enfer se déchaîne. Quelque mille deux cent quinze pièces d'artillerie allemandes vont tirer environ deux millions d'obus sur les positions françaises au cours de la première journée. Et le général d'infanterie allemand von Falkenhayn a massé sur une largeur de huit à dix kilomètres près d'un million de soldats sur la rive droite de la Meuse. Il cherche ainsi à contraindre l'armée française à l'affronter et à envoyer des renforts massifs pour au final mieux la briser sur ce front étroit de Verdun.

Les Français sont surpris par ce déchaînement de violence. Pourtant, le rapport du lieutenant-colonel Émile Driant a souligné les faiblesses du dispositif français à Verdun dans un rapport que Gallieni, devenu ministre de la Guerre, a approuvé. Joffre, vexé d'être ainsi pris en défaut, n'a presque rien fait. Un détachement du génie a certes été envoyé début 1916 pour améliorer les défenses. Toutefois les forts sont demeurés délaissés, c'est-à-dire inoccupés. De leur côté, les préparatifs allemands, étalés sur plusieurs semaines, ont été parfaitement repérés, soit à la suite de la capture de soldats allemands, soit grâce à des désertions d'Alsaciens servant dans la troupe prussienne.

La progression de l'infanterie allemande va, très heureusement, s'avérer beaucoup plus lente que prévu. En effet, l'effet dévastateur de leur propre artillerie va se retourner contre les Allemands. Creusé de trous, d'entonnoirs remplis d'eau, le terrain, devenu très instable, est encombré d'arbres abattus ou disloqués. La troupe allemande franchit difficilement tous ces obstacles, et doit souvent se disposer en file indienne. Dès lors, sa supériorité numérique disparaît. Elle se heurte à une résistance désespérée des Français, accrochés aux déformations du terrain. Avec une mitrailleuse, on peut tenir en respect un bataillon entier pendant des heures !

Le 24 février, cependant, la situation s'est aggravée et dès le lendemain le fort de Douaumont tombe aux mains allemandes.

Pétain appelé au secours

Joffre prend la décision de nommer Philippe Pétain, alors général de corps d'armée, comme coordonnateur de la défense du secteur de Verdun. Bien que surpris en galante compagnie, peu après minuit, à l'hôtel *Terminus* de la gare du Nord, Pétain se hâte vers sa destinée au matin du 25 février 1916. Il parvient dès le lendemain à son poste de commandement de Souilly, en arrière de Verdun, sur la route de Bar-le-Duc. La défense française repose, en cet instant, sur la seule 2e armée. Von Falkenhayn commence à comprendre qu'il a trop concentré ses troupes, ce qui explique leur trop lente avancée sur un chemin parsemé d'embûches. Mais il s'entête.

Soucieux d'éviter le découragement des hommes, en raison de l'importance des pertes, Pétain organise la rotation accélérée des troupes en première ligne. Il en fait venir de tous les fronts. Puis, il les protège mieux en installant une puissante artillerie sur les deux rives de la Meuse. Et il décide de rendre aux forts leur vocation de pôle de résistance en les faisant réoccuper. Enfin, depuis Bar-le-Duc, il met en place la fameuse Voie sacrée qui apporte au front hommes, munitions, pièces d'artillerie, marchandises, équipements militaires… Il faut que Verdun tienne à tout prix. Cette artère vitale qui rejoint Bar-le-Duc à Verdun est empruntée par une *noria* de trois mille cinq cents camions (principalement des Berliet CBA) qui, chaque semaine, transportent cent mille hommes et cinquante mille tonnes de matériel militaire. Environ dix mille territoriaux empierrent en permanence la route avec des cailloux provenant des carrières proches, rouvertes pour l'occasion. Ils les placent sous les bandages des camions dont le poids dégrade continuellement la chaussée. Les Berliet parviennent ainsi à transporter deux millions de tonnes de matériel et quatre millions d'hommes. Les blessés sont évacués par huit cents ambulances : ils seront deux cent soixante mille à gagner les trains sanitaires qui se forment en gare de Bar-le-Duc.

Le cynisme de Pétain

Von Falkenhayn a fini par élargir son périmètre d'attaque à la rive gauche de la Meuse. De sanglants et héroïques combats se déroulent autour de Cumières-le-Mort-Homme, du bois des Bourrus, du bois des Corbeaux. Les pertes de part et d'autre sont considérables. Souvent, les survivants d'une attaque ne sont que quelques dizaines…

La France entière suit avec passion cet affrontement suprême, le sacrifice de ses soldats qui meurent pour qu'à

Verdun, on ne passe pas. Menant une bataille défensive, accélérant encore la rotation des hommes, tout à fait paradoxalement, Pétain acquiert la réputation d'un général qui économise la vie de ses soldats. Pourtant jamais les pertes n'ont jamais été aussi élevées ! Ainsi plus de quatre millions de soldats auront combattu à Verdun, dont 10 % auront trouvé la mort... Cette forme de cynisme du général Pétain, on la retrouvera en 1940 chez le maréchal Pétain lorsqu'il s'agira de signer les lois sur les Juifs, osera-t-on écrire au risque de choquer !

En face, les Allemands qui maintiennent au front les mêmes unités, s'épuisent peu à peu. Le moral baisse malgré l'arrivée des renforts.

Le 1er mai, sans doute inquiet de l'immense popularité de Pétain, Joffre l'écarte en le nommant à la tête des armées du Centre alors dirigé par de Langle de Cary. Pétain, qui est parvenu à sauver Verdun, est remplacé par Nivelle.

Fin de partie

En mai, au prix d'un nouvel effort, les Allemands parviennent à s'emparer du fort de Vaux. Un court moment, von Falkenhayn peut penser qu'il va rompre le front français : le sort de la bataille se joue devant Souville où le lieutenant Dupuy, un instituteur pacifiste, tient bon la position. Mais lorsque, enfin, les renforts français pénètrent dans Souville, ils n'y découvrent que quinze survivants.

En juillet, les Allemands interrompent leurs attaques. Aussitôt le général Mangin en profite pour regagner quelques positions perdues. Son offensive culmine le

24 octobre lorsqu'il reprend le fort de Vaux, puis celui de Douaumont. Il finit par réoccuper là rive gauche de la Meuse. Le 15 décembre, les combats cessent. Von Falkenhayn aura ainsi immolé huit cent mille hommes, dont environ trois cent quatre-vingt mille Français, pour un gain territorial infime.

Pour tout le pays, le sacrifice exemplaire des « poilus » fait désormais de Verdun une terre sacrée.

SOIXANTE-TREIZE SOLDATS FUSILLÉS APRÈS LES MUTINERIES DE 1917

Sept cents condamnés à mort avant 1917

Du début de la Grande Guerre en août 1914 à la fin 1916, environ sept cents soldats sont condamnés à mort par les tribunaux militaires, soit vingt-trois en moyenne chaque mois. Les motifs retenus par les conseils de guerre spéciaux (constitués de trois juges), institués dès le 6 septembre 1914, qui jugent en flagrant délit sans instruction, sont très divers. Ils vont du refus d'obéissance à la blessure volontaire, de la désertion à la fuite devant l'ennemi, sans oublier les actes de traîtrise. Les verdicts, exécutoires dans les vingt-quatre heures, ne donnent lieu qu'à environ deux cent cinquante exécutions. Ainsi peut-on mesurer la façon dont le président de la République, Raymond Poincaré, exerce son droit de grâce. Il gracie deux condamnés sur trois. Suspicieux, le Président exige un accord écrit de sa main pour toute exécution d'un soldat français. Le 27 avril 1916, une loi introduit la possibilité d'une prise en compte de circonstances atténuantes par les tribunaux militaires. Son application fait chuter de façon importante les condamnations à mort.

À ces fusillés s'ajoutent les victimes de rixes et les suicides, dont on n'est pas encore capable de mesurer l'ampleur à ce jour.

C'est à l'aune de ces chiffres qu'il faut apprécier le bilan des mutineries de 1917.

Les mutineries de 1917

Après la terrible saignée de Verdun en 1916, l'offensive lancée par le général Nivelle entre Laffaux et la ligne Craonne - La Ville-aux-Bois - Berry-au-Bac, à partir du 16 avril 1917, débouche sur un affreux massacre. Après quatre jours d'offensive, cent vingt mille Français sont tués ou blessés. Pourtant Nivelle s'entête malgré les engagements pris auprès de l'état-major. À la fin du mois d'avril, ils sont deux cent mille.

Ce massacre déclenche un mouvement de révolte dans certaines unités. Pour évaluer le nombre des mutins, nous disposons de plusieurs études solides : bien sûr, les documents du Service du renseignement de l'armée et du Service historique de l'armée de terre (l'actuel Défense section Terre), mais également les travaux de L. V. Smith sur la 5e division, l'étude de Denis Rolland, président de la société historique de Soissons, les développements très approfondis de

Guy Pedroncini dans son ouvrage *Les Mutineries de 1917,* et ceux d'André Loez dans un livre plus partisan, *14-18. Le refus de la guerre.*

Selon Guy Pedroncini, et les autres historiens spécialistes, il ressort que les mutineries ont touché cinquante-quatre divisions sur cent dix-neuf mais n'ont concerné que trente-cinq mille hommes sur environ quatre millions cinq cent mille. Seul André Loez affirme que les mutineries ont été plus importantes, soutenues d'ailleurs par Denis Rolland qui estime qu'elles ont probablement concerné soixante-quinze mille hommes, soit 1,5 % des effectifs.

Qui sont donc les mutins ?

Ce sont naturellement les trois armées qui ont conduit l'offensive du Chemin des Dames ordonnée par Nivelle qui sont les plus touchées: la 5e armée de Mazel, la 6e armée de Mangin et la 10e armée de Duchêne. Les mouvements de révolte expriment le refus d'assauts jugés inutiles et trop meurtriers dont celui du Chemin des Dames constitue l'apothéose la plus absurde.

Toutefois, il serait abusif de voir dans la déroute du Chemin des Dames l'unique cause des mutineries. L'immense retard accumulé en matière de permissions est également un facteur déclenchant, de même que la disparition d'une large partie du commandement intermédiaire qui a subi des pertes considérables en menant la troupe à l'assaut des tranchées adverses. Les hommes ne sont plus tenus d'aussi près. À la différence des troupes allemandes dont les officiers ne se placent jamais aux premiers rangs, mais toujours en arrière lors des attaques.

Les premiers incidents éclatent en mai 1917, à partir du 5 : ils concernent la 133e division. Puis ils se développent le 8 mai à Villers-sur-Frère, ensuite le 20 à Prouilly (128e RI), à Coulonges (162e), le 1er juin à Ville-en-Tardenois où le général Bulot est molesté et ses étoiles arrachées, mais également à Aconin, à Acy où des milliers d'hommes de la 5e division se révoltent. Le mouvement s'étend ensuite, avec moins d'intensité, vers Reims et à l'est. À la mi-juin, les mutineries ont toutes cessé.

La répression

Les autorités réagissent très rapidement : les révoltés sont cernés par la troupe, évacués, traduits devant la justice militaire. L'essentiel des mutins ne se trouve pas au front mais à l'arrière. Et les manifestations les plus virulentes interviennent dans les trains qui s'apprêtent à monter en première ligne.

Les arrestations dépassent trois mille quatre cents soldats. Près de 15 % d'entre eux sont condamnés à mort et mille trois cent quatre-vingt-et-un à de lourdes peines. Les autres se voient imposer des travaux d'intérêt collectif.

Avant d'autres, le général Pétain comprend qu'il faut calmer le jeu. Il préconise depuis longtemps d'appliquer la tactique qu'il a mise en œuvre à Verdun : la rotation rapide des troupes, avec un envoi régulier en permission, à l'arrière, là où l'on entend le plus le son du canon. Il sait aussi combien l'amélioration des conditions matérielles est essentielle au moral. Il conseille, enfin, les causeries entre les officiers et la troupe pour éviter les brisures au sein de l'armée.

De mai à décembre 1917, les pelotons d'exécution fusillent soixante-treize soldats. Deux condamnés à mort échappent au peloton, l'un en se suicidant, l'autre, Vincent Moulia, en s'échappant. Il semble que seuls ont été fusillés les hommes à l'origine d'actions collectives, ceux qui ont cherché à entraîner leurs camarades. La répression semble relativement modérée, le président Poincaré ayant signé à tour de bras les décrets de grâce.

Durant toute l'année 1918, le nombre de soldats fusillés tombe à neuf.

Contrairement à ce qui est souvent affirmé, Pétain, nommé à la tête de l'armée à la place de Nivelle, n'interrompt pas les offensives. Mais il impose, dès le second semestre 1917, l'amélioration de la vie quotidienne du soldat : les permissions sont accordées dans le cadre de la mise en place d'un système de rattrapage, les conditions d'hygiène deviennent meilleures avec la fourniture de lits et l'installation de bains-douches, et les roulantes permettant de servir des repas chauds sont multipliées. Enfin, le trafic ferroviaire est réorganisé pour faciliter un retour rapide des permissionnaires vers leurs familles.

Pétain renforce ainsi sa popularité auprès des combattants, donnant le sentiment d'être le seul, ou du moins l'un des rares, au sein de l'état-major, à se soucier de leur sort.

Poincaré, victime de sa mansuétude envers les soldats condamnés par les tribunaux militaires.

GEORGES CLEMENCEAU VOIT DES TRAÎTRES PARTOUT EN 1917-1918

Le parti pacifiste bien prêt de l'emporter

L'année 1917 est, à l'évidence, la plus dramatique de la guerre. C'est toute la population française qui est mobilisée et tendue vers l'effort de guerre. Près de cinq millions de soldats combattent, un demi-million de femmes sont mobilisées dans les usines d'armement, alors qu'il a fallu retirer du front cinq cent mille hommes pour satisfaire les besoins en main-d'œuvre de l'industrie nationale.

Brutalement, deux événements semblent mettre en péril la résistance française, toujours remarquable depuis la bataille de la Marne de septembre 1914.

Tout d'abord, en début d'année, des grèves importantes se déclenchent dans les usines travaillant pour l'armée, à l'initiative des ouvrières de la couture, les « cousettes », bientôt suivies par celles qui fabriquent les munitions, les « munitionnettes ». Environ dix mille femmes en grève osent même défiler sur les Champs-Élysées. Des centaines de milliers d'ouvrières et d'ouvriers participent au mouvement.

Des hausses de salaires sont accordées, sans régler le problème. Les ouvrières des cartoucheries et des poudreries prennent le relais. Au mois de mai, l'échec sanglant de l'offensive du général Nivelle au Chemin des Dames provoque des mutineries qui touchent soixante à soixante-dix mille hommes de l'arrière. Le mouvement, maîtrisé par Pétain, connaît son apogée en juin.

Le courant pacifiste s'en trouve renforcé : l'échec des offensives alliées en 1916 et 1917, le désastre épouvantable subi par l'Italie à Caporetto, les pertes considérables chez tous les combattants de la guerre démontrent qu'il faut tenter quelque chose pour arrêter l'apocalypse.

Depuis longtemps, des philosophes comme Alain, des romanciers comme Roland Dorgelès, Romain Rolland, Henri Barbusse et même Henri Bataille dénoncent la « sale guerre ».

Quant aux pacifistes, ils sont nombreux chez les hommes politiques : parmi les plus connus, Joseph Caillaux contraint à une certaine discrétion après le crime commis par son épouse contre Calmette, le directeur du *Figaro,* Malvy, mais aussi Painlevé, de Monzies... Les instituteurs, près de deux cent mille, les professeurs de lycée, militent eux aussi, comme les syndicats ouvriers, en faveur d'un armistice.

Les négociations secrètes avec l'empire austro-hongrois de Charles Ier

C'est à ce moment précis que des négociations secrètes s'engagent entre les alliés et Charles Ier, le bien timide nouvel empereur d'Autriche-Hongrie, successeur de François-Joseph. Charles Ier est parfaitement conscient du risque de désintégration qui menace son empire. Il choisit comme négociateurs, le frère de son épouse Zita, le prince Sixte de Bourbon-Parme, qui sert dans l'armée belge, et son frère Xavier. Après avoir averti le président Poincaré, les deux frères rencontrent Charles Ier à Vienne, en mars 1917.

Charles accepte le principe du retour de l'Alsace-Lorraine à la France, garantit l'indépendance de la Belgique, assure qu'un débouché maritime sera offert à la Serbie, mais il refuse toute concession à l'Italie. Sixte de Bourbon-Parme vient apporter un courrier signé de l'empereur autrichien à Poincaré. Si les Anglais poussent à la conclusion d'un accord, Poincaré et son président du Conseil, Ribot, demeurent réservés. D'autant que Charles Ier n'envisage pas une paix séparée sans un accord global intégrant Berlin. Aussi, lorsque les Allemands s'opposent à l'échange compensateur prévu entre l'Alsace-Lorraine et une portion russe de la Pologne, l'Empereur n'ose passer outre, et les négociations échouent, en mai 1917.

Une seconde session de négociations reprend pourtant en août, à l'initiative du pape Benoît XV et du nonce apostolique Pacelli, le futur Pie IXI. La diplomatie vaticane, très active, entend privilégier une solution permettant à la Belgique de retrouver son indépendance, avec une évacuation immédiate de son territoire par les Allemands. Les Anglais s'agitent beaucoup et envoient le comte de Salis à Rome, envisageant même de se retirer du conflit si les Allemands quittent la Belgique. Le Kaiser considère avec beaucoup d'attention l'initiative papale et convoque un conseil de guerre, en présence du Kronprinz, de l'amiral Holtzendorff, d'Hindenbourg et de Ludendorff. Tous les militaires s'opposent au projet : Guillaume II doit plier, à regret…

Louis Malvy démissionne le 31 août 1917

À l'évidence, les choses bougent. Une partie de la chambre est devenue pacifique. Et l'on commence à murmurer que le ministre de l'Intérieur, Louis Malvy, a trahi, comme le démontrent les grèves et les mutineries. Malvy, député radical-socialiste du Lot, a été ministre de Doumergue, puis de Viviani en 1914 et maintenu tant par Briand que par son successeur Ribot, au poste de ministre de l'Intérieur.

Le 15 mai 1917, le Sénat est saisi d'une demande d'interpellation de Malvy par Clemenceau. Le 19 juillet, en comité secret, Clemenceau réitère ses attaques, mettant en avant les liens établis entre le ministre et la publication pacifiste *Le Bonnet rouge*. Le 31 août, afin, affirme-t-il, de préparer sa défense, Malvy finit par démissionner, provoquant l'éclatement du cabinet Ribot.

Défiant les élus, Malvy demande à la chambre des députés de le mettre en accusation, afin que, en application de la Constitution, le Sénat, érigé en Haute Cour, le juge. Mais il devra attendre 1918, la période de guerre étant peu propice à un étalement de la division au sein des parlementaires.

Le 16 juillet 1918, rassemblée enfin, la Haute Cour examine l'acte d'accusation, très lourd : il y est prétendu que Malvy a communiqué aux Allemands le plan d'attaque de Nivelle au chemin des Dames, qu'il a encouragé les mutineries, qu'il a trahi sa fonction de ministre…

Les délibérations se poursuivent jusqu'au 5 août 1918 : seule est retenue la forfaiture dans la fonction ministérielle. Malvy est condamné à un bannissement de cinq années, qu'il passe à Saint-Sébastien, en Espagne, à proximité de la frontière française. Sa carrière politique n'est toutefois pas brisée par cette condamnation bien injustifiée : il est réélu député en 1924, puis devient ministre de Briand, de nouveau à l'Intérieur, en 1926. Cependant, la protestation des députés de la droite le contraint à démissionner après un mois de fonction. Il demeure député jusqu'en juillet 1940.

La mort suspecte du prisonnier Almereyda en août 1917

Au sein du mouvement pacifiste, la rumeur court que la finance internationale veut la paix, mais qu'elle est aux ordres de l'Allemagne et subventionne la presse française. Ainsi *Le Bonnet Rouge*, et *Le Pays,* dont Malvy et Caillaux semblent proches.

Un premier homme, le fort riche Margulies, un habitué du casino de Monte Carlo, à la double nationalité belge et roumaine, est poursuivi pour commerce avec l'ennemi. Il se défend, accusant Georges Clemenceau de protéger ainsi son avocat de frère, Paul, dont Rosenberg, son principal concurrent, est le client.

Puis c'est le tour d'Almereyda (de son vrai nom Eugène Bonaventure Vigo), un aventurier qui participe au *Bonnet Rouge,* d'être ouvertement accusé d'être à la solde de l'Allemagne en raison de son antimilitarisme. Le ministre Malvy fait arrêter Duval, l'intermédiaire d'Almeyreda, puis Almereyda lui-même. Un homme que l'on avait remarqué au côté de Joseph Caillaux durant le procès de son épouse pour le crime commis de Calmette, le directeur du *Figaro*. À la mi-août 1917,

Almeyreda est, très opportunément, retrouvé mort dans sa cellule de Fresnes.

L'opinion publique estime qu'en un mois, la démission forcée de Malvy et le décès opportun d'Almeyreda malmènent le fléau de la justice. D'autant que l'arrestation du député Turmel, maire socialiste de Loudéac, accusé de toucher de l'argent allemand par la Suisse pour la transmission à l'ennemi des séances des comités secrets étonne ! À tort, car l'ouverture des archives allemandes, beaucoup plus tard, prouvera que la justice française avait vu vrai.

Mata Hari fusillée en octobre 1917

Née aux Pays-Bas en 1876, Mata Hari est jetée dans la misère par la ruine de son père. Elle répond à la première annonce matrimoniale lue dans la presse, celle d'un capitaine, Mac Leod, officier de l'armée des Indes néerlandaises, l'Indonésie actuelle. La voici en garnison à Java où elle donne naissance à deux enfants. Son inconduite choque les bonnes âmes de la colonie hollandaise, alors que la mort de son fils la plonge dans un désarroi tel qu'elle demande et obtient le divorce. De retour en Europe, elle doit vivre par ses propres moyens et tente de conquérir Paris en se prétendant danseuse indienne et javanaise. Ses premières représentations où elle se dénude volontiers obtiennent un véritable succès. Elle sait attirer le public de la capitale qui se prétend motivé par le caractère sacré de ses arabesques. Sa vie privée la fait passer d'un homme à l'autre.

Mais cette demi-mondaine voit peu à peu sa célébrité décliner. Les goûts changent : on en pince à présent pour les ballets russes… Il est vrai qu'elle avoue à la veille du premier conflit mondial une petite quarantaine !

Elle pratique à présent la prostitution de luxe à des tarifs exorbitants. Aussi accueille-t-elle avec une grande naïveté la proposition du baron von Kramer, consul d'Allemagne à Amsterdam, où elle est retournée vivre, d'espionner au profit de l'Allemagne en regagnant Paris. Il lui offre une somme significative pour des motifs assez obscurs. Sans doute pense-t-il asservir à la cause allemande une femme légère certes, mais connue dans l'Europe entière. Ce en quoi il se trompe car sa réputation est bien loin de valoir ce qu'elle a été.

Son retour à Paris est parfaitement repéré par les services secrets français. Elle tombe alors amoureuse d'un jeune officier russe soigné à Vittel pour ses blessures. Mais la ville d'eau étant en pleine zone militaire elle doit obtenir des laissez-passer. Au ministère de la Guerre, seul habilité à les lui consentir, elle est recrutée par le cynique et inconstant capitaine Ladoux, chef du 5e bureau à l'état-major. Il lui propose d'espionner les Allemands pour le compte de la France. La voici agent double sans en avoir réellement pris conscience.

Aussi exerce-t-elle avec amusement, comme un jeu mondain, ses talents auprès du major Kalle, l'attaché militaire allemand à Madrid, principalement sur l'oreiller. N'obtenant aucune nouvelle, elle décide de rentrer en France. Cependant Kalle n'est pas tombé dans le piège tendu, si l'on ose dire, par l'ancienne danseuse. Il transmet à Berlin, en clair, ses conversations avec Mata-Hari. Par malheur, la station de radio de la tour Eiffel les intercepte et les décrypte.

Dernière danse indienne pour Mata Hari avant le peloton d'exécution.

Convaincus qu'elle travaille pour la France, les Allemands ont, sans doute, décidé de la griller. Ladoux, informé, n'apprécie guère et ne fait rien pour la sauver. Installée au Plazza, elle ignore tout du traquenard qui se prépare.

Le 13 février 1917, elle est arrêtée et incarcérée. Pourtant elle n'a livré aucun renseignement de quelque valeur à l'Allemagne… Et cela les juges le savent parfaitement. À la prison pour femmes de Saint-Lazare, elle avoue, lors des interrogatoires, qu'elle travaillait pour les Allemands, mais elle assure qu'elle cherchait d'abord à être rémunérée et ne leur avoir livré aucun renseignement de valeur.

Elle est pourtant, très excessivement, condamnée à mort au mois de juillet, en cette époque encore troublée par les récentes mutineries. Fusiller une femme donne-t-il vraiment le moral à la troupe ? Le 15 octobre, elle sait mourir dignement, refusant d'avoir les yeux bandés, face à un peloton de zouaves.

Clemenceau fait arrêter Joseph Caillaux en décembre 1918

Dès son accession à la présidence du conseil en novembre 1918, Clemenceau accuse Joseph Caillaux de trahison et de complot contre la sûreté de l'État au profit de l'Allemagne. En décembre, une commission parlementaire vote par sept voix contre quatre la levée de l'immunité parlementaire de l'ancien président du Conseil de 1912. Le 18 janvier 1918, il est arrêté à son domicile et écroué à la prison de la Santé.

Le dossier d'accusation a beau être pratiquement vide, il est tout de même accusé d'intelligence avec l'ennemi en temps de guerre. La Suisse, l'Argentine et l'Italie sont invitées par les canaux diplomatiques à le dénoncer. Seule l'Italie consent à ouvrir un coffre-fort florentin censé révéler des papiers compromettants : il n'en est rien ! Pourtant, en février 1920, Caillaux comparaît devant la Haute Cour sénatoriale. Elle ne retient aucune des accusations portées contre lui, à la seule exception d'avoir correspondu avec l'ennemi. Il écope de trois mois de prison largement couverts par la préventive, la justice n'aimant jamais reconnaître ses excès. Caillaux ne l'accepte pas : il entend être totalement amnistié. En 1923, il l'est enfin. Et retrouve alors l'ensemble de ses droits politiques. Une nouvelle carrière politique l'attend qui le conduit au ministère des Finances en 1925 dans le cabinet Painlevé…

Bolo Pacha fusillé en avril 1918

Bolo Pacha, né Paul Bolo, après avoir exercé la profession de dentiste, fait du commerce maritime et colonial et devient un ami de Joseph Caillaux. Parvenu à devenir le conseiller du khédive d'Égypte, il le suit dans son exil lorsque les Anglais le renversent. Dès lors, il se rapproche des Allemands qui lui versent, semble-t-il, onze millions de marks pour acheter la presse française. Repéré par les services secrets français, il est arrêté, incarcéré, jugé, puis fusillé pour traîtrise en 1918.

Ainsi, en cette période trouble de 1917, Clemenceau a-t-il fait condamner tant ses adversaires politiques que des personnes de peu d'envergure, qualifiées de traîtres. Un moyen de démontrer sa détermination à poursuivre le combat à l'endroit d'une nation tentée par le pacifisme.

CINQ CENT MILLE PRISONNIERS DE GUERRE FRANÇAIS DANS L'ALLEMAGNE DE NOVEMBRE 1918

Sept millions de prisonniers de guerre

Les estimations les plus pertinentes font état de sept millions de prisonniers durant la Grande Guerre. La plupart des prisonniers sont capturés au cours des deux années 1914 et 1918, durant lesquelles la guerre de mouvement l'emporte sur la guerre de position. Les Allemands parviennent à capturer deux millions et demi de prisonniers, principalement des Russes, et cinq cent mille Français. Cependant les Russes détiennent environ deux millions deux cent mille Austro-Hongrois, alors que ces derniers ont capturé neuf cent mille Alliés, des Italiens.

Quant aux Français ils se sont emparés de trois cent cinquante mille Allemands alors que les Anglais détiennent plus de trois cent mille combattants, principalement des Turcs. À ce bilan, il faut ajouter la capture par l'Italie, fin 1918, lors du succès de Vittorio Veneto, face à une

Autriche qui a cessé de résister, de quatre cent mille Austro-Hongrois.

Les prisonniers français aux mains allemandes, très exactement cinq cent quarante-six mille, ont été capturés aux deux tiers, en 1914 (deux cent cinq mille) et en 1918 (cent vingt-quatre mille).

Cinq cent mille prisonniers français

De ces cinq cent quarante-six mille prisonniers, environ soixante-sept mille parviennent à s'échapper, alors qu'une quarantaine de mille sont rapatriés à la suite d'accords franco-allemands. Il s'agit des grands blessés, inaptes à reprendre le combat et des personnels sanitaires (infirmiers, brancardiers, médecins). Sans doute convient-il d'ajouter à ces chiffres les neuf mille combattants rapatriés en Suisse au titre des accords de Berne, à savoir les prisonniers les plus anciennement détenus.

Ainsi, au 11 novembre 1918, la France doit-elle organiser le rapatriement d'environ quatre cent trente mille hommes détenus en Allemagne. Le général Doumenc, en charge de l'opération, l'achève avec maestria dès janvier 1919. En revanche, Clemenceau, soucieux de conserver une main-d'œuvre gratuite, freine tant qu'il le peut, le retour dans leur mère patrie des captifs allemands, attendant la ratification par le Sénat du traité de Versailles, c'est-à-dire le mois d'octobre 1919. Une sorte de réparation non évoquée dans le traité de Versailles! Il faut attendre février 1920 pour que tous les prisonniers allemands aient quitté le sol français.

Avec plus d'une année de décalage par rapport à leurs homologues français !

Le traitement des prisonniers français

Contrairement aux rumeurs, les prisonniers français en Allemagne sont à peu près correctement traités. Ils bénéficient, il est vrai, de la protection de plusieurs textes juridiques : convention de Genève de 1864 créant la Croix-Rouge, révisée en 1906 pour son application aux malades et blessés, accords de La Haye de 1899 et 1907 concernant la nutrition des soldats prisonniers.

Certes, des cas individuels de mauvais traitements existent comme celui de Roger Salengro, futur ministre du Front populaire qui, ayant refusé de travailler est envoyé en camp disciplinaire : il est évacué dans un état très grave au printemps 1918 vers la Suisse. Ou encore, cas presque unique, la fusillade qui tue plusieurs prisonniers dont trois Français, à Lagensalza, fin 1918, à la suite d'une émeute.

Victime d'un blocus naval très sévère, l'Allemagne ne parvient pas à nourrir correctement sa population : à l'évidence les prisonniers sont logés à la même enseigne. Cependant, grâce à l'intermédiation suisse, les discussions entre Français et Allemands concernant leurs captifs ne cessent jamais. Elles portent sur des échanges de blessés et de malades gravement atteints, sur les soldats évadés repris (il y a eu deux cent quarante-cinq mille tentatives d'évasion de soldats français de 1914 à 1918) pour leur éviter un châtiment trop rude, sur l'emploi des prisonniers (souvent utilisés pour des tâches dangereuses comme le transport des munitions ou épuisantes comme la réparation des voies ferrées, le déchargement des camions...).

Naturellement, les belligérants ne souhaitent pas libérer des soldats qu'ils risquent de retrouver sur le champ de bataille. C'est l'explication principale du petit nombre des élargissements. Sauf lorsque les intérêts convergent comme pour les médecins et personnels de santé, les blessés graves et mutilés, les malades lourds, les prisonniers les plus anciens qui prennent alors l'engagement de demeurer en Suisse. Au total, il semble que onze mille sanitaires aient été libérés, neuf mille trois cents mutilés, blessés et malades, neuf mille prisonniers depuis plus de dix-huit mois, soit 6 % du total.

Les Français parviennent à obtenir de pouvoir nourrir leurs prisonniers détenus en Allemagne, ce qui allège d'autant la charge des Allemands en grand péril alimentaire.

À partir de 1915, après avoir absorbé un afflux considérable de prisonniers russes, les Allemands s'organisent de façon plus efficace : baraquements en bois, communication à l'ambassade de France à Berne des listes des camps et des prisonniers, remise à chaque soldat d'une carte mensuelle standardisée qu'il peut adresser à sa famille.

Enfin, les blessés de guerre sont convenablement soignés, de même que les malades gravement atteints.

La France se mobilise pour nourrir ses prisonniers

Avant l'État, les organisations privées sont les premières à réagir : reconnues, elles se voient attribuer des biscuits de guerre à expédier de l'autre côté du Rhin.

Cependant, les préfets incitent villes et conseils généraux à voter des dons d'argent, convertis en vêtements et en vivres pour les prisonniers. Le président de la Croix-Rouge française, le baron d'Anthouard, fonde la Fédération des œuvres des prisonniers de guerre. Puis les Chambres dégagent des budgets publics pour l'achat du pain envoyé aux captifs : deux kilos par homme et par semaine, augmenté d'un quart à partir de 1916. Ces subventions d'un million de francs au premier trimestre 1915 vont grimper à dix millions au premier trimestre 1918. La découverte du boulanger Heudebert, après celle de la biscotte, d'un pain de longue conservation (dix mois) retrouvant ses qualités en étant trempé dans l'eau, révolutionne l'approvisionnement des prisonniers. Les délais si longs qui aboutissaient à un immense gâchis ne sont plus à craindre. Avec une générosité remarquable, Heudebert cède gracieusement à l'État l'exploitation de son brevet.

À partir de 1916, la fédération d'Anthouard se transforme en Fédération nationale d'assistance aux prisonniers de guerre militaires et civils, puis est placée sous le contrôle administratif et financier de l'État. L'État oblige même les familles des prisonniers à acheter les vivres qui leur sont destinées auprès des services d'intendance de l'armée : pain, chocolat, conserves, riz... Pour être objectif, il faut rappeler que l'État prend totalement à sa charge l'envoi de chaussures et d'uniformes, prélevés sur les stocks de l'armée.

Les « poilus » français sont utilisés au service de l'économie allemande

Certes rien n'interdit l'emploi des prisonniers de guerre aux tâches économiques, à l'exception des officiers. Outre l'utilité pour une Allemagne largement privée des hommes partis au front, l'emploi des prisonniers permet, également, de mieux les surveiller. Un tiers des prisonniers travaille dans l'industrie de guerre sous la surveillance étroite d'un proche de Guillaume II, le général Friedrich (Krupp, chantier naval d'Hanovre qui construit les *U-Boote*, Bochumer-Sthalwerk qui fabrique les obus) et dans d'autres branches telles que les mines de charbon, la chimie du sel, le matériel ferroviaire. Le reste des hommes sont employés à l'agriculture, au creusement des canaux et à l'aménagement des berges de l'Oder, de la Lippe, du Lech et de l'Elbe, à l'assèchement des marais, au travail dans les tourbières.

Regroupés en camps constitués de baraquements, répartis en *Arbeitskommandos,* les prisonniers sont rémunérés, de façon très variable, de quarante *pfennige* à trois *deutschemarks,* suivant les tâches. L'Allemagne accepte le contrôle de la Croix-Rouge et des puissances neutres dans les camps, mais elle les refuse sur les lieux de travail.

L'ABBÉ SAUNIÈRE N'ÉTAIT PAS RICHE COMME CRÉSUS !

Des découvertes surprenantes

Bérenger Saunière, originaire d'une modeste famille de Montazels, est ordonné prêtre en 1879. L'évêque l'affecte à proximité, à Rennes-le-Château. Il y vit en humble serviteur de Dieu, ajoutant les produits de la chasse à son ordinaire. Et il entreprend des travaux dans l'église grâce aux subsides municipaux. Un jour, les ouvriers découvrent trois fioles contenant des parchemins. Saunière se les approprie et, en 1893, se rend à Paris pour y rencontrer l'abbé Viel de Saint-Sulpice qui déchiffre ses parchemins, des extraits de la Bible en latin. Saunière en fait des copies laissant les originaux à Viel.

À peine rentré, l'abbé Saunière entreprend de nouveaux travaux, découvre la dalle sculptée dite « du chevalier », puis fait creuser un fossé à cet emplacement. Dès lors il renvoie les ouvriers et poursuit seul sa fouille. Soudain, les paroissiens le voient gagner le cimetière du village et déplacer la stèle de l'ancienne tombe de la marquise de Blanchefort.

Puis ce sont ses allées et venues qui intriguent les villageois : il quitte de plus en plus fréquemment le village emportant sur son âne de lourdes valises…

La prodigalité de l'abbé Saunière

Toute cette agitation surprend. D'autant que l'abbé entreprend soudainement de gros travaux de rénovation de son église, à ses frais cette fois. Durant quatre années, des fresques aux couleurs vives, de nombreuses statues et même un bénitier en forme de diable, viennent la peupler. À peine a-t-il achevé ces transformations qu'il se met à acquérir des terrains, six, qu'il paie comptant et met au nom de sa fidèle servante, Marie Dénardaud, dont il fait sa légataire universelle. Enfin, il construit une villa, trace un jardin, dresse une serre, aménage enfin sa bibliothèque dans une tour bâtie à cet effet. Le tout demeure certes de dimension raisonnable mais détonne dans un petit village disposant de très peu de ressources. L'abbé qui continue de vivre dans son médiocre presbytère reçoit, cependant, assez fréquemment, des personnalités mystérieuses qui font jaser.

Peu à peu la jalousie s'empare du village alors que l'évêque s'inquiète. Voilà le malheureux Saunière accusé de trafic d'indulgences (c'est-à-dire de documents promettant la rémission de péchés et donc la réduction du temps de purgatoire) et même de détournement de fonds à l'encontre des congrégations ! Il n'en est rien mais l'évêque finit par le sanctionner, lui interdisant de dire la messe. Puis il le remplace. L'abbé s'installe alors en sa villa et officie dans une petite chapelle où, très rapidement, tous les paroissiens de Rennes-le-Château, finissent par le rejoindre.

Le pauvre Saunière est même soupçonné d'avoir touché de l'argent allemand durant la guerre : il meurt en 1917, laissant son héritage à sa servante.

Le trésor d'Alaric ?

Parmi toutes les rumeurs qui ont couru du vivant de l'abbé Saunière, la plus durable affirme qu'il a découvert le trésor du roi des Wisigoths, Alaric Ier. Après avoir pillé Rome en 410, Alaric occupe l'Aquitaine : il dispose alors d'un important trésor, fruit de ses rapines. Son fils, Alaric II, n'a pas sa valeur. Agressé par les Francs de Clovis, il est vaincu et tué à la bataille de Tolbiac, en 508. Sans doute a-t-il dû, à la hâte, mettre son trésor en lieu sûr. Peut-être en l'une de ses places fortes, Rhedae, Rennes-le-Château. D'ailleurs, des indices permettent de penser que ce trésor a déjà été découvert : une fonderie d'or implantée par les Templiers, la découverte de pièces d'or par un jeune berger, des activités avérées de faux monnayage dans la région.

D'autres hypothèses évoquent la décision de Blanche de Castille, reine de France et mère de Saint Louis, alors régente, de mettre le trésor en sécurité à Rennes-le-Château durant la guerre contre les Pastoureaux. Ce trésor aurait été découvert par l'abbé Bigou, prédécesseur de l'abbé Saunière, qui l'aurait caché dans les tombes du cimetière. Cimetière que l'abbé Saunière aurait donc pillé, après en avoir retrouvé la trace dans des documents laissés par Bigou…

Quelle version croire ?

Et si l'abbé Saunière n'avait rien découvert

Si l'on considère l'aventure romanesque de l'abbé Saunière avec quelque détachement, force est de constater que les travaux effectués par le héros local à Rennes-le-Château, n'atteignent pas des sommes astronomiques. Quelques terrains de campagne sans valeur véritable, une toute petite villa, une tour (qui existe encore) ne représentent qu'une dépense de l'ordre de deux cent mille francs, étalée sur vingt ans. Dont environ la moitié pour la seule villa Béthanie.

Quant à la provenance de l'argent, si l'on suit bien l'évêque qui a enquêté, il proviendrait de détournement de biens du clergé séculier et de célébrations de messes rémunérées pour le repos de l'âme des décédés. D'ailleurs, la lecture du registre paroissial démontre que l'abbé Saunière a fait un important commerce de messes payantes. A-t-il alors voulu, pour détourner l'attention des habitants et de l'évêque, organiser une vaste mise en scène ? Et ainsi inventer la découverte d'un trésor qui n'a jamais existé ?

Saura-t-on un jour la vérité sur une histoire qui a suscité l'écriture d'un grand nombre d'ouvrages et enrichi le village de Rennes-le-Château, devenu de nos jours l'un des fleurons de la France ésotérique, et donc l'un des pôles touristiques de la région ?

PAUL DESCHANEL, UN PRÉSIDENT SOUFFRANT DU SYNDROME D'ELPÉNOR

Un homme infiniment brillant

La famille Deschanel est républicaine : elle ne supporte pas de demeurer en France après le coup d'État de Louis Napoléon à la fin de l'année 1851. Et s'exile en Belgique. Cette force de caractère familiale marque le jeune Paul. Revenu en France en 1859, après l'amnistie accordée par Napoléon III, Paul Deschanel suit un brillant cursus universitaire. Titulaire du baccalauréat à seize ans, il obtient une licence en lettres et une autre en droit. Fin connaisseur de la langue, écrivant avec aisance, le jeune homme est alors tenté par une carrière littéraire. Il en sera d'ailleurs récompensé, beaucoup plus tard, en 1899, par un fauteuil à l'Académie française.

Ayant pris conscience de son talent oratoire hors du commun, Paul décide de se lancer en politique. Il devient ainsi le secrétaire de Jules Simon, l'un des deux ou trois républicains les plus en vue durant la présidence de Mac-Mahon. Il occupe, en effet, quelques mois la présidence du Conseil. Deschanel poursuit son ascension : sous-préfet à Dreux, puis secrétaire général de la préfecture de Seine-et-Marne en 1879. En 1885, il entre enfin à la Chambre des députés. À quarante-trois ans, en 1898, il est élu à la présidence de la Chambre pendant cinq années, une position qu'il retrouve dès 1912 et jusqu'en 1920. Non sans avoir été honoré en 1918 par une distinction à laquelle il tient fort, en devenant membre de l'Académie des sciences morales et politiques.

Un homme qui veut devenir président de la République

En 1899, Paul Deschanel se présente à l'élection présidentielle : il est largement battu, avec seulement dix voix au premier tour, face à Loubet et Méline. Même Cavaignac le devance avec vingt-trois voix.

Il récidive en 1906 contre Armand Fallières et Paul Doumer, sans plus de succès.

En 1913, il se présente de nouveau contre Georges Poincaré : l'échec est aussi sévère, Poincaré et son challenger Pams se partagent toutes les voix.

En janvier 1920, il se décide à affronter un candidat infiniment plus redoutable que les précédents, Georges Clemenceau, le Tigre, tout auréolé de sa victoire de 1918.

La victoire sourit aux réalistes

Dans cette chambre « bleu horizon », dominée par la droite, Deschanel semble mal placé. Âgé de soixante-cinq ans, il connaît tous ses collègues et passe pour un homme de bien, un modéré.

Clemenceau, âgé de soixante-dix-neuf ans, s'est fait de nombreux adversaires tout au long de sa carrière. Le « tombeur de ministères » s'est, en outre, attiré la haine de tous les amis de Malvy, ainsi que de Caillaux qu'il a fait interner durant la Grande Guerre. Son opposition à la reprise des relations diplomatiques avec le Vatican et son refus d'assister à la messe de *Te Deum* célébrée à Notre-Dame le 17 novembre 1919 pour célébrer la victoire permettent à Briand de motiver tous les députés catholiques contre sa candidature. Et certains ne se privent pas pour mettre en exergue le risque de décès de Clemenceau durant son mandat de sept années: alors, il faudrait assister à de belles obsèques civiles! Le refus de Poincaré de se présenter en raison de son âge (soixante ans) et le fort renouvellement de la Chambre avec l'entrée de jeunes députés comme Herriot, Loucheur, Reynaud, Blum, Daladier plaident également en faveur de l'élection d'un Président qui ne ressemble pas à un burgrave.

Au côté de Briand, l'influent Doumer n'oublie nullement que Clemenceau l'a, autrefois, fait battre par Fallières: il mobilise ses amis contre le Tigre.

Aussi, le 16 janvier 1920, au vote préparatoire, Deschanel l'emporte, divine surprise, par quatre cent huit suffrages contre trois cent quatre-vingt-dix-neuf. Le lendemain, Paul Deschanel est élu par sept cent trente-quatre voix sur sept cent quatre-vingt-sept, la plus large majorité jamais obtenue à une présidentielle.

Un homme épuisé

Cependant, pour parvenir à ce résultat inespéré face au symbole vivant de la République, Deschanel a dû batailler dur, depuis sa présidence de la Chambre, emportée de haute lutte. Il est épuisé. Bien loin de se reposer, il entend exercer pleinement sa fonction, multipliant les déplacements provinciaux. Sa santé n'y résiste pas. Au-delà du surmenage, il est victime du stress de la fonction. Il a, en effet, reçu des lettres de menace contre sa famille, a dû trancher sur le sort d'un condamné à mort et supporte en continu la présence de gardes du corps. Le voici victime d'une forme de névrose…

Son attitude désoriente son entourage, pour le plaisir des chansonniers. Pourtant rien de grave ne se produit avant la fameuse nuit du 22 au 23 mai 1920. Alors qu'il se rend en train à Montbrison pour inaugurer la stèle érigée en l'honneur d'un aviateur, Émile Reymond, tué pendant la Grande Guerre, il est victime d'un accident totalement baroque. Éprouvant une sensation d'étouffement, peut-être victime d'une crise de somnambulisme, il se penche par la fenêtre du wagon présidentiel et bascule sur la voie. Par chance, le train circule à vitesse réduite en raison de travaux. C'est miracle qu'il puisse se relever, le visage en sang, seulement légèrement blessé. Hébété, il se met à marcher le long de la voie. Et rencontre rapidement un cheminot, Radeau, en charge de la surveillance des travaux. Ce dernier s'efforce de secourir le Président. Dans la maison toute proche du garde-barrière, Dariot, où il est transporté, chacun s'efforce de le réconforter. Couché dans le lit familial, il récupère. Le sous-préfet de Montargis, enfin averti, accourt aussitôt. Il est plus de 5 heures du matin, alors que Deschanel a chuté sur la voie vers 11 heures du soir. La panique la plus complète s'est emparée du train présidentiel lorsque sa disparition a été constatée au cours de la nuit, avant l'arrivée à Roanne. Une dépêche avertit Steeg, le ministre de l'Intérieur, de l'heureux dénouement.

Paul Deschanel entend démissionner : son entourage et plus encore le président du Conseil, Alexandre Millerand, l'en dissuadent.

Le syndrome d'Elpénor

Dès son retour à Paris, le Président consulte. Le diagnostic est rapide : le Président souffre du syndrome d'Elpénor, une maladie qui provoque des troubles d'anxiété et d'émotivité et donc des désordres du comportement. Rien de très considérable ! Après trois mois de repos, Paul Deschanel reprend ses activités. Il semble guéri : hélas, il rechute durant l'été. Avec courage et lucidité, le président de la République renouvelle son offre de démission. Cette fois, Millerand l'accepte. Il est aussitôt élu par six cent quatre-vingt-quinze voix pour le remplacer.

Libéré du poids si lourd de sa fonction élyséenne, Deschanel se rétablit rapidement. Dès janvier 1921, il est élu sénateur d'Eure-et-Loir, puis, l'année suivante, à la présidence de la commission des Affaires du Sénat.

Il meurt d'une pleurésie le 28 avril 1922.

**Et si, à la place du train,
Deschanel avait pris l'avion ?...**

LES SOVIÉTIQUES SONT-ILS DERRIÈRE L'ASSASSINAT DE PAUL DOUMER?

13 juin 1931, Paul Doumer, président à soixante-quatorze ans!

Réunis en Assemblée nationale à Versailles, les députés décident de porter leurs suffrages sur le nom de Paul Doumer. Contre toute attente, le président du Sénat bat le champion de la politique, Aristide Briand.

Artisan du rapprochement franco-allemand en 1926, le charismatique locataire du quai d'Orsay est devancé par un homme issu des rangs radicaux aux qualités morales incontestables. Modeste, travailleur et intègre, Doumer n'en est pas moins un vétéran de la politique. Son parcours remonte au temps de Sadi Carnot. Après avoir occupé la fonction de député de l'Aisne en 1888, il devient ministre des Finances en 1895 avant de s'exiler en Indochine en tant que gouverneur général. Revenu en France, Paul Doumer échoue une première fois face à Fallières dans sa conquête de la fonction suprême. Nous sommes alors en 1906.

Quelques années plus tard, ce sont les débuts de la Grande Guerre, un conflit auquel Doumer paie un lourd tribut. Songeons-y, trois de ses fils[11] meurent dans l'enfer des tranchées et les deux autres des suites de leurs blessures. D'aucuns vantent son courage et sa simplicité quand ses détracteurs dénoncent sa froideur et son manque de popularité. Son rythme de travail est

11. Paul Doumer est père de huit enfants dont cinq garçons.

par ailleurs haletant. Réveillé aux aurores, il se couche très tardivement pour accomplir sa tâche présidentielle. Faisant fi des mondanités, Paul Doumer est l'ennemi de tous les excès. Sa vie est des plus austères ; le tabac et l'alcool lui sont complètement étrangers. Ses seuls loisirs sont les manifestations littéraires ou encore les réunions d'anciens combattants où il peut retrouver de vieux amis. Or en ce 6 mai 1932, le Président est de bonne humeur. C'est la fête annuelle des écrivains anciens combattants, une occasion de revoir l'officier de marine Bargonne. Encore appelé Claude Farrère, il est le célèbre auteur de *La Bataille*, un livre apprécié par Paul Doumer.

Une manifestation littéraire… des écrivains anciens combattants

Au grand dam de Guichard et Leroux, respectivement directeur de la police municipale et commissaire spécial de l'Élysée, le président de la République décide de se rendre sans escorte à la manifestation. En sa qualité de chef de l'État, il se sent invulnérable. L'assassinat de Sadi Carnot remonte maintenant à trente-huit bonnes années. Qui plus est, le feu Président a été poignardé en province, dans la ville de Lyon. Un tel acte ne peut arriver à Paris !

À peine arrivé à la manifestation, Paul Doumer est immédiatement salué par les plus hauts dignitaires de l'État. Le garde des Sceaux mais aussi le ministre de la Défense sont présents rue Berryer. L'hôtel particulier de Salomon de Rothschild est bondé d'officiels, d'écrivains et de journalistes de tous horizons. Une fois n'est pas coutume, le Président n'hésite pas à poser devant une nuée de photographes. Paul Doumer rencontre alors Paul Farrère, son auteur favori.

Quand Paul Doumer rencontre Paul Farrère…

Le Président et l'écrivain discutent de longues minutes à propos de l'Indochine quand un individu de forte corpulence s'approche. Quelques instants plus tôt, Farrère lui a dédicacé son dernier ouvrage, *La Bataille.* Répondant au nom de Paul Brède, ce dernier n'en affiche pas moins un accent russe très prononcé. Très carré et très grand, il porte des cheveux noirs et crépus. Arrivé à moins de deux mètres de Paul Doumer, l'homme en question sort un revolver de sa poche et tire à deux reprises sur le Président. Grièvement blessé à la tête, Paul Doumer s'effondre. « Ça ne fait que commencer! » crie Paul Brède. Claude Farrère est lui aussi blessé au bras. Le forcené est cependant maîtrisé. Le directeur de la police municipale parvient à le désarmer. La foule se déchaîne sur l'assassin. Sans la protection policière, le dénommé Brède n'aurait probablement pas échappé au lynchage.

« Les Français ne veulent pas me faire du mal »

Le président Paul Doumer est transporté d'urgence à l'hôpital Beaujon. « Les Français ne veulent pas me faire du mal », réussit-il encore à murmurer. Sombrant dans un profond coma, il décède le lendemain matin vers 4h30 malgré plusieurs transfusions. C'est le deuxième président français assassiné depuis le début de la IIIe République. Seul lot de consolation: aucun régicide n'a été commis par un Français. Après l'Italien Caserio en 1894, c'est maintenant le Russe Gorguloff.

Un assassin d'origine russe, Gorguloff

Clément, Ravaillac, Louvel, Caserio et maintenant Brède, à la différence de ses illustres et regrettables prédécesseurs, cet homme de trente-sept ans ne semble avoir obéi à aucun motif précis. Paul Brède ? Paul Gorguloff devrions-nous dire. Un exalté aveuglé par ses opinions politiques. Le « régicide » en question est en fait un intellectuel russe qui affiche de profonds sentiments anticommunistes. Après avoir fui le régime bolchevik en 1917, Gorguloff se réfugie à Prague. Fondant un parti fantoche baptisé « Les Verts », le jeune militant anticommuniste poursuit des études de médecine pour ensuite exercer sans avoir obtenu de diplôme. Sa carrière est en fait constellée d'échecs. Homme politique sans envergure et médecin véreux, il ne rencontre pas plus de succès dans la littérature. Refusé par tous les éditeurs, il se voit obliger de publier à compte d'auteur. Sa vie sentimentale n'est pas plus enviable. Aigri, déçu, révolté, Gorguloff devient obsédé par l'idée du crime.

Au nom de la sainte Russie ?

Arrivé à Paris deux jours avant les faits, il apprend la visite de Paul Doumer à l'hôtel Salomon de Rothschild. Le Président doit y inaugurer la fête annuelle du livre des écrivains anciens combattants. Une véritable aubaine pour Gorguloff. Sans en vouloir spécifiquement au président français, ce crime va le propulser au-devant de l'actualité. On aurait retrouvé dans ses poches un manuscrit intitulé « Mémoires de Paul Gorguloff qui a tué le président de la République française ». Au nom de la sainte Russie! C'est du moins ce que laisse entendre Gorguloff tout au long de son procès. « La France! Écoute-moi, la France! Je suis Paul Gorguloff, patriote, chef du parti national. Je représente cent millions de paysans… La France, tu périras pour avoir voulu plaire aux soviets et tuer mon idée… [12] » Paul Doumer aurait-il été victime d'un fou qui aurait voulu venger la mémoire des Romanov en assassinant un Président à son goût trop indulgent à l'égard du régime soviétique[13]? Une thèse *a priori* acceptable mais qui comporte de nombreuses zones d'ombre. À commencer par la totale absence de fuite du meurtrier. À aucun moment, il n'essaie de se soustraire à la police. Par ailleurs, on peut se demander en quoi le meurtre du président français peut servir la cause tsariste.

La thèse de l'agent double?

L'assassin de Paul Doumer a-t-il simulé la folie pour cacher une vérité inavouable? L'incohérence apparente des propos de Gorguloff intrigue d'autant plus les enquêteurs que l'assassinat semble avoir été fort bien préparé. La veille de l'attentat, l'émigré russe serait allé retirer deux places à l'hôtel Salomon de Rothschild. Aurait-il eu des complices? Les enquêteurs ont par la suite démontré que le niveau de vie de Gorguloff était anormalement élevé au vu de ses activités. Plus encore,

12. Extrait du *Journal de la France* (p. 2591); les propos sont rapportés par Georges Imann-Gigandet.
13. La France a en effet reconnu l'URSS.

contrairement à ses dires, l'assassin de Doumer se trouvait encore en Union soviétique à la fin des années 1920. En termes clairs, l'assassinat de Paul Doumer ne serait pas du tout le fruit d'un acte isolé mais l'aboutissement d'un complot savamment orchestré à l'étranger. La thèse d'un soutien des services secrets soviétiques se dessine alors. Mais une question se pose : pourquoi exécuter un Président qui n'affiche aucune hostilité à l'égard du régime soviétique ? Loin d'être un malade mental, Gorguloff aurait divulgué des informations soigneusement choisies. Toujours selon la thèse de l'agent au service de Moscou, l'objectif de l'assassin de Paul Doumer était de se faire passer pour un nostalgique du tsarisme afin de discréditer ce mouvement en Occident. Aussi séduisante soit-elle, cette théorie se heurte à une difficulté majeure : en 1932, le mouvement tsariste ne rencontre plus aucun écho. Ses chances de renverser le régime de Staline sont quasi nulles.

Sans être dénué de fondements, cette thèse de l'agent double ne repose cependant sur aucune argumentation précise. Il s'agit tout au plus de supputations. Quoi qu'il en soit, Gorguloff est condamné à mort et guillotiné le 14 septembre 1932. À l'instar de François Ravaillac ou de Charlotte Corday, Paul Gorguloff emporte avec son exécution le secret du crime de la rue Berryer…

LE FAUX SUICIDE DE STAVISKY FAIT TREMBLER LA RÉPUBLIQUE

Un cadavre découvert au **Vieux Logis** *de Chamonix*

Janvier 1934. Chronique d'une découverte macabre. Un cadavre pas comme les autres est découvert dans un chalet de Chamonix. La victime en question est un homme connu du Tout-Paris pour ses excentricités, ses mondanités et surtout ses scandales. Ce n'est ni un ministre, pas même un chef d'entreprise mais un escroc notoire traqué par la police depuis plusieurs jours. Propriétaire du théâtre de l'Empire, il a élu domicile sur les Champs-Élysées et épousé une ex-mannequin de chez Chanel, une certaine Arlette Simon.

Aussi mondain que crapuleux, ce financier véreux hors pair est accusé de trafic d'influence. Répondant au nom d'Alexandre Stavisky, ce Juif d'origine russe a cumulé les fraudes, les arnaques et les irrégularités financières. Des salles de jeux clandestines au détournement de fonds en passant par les falsifications de chèques et le trafic de drogue avec la Turquie, le « Beau Sacha » s'est taillé une réputation de financier véreux et peu recommandable. Sept ans plus tôt, en 1927, Stavisky a déjà été condamné à une peine de dix-huit mois de prison pour une banale histoire de fraude. Il en est libéré grâce à un faux certificat médical. Mais en ce mois de janvier 1934, l'affaire semble plus grave : l'escroc mondain est désormais recherché pour avoir détourné plus de cinq cents millions de francs au Crédit municipal de Bayonne. Pour lui, il n'y a plus à hésiter : il lui faut fuir à l'étranger, vers la Suisse ! Après une course-poursuite de plusieurs semaines,

Alexandre Stavisky est finalement repéré au *Vieux Logis* de Chamonix. La police est sur le point de l'arrêter quand l'escroc décide de se donner la mort. Un suicide pour le moins étrange : le corps de Stavisky est en effet retrouvé gisant sur le sol avec deux balles dans la tête !

Tout commence au Crédit municipal de Bayonne

Alexandre Stavisky. En cette IIIe République finissante, son nom est inextricablement associé aux fraudes et aux scandales. Le 29 décembre 1933, des détournements de fonds sont mis en évidence au Crédit municipal de Bayonne. Et ils sont astronomiques : on parle de cinq cents millions de francs ! Avec la complicité du directeur de l'établissement, un certain Gustave Tissier, Alexandre Stavisky a fait émettre des bons du Trésor engagés sur la valeur de bijoux factices ou de pseudo-dépôts. Au prix de montages financiers frauduleux, des bons de caisse ont ainsi été émis alors qu'ils n'ont aucune valeur.

Si le directeur du Crédit municipal et le député maire de Bayonne, Dominique-Joseph Garat, sont immédiatement arrêtés, Stavisky parvient à prendre la fuite. D'emblée, l'enquête prend une dimension nationale insoupçonnée. Rondement menée par un certain Albert Prince, chef de la section financière du parquet de Paris, celle-ci établit une connivence certaine entre le fugitif de Bayonne et les milieux de la justice, de la police et de la politique. Moyennant le versement de certains pots-de-vin, Stavisky aurait acheté le silence ou la complicité de certaines personnalités de haut rang. Seraient cités entre autres le sénateur René Renoult, le député Gaston

Bonnaure ou encore le ministre de la Justice en personne, Albert Dalimier. Des grands magnats de la presse seraient aussi impliqués dans le scandale du Crédit municipal. Ce qu'on peut appeler désormais l'affaire Stavisky apparaît comme une véritable bombe à retardement. Éclaboussant toute l'élite sociale de la nation, elle risque même de mettre en péril la République…

Un « suicide » qui fait vaciller la République

Sitôt connue la disparition spectaculaire de l'homme le plus recherché de France, l'indignation de l'opinion publique est à son comble. Dans le climat de crise économique et sociale qui suit le krach de 1929, cette affaire politico-financière prend une ampleur insoupçonnée. Incontestablement, elle nourrit les rancœurs à l'encontre des parlementaires, des élites et aussi des Juifs. De l'Action française aux rangs communistes, les détracteurs de tout poil se déchaînent pour exposer leur dégoût de la République. Le mécontentement et la contestation sont tels qu'ils provoquent la chute du gouvernement radical-socialiste de Camille Chautemps. Une démission qui ne calme en rien l'indignation populaire. Au matin du 6 février 1934, à la faveur du nouveau gouvernement d'Édouard Daladier, l'hostilité à l'égard du régime parlementaire atteint son paroxysme. Trois jours plus tôt, la mutation au Maroc du préfet de police Jean Chiappe, jugé trop impliqué dans l'affaire Stavisky, a profondément ému les milieux d'extrême droite. Craignant une véritable chasse aux sorcières à la fois anticléricale et antipatriotique, les ligues décident de réagir pour mettre fin à cette épuration.

« À bas les voleurs ! »

Début février 1934, un climat pré-insurrectionnel règne dans la capitale. Dénonçant pêle-mêle la mainmise des « deux cents familles » sur l'économie française, la corruption des parlementaires et la politique de naturalisation trop laxiste du gouvernement, les détracteurs de la République entendent maintenant en découdre clairement, si ce n'est physiquement, avec les forces de gauche. Sous l'impulsion des ligues d'extrême droite et des organisations d'anciens combattants, des manifestations dégénèrent devant la Chambre des députés en un affrontement sanglant. Au cri de « À bas les voleurs ! Stavisky au Panthéon ! » les ligues provoquent les policiers. Les étudiants de l'Action française et les Camelots du roi sont les plus remontés. Confrontées à des manifestants déterminés, les forces de l'ordre ouvrent le feu du côté du pont de Solférino. S'ensuivent une série d'affrontements sporadiques et de combats de rue qui durent jusque tard dans la nuit. Au matin du 7 février, on dénombre une quinzaine de morts, dont un gendarme, sans compter plus d'un demi-millier de blessés graves. L'Action française déplore à elle seule la perte de quatre des siens. En termes d'émeutes sociales, c'est le bilan le plus tragique depuis l'épisode sanglant de la Commune. Face à la gravité de la situation, le gouvernement de Daladier démissionne le lendemain même de la terrible manifestation d'extrême droite…

La manifestation du 6 février 1934, corollaire tragique de l'affaire Stavisky, ne fait que renforcer les positions extrémistes, à commencer par celles des communistes.

Attestant une théorie du complot pour renverser la République, la gauche dénonce en effet un « coup de force fasciste ». D'une certaine façon, l'affaire Stavisky porte en germes la future victoire du Front populaire en mai 1936…

Quand le meurtre crapuleux d'Albert Prince renforce la thèse du faux suicide de Stavisky

Deux semaines après les émeutes sanglantes de la place de la Concorde, le 20 février 1934, un cadavre déchiqueté est découvert sur la voie ferrée Paris-Dijon, à la hauteur du kilomètre 311. La victime n'est pas un inconnu ; il s'agit du principal enquêteur de l'affaire du Crédit municipal de Bayonne, nous voulons parler d'Albert Prince. Retrouvé attaché aux rails, le magistrat ne s'est manifestement pas suicidé. Bizarrement, le rapport sur l'affaire Stavisky s'est volatilisé. Malgré les évidences, la thèse du suicide du magistrat est défendue par les commissaires Guillaume et Belin. Pour fausser les pistes, l'inspecteur Bonny en vient même à accuser les milieux interlopes marseillais. Trois ans plus tard, en janvier 1937, l'affaire Albert Prince est finalement classée sans suite et avec elle le mystère de la disparition de Stavisky…

L'ARMÉE FRANÇAISE A VAILLAMMENT RÉSISTÉ AUX ALLEMANDS EN 1940

Printemps 1940 : chronique d'un sacrifice oublié...

Une France « invincible » balayée en six semaines ! Telle est l'idée véhiculée dans les médias depuis plus d'un demi-siècle. *A priori,* une armée imbue d'elle-même et en retard d'une guerre a été vaincue par une stratégie nouvelle : une attaque foudroyante déclenchée par des divisions germaniques motorisées et appuyées par une aviation hors pair. Sur tous les plans, les Français auraient été surpris et auraient fait preuve d'amateurisme. Une improvisation malheureuse qui n'aurait eu d'égale que le recul précipité de leurs troupes. En vérité, les troupes de la République n'ont pas failli à leur réputation de meilleure armée du monde. S'il y a eu défaite, c'est dans l'honneur et non dans l'humiliation.

Contrairement à une idée largement répandue dans l'opinion publique, la Wehrmacht a rencontré une solide résistance lors de la campagne de France des mois de mai-juin 1940. Les Français n'ont pas attendu Bir-Hakeim pour se battre avec l'énergie du désespoir. Des mouvements de panique ou des sauve-qui-peut, il n'en a rien été. La promenade de santé de la Wehrmacht décrite dans les manuels scolaires ne serait que pure illusion. Jusqu'au bout, à savoir quarante-sept jours de combats intensifs, la victoire aurait même hésité à choisir son camp. Quarante-huit mille tués, sept cents chars détruits, mille deux cents avions abattus : serait-ce le total des pertes françaises ? pas vraiment. Il s'agit là du bilan accablant de six semaines d'offensive pour les « invincibles » Allemands. Mieux encore, en termes de pertes quotidiennes, la Wehrmacht aurait accusé des chiffres supérieurs à ceux de la future campagne de Russie. Seuls le nombre astronomique de prisonniers français, plus de un million huit cent mille, et la capitulation rapide de la France ont donné cette impression de débâcle et de démission de soldats égarés face à une armée allemande à la fois supérieure techniquement et matériellement. Si la France a perdu la campagne de 1940, la faute en incombe d'abord à son état-major, encore trop prisonnier de ses stratégies archaïques. En bref, les généraux français auraient failli à leur tâche mais leurs hommes auraient fait honneur à leurs uniformes. Un sacrifice héroïque injustement passé sous silence…

Une répétition du plan Schlieffen de 1914 ?

« La bataille qui s'engage aujourd'hui décidera de l'avenir de la nation allemande pour mille ans », déclare Hitler. Après avoir rapatrié ses troupes de Pologne, le Reich décide de lancer une offensive foudroyante à l'ouest. Au petit matin du 10 mai 1940, la Wehrmacht attaque simultanément la Hollande, la Belgique, le Luxembourg et la France. À Paris, la confiance reste intacte : « Nous vaincrons car nous sommes les plus forts », déclare sans sourciller le président du Conseil, Paul Reynaud. Réutilisant la méthode de la *Blitzkrieg*, l'armée allemande opère des raids aériens massifs sur les principales zones urbaines (en particulier Rotterdam), met en déroute les troupes hollandaises et enjambe aisément le canal Albert, pourtant réputé infranchissable. Croyant avoir affaire à une réédition du plan Schlieffen de 1914 (von Moltke avait déjà violé la neutralité belge !), l'état-major français concentre ses troupes sur l'axe Anvers-Bruxelles-Namur. Mais il raisonne encore en stratège de la dernière guerre. Côté allemand, le général Guderian décide de surprendre les armées françaises par les Ardennes. Milieu réputé inhospitalier pour les troupes, cette forêt s'avère pourtant être une véritable « autoroute » pour les Panzer divisions de la Wehrmacht. En franchissant la Meuse entre Dinant et Sedan le 13 mai, l'armée allemande consacre le succès d'une idée nouvelle. Avec l'appui de la force aérienne, négligée par Gamelin, les unités blindées germaniques bousculent les forces françaises et les séparent des troupes britanniques. À Paris, c'est la panique. « Nous reculons en bon ordre », se contentent de titrer les journaux. Le remplacement de Gamelin par Weygand n'enraye pas la déroute des armées de la République. Les *Messerschmitt Bf 109* et autres *Stukas* ne rencontrent qu'une faible opposition. Après la capitulation des Belges, le 28 mai, les Alliés sont pris à revers par les Allemands et encerclés à Dunkerque. Près de trois cent cinquante mille hommes sont évacués (dont les deux tiers sont britanniques). Contre toute attente, Hitler a donné l'ordre aux troupes de von Rundstedt de s'arrêter. Il espère ménager Churchill dans l'espoir de conclure une paix séparée avec l'Angleterre…

Le général Gamelin,
champion de la "positive attitude".
(Brève de comptoir)

Plus de mille deux cents avions allemands abattus!

La réalité est beaucoup plus nuancée. Loin d'être une débâcle ou une version moderne de la bataille d'Azincourt, la campagne de France n'a jamais souillé l'honneur de l'armée française. Les soldats de la République ne se sont pas rendus sans combattre; ils ont même infligé de sévères corrections à leurs envahisseurs. Les batailles d'Hannut, de Gembloux et d'Abbeville sont ici pour en témoigner. Près de cinquante mille Allemands tombent ainsi au combat, et la première bataille de chars digne de ce nom est même à mettre à l'actif des Français. Mieux encore, en l'espace de quarante-sept jours d'affrontement, la Luftwaffe perd plus d'appareils que l'armée de l'air française: plus de mille deux cents appareils abattus. Il n'y a donc pas eu que des croix noires dans le ciel français. Sans oublier le front italien! Dans les Alpes, les Français tiennent en échec l'offensive des soldats de Mussolini. Face à un ennemi pourtant supérieur en nombre, une France affaiblie et démoralisée après sa défaite devant l'Allemagne fait une véritable démonstration de force. Un exploit militaire trop passé sous silence. Après quatre jours d'âpres combats, du 21 au 24 juin inclus, plus de six cent quarante morts sont dénombrés chez les Italiens contre seulement trente-sept chez les Français. Le premier, l'historien Dominique Lormier, à travers son ouvrage *Comme des Lions*, réhabilite quelque peu la combativité, le courage et l'honneur des fantassins et des tankistes français.

De Hannut à Stonne ou la résistance héroïque des chars français

Loin de démériter, les soldats français font plus que tenir tête au rouleau compresseur allemand. À plusieurs reprises, ils leur tiennent même la dragée haute et leur infligent de sévères défaites. Preuve en est la seule bataille de Hannut. Livrée dès les premières heures de la campagne de France, celle-ci tourne au drame pour la Wehrmacht. Le 16e corps de *Panzer* se heurte en effet à un véritable mur de fer et de feu de la part du corps de cavalerie du général Prioux. Avec cent cinq chars détruits contre cent soixante-quatre, les Français démontrent que leur force de frappe fait plus que jeu égal avec les envahisseurs germaniques. Quelques jours plus tard, à compter du 15 mai, le village de Stonne est le théâtre de la confrontation de chars la plus indécise de la « bataille de France ». Verrou stratégique par excellence, Stonne représente pour les Allemands un centre de ravitaillement en essence indispensable à la poursuite de leur offensive. Quatre-vingt-dix mille Allemands et plus de trois cents chars font ainsi face à plus de quarante mille Français épaulés par cent trente chars, en particulier des B-1. La bataille est littéralement acharnée. En l'espace de trois jours, Stonne change dix-sept fois de camp. Surnommée à juste titre le « Verdun de 1940 », cet épisode militaire démontre à lui seul toute la combativité et la détermination des Français. Même s'ils finissent par s'incliner, ils déplorent trois fois moins de pertes que leurs ennemis. Autant parler d'une victoire allemande à la Pyrrhus !

Une infériorité matérielle manifeste

Si les Français finissent par reculer, la raison en incombe moins à leur ardeur combative qu'à la défaillance de leur matériel. Nombreux, les chars de la République n'en sont pas moins vulnérables. Non seulement les canons de 37 millimètres des blindés français s'avèrent incapables de percer le blindage des *Panzers* ennemis, mais l'absence de postes de radio à leur bord interdit toute manœuvre d'envergure.

En bref, face aux « tactiques de meute » de la Wehrmacht, les chars français font preuve du plus total désordre. Moins mobiles et isolés, ils ne peuvent coordonner leurs mouvements et deviennent des cibles faciles pour les canons adverses. Comme le souligne avec justesse Dominique Lormier : « Ce n'est pas le manque de chars qui handicape l'armée française en 1940, c'est l'absence de transmissions. » Disputée entre le 27 mai et le 4 juin, la bataille d'Abbeville en est un exemple flagrant : alors qu'elle met à mal le dispositif militaire allemand, la 4e division cuirassée de réserve du colonel de Gaulle décide de se replier faute de coordination de l'ensemble des troupes alliées. Pour couronner le tout, la résistance héroïque des colonnes françaises est dynamitée par la faillite stratégique de l'état-major, en particulier celle des généraux Gamelin et Weygand. À aucun moment, ces derniers ne songent à combiner les mouvements des troupes blindées et de l'aviation…

Quand la faillite de l'état-major torpille l'effort des troupes

Pour qui sonne le glas ? Le courage des soldats n'aurait eu d'égal que l'incompétence des officiers supérieurs. En d'autres termes, le printemps des troupes aurait été obscurci par « l'hiver des généraux ». Miné par le défaitisme, encore troublé par l'expérience de la précédente guerre, l'état-major français manque totalement de lucidité quant à l'état des troupes et du terrain. À commencer par Gamelin. Au lieu de concentrer ses divisions mécanisées sur la Meuse, il les disperse en Belgique, les fait circuler par train, les exposant ainsi aux attaques aériennes et à un encerclement dramatique. Pis encore, Gamelin s'avère étonnamment indécis : il suggère plus qu'il n'impose ses plans de batailles. Limogé le 19 mai, Gamelin est remplacé par Weygand. Lequel hérite d'une situation impossible ! Il tente pourtant, à un contre deux, une opération de résistance sur la Somme. À compter de la mi-juin, l'heure est déjà à la collaboration avec les Allemands. Pétain veut préserver la population d'un nouveau bain de sang. À compter du 14 juin, date de l'occupation de Paris, l'armistice apparaît comme la seule alternative possible. À la défaite, l'état-major français ajoute le déshonneur, refusant la poursuite du combat dans l'Empire…

EN 1940, LE PROGRAMME NUCLÉAIRE FRANÇAIS EST LE PLUS AVANCÉ DU MONDE

L'équipe du professeur Joliot-Curie

L'équipe du professeur Frédéric Joliot, devenu Joliot-Curie par son mariage avec Irène, la fille de Pierre et Marie Curie, est sans doute, en 1940, la plus avancée dans le monde, avec celle de l'université de Columbia aux États-Unis, en matière de recherche de la fission nucléaire. Frédéric Joliot, né en 1900, a d'abord travaillé avec Irène sur la radioactivité artificielle et la production de nouveaux isotopes. En 1935, le couple a obtenu le prix Nobel de chimie. Avec une remarquable équipe constituée de Halban, Perrin et Kowarski, Frédéric Joliot progresse rapidement sur la voie de la réaction en chaîne et de l'utilisation de l'énergie ainsi libérée.

Or pour déclencher cette réaction en chaîne productrice d'une énergie incroyable, les Français ont découvert qu'il faut, lorsqu'un atome d'uranium éclate, ralentir les neutrons qui en proviennent.

Alors ceux-ci, absorbés par les atomes d'uranium, provo-quent de nouvelles fissions… En résumé, il est essentiel de ralentir le nombre de neutrons émis par fission. Comment ?

La guerre de l'eau lourde

Lorsque la guerre éclate en 1939, le ministre de l'Industrie, Raoul Dautry, exige que le futur CNRS lui soit rattaché et il reçoit Joliot-Curie. Le professeur lui certifie alors que ses études sur l'uranium permettent d'envisager d'obtenir « une nouvelle source d'énergie utilisable pour l'économie du pays ». « Et son armée », ajoute Raoul Dautry sans être contredit.

Joliot, grand pacifiste, membre du parti communiste, est désormais pleinement épaulé par son ministre. Ses travaux deviennent une priorité nationale. C'est alors que le professeur découvre que si l'on substitue du deutérium à l'hydrogène contenu dans l'eau, du deutérium, il est possible d'obtenir de l'eau lourde, le ralentisseur idéal pour les neutrons d'atome…

Or, dans le monde entier, une seule entreprise produit de l'eau lourde, la Norvégienne de l'Azote, à Vermok, en Norvège naturellement.

En Europe, seule l'équipe allemande du grand savant Heisenberg, l'auteur des fameuses « inégalités », physicien prix Nobel 1932, développe un projet comparable à la France. Toutefois, par haine des nazis, il hésite à transmettre ses découvertes aux politiques. Il les minimise et, surtout, en détourne le sens, au point que Hitler finit par désespérer de découvrir « la bombe » et recentre ses moyens financiers sur les missiles et les fusées. Pourtant les ingénieurs allemands sont en pointe et travaillent sur la technique de la séparation isotopique de l'uranium par centrifugation. On n'insistera jamais assez sur l'héroïsme de ces savants qui, pour des raisons politiques et éthiques, refusent de pousser un programme militaire allemand, celui de la bombe atomique, tout en sachant qu'ainsi, ils condamnent leur propre peuple à la défaite.

Fin février 1940, c'est dans le bureau du ministre Dautry que Joliot passe sa commande pour faire franchir une étape décisive au programme de recherche nucléaire français : quatre cents kilos d'uranium, une dizaine de tonnes de graphite (livrés par la Compagnie industrielle Savoie-Acheson) et les cent quatre-vingts kilos d'eau lourde déjà produits par la Norvégienne de l'Azote, la totalité du stock mondial. À cette époque, Joliot n'a produit, de façon expérimentale, que cinquante grammes d'eau lourde. Le lieutenant Allier assiste à tout l'entretien. Cet agent des services secrets est un ami du directeur de la Norvégienne de l'Azote. Avec son équipe, il prépare l'achat de l'eau lourde norvégienne, parvient à obtenir la complicité des Norvégiens, enfin décide de l'enlèvement des bidons préparés à son intention. Cependant, les Allemands ne sont pas demeurés inactifs : ils passent commande de deux mille kilos d'eau lourde aux Norvégiens, se préparant à les envahir militairement. Et il n'est pas question pour les nazis de laisser échapper le seul stock existant.

Allier agit très rapidement, devançant les Allemands. Par chance, ses hommes parviennent à tromper la vigilance allemande en organisant deux transports aériens concurrents à la même heure. Un seul, celui à destination de l'Écosse, transporte les fûts précieux. Celui vers Amsterdam éveille l'intérêt allemand : il est intercepté par des Messerschmitt… D'Écosse, l'eau lourde est acheminée à Londres, puis à Paris, le 16 mars 1940. Le 7 avril, les nazis engagent la campagne de Norvège.

L'eau lourde évacuée vers Londres le 18 juin

L'équipe française travaille d'arrache-pied autour de Joliot-Curie et se trouve bien près de mettre au point un réacteur à uranium enrichi ralenti à l'eau lourde. Mais, le 15 mai, Raoul Dautry, ordonne l'évacuation de l'eau lourde. Elle voyage d'abord jusqu'à la prison de Riom, puis fait étape à Clermont-Ferrand avant de parvenir à Bordeaux.

Le 18 juin 1940, les Anglais proposent de l'évacuer à bord du *Broompark*. Joliot dont l'épouse est souffrante, tourmenté par ses engagements communistes, se refuse à quitter la France. Bien plus, il se voit mal quitter son bureau du Collège de France pour un pays dont il ne parle pas la langue. Halban et Kowarski accompagnent l'eau lourde française en Angleterre sans leur patron. Demeuré seul dans cette patrie qu'il refuse d'abandonner, Joliot s'efforce de cacher l'uranium dont il dispose, tout comme les résultats de son équipe. Heisenberg, qui l'admire et qui a été désigné pour le contrôler, ne pousse pas ses investigations…

Cependant Halban et Kowarski ne sont guère associés aux efforts anglo-saxons. Il est vrai que Roosevelt, après être demeuré sourd aux appels du physicien Fermi, s'est engagé dans un programme spécifiquement américain, le programme « Manhattan ». Un programme qui aboutira, en juillet 1945, à la première explosion nucléaire dans le désert du Nevada.

Le père de la pile Zoé

En 1945, avec l'appui du général de Gaulle, Frédéric Joliot-Curie est nommé haut commissaire du Commissariat à l'énergie atomique qu'il vient de fonder. À partir de 1947, il dirige la construction du premier réacteur nucléaire français, la pile Zoé, au centre d'études de Fontenay-aux-Roses. Elle fonctionne dès 1948, puis sa puissance est portée à 150 kW.

En 1950, Joliot-Curie est relevé de ses fonctions en raison de ses prises de position politiques : il se consacre alors à ses cours et à la recherche, tout en occupant le siège du très communiste Conseil mondial de la paix.

Cependant le programme nucléaire français se poursuit : en 1960, la première bombe A française explose dans le Sahara, à Reggane. Depuis deux ans, son père, Frédéric Joliot-Curie, est mort d'un cancer du foie.

**Course à la bombe:
Dans l'équipe Joliot-Curie,
les cerveaux sont en surchauffe.**

FRANÇOIS DARLAN PLUS COLLABORATIONNISTE QUE PIERRE LAVAL ?

Un amiral flexible

Né à Neyrac, fils de député et de garde des Sceaux, le jeune François Darlan entre à l'école navale en 1899. Dès sa sortie, en 1901, il sert en Extrême-Orient, avant de participer à la Grande Guerre. Introduit en politique par son père, il occupe le poste de chef adjoint, puis de chef du cabinet militaire des ministres de la Marine de l'entre-deux-guerres, Georges Leygues et Albert Sarraut. Il apprend alors à manipuler les parlementaires pour obtenir les crédits nécessaires à la construction de la quatrième marine du monde, après les États-Unis, l'Angleterre et le Japon. En 1929, il est nommé contre-amiral, puis vice-amiral. Le Front populaire le nomme chef d'état-major général. Enfin, le 6 juin 1939, le voici amiral de la flotte, un poste tout spécialement créé pour lui. Ce manœuvrier est parvenu à tisser un immense réseau relationnel parmi les officiers de marine, à tel point qu'ils se partagent en deux groupes, les ADD, Amis de Darlan, et les ADF, Amis de François.

Certes, la France dispose de quatre croiseurs lourds, le *Richelieu*, le *Jean-Bart*, le *Strasbourg*, et le *Dunkerque* mais elle ne dispose que d'un vieux porte-avions.

Défenseur de cette flotte qui regroupe près de 250 bâtiments de toutes dimensions, Darlan approuve l'armistice du 25 juin 1940 persuadé de la victoire de l'Allemagne et estimant irréaliste d'aller poursuivre le combat en Afrique du Nord dont les forces sont mal équipées. Aussi devient-il secrétaire d'État à la Marine dans le ministère Pétain du 16 juin, avant de conserver ce poste au sein du gouvernement vichyssois de juillet 1940, puis d'être nommé ministre lors du remaniement du 6 septembre suivant.

Les amiraux, et à l'évidence, le premier d'entre eux, vont jouer un rôle si important au sein du régime de Vichy qu'il sera, ironiquement, surnommé la SPA, Société de protection des amiraux.

Darlan enrage de Mers el-Khébir

Churchill est extrêmement inquiet de la signature de l'armistice le 25 juin 1940. À juste titre, puisque la France n'a pas respecté l'accord du 28 mars 1940 qui lui interdisait de signer une paix séparée, sans l'accord de l'Angleterre. Certes les avions anglais ont été absents du ciel de France en mai et juin, mais Churchill n'est pas suffisamment informé par Darlan.

L'amiral a pourtant donné l'ordre, dès le 20 juin, que la flotte française se saborde si elle est attaquée par les Allemands. Mais il ne l'a pas fait savoir assez clairement, par écrit, à Churchill.

À la vérité, la flotte française est très disséminée : quinze navires sont en Angleterre, le cuirassé *Richelieu* est à Dakar et le *Jean-Bart* à Casablanca, quatre unités lourdes mouillent à Alexandrie, de même que deux croiseurs et un porte-avions sont à quai en Martinique. Mais les plus importantes unités sont positionnées à Toulon (trente-six navires) et à Oran (quatre cuirassés et des sous-marins).

Après s'être emparé de la flotte française de guerre dans les ports anglais, Churchill trouve des accords avec les amiraux Godfroy et Robert pour neutraliser les flottes d'Alexandrie et de Martinique. La flotte d'Oran, en rade de Mers el-Khébir, l'inquiète. Aussi lance-t-il, le 3 juillet 1940, l'opération *Catapult* qui vise à s'en assurer le contrôle. La flotte anglaise, positionnée au large d'Oran, dirigée par l'amiral Somerville émet un ultimatum envers l'amiral Gensoul qui lui laisse le choix entre rejoindre la flotte anglaise ou d'appareiller vers les Antilles ou les États-Unis. Gensoul ne retransmet que la première partie de l'ultimatum à Darlan qui donne l'ordre de ne pas céder.

Ainsi Darlan a-t-il rejeté l'ultimatum anglais sur la base d'une information tronquée. Les Anglais ouvrent le feu coulant le cuirassé *Bretagne* et rendant inutilisables les cuirassés *Provence* et *Dunkerque* (achevé par un bombardement trois jours plus tard). Mille trois cents marins français sont tués.

Le 4 juillet, au Conseil des ministres, Darlan veut une vengeance exemplaire : il recommande d'attaquer la force navale de Somerville avec le *Strasbourg*, qui est parvenu à s'échapper du piège oranais en compagnie de cuirassés venus d'Alger ; il parle même de bombarder Gibraltar... Bref, il a perdu le sens commun.

Pétain, Weygand et le ministre des Affaires étrangères, Baudouin, s'y opposent. La France se contente d'une simple rupture des relations diplomatiques. Laquelle n'empêche pas Pétain d'envoyer deux missions secrètes en Angleterre, en octobre Rougier et en décembre Chevalier, qui permettent d'obtenir de Churchill la levée du blocus naval anglais sur les côtes françaises, l'arrêt des attaques de la BBC contre le maréchal ainsi que des combats entre pétainistes et gaullistes en Afrique.

Un amiral ambitieux qui veut tout le pouvoir

Alors que Pétain, furieux de voir son pouvoir constamment rogné par Laval s'en est brutalement séparé le 13 décembre 1940, Darlan constate que les portes du pouvoir sont grandes ouvertes devant lui. Les Allemands refusent d'accepter Flandin, le successeur désigné de Laval, et jugent positivement Darlan depuis Mers el-Khébir. Toujours aussi persuadé de la victoire militaire de l'Allemagne malgré le sévère échec de la bataille d'Angleterre, Darlan rencontre Hitler le 25 décembre pour obtenir son adoubement. Il affiche alors sa détermination en faveur de la collaboration. Le 9 février 1941, Pétain nomme Darlan vice-président du Conseil, puis le désigne comme successeur. Darlan entend concentrer les plus larges pouvoirs, se réservant, outre sa fonction de chef du gouvernement, les portefeuilles de l'Intérieur, des Affaires étrangères, de la Marine et bientôt des trois armées.

La plus violente politique collaborationniste

Sur le plan intérieur, les politiques précédentes sont poursuivies et même amplifiées : création du Commissariat aux questions juives le 29 mars 1941 placé sous la responsabilité de Valet, mise en place de la politique d'organisation des biens juifs, puis de celle d'aryanisation, c'est-à-dire de spoliation. Alors qu'un nouveau statut pour les Juifs leur interdit toutes les professions libérales.

Avec les premiers attentats antiallemands, à partir d'août, Pucheu, devenu ministre de l'Intérieur, met en place d'insupportables législations d'exception, choisit lui-même les otages à fusiller, enfin multiplie les polices, dont les plus offensives sont les fameux GMR (Groupes mobiles de réserve).

Tout en encourageant, sous l'impulsion de Darnand, (la mise en place d'une équipe de technocrates pour gérer l'économie française, Darlan prépare avec l'ambassadeur d'Allemagne en France, Abetz, la signature des protocoles de Paris. Cette fois, il s'agit de mettre l'empire au service des Allemands. Darlan a été très impressionné par les victoires nazies du printemps, en Crète, en Grèce continentale, en Cyrénaïque, en Yougoslavie enfin, et il concède tout sans aucune contrepartie, sauf celle de pouvoir renforcer l'armée pour reconquérir les possessions coloniales passées à de Gaulle. Ainsi, ces protocoles signés le 27 mai 1941 autorisent les Allemands à utiliser l'aéroport d'Alep en Syrie, à se servir dans le stock de matériel de guerre français disponible en Syrie (les nazis veulent soutenir la révolte antianglaise de Rachid Ali en Irak), à livrer du matériel de guerre dans le port de Bizerte en Tunisie et à se servir de la voie ferrée jusqu'à Gabès (pour soutenir Rommel), enfin, à accorder l'escale aux sous-marins allemands dans les ports et à se poser sur les aérodromes de Dakar au Sénégal, d'Afrique occidentale française (AOF) et d'Afrique équatoriale française (AEF).

Au Conseil des ministres du 3 juin, convoqué pour approuver les protocoles, Weygand explose de colère et annonce qu'il fera tirer sur les Allemands si leurs bateaux ou leurs avions se présentent en Afrique du Nord. Pétain le soutient. Exit les protocoles collaborationnistes de Paris si chers à Darlan. Pour éviter à l'amiral de perdre la face, il est convenu de dresser une liste d'exigences considérables, condition *sine qua non* à la ratification des protocoles. Des conditions que les Allemands rejettent avec colère.

Désormais, Darlan est dévalorisé, tant à l'endroit des Allemands qui n'ont plus confiance en sa parole qu'à celui des Alliés anglo-américains. La riposte vient rapidement : c'est l'opération conjointe conduite en Syrie à partir du 8 juin 1941 par les Anglais et les FFL gaullistes. Des deux côtés, les pertes sont effroyables, près de neuf mille tués en six semaines de combats. Mais le général vichyssois Dentz doit capituler. La Syrie et le Liban échappent désormais à Vichy.

Darlan trop opportuniste

La fréquentation assidue des cabinets ministériels a développé chez Darlan le goût du compromis, de la flatterie, de la roublardise, du bluff. Et celui du luxe et de l'argent qu'il utilise sans vergogne en splendides villas, puissantes voitures et dîners d'apparat. Intelligent mais réducteur, ayant une difficulté certaine à bien disséquer les situations complexes, il va peu à peu se souvenir de ses convictions anciennes. À savoir qu'aucune nation n'a jamais gagné une guerre mondiale sans flotte. L'entrée en guerre des États-Unis tout comme les difficultés de l'armée allemande sur le front russe pendant l'hiver 1941-1942 l'aident à comprendre qu'il s'est fourvoyé.

Au printemps 1942, il tente de se rapprocher des Américains, tout en conservant, à partir d'avril, ses responsabilités à la tête de toutes les armées, au sein du gouvernement Laval. Il y parvient grâce à son fils qui sert à Alger. Le destin va, un court instant, le couronner, au mois de novembre 1942, en Algérie… Avant que les gaullistes n'assassinent celui que le général Clark a reconnu le 22 novembre 1942 comme unique interlocuteur !

L'EXÉCUTION DE PIERRE PUCHEU, VERDICT POLITIQUE ?

Le surdoué

Normalien, camarade de classe de Déat et de Bonnafous – tous deux futurs ministres de Pétain comme lui –, peu tenté par la carrière professorale, Pierre Pucheu décide d'entrer dans l'industrie. Il commence sa vie professionnelle à Pont-à-Mousson, puis la poursuit aux Aciéries de Micheville. Il débute alors, avec une ambition décuplée, au Comptoir de la sidérurgie qui dépend de la Chambre syndicale de la sidérurgie française. Il y rencontre tous les maîtres de forge, français et européens, constituant un exceptionnel carnet d'adresses. Ayant créé le service Exportation, il remporte quelques succès remarqués à l'étranger. Et cherche à établir un cartel européen. Malgré son succès dans ce milieu si fermé, il est tenté par la politique. Il adhère aux Croix-de-Feu du colonel de La Roque, avant que de rejoindre le PPF (Parti populaire français) de Doriot. Mais la greffe ne prend guère plus. Il le quitte en 1937 et rentre alors à la Banque Worms. Devenu le protégé de Jacques Barnaud, il fait son entrée avec son mentor au sein du gouvernement Darlan en février 1941. D'abord secrétaire d'État à l'Industrie, domaine où il se trouve très à l'aise, il est nommé ministre de l'Intérieur le 18 juillet 1941, Darlan n'ayant plus le temps d'exercer directement cette fonction qu'il s'était, jusqu'alors, réservé.

Le redoutable ministre de l'Intérieur

Le directeur du cabinet civil du maréchal Pétain, le très subtil Du Moulin de Labarthète, un inspecteur des Finances, a fort bien saisi le personnage. Il écrit : « Aucune borne ne semblait s'offrir à son ambition… Il avait certes l'étoffe, des moyens, du courage. Une main de fer, une main sidérurgique, mais un gant de fibranne. »

Dirigeant son ministère d'une main de fer, Pucheu entend remettre de l'ordre dans le pays, en s'appuyant sur une police française. Après l'échec des protocoles de Paris et l'affaiblissement politique de Darlan, l'idée lui vient qu'il pourrait remplacer l'amiral à la tête du gouvernement de Vichy.

Pucheu commence par interdire le PPF de Doriot qu'il juge trop critique à l'endroit du maréchal. Puis, il réorganise la police, en créant une Direction générale de la police, étatise les polices municipales, crée l'école de formation de Saint-Cyr au Mont d'Or, enfin multiplie les polices purement politiques. Aux très importants et redoutés GMR (Groupes mobiles de réserve), il ajoute une Police aux questions juives (PQJ), un Service anticommuniste (SPAC), enfin un Service des sociétés secrètes antimaçonnique (SSS). Tous ces effectifs traquent les Juifs, les communistes, les francs-maçons, les résistants.

Alors que Pucheu ne s'est guère montré collaborationniste, en s'opposant par exemple aux protocoles de Paris, sans doute pour affaiblir Darlan, il va se trouver confronté à une question redoutable qui décidera de sa destinée.

La question des otages

Dès l'invasion de l'URSS par les Allemands, fin juin 1941, sur ordre de Moscou, la résistance communiste française s'organise. Et décide de mener des attentats contre les militaires allemands. Le 21 août, à la station de métro Barbès, le futur colonel Fabien, Pierre Georges, tue l'aspirant de marine Moser. Le 2 octobre suivant, c'est le tour du lieutenant-colonel Hotz d'être abattu à Nantes, puis le lendemain du major Reimers à Bordeaux. Les Allemands réagissent avec une colère froide : Hitler exige que l'on fusille cent otages.

Pucheu cherche d'abord à réduire le nombre des otages mis à mort, avec succès. Il veut également démontrer la capacité de la police française à empêcher les attentats et demande du temps. Mais il se laisse piéger par les Allemands, décidant d'abord de la création d'une section spéciale, tant en zone libre auprès des cours d'appel, qu'en zone occupée, pour juger en dernier ressort les terroristes et les communistes. Et il participe au choix, sur des listes d'internés, des otages à fusiller.

Il devient ainsi le complice de la politique de représailles allemandes qui s'avère particulièrement sanglante : en octobre à Châteaubriant et à Nantes (cinquante otages), à Bordeaux (cinquante otages), puis en décembre au Mont Valérien (soixante-dix otages).

Romier, ministre d'État, sans doute le plus proche du maréchal Pétain, est effondré. Il s'adresse ainsi à son collègue Pucheu :

« Mais comment avez-vous mis le doigt dans l'engrenage, Pucheu ? Comment avez-vous pu désigner, vous-même, les otages ?

— Je ne les ai pas désignés… J'ai laissé seulement les Allemands substituer une seconde liste à la première.

— Vous n'en aviez pas le droit, mon pauvre ami. Anciens combattants ou communistes, c'étaient tous des bons Français. Vous n'aviez pas à faire un choix. Vous n'aviez pas à prendre parti. Il fallait laisser aux Allemands la responsabilité de ce massacre. Vous la partagez, maintenant, avec eux. Comment n'avez-vous pas senti cela ? »

Pucheu ne sent pas grand-chose : il continue de pratiquer de vastes rafles de communistes qu'il enferme. À l'automne 1941, il arrête ainsi treize mille communistes, affectant gravement l'appareil du parti, dont plusieurs leaders sont condamnés : Danielle Casanova, Politzer et Decour.

La réaction du maréchal Pétain au massacre des otages de Châteaubriant est décrite par du Moulin de Labarthète. Il est hagard, s'affirme « déshonoré », déclarant : « Tout ce sang va retomber sur nous. » Puis il annonce sa décision de se livrer comme otage et d'aller à Paris se constituer prisonnier. Il n'en fera, finalement, rien...

Pucheu tente de se sauver

Après le débarquement anglo-américain en Afrique du Nord, Pucheu décide de quitter le régime de Vichy. Dès le 12 novembre 1942, il parvient en Espagne. D'un contact avec le général Giraud que les Américains ont reconnu en Afrique du Nord, dès le 26 décembre 1942, haut commissaire de l'Afrique du Nord et de l'AOF, après l'assassinat de Darlan, il obtient un sauf-conduit signé. Giraud cherche, en effet, à renforcer le clan des pétainistes face à de Gaulle. Pucheu rejoint le Maroc en avril 1943 et est bien accueilli à Casablanca.

Le général Giraud a rallié sans difficulté l'ensemble des amiraux et des généraux vichyssois d'Afrique ainsi que certains dignitaires du régime venus de métropole, comme Flandin, Peyrouton et... Pucheu.

Cependant, le 23 mai 1943, Jean Moulin a unifié en France huit mouvements de résistance, six partis politiques et deux centrales syndicales. Ce succès permet au général de Gaulle d'arracher un accord le 3 juin 1943 : la création du Comité français de libération nationale (CFLN). Une direction bicéphale est instaurée, reconnue le 29 août 1943 par les trois grands. Giraud conserve une prérogative en matière militaire alors que de Gaulle assume un rôle dominant dans le domaine politique.

Les communistes veulent sa mort

Les communistes d'Alger veulent la mort de Pucheu. Le motif: il est le créateur des polices parallèles qui ont traqué leurs maquisards, il est l'instaurateur des sections spéciales qui ont condamné à mort leurs militants, il est l'homme qui a choisi les otages communistes que les Allemands ont fusillés en représailles d'attentats meurtriers.

Le général de Gaulle force son homologue Giraud à l'arrêter, puis à l'interner à la mi-août 1943. Enfermé, Pucheu, armé d'un crayon à mine de plomb, écrit un livre entier, *Ma Vie*, où il tente de justifier son action passée à Vichy.

Cependant, le général Giraud s'est lancé dans l'opération de reconquête de la Corse à l'automne 1943: ses parachutages d'armes aux maquis communistes déplaisent fortement à de Gaulle. Désormais, de Gaulle est décidé à l'éliminer: il y parvient le 2 octobre, écartant purement et simplement son rival de la tête du CFLN. Giraud s'engage alors dans la campagne d'Italie. Il n'est plus là, pour protéger Pucheu. Alors le général de Gaulle traduit Pucheu devant un tribunal à Alger. Le 11 mars 1944, Pucheu est condamné à mort. C'est un signe fort adressé aux communistes pour qu'ils rejoignent le CFLN. Sitôt Pucheu fusillé, le 24 mars, les communistes font, onze jours plus tard, leur entrée au sein du CFLN. Ils ont alors l'assurance, en ayant imposé leur volonté à de Gaulle sur l'affaire Pucheu, que les gaullistes ont rompu tout lien avec Vichy. Ainsi les officines gaullistes, après l'exécution de Darlan, démontrent-elles, une nouvelle fois, leur capacité sans faille à dégager la voie du pouvoir pour le général.

Quant à Giraud, il préfère renoncer à toutes ses fonctions au sein du CFLN, se contentant d'écrire ses mémoires. S'il est aussi grand par la taille que le général de Gaulle, il est bien loin de le valoir en termes d'action politique…

LA VÉRITÉ SUR LE STO

Les tentatives précédentes

Il est très difficile d'apprécier le nombre de Français partis travailler en Allemagne durant le second conflit mondial, soit librement, soit sous la contrainte.

De juillet 1940 à juin 1942, ce sont pour l'essentiel des volontaires qui franchissent le Rhin, attirés par la rémunération, ou bien pour s'efforcer d'obtenir un échange avec un parent proche. Certes, dans les départements du Nord et du Pas-de-Calais, les rafles sont nombreuses. Alors que certaines entreprises allemandes implantées en France avant guerre envoient leurs salariés travailler en Allemagne dans la maison mère : ainsi Georges Marchais ira-t-il s'employer outre-Rhin dans une usine d'aviation. Ce sont environ cent cinquante mille Français, peut-être un peu plus, qui traversent ainsi la frontière.

À partir de juin 1942, l'attaque de l'URSS mobilise l'ensemble des jeunes hommes : l'Allemagne a besoin de bras pour remplacer ceux qui sont partis au front. Fritz Sauckel, Gauleiter, est l'homme chargé par le Führer, de trouver la main-d'œuvre de substitution indispensable.

Sur son injonction, Laval institue la Relève par la loi du 22 juin 1942 qui consiste à échanger un prisonnier de guerre français contre trois, puis quatre ouvriers allant travailler dans le grand Reich. La Relève est un échec total : selon les estimations, dix-sept mille à cinquante mille Français se laissent séduire…

Le 4 septembre 1942, le maréchal Pétain décide donc d'une loi de réquisition : toutes les femmes célibataires de vingt et un à trente-cinq ans et tous les hommes de dix-huit à cinquante ans ont l'obligation de partir en Allemagne. En un semestre, ce sont surtout ceux de la zone occupée qui partent : près de deux cent cinquante mille personnes.

Le STO

Le 6 février 1943, Laval instaure le SOT (Service obligatoire du travail), bien vite rebaptisé STO (Service du travail obligatoire) par les autorités. Cette fois-ci ce sont les classes 40, 41 et 42 qui sont appelées. Les exemptions accordées aux étudiants et aux agriculteurs disparaissent dès le mois de juin. Alors que de nombreux jeunes des chantiers, seize mille environ, sont mobilisés pour travailler en Allemagne.

L'Église hésite sur la conduite à tenir : le cardinal parisien Suhard, prudent, exhorte les jeunes à s'y rendre par devoir de solidarité mais précise que ce n'est pas un péché que de s'y dérober. Mais d'autres prélats comme Mgr Liénart, Mgr Dubourg, Mgr Théas justifient la résistance au STO, de même que la JOC (Jeunesse ouvrière chrétienne) et la JEC (Jeunesse étudiante chrétienne) autour de Rémy Montagne et de Jean-Marie Domenach. La grande voix du père de Lubac, jésuite, spécialiste de l'histoire des religions ne manque pas de s'élever contre cette contrainte. Cependant, l'Église laisse partir des prêtres en Allemagne, non pas comme aumôniers, mais comme ouvriers : c'est l'amorce du mouvement des prêtres ouvriers. Et c'est non protégés par un statut quelconque, que de nombreux séminaristes partent en Allemagne dans le cadre du STO.

L'inspection du travail, les groupes fascistes du PPF (Parti populaire français) et ceux des Groupes d'action pour la justice sociale – une appellation bien imméritée – aident miliciens et Wehrmacht à organiser des rafles pour traquer les récalcitrants. La première demande de Sauckel au premier semestre 1943 est ainsi satisfaite, ce qui ne sera pas le cas de celles du deuxième semestre 1943 et du premier semestre 1944. Près de deux cent mille hommes réfractaires, jeunes pour la plupart, partent dans la clandestinité. Environ cinquante mille d'entre eux rejoignent véritablement la Résistance, principalement communiste. Débordée par cet afflux, elle ne parvient, sur l'immédiat, ni à les former ni à les armer. Quant aux autres, ils s'engagent dans les corps des pompiers, de la police, de la Milice, de l'École des cadres d'Uriage, parfois au petit hasard…

Au total, le STO frappe environ quatre cent quarante mille Français, rendant le régime de Pétain et de Laval fort impopulaire.

Des conditions inhumaines

Dans un Reich aux abois, les conditions de vie des travailleurs français sont inhumaines. Il faut produire à tout prix. La durée de travail hebdomadaire passe de cinquante-quatre heures en 1942 à soixante-douze heures en 1944. La ration alimentaire est réduite au minimum vital et incite à la fuite. Le taux de désertion ne cesse, d'ailleurs de progresser, au point que les Allemands en viennent, dans le cadre des accords passés entre Speer et Bousquet, à préférer faire travailler en France des ouvriers français dans des usines travaillant exclusivement pour l'Allemagne. C'est le fameux statut des usines à main-d'œuvre protégée.

Quant aux prêtres clandestins, Kaltenbrunner donne l'ordre de les rechercher : il en arrête près de la moitié, une douzaine, et les déporte à Dachau.

Au tour des prisonniers de guerre

Cependant le Reich manque toujours de bras : à la fin de l'année 1943, près de quatre millions de soldats allemands ont déjà été tués ! Et les blessés sont presque aussi nombreux.

Deux hommes, Scapini et Bruneton, ont reçu mission de s'occuper des prisonniers et des travailleurs français en Allemagne. La mission de Georges Scapini concerne un million cinq cent mille hommes et débute dès juillet 1940. Celle de Gaston Bruneton, concentrée sur les travailleurs français en Allemagne, ne s'ébauche que beaucoup plus tard, début 1942.

Autant l'aveugle de guerre (1915), Scapini, est un homme honorable, autant ce n'est pas le cas de Bruneton. Scapini, avocat, ancien député de Paris, installe ses services tant à Paris qu'à l'ambassade de France à Berlin, parvenant à éviter la déportation des militaires juifs et à limiter le nombre de morts chez les Français (seize mille, la plupart sous les bombardements alliés, soit un peu plus de 1 % du total). Et il assure la libération de centaines de milliers de prisonniers vers la France, alors pris en main par le Commissariat au reclassement des prisonniers de guerre. Mais à partir de fin 1943, les prisonniers libérés en Allemagne sont aussitôt recyclés dans les usines locales…

Gaston Bruneton, fils d'un riche industriel de la sidérurgie, centralien, frotté aux colonies (chemin de fer du Yunnan, et phosphates tunisiens de Gafsa), dirige un cabinet de conseil en propriété industrielle et en brevets d'invention. Titulaire de la Légion d'honneur à titre militaire et de la Croix de guerre 1914-1918, il obtient du maréchal Pétain la création, d'abord d'un Service de la main-d'œuvre française en Allemagne, en 1942. Puis l'année suivante, le 6 février 1943, d'un véritable Commissariat à la main-d'œuvre en Allemagne. Il est vrai que la Relève a brutalement accru les effectifs d'ouvriers français outre-Rhin. Collaborationniste passionné, Bruneton approuve le STO, empêche toute fuite lors des permissions en annonçant à chaque bénéficiaire qu'en cas de non-retour de France, trois de ses camarades, nommément désignés, en seront à jamais privés. Sa mission s'élargit donc à tous les prisonniers de guerre libérés et requis d'office au sein des usines allemandes.

Son commissariat, désormais baptisé à l'action sociale, multiplie les effectifs administratifs, employant jusqu'à neuf cents personnes. La délégation Bruneton devient un centre de propagande et cherche à recruter des partisans pour le régime de Vichy. Ses succès sont médiocres : à peine peut-on citer l'envoi de vêtements et l'organisation de pouponnières pour les travailleuses françaises. Bruneton finit par se rallier à Doriot et n'est à la Libération que faiblement condamné. Il a pourtant beaucoup profité du Commissariat sans apporter réellement le moindre soutien social aux travailleurs français en Allemagne.

Les réquisitions pour le STO,
à la fin, c'était vraiment
du grand n'importe quoi !

LES SOIXANTE-QUINZE MILLE FUSILLÉS DU PARTI COMMUNISTE NE SONT QUE CINQ MILLE CINQ CENTS

Il n'y a pas eu plus de six mille fusillés en France durant la Seconde Guerre mondiale

En se prétendant le parti des soixante-quinze mille fusillés, le Parti communiste français ment effrontément. Aujourd'hui, des études précises permettent de cerner approximativement le nombre d'otages et de résistants passés par les armes, après un jugement ou de façon plus sommaire, en France occupée. Jean-Pierre Besse a proposé dans son ouvrage *Répression et exécutions pendant l'Occupation* des chiffrages pour les années 1940 à 1944, soit au total quatre années pleines d'occupation. Il y aurait eu, au total, environ six mille fusillés et non pas trente mille comme certains l'estimaient jusqu'à présent. Ce chiffrage de trente mille, défendu par Henri Frenay, ne repose sur aucune étude sérieuse et on connaît la propension des acteurs de la Résistance à amplifier, parfois, leurs sacrifices.

Le parti communiste n'a donc pu compter dans ses rangs six mille fusillés, ce qui signifierait que ses militants ont représenté cent pour cent des martyrs de la Résistance. Le véritable chiffre est probablement plus près de la moitié. Concernant les fusillés, il est vrai que les otages fusillés ont bien souvent été des communistes et, dans une mesure moindre, des Juifs. Aussi paraît-il conforme à la vérité de retenir un chiffre de trois mille cinq cents, peut-être quatre mille communistes fusillés. D'ailleurs, Jean-Pierre Besse a recensé très précisément quatre mille cent vingt personnes fusillées par les Allemands dans le cadre de la répression légale ou résultant de verdicts de tribunaux militaires. À ce total s'ajoutent quatre cents otages passés par les armes sans jugement en 1944. Sans doute peut-on également englober les victimes des pratiques sommaires de la Milice (dont les effectifs permanents armés n'ont jamais dépassé quatre mille rappelons-le), les FTP morts au combat face aux troupes allemandes. En revanche, il est absurde d'y englober les victimes des grands massacres commis par les troupes SS remontant vers la Normandie au cours de l'été 1944. Ces divisions allemandes ont sans doute tué plus de mille cinq cents civils innocents à Tulle, Oradour-sur-Glane, Asq, Chanas, Bron, Châtillon d'Azergues, Saint-Genis-Laval, Maillé… Certes, une partie d'entre eux étaient probablement communistes ou sympathisants…

Il semble donc raisonnable d'estimer que le nombre de communistes fusillés n'a pas dépassé cinq mille, peut-être, chiffre maximal, cinq mille cinq cents militants et membres des FTP…

Quant au nombre de résistants déportés, il a atteint cinquante mille en 1944, tous réseaux confondus. Pour l'ensemble de la période 1941-1944, il s'établit à environ quatre-vingt-huit mille, un chiffre un peu supérieur à celui des déportés juifs, soixante-quinze mille. Mais seuls deux mille cinq cents Juifs s'en sortiront vivants alors que les quatre cinquièmes des résistants refouleront la terre de France.

Le parti communiste cherche-t-il à cacher ses turpitudes ?

À vouloir se poser en victime et en martyr à la Libération, le parti cherche-t-il à faire oublier son attitude des jours honteux, ceux de juin 1940 à juin 1941, lorsqu'il a respecté à la lettre les consignes venues d'URSS, rédigées par l'un des deux dictateurs les plus sanglants du XXe siècle. Des ordres provenant d'une URSS qui se partageait les dépouilles de la Pologne avec les nazis ! Sans doute faut-il également y voir la manifestation d'une ambition évidente en politique intérieure. En 1944, fort de ses neuf cent mille adhérents annoncés, le parti communiste de Maurice Thorez contrôle le principal syndicat français, la CGT et le journal *L'Humanité* qui est diffusé à quatre cent cinquante mille exemplaires. Cependant, au cours des scrutins des années 1944-1947, les communistes plafonnent à une moyenne de 27-28 %, talonnés par les socialistes de la SFIO et le tout nouveau MRP démocrate-chrétien. Avant de voir leur influence s'infléchir. Ainsi pensent-ils influencer la scène politique française en se posant ouvertement comme le principal front de la Résistance, celui qui a payé le plus lourd tribut au nazisme et doit donc en recevoir la juste contrepartie, celle du pouvoir. Une réalité – l'URSS n'a pas la bombe atomique – et deux hommes (Ramadier et Moch), vont empêcher un coup d'État communiste, d'abord rejeté par un Staline épuisé par la guerre, avant qu'il ne se ravise dès 1947 lors de la conférence secrète de Szklarska Poreba, en Pologne. Ce sommet, tenu du 20 au 29 septembre par les neuf partis communistes européens, marque l'entrée dans la guerre froide. Condamnés pour leur « crétinisme parlementaire », les partis communistes italien et français se voient intimer l'ordre de passer dans l'opposition et de déstabiliser les régimes démocratiques auxquels ils participent.

Les communistes français ont négocié avec les Allemands en 1940

Dans son ouvrage *juin 1940-La négociation secrète,* Jean-Pierre Besse met en relief la négociation tentée par le parti communiste au mois de juin 1940 avec les autorités allemandes installées à Paris depuis le 14 juin. En 1939, le parti compte environ trois cent cinquante mille adhérents et son importance n'a cessé de croître. Le pacte germano-soviétique le surprend totalement : il s'aligne aussitôt, dénonce l'impérialisme et propose une paix immédiate. Pour leur honneur, sur un groupe parlementaire constitué de soixante-treize députés et deux sénateurs, vingt-deux députés, horrifiés, refusent la ligne du parti. Ils démissionnent. Daladier, président du Conseil, frappe fort : il dissout le parti et interdit sa presse.

Quatre mois plus tard, les effectifs communistes ont fondu comme neige au soleil et sont revenus à dix mille adhérents. Nombre de dirigeants ont fui la France, comme Thorez, Frachon et Tréand, évitant ainsi la prison.

En juin 1940, Moscou donne l'ordre, par l'intermédiaire du Komintern et de l'ambassade d'URSS à Paris, tant à Duclos, chef du PC clandestin qu'à Tréand, patron de la commission des cadres, d'engager des négociations avec les Allemands pour obtenir la reparution de *L'Humanité.* Celles-ci se déroulent à Paris, et Tréand, précise Besse, n'hésite pas à tenir des propos antisémites lors de son plaidoyer auprès des nazis. Les discussions traînent en longueur. Finalement, Staline et le Komintern, conscients de l'image déplorable qu'une telle reparution aurait sur les masses laborieuses, ordonnent au mois d'août de mettre fin au dialogue.

Il faut attendre le 22 juin 1941 pour que le PC passe du côté de la Résistance… En se positionnant en août 1944 comme le « parti de soixante-quinze mille fusillés », le parti communiste cherche tant à faire oublier son ralliement tardif que ses pratiques brutales (liquidation d'anciens communistes ralliés à Vichy, mais aussi de résistants trotskistes en désaccord idéologique) qu'à apparaître comme la force principale de la Résistance, celle qui a permis la victoire des Alliés au sein des FFI (Forces françaises de l'intérieur).

L'ÉPURATION, LA VÉRITÉ INTERDITE

Quelques chiffres indispensables

C'est en août 1943 que la première commission d'épuration est instituée par le CFLN (Comité français de libération nationale). C'est elle qui fera condamner à mort Pierre Pucheu, l'ancien ministre de l'Intérieur de l'amiral Darlan.

Dès la réussite du débarquement du 6 juin 1944, les nouvelles autorités, le GPRF (Gouvernement provisoire de la République française), créent les instruments juridiques qui permettront d'épurer le pays et de condamner les collaborateurs. Mais le ministre de l'Intérieur, Adrien Tixier, est bien contraint d'en convenir dans une circulaire, le 30 août 1944 : il ne contrôle que fort mal le pays et souligne « qu'il faut revenir au plus vite à la légalité républicaine ».

Toutefois, les règlements se poursuivent jusqu'à la fin de l'année, en particulier aux dépens des miliciens qui n'ont pu fuir. Et les actions illégales sont légion : dénonciations injustifiées, règlements de compte entre voisins, captations indues d'héritages, actes de pur banditisme dans les maquis les plus récents, qui entendent ainsi démontrer leur engagement.

Les chiffres de cette épuration extrajudiciaire qui s'achève bien souvent par la mort de l'accusé sont, encore aujourd'hui, impossibles à apprécier avec précision. Quant à l'épuration judiciaire, elle est, au contraire, parfaitement précisée. Elle vise les civils et les militaires. À cette justice pénale s'ajoute une épuration spécifique à l'endroit de certaines catégories de la population : fonctionnaires, chefs d'entreprise, écrivains, journalistes…

Il semble – et c'est une estimation minimale – qu'au moins dix-sept mille exécutions sommaires se soient déroulées, mais il n'est pas exclu que la réalité soit au double, trente mille liquidations. Quant au nombre de personnes légalement arrêtées, il atteint trois cent mille, dont cinquante-et-un mille seront condamnées à des peines allant de la mort (mille six cents exécutions ont lieu) à la simple indignité nationale.

Au total les épurations sauvage et légale ont provoqué la mort de vingt-cinq mille à trente mille Français.

L'épuration sauvage

Elle concerne au premier chef les femmes accusées d'avoir fait commerce de chair avec l'ennemi allemand. Or, elles sont fort nombreuses puisque environ deux cent mille enfants sont nés de pères allemands durant l'Occupation de la France. Des enfants maudits qui seront les premières victimes, dès l'école, de leur origine de « fils ou de fille de boche ». Sans doute a-t-on exagéré le nombre des filles tondues sur la place publique, souvent à moitié dénudées, frappées, injuriées. Le spécialiste de la question, Fabrice Virgili, tout en soulignant – comment le contredire – qu'elles servaient d'exutoire à une population qui applaudissait encore Pétain au printemps 1944 à Paris, estime que seules huit mille d'entre elles l'ont été pour avoir eu des relations coupables avec des Allemands. Les autres sont accusées de méfaits très graves, comme la dénonciation de résistants, ou plus véniels, comme le marché noir ou l'enrichissement personnel, ou tout bonnement victimes de pures calomnies.

En Allemagne, les travailleurs du STO, voire les prisonniers de guerre qui travaillent dans l'industrie ou l'agriculture locales, auront aussi de nombreux enfants des veuves allemandes (cinq millions et demi de soldats sont morts). Ces enfants seront en assez grand nombre récupérés par l'armée française d'occupation, puis expédiés en France dans des foyers d'accueil et, par la suite, proposés à l'adoption… Aucune étude sérieuse ne permet de les évaluer à ce jour, mais ils sont assurément des milliers.

Rappelons la tristesse de l'écrivain Robert Sabatier d'avoir perdu son premier amour, une petite souris vert-de-gris qui, rentrée en Allemagne à l'issue de sa période militaire, a sans doute trouvé la mort sous les bombardements alliés. Dans les poches de Saint-Nazaire, de Dunkerque, et ailleurs, nombre de femmes françaises amoureuses de soldats allemands, voire mariés avec eux, refusèrent de les quitter lors des évacuations de civils accordés par les Alliés avant l'assaut final.

Autrement plus terribles sont les règlements de compte entre maquisards et miliciens : cette fois ce sont les miliciens qui paient. Premières victimes de la Milice, les FTP (Francs tireurs et partisans) communistes se montrent sans pitié. Durant les premiers mois de la Libération, ce sont au moins cinq cents miliciens qui sont ainsi liquidés, et peut-être deux cents exécutés à la suite de jugements sommaires. Un chiffre à comparer aux quatre mille combattants plus ou moins permanents de la Milice.

En novembre 1944, Adrien Tixier affirme que cent mille personnes ont été victimes de l'épuration. Il le corrige en 1952, le ramenant à dix mille sans beaucoup plus de crédibilité. Philippe Bourdel, Robert Aron, Henry Coston, les spécialistes de la question, proposent des estimations allant de quinze à cinquante mille morts.

L'épuration légale des dirigeants

Les Ordonnances de l'été 1944, édictées par le Gouvernement provisoire de la République française (GPRF), mettent en place les dispositifs judiciaires : le 26 juin des cours de justice, le 26 août l'état d'indignité nationale et les chambres civiles, le 18 novembre, la Haute Cour de justice pour juger les dignitaires de l'État français.

Les collaborateurs sont immédiatement enfermés dans les prisons qu'ils réservaient aux Juifs et aux résistants : Drancy, Fresnes, le Vel'Div'… L'administration pénitentiaire étant demeurée en place, ce sont les anciens gendarmes de Vichy qui assurent la garde, sans zèle.

La Haute Cour s'apprête donc à juger le maréchal Pétain qui s'est livré à Vallorbe le 26 avril 1945, en compagnie du général Debeney et de l'amiral Bléhaut. De même, après s'être enfui en Espagne, Laval est livré par Franco aux Américains. Ministres et secrétaires d'État, commissaires généraux, résidents généraux, gouverneurs généraux, hauts commissaires, amiraux et généraux relèvent également de la Haute Cour. Peuplée de magistrats ayant servi Pétain, la Haute Cour est présidée par le président de la Cour de cassation, assisté du président de la Chambre criminelle, et fonctionne avec des jurys constitués par moitié de membres de la Résistance et de parlementaires de la IIIe République choisis parmi ceux qui n'ont pas voté la confiance au maréchal le 10 juillet 1940.

Les premiers condamnés à mort sont le journaliste Georges Suarez, l'officier de marine Paul Chack, l'écrivain et polémiste Robert Brasillach, alors que Henri Béraud sauve sa tête d'extrême justesse, gracié par le général de Gaulle. Drieu La Rochelle s'est, pour sa part, suicidé au gaz au mois de mars 1945. Les jugements concernant les militaires sont sans pitié : l'amiral Esteva qui a aidé les Allemands en Tunisie, l'amiral Laborde qui a ordonné le sabordage de la flotte, le général Dents qui a résisté aux anglo-gaullistes en Syrie, sont condamnés à la prison à vie. Les amiraux Bléhaut, Auphan, Marquis sont également traités avec sévérité, de même que le général Noguès.

Vient alors le tour de Pétain, jugé à partir du 23 juillet 1945 et condamné à mort le 15 août, avant d'être gracié par son meilleur ennemi, en raison de son âge, quatre-vingt-neuf ans. Le procès de Laval, bâclé, n'honore guère la République d'autant qu'il faut le porter au poteau d'exécution le 15 octobre parce qu'il a tenté de se suicider.

Le 10 octobre, le fondateur et dirigeant de la Milice, Darnand, est fusillé, tout comme, dans les semaines qui suivent, les chefs de la Milice : Clémoz, Gombert, Bassompierre, Di Constanzo, Knipping, Lécussan, Dagostini. Il en est de même pour les journalistes Jean Hérold-Paquis, « la voix de l'Allemagne », Jean Luchaire et le secrétaire d'État Fernand de Brinon. Nombreux sont ceux qui, ayant fui à l'étranger, sont condamnés à mort par contumace : les ministres Bonnard, Guérard, Gabolde ou encore Darquier de Pellepoix, le commissaire aux questions juives, le général Bridoux, « la honte de la France » selon Weygand, le fasciste Marcel Déat, Alibert, l'homme du statut juif.

Xavier Vallat, prédécesseur de Darquier, n'est condamné qu'à dix ans d'emprisonnement. René Bousquet, le secrétaire général de la Police qui a ordonné tant de rafles, parvient à repousser son procès: en 1949, dans un pays apaisé, il sort de prison la tête haute!

Paul Marion, Paul Baudouin, Yves Bouthillier, Jacques Chevalier, Lagardelle sont légèrement condamnés alors que Benoist-Méchin est condamné à mort. Jacques Leroy Ladurie et Carcopino bénéficient d'un non-lieu, le général Laure, Peyrouton, Olivier-Martin d'acquittements.

Romier, Cathala, Bichelonne, Doriot meurent dans diverses circonstances avant tout jugement, et Du Moulin de Labarthète avant de récupérer sa qualité d'inspecteur des Finances. Le docteur Ménestrel, rapidement libéré, se tue dans un accident de voiture.

L'épuration légale du pays

Face à trois cent onze mille dossiers pénaux, les cours de justice travaillent d'arrache-pied: au total, cinquante-huit mille dossiers sont menés à bonne fin jusqu'au délibéré d'un jugement. Le nombre de peines de mort prononcées s'élève à plus de six mille sept cents, dont trois mille neuf cents par contumace. Sur les deux mille huit cent cinquante-trois peines capitales prononcées en présence de l'accusé, seules sept cent soixante-sept sont finalement exécutées. Les cours décident de plus de treize mille peines de travaux forcés, deux mille peines de réclusion criminelle, enfin, de vingt-trois mille peines de prison. Ainsi, six mille sept cents personnes sont acquittées.

Les chambres civiques infligent des sanctions d'indemnité nationale débouchant sur une dégradation nationale à plus ou longue échéance : cinquante mille accusés sur soixante-neuf mille sont ainsi condamnés.

Les épurations spécifiques

Elles concernent les administrations, les intellectuels, les industriels, les journalistes et visent à écarter tous ceux qui ont manifesté trop d'empressement envers les autorités d'occupation. Tous les journaux qui n'ont pas cessé de paraître lors de l'invasion de la zone libre sont purement et simplement supprimés, à l'exception de *La Croix*. Il en est de même de toutes les radios collaborationnistes. Les éditeurs s'en tirent mieux que leurs auteurs car des listes d'écrivains indésirables sont dressées. Les interdictions d'éditer, d'être publiés, s'étendent aux auteurs de théâtre. Quant aux acteurs, sur la scène et au cinéma, il leur est interdit de jouer.

Certains chefs d'entreprise sont sanctionnés par la nationalisation de leurs entreprises, comme Louis Renault, alors que la plupart s'en tirent plutôt bien. Veut-on affaiblir une production française déjà fortement entamée par l'Occupation ?

Le réalisme l'emporte car le pays a perdu six cent mille personnes, dont une moitié de militaires. Il lui faut attendre 1949 pour voir cesser les tickets de rationnement et 1952 pour retrouver son PNB de 1929.

Aussi, la IVe République multiplie-t-elle les décisions d'amnistie pour tenter de réconcilier le pays avec lui-même, alors que de bien lourds conflits coloniaux s'emparent de l'actualité.

N'oublions pas qu'avec environ une cinquantaine de milliers de condamnations pénales, la France a sanctionné la collaboration, trois fois moins que le Danemark, quatre fois moins que les Pays-Bas, six fois moins que la Belgique ou la Norvège. Des nations voisines pourtant regardées avec quelque suffisance !

LOUIS RENAULT, VICTIME DES COMMUNISTES ?

1913 ou le premier bras de fer avec les syndicats

Inventeur hors pair, industriel patenté et pilote de course automobile à ses heures perdues, Louis Renault hérite de l'immense fortune de son père dès l'année 1909. Désormais placé à la tête des usines automobiles, Louis entend importer des États-Unis, qu'il a visités, le tout dernier cri des méthodes de rationalisation du travail, à savoir le taylorisme. Optimiser les rendements, clarifier l'attribution des tâches, introduire le système du chronométrage dans les usines, autant d'initiatives qui soulèvent un véritable tollé chez les syndicats. « Ce que veut le patronat, c'est priver les ouvriers de toute initiative dans leur travail. Ce qu'il veut, c'est leur enlever toute ombre d'influence directe sur la marche de la production », proclame dans leur tract les syndicats des usines Renault. « Voilà comment le patronat espère abaisser le niveau mental des travailleurs, les dégoûter du travail et du même coup les priver de tout idéal ! » ajoutent les détracteurs de l'industriel. Nous sommes en 1913, et déjà Louis Renault est la cible privilégiée des attaques syndicales. Une image d'odieux capitaliste qui va lui coller à la peau jusqu'à la fin de ses jours. Pourtant, l'industriel automobile fait preuve d'un patriotisme et d'une loyauté exemplaire au cours de la Première Guerre mondiale…

Quand le « second père de la Victoire » corrige son image sociale

Lui-même mobilisé en tant que sapeur-aérostier, Louis Renault a joué un rôle indéniable dans la victoire finale de la France en 1918. À commencer par l'épisode des taxis de la Marne. Réquisitionnés pour transporter les troupes sur le front, la plupart des véhicules sont sortis des usines Renault. Et la participation de l'industriel à l'effort de guerre du pays de perdurer jusqu'à la fin du conflit. Convoqué à Bordeaux, où s'est réfugié le gouvernement français, Louis Renault est en effet directement sollicité pour fabriquer tous les armements nécessaires à la poursuite de la guerre. En l'espace de quatre ans, les usines Renault fabriquent une quantité astronomique de camions, de tracteurs et de canons. Outre la construction de plus de trois mille cinq cents chars FT-17, on dénombre également plus de huit millions d'obus et près de quatorze mille cinq cents moteurs d'avions. Considéré à juste titre comme le « second père de la Victoire », Louis Renault fait par ailleurs preuve d'esprit social.

Flirtant avec le paternalisme, l'industriel entend par ailleurs améliorer la vie de ses ouvriers. Sensible au bien-être de ses employés, il multiplie les réformes sociales. En témoignent la fondation d'une grande coopération ouvrière dès l'année 1916, le versement d'indemnités aux ouvriers frappés par la maladie ou encore la création d'allocations familiales. Des mesures dignes d'un vrai « héros socialiste ». Et pourtant, une génération plus tard, en 1938, le même Louis Renault se montre réfractaire à tout progrès social. Il devient même le symbole du capitalisme sauvage et réactionnaire. Sa résistance aux mesures du Front populaire en fait un ennemi de classe. Une image de capitaliste indigne de sa patrie qui se consolide pendant la Seconde Guerre mondiale, et ce malgré la résistance manifeste de Louis Renault aux exigences allemandes…

« Donnons-leur le beurre ou ils prendront les vaches »

De retour d'un voyage aux États-Unis au cours de l'été 1940, Louis Renault a la désagréable surprise de voir les ingénieurs de Daimler-Benz devant les portes de ses usines à Boulogne-Billancourt. D'emblée, les industriels nazis formulent leurs exigences : le transfert de tous ses équipements et de l'ensemble de ses ouvriers sur le territoire allemand. Mais Louis Renault s'y oppose et obtient satisfaction. Moyennant son refus de déplacer tout son matériel de l'autre côté du Rhin, l'industriel promet de leur livrer tous les tanks et tous les camions dont la Wehrmacht aura besoin. « Donnons-leur le beurre ou ils prendront les vaches », déclare Louis Renault. Et c'est ce qu'il fait. Mais là s'arrête la collaboration. Loin de livrer du matériel intact ou fiable, l'industriel s'ingénie à trafiquer les véhicules fabriqués pour les Allemands. En résumé, le « beurre » est ranci. Transportés sur le front russe en 1942, les camions sont systématiquement sabotés par les ouvriers français, lesquels en raccourcissent les jauges à huile. En termes brefs, les usines Renault tournent au ralenti, non seulement en raison de la mauvaise volonté manifeste de ses ouvriers, mais aussi suite à la pénurie récurrente des matériaux. À titre de comparaison, les usines Renault construisent deux fois moins de véhicules que celles de Citroën. Reste la question la plus épineuse : à aucun moment, Renault n'a jamais aidé la Résistance, à la différence de Michelin ou de Peugeot. D'une certaine façon l'absence de « collaboration » avec les maquis en fait un collaborateur. En août 1944, noyautés par les communistes, les résistants, en particulier les FTP, ont à cœur de se venger. Louis Renault est immédiatement désigné comme un « ennemi de classe » patenté.

Quand Libération rime avec épuration

L'épilogue de l'été 1944 consacre la déchéance d'un héros de la Première Guerre mondiale. Grand-Croix de la Légion d'honneur, « second père de la Victoire », grand champion automobile, tous ces honneurs et ces titres pompeux sont désormais lettre morte. Sitôt Paris libéré, Louis Renault fait l'objet d'une campagne de presse haineuse. On l'accuse ni plus ni moins d'avoir réalisé six milliards de bénéfices pendant l'Occupation.

Fort de sa victoire sur le nazisme, le parti communiste lui reproche sans la moindre preuve d'avoir collaboré avec l'Allemagne.

Pas plus tard que le 19 septembre 1944, un mandat est délivré contre lui. Ne prenant absolument pas conscience de la gravité de la situation, Louis Renault ne cherche à aucun moment à se soustraire à la justice. C'est la conscience tranquille qu'il se rend à la convocation. Mal lui en prend. Accusé « d'atteinte à la sûreté de l'État », le brillant ingénieur est convoqué devant un juge qui prononce immédiatement son arrestation.

Arrêté, torturé et assassiné en tant que profiteur de guerre

Conduit sans ménagement à la prison de Fresnes, l'homme âgé de soixante-sept ans est malmené, insulté et rudoyé à plusieurs reprises. Sa santé est pourtant chancelante. Souffrant d'une insuffisance rénale majeure, Louis Renault est devenu aphasique pendant la Guerre. Une maladie qui le ronge dans tout son être. Incapable d'écrire et même de converser, de tels handicaps le disculpent naturellement de toute collaboration. Ses geôliers n'en ont pourtant que faire. Pour les communistes en mal de révolution, Louis Renault représente la bourgeoisie honnie, le capitaliste sans foi ni loi, le collaborateur industriel par excellence. Quand bien même sa culpabilité n'est pas formellement établie, sa mort est une nécessité politique, son exécution présentée comme un acte de « salubrité publique ».

À défaut de collaborer, Louis Renault n'a pas non plus résisté. Peu importe ses opérations de sabotage ou son œuvre sociale pendant la Première Guerre mondiale, Louis Renault apparaît comme le bouc émissaire idéal. Peu importe qu'il n'ait plus été en mesure de diriger son entreprise pendant l'Occupation, il paye sa position sociale. Incarcéré à la prison de Fresnes, son emprisonnement est toutefois de courte durée. Libéré ? pas vraiment. Il meurt tout juste un mois après son arrivée. Certes, l'industriel était déjà très malade mais son décès prématuré est surtout dû aux mauvaises conditions de détention. Battu systématiquement, rudoyé sévèrement, Louis Renault est torturé quotidiennement par ses gardiens, il est proprement éliminé physiquement au nom de l'idéologie communiste. Dans le contexte de l'épuration sauvage que suit la Libération, la mort de Louis Renault passe presque inaperçue…

La seconde mort de Louis Renault

Tout juste trois mois après la disparition brutale de leur dirigeant, les établissements du « martyr de la libération » sont nationalisés sous le nom de « Régie nationale des usines Renault ». Jamais inculpé, le nom de Louis Renault n'en reste pas moins synonyme de déshonneur national aux yeux de ses détracteurs. Sa famille elle-même ne reçoit pas le moindre dédommagement financier à l'issue de la nationalisation de l'entreprise. Quand bien même le véritable directeur des usines Renault sous l'Occupation, un certain René de Peyrecave, obtient un non-lieu en 1949, le sort de Louis Renault au lendemain de la guerre continue de susciter de vives polémiques. Pas plus tard qu'en juin 2011, une manifestation organisée par les élus communistes de Rueil-Malmaison témoigne encore de l'hostilité de la gauche révolutionnaire à l'égard de l'industriel. Encore aujourd'hui, aux yeux des communistes, Louis Renault symbolise la collaboration capitaliste de l'État français avec l'Allemagne nazie. En juin 2011, la place Louis-Renault à Rueil-Malmaison est ainsi rebaptisée « place des salariés de Renault fusillés par l'Occupant (1940-1944) ». Il faut se rendre à l'évidence : la page de la guerre est loin d'être tournée…

1947 OU LA RÉVOLUTION COMMUNISTE AVORTÉE

Un « parti de l'étranger » déguisé en « parti des 75 000 fusillés » ?

En août 1944, le parti communiste apparaît la première force politique sur l'échiquier français. Fort de son rôle actif pendant la Résistance, il n'hésite pas à se qualifier de « parti des 75 000 fusillés ». Mais très rapidement, la Guerre froide naissante dévoile un tout autre visage, celui d'une force politique complètement inféodée à Moscou. Pour ses opposants, il n'est que « le parti de l'étranger », le cheval de Troie de l'Union soviétique…

Deux ans après la fin de la guerre, la France présente toujours un visage apocalyptique. Le pays est exsangue, ruiné et rongé par un malaise persistant. Les magasins sont vides, les usines de charbon ne produisent plus et des monceaux de ruines occupent toujours le centre des villes dévastées par la guerre. En d'autres termes, le rationnement est toujours à l'ordre du jour et la reconstruction n'a pas encore commencé.

À la crise économique et à la pénurie alimentaire s'ajoute un climat politique prérévolutionnaire. Mais « le parti des 75 000 fusillés » agit plus en « parti de l'étranger ». Il dénonce particulièrement la politique indochinoise et les mesures sociales du gouvernement Ramadier. Dans le climat de guerre froide naissante, les communistes Jacques Duclos et Maurice Thorez choisissent leur camp : celui des Soviétiques.

Le Parti communiste a-t-il couché avec les Allemands entre juin 40 et juin 41 ?

LA PREUVE :

Les ministres communistes sont virés!

Les Américains ne se font aucune illusion. Dean Acheson, conseiller de Truman décrit ainsi la situation : «… Quant à la France, les Russes n'ont qu'à secouer la branche à l'heure qu'il leur plaira pour récolter le fruit. Avec les communistes à la tête des administrations… la France est mûre pour tomber sous la coupe de Moscou ». Au sein même du gouvernement Ramadier, le premier de la IVe République naissante, les ministres communistes critiquent systématiquement l'action de ce même gouvernement, tant sur le plan intérieur qu'en matière de politique extérieure. « De vraies taupes de Moscou » aux dires de leurs détracteurs. En conséquence, le président du Conseil n'a plus le choix. Le 5 mai 1947, Paul Ramadier annonce l'expulsion des quatre ministres communistes.

« L'hiver rouge »

Cette expulsion est le point de départ d'une opposition radicale et violente du parti communiste. La Guerre froide exporte ses divisions sur le territoire.

À l'automne 1947, le climat social est tel que l'on parle de guerre civile. Le 2 octobre, les propos de Thorez au Vélodrome sont clairs : «… le moment est venu d'imposer un gouvernement démocratique où la classe ouvrière et son parti exercent un rôle dirigeant… » On frôle la confrontation armée. Les voies ferrées sont bloquées, les centraux téléphoniques attaqués et la plupart des ouvriers des bassins houillers et des arsenaux ont cessé le travail. Près de trois millions de grévistes paralysent la France.

Au bord de la guerre civile

La violence est aussi au rendez-vous. On ne compte plus le nombre de sabotages d'usines et de batailles rangées entre forces de l'ordre et militants communistes. Ces derniers n'hésitent pas à faire dérailler le train Paris-Tourcoing, provoquant la mort de vingt-et-une personnes. Les premières victimes de la guerre civile ? Face à cette situation explosive, le ministre de l'Intérieur Jules Moch décide de réagir en adoptant une méthode musclée. Après avoir mobilisé quatre-vingt mille réservistes et dissout onze compagnies de CRS jugées peu sûres, il s'engage sur la voie de la répression. Une politique payante…

LA TERRIBLE RÉPRESSION DE L'ARMÉE FRANÇAISE À MADAGASCAR

Des Malgaches particulièrement brimés

Madagascar : en 1947, rares sont les Français capables de localiser cette grande île sur une carte. Elle est pourtant aussi vaste que la France et flanque la rive orientale de l'Afrique. Forte de quatre millions d'autochtones, elle abrite aussi plus de trente-cinq mille Européens. Au cours de la Seconde Guerre mondiale, le gouvernement pro-vichyste est chassé dès l'année 1942 par les Anglais, lesquels favorisent l'installation d'un pouvoir gaulliste.

D'emblée, la nouvelle administration s'avère maladroite, dictatoriale et coloniale. Réimposant le statut de l'indigénat aux habitants de l'île rouge, les autorités françaises traitent les Malgaches comme avant la guerre. Un quotidien fait de réquisitions permanentes, d'humiliations quotidiennes et de déportations massives. Libérés de l'administration vichyste, les Malgaches n'en subissent pas moins les corvées, les privations et le travail forcé. La vie est particulièrement dure au sein des plantations de girofliers et de vanilliers.

Une image de la France écornée par la guerre

Face à ce climat de répression coloniale, seule la fin de la guerre augure de meilleurs lendemains. Les élites malgaches se réfèrent à la Charte de l'Atlantique de 1941, laquelle encourage les peuples colonisés à choisir librement leur destin. Rapidement défaite par les nazis, la France républicaine a aussi perdu de son aura. Qui plus est, à compter de 1945, les superpuissances américaine et soviétique soutiennent ouvertement la décolonisation. Le jour même de la capitulation allemande, le 8 mai, une première insurrection éclate, en Afrique du Nord, à Sétif, contre la République française. S'ensuit une répression sans précédent. Loin d'être un événement isolé et sans conséquences, ce premier soulèvement algérien porte en germes tout le mouvement de décolonisation engagé au lendemain de la Guerre. Dès le printemps 1946, trois députés malgaches entrent à l'Assemblée nationale constituante. Répondant aux noms de Raseta, de Ravoahangy et de Rabemananjara, ils sont issus du MDRM, à savoir le Mouvement démocratique de la rénovation malgache, tout nouvellement créé. Visant à court terme l'autonomie de Madagascar, le MDRM est rapidement dépassé par le JINA (Jeunesse nationaliste), un mouvement aux visées beaucoup plus radicales, qui prône ni plus ni moins l'insurrection armée contre l'occupant français et dont l'objectif est clair : conquérir par la force l'indépendance…

L'insurrection armée du 29 mars 1947

Dans la nuit du 29 au 30 mars 1947, malgré l'appel à la retenue des militants du MDRM, l'irréparable est commis. Quelques centaines d'individus armés de sagaies et de coupe-coupe investissent les casernes françaises, en massacrent les soldats, pénètrent dans les demeures coloniales et en assassinent les propriétaires. Les Malgaches jugés « collaborateurs de l'occupant » subissent le même sort que les colons. En l'espace de quelques heures, une grande partie de l'île rouge passe aux mains des insurgés. À Paris, c'est la consternation. Totalement pris au dépourvu, le gouvernement de Paul Ramadier, alors plongé en plein climat de Guerre froide, réagit avec la plus extrême fermeté. À commencer par l'arrestation et la condamnation à mort des députés malgaches présents à Paris (des peines par la suite commuées en exil). Sur place, le gouverneur Coppet organise la résistance en s'efforçant d'arrêter les principaux meneurs. Mais les forces régionales s'avèrent trop peu nombreuses. Pour mener à bien la « contre-offensive », il faut attendre le gros des troupes françaises. Leur soutien devient effectif avec la fin du printemps. Elles débarquent en effet en force au mois de juin 1947 avec l'appui simultané de la marine et de l'aviation. C'est le début d'une guerre coloniale qui ne dit pas son nom. Une intervention aussi brève que violente…

La guerre coloniale oubliée

La brutalité de la répression est à la hauteur de la sauvagerie de l'insurrection. Incendies de villages, torture des prisonniers et exécutions sommaires rythment ainsi tout le second trimestre 1947. Parmi les troupes françaises, on compte de nombreux soldats en provenance des colonies, à l'image des tirailleurs sénégalais. Avec plus de dix-huit mille hommes, elles mènent des opérations dites de « pacification ». Pacification ? Il serait plus juste de parler de méthodes barbares, voire d'actes inqualifiables d'extermination des insurgés. Marquées par les témoignages des Européens rescapés de l'insurrection du mois de mars, les forces françaises ne reculent devant aucune violence. On en veut pour preuve le mitraillage d'une centaine de militants du MDRM à l'intérieur de wagons, voire de ces leaders indépendantistes jetés dans le vide depuis un avion. Surprise par l'ampleur et la soudaineté de l'insurrection malgache, la France décide d'adopter une vieille méthode : terroriser les terroristes. En d'autres termes, il faut que la peur change de camp…

Plus de 11 000 morts malgaches

Après plusieurs mois de répression sans limites, le calme est enfin ramené dans l'île rouge tout juste un an après le début des émeutes. Aux dires des premiers témoignages, le bilan de la « guerre malgache » serait effroyable. À la fin de l'année 1948, une première mission d'information de l'Assemblée de l'Union française évalue le nombre des victimes de la « pacification » à quatre-vingt-neuf mille morts. Deux ans plus tard, le bilan est toutefois revu à la baisse. Officiellement, ce sont plus de onze mille trois cents Malgaches qui auraient été tués par les troupes coloniales. Côté français, les pertes sont relativement minimes. Si on compte près de deux mille victimes parmi les militaires, on parle de près de cinq cent cinquante civils européens massacrés par les autochtones. À n'en pas douter, cette « guerre malgache » est caractéristique de l'état d'esprit qui anime les représentants politiques de la IVe République. Loin de répondre aux aspirations des Nations unies ou de souscrire aux vœux formulés par les deux superpuissances, la France reste désespérément accrochée à son ancien empire colonial. Des rives du Mékong aux contreforts de l'Atlas saharien en passant par la terre rouge de Madagascar, la France entend garder tout son patrimoine territorial, quitte à employer la force. Jacobine avant tout, elle considère la République comme une et indivisible. L'avenir proche va cependant cruellement infirmer ce principe…

QUAND DE GAULLE ENTEND DOMINER L'INDOCHINE DE 1945

Trente-quatre mille Français sur vingt-deux millions

L'épopée des amiraux sous Napoléon III permet à la France de s'assurer des bases solides en Indochine. Puis Jules Ferry s'enthousiasme pour cette aventure asiatique et pousse à la colonisation du Tonkin, qui provoque sa chute à l'annonce d'un faux désastre à Long-Son. Cependant, en 1887, le gouverneur Paul Bert organise le pouvoir central d'une Union générale indochinoise. Le territoire administré par les Français, grand comme une fois et demie la métropole, comprend du nord au sud: le Tonkin avec Hanoi, l'Annam avec l'ancienne capitale impériale Hué, la Cochinchine où prospère Saigon. Deux protectorats, sur le Cambodge et le Laos, complètent l'implantation française. La population est alors d'environ 15 millions d'habitants. À partir de 1896, le premier gouverneur est Paul Doumer, futur président de la République en 1931.

Le modèle chinois du Kuo-Min-Tang et la révolution soviétique suscitent des réactions nationalistes chez les Vietnamiens et poussent à la création du parti communiste indochinois, en 1930. Mais c'est le Viêt-Nam Quôc Dan Dang (VNQDD), parti nationaliste et socialiste imité du Kuo-Min-Tang, qui déclenche la première révolte contre l'occupant, celle de Yang Bay. Elle est sévèrement réprimée. Aussi, lors de leur invasion de 1940, les Japonais trouvent-ils une situation assez instable en Indochine.

L'Indochine française de 1940 comporte vingt-deux millions d'habitants dont à peine trente-quatre mille Français. Encore s'agit-il, pour l'essentiel, de citoyens réunionnais ou provenant des cinq Comptoirs indiens. L'armée française, d'environ soixante mille hommes, peut être accrue de moitié après mobilisation locale. Mais les troupes d'origine européenne ne dépassent pas douze mille hommes, soit environ 20 % des effectifs. Quant aux tirailleurs annamites, la force la plus accomplie au sein des Indigènes, sa fidélité n'est guère acquise comme on le constate face aux attaques japonaises de 1945.

L'amiral Decoux vaincu en 1945

L'amiral Catroux est révoqué en juin 1940 et son successeur, l'amiral Decoux, doit céder devant les Japonais qui exigent la fermeture des frontières entre le Tonkin et la Chine. Une convention est signée en septembre 1940, selon laquelle ils occupent la frontière nord, utilisent le port d'Haiphong et les aérodromes. La souveraineté française est cependant reconnue.

À partir du début de 1945, ayant perdu la bataille des Philippines, le commandement de Tokyo craint un débarquement américain en Indochine. Il y renforce son armée, puis, au mois de mars, lance l'opération *Mei*, avec 46 000 hommes. Decoux résiste avec ses douze mille métropolitains : il est anéanti malgré l'extrême bravoure de ses troupes. Ayant perdu le quart de ses effectifs, la troupe française est enfermée avec ses officiers et son amiral en chef dans des camps où il est difficile de survivre. Affirmer, comme le feront les gaullistes, que Decoux a collaboré avec les Japonais est déshonorant, alors que l'amiral est retenu dans une forteresse en Cochinchine. À son retour en France, Decoux est traduit devant la Haute Cour de justice, inculpé d'atteinte à la sûreté de l'État. Les juges sont bien contraints de constater que son dossier est vide : il bénéficie d'un non-lieu.

Cependant, le commissaire de la République, le partisan Cédile, pourtant convoyé jusqu'à Saigon par des Japonais qui viennent de capituler au mois d'août 1945, refuse de libérer les soldats français qui ont capitulé au mois de mars précédent et ont traversé l'enfer des geôles japonaises ! Au motif que ce sont des traîtres à la solde de Vichy...

Les Alliés et les Japonais méprisent la France en Indochine

En écrasant militairement les Français, les Japonais encouragent les nationalistes de tout poil, communistes inclus, à se saisir du pouvoir. Les souverains du Vietnam, du Laos et du Cambodge proclament aussitôt leur indépendance. Au Vietnam, c'est l'empereur d'Annam, Bao Dai, qui prend le pouvoir à Hanoi le 11 mars 1945.

Mais, le 19 août suivant, le chef communiste du Viet-minh, Ho Chi Min l'élimine, le forçant à démissionner. Le 2 septembre 1945, il proclame la République populaire et démocratique du Vietnam. Cependant, les Japonais abandonnent leurs armes au Viet-minh, lui fournissant même des instructeurs et l'encourageant à se soulever contre la domination méprisable et décadente de l'homme blanc.

À Potsdam, les Alliés ont décidé de confier aux Chinois nationalistes de Tchang Kaï-chek le désarmement des Japonais au nord du 17e parallèle, alors qu'au sud agiront les Britanniques.

Inutile de souligner l'impression déplorable laissée auprès des populations par ces décisions, encore accrue, il est vrai, par les règlements de comptes absurdes entre gaullistes et pétainistes.

Leclerc à la reconquête d'Hanoi

Le plus urgent pour les Français est de mobiliser des troupes de métropole pour reprendre le contrôle de l'Indochine. Le général Leclerc, nommé commandant suprême des forces françaises d'Extrême-Orient en reçoit la mission du général de Gaulle. Lequel, toujours aussi malheureux avec l'Indochine, nomme l'amiral Thierry d'Argenlieu, un homme aux vues bien courtes, haut commissaire en Indochine.

Les premières troupes françaises débarquent en octobre 1945. S'appuyant sur le général Massu, Leclerc doit mener une véritable campagne militaire, émaillée de multiples embuscades, pour parvenir à remonter de la Cochinchine au Tonkin.

Fin janvier, il parvient à maîtriser la Cochinchine, y rétablissant l'autorité française. Quant au Tonkin, occupé par les Chinois, il est mis en coupe réglée par les nationalistes et il faut attendre le bon vouloir de Tchang pour y pénétrer.

Enfin, le 28 février 1946, le chef de l'État chinois finit par reconnaître la souveraineté française et consent à commencer d'évacuer ses deux cent mille soldats. Le mouvement de retrait s'amorce le 5 mars suivant, non sans que les Chinois se soient permis, ultime défi, de tirer sur les premiers navires français qui se présentent.

Enfin, le 18 mars 1946, le général Leclerc pénètre dans Hanoi. Aux prises avec la guérilla viet-minh pendant un mois, Leclerc a immédiatement compris que s'il faut livrer une guerre en Indochine, une armée mécanisée et technologique est totalement inadaptée. L'ennemi, invisible, réfugié dans les rizières et dans la jungle, est très mobile. Paysan le jour, il est combattant la nuit. Sauf à conduire de vastes représailles aveugles par des bombardements aériens ou terrestres qui retourneront la population contre les troupes françaises. Il est donc urgent de conclure une paix et d'accorder l'indépendance tout en cherchant à maintenir le maximum de liens.

Thierry d'Argenlieu incapable d'analyser correctement la situation

Hélas, le général de Gaulle comme son féal, l'amiral Thierry d'Argenlieu, sont incapables d'analyser la situation avec réalisme. Le 24 mars 1945, le général de Gaulle propose un simple statut particulier pour l'Indochine au sein de l'Union française. La réponse d'Hô Chi Minh est rapide et ironique : les Japonais ont déjà donné l'indépendance aux Vietnamiens.

Dès son arrivée, Thierry d'Argenlieu croit détenir une vraie solution en séparant la Cochinchine, plus riche, plus démocrate, plus catholique et plus bourgeoise, du reste de l'Indochine, éventuellement abandonnée aux communistes. Sa double erreur sera catastrophique pour la suite des événements. Il ne comprend pas que sans son grenier à riz cochinchinois, le Vietnam est voué à la famine. Et il s'imagine que les communistes viet-minh sont isolés, impopulaires et aisément réductibles par la force armée. Pourtant Leclerc, pour manifester son mécontentement, voyant ses préconisations rejetées, a exigé son rappel d'Indochine. Le général Valluy, son successeur, tout aussi inconscient que d'Argenlieu, s'imagine réduire le viet-minh avec cinquante mille hommes, confortant l'amiral dans ses chimères...

Tous deux sont totalement ignorants de l'action d'Hô Chi Minh depuis le 2 septembre 1945. Il n'a exigé que neuf ministres communistes sur quinze et, pour donner confiance à ses partenaires nationalistes et catholiques, est allé jusqu'à dissoudre le Parti communiste.

Mais, avant la fin de l'année 1945, l'oncle Hô extermine ses rivaux au sein du Parti, ceux de l'extrême gauche trotskiste. Puis, en mars 1946, il impose un gouvernement d'union, ne réservant que 15 % des sièges à l'Assemblée nationale aux nationalistes du VNQDD et 5 % aux représentants de la Cochinchine qu'il sait hostiles au communisme.

L'excellent accord Sainteny-Hô Chi Minh

Le délégué français à Hanoi, Jean Sainteny, qui partage totalement le point de vue de Leclerc, a signé, avant l'entrée du général à Hanoi, le 6 mars 1946, avec Ho Chi Minh, le chef communiste, un accord selon lequel la France reconnaît le Vietnam comme État souverain possédant ses propres institutions, mais faisant partie de l'Union française. Sainteny, mieux que personne, sait bien que les Français ne représentent guère plus de 0,2 % de la population indochinoise.

Hô Chi Minh a consenti un sacrifice apparent, acceptant que le sort de la Cochinchine soit réglé par référendum, mais a obtenu par ailleurs une convention militaire qui limite les mouvements de l'armée française au Vietnam.

Le chef communiste demande à venir à Paris pour négocier le passage définitif à l'indépendance. Il veut que Paris lui accorde ce que les urnes lui refuseraient sans doute : le rattachement de la Cochinchine ; en échange, ce francophile est prêt à garantir le maintien de liens privilégiés avec la France dans tous les domaines.

Certes, il peut sembler cynique de laisser tomber la Cochinchine entre les mains communistes mais la France n'a ni les moyens militaires ni les moyens financiers, et encore moins la légitimité humaine, pour maintenir sa domination sur l'Indochine. Cela, Leclerc et Sainteny l'ont clairement démontré, alors que le ministre Moutet en est également persuadé.

Pourtant, les pourparlers décisifs qui s'engagent à Fontainebleau le 6 juillet 1946 échouent le 12 septembre suivant.

Dès le 20 novembre, le viet-minh déclenche la bataille d'Haiphong, remportée par les Français au prix de centaines de morts et de blessés de part et d'autre. La guerre d'Indochine, qui s'achèvera le 7 mai 1954 dans la cuvette de Diên Biên Phu, vient de commencer.

VICTOIRE MILITAIRE FRANÇAISE EN ALGÉRIE EN 1957-1958

Le voyage de Guy Mollet à Alger

Jacques Soustelle, le gouverneur général de l'Algérie, quitte Alger le 2 février 1956. Une foule immense accompagne celui qui a toujours défendu l'Algérie française et s'est efforcé de reprendre le contrôle du terrain face au FLN (Front de libération nationale). D'abord en mettant en place des SAS (Sections administratives spécialisées) dans les campagnes et des SAU (Sections administratives urbaines) dans les villes, en charge de l'aide médicale (vaccination) et agricole (creusement des puits, distribution de semences), de l'aménagement du territoire (percement des routes, construction des écoles). Puis, plus tard, en regroupant les populations pour mieux les protéger.

Lorsque le nouveau président du Conseil, le socialiste Guy Mollet arrive à Alger le 6 février suivant, il doit affronter de violentes manifestations organisées par les nationalistes du député Pierre Lagaillarde et de Joseph Ortiz, les associations d'anciens combattants et les municipalités. Bombardé de tomates, Guy Mollet est très impressionné par la détermination des Européens d'Algérie. Alors qu'il était très réservé sur l'avenir de l'Algérie française, il se décide à la défendre. Et les mesures se succèdent, d'abord avec la nomination comme ministre-résident de Robert Lacoste le 9 février, missionné pour conduire la guerre, puis avec la mobilisation du contingent. Certes, en 1955, Edgar Faure a envoyé les premiers engagés du contingent en Algérie:

ils vont passer de cinquante mille à quatre cent mille à la suite de la décision du 10 avril 1956, adoptée dans le cadre des pouvoirs spéciaux votés dès le 12 mars. Le service militaire de dix-huit mois est également prolongé jusqu'à vingt-sept mois.

Les forces supplétives musulmanes sont massivement accrues : soixante mille combattants harkis, soixante mille moghaznis pour défendre la politique des SAS, soixante mille hommes armés et mobilisés dans le cadre des groupes d'autodéfense des villages, des milliers de policiers dans le cadre des groupes mobiles.

Dans le même temps une réforme agraire qui échoue largement, en raison des actions terroristes du FLN, est tentée, par la création de la CAPER (Caisse d'accession à la propriété et d'exploitation rurale), qui nationalise les grands domaines pour les revendre en petites parcelles.

Ainsi, Guy Mollet, revenant au prioritaire maintien de l'ordre, tout en souhaitant l'amélioration du sort des populations musulmanes, prône-t-il l'intégration des populations.

Le FLN réagit

En août 1956, après avoir été rejoint par l'UDMA (Union démocratique du manifeste algérien) de Ferhat Abbas, parti de notables, le FLN se structure en adoptant la plate-forme de la Soumman : primauté des politiques, création de l'Armée de libération nationale, l'ALN, division du territoire en six willayas opérationnelles, mise en place d'un organe exécutif, le CCE (Comité coordination et exécution).

Alors que l'avion des dirigeants exilés du FLN est intercepté au mois d'octobre 1956, la crise de Suez démontre la faiblesse internationale de la position française.

Le FLN est décidé à éliminer tous ses concurrents nationalistes pour affronter seul l'armée française. Ainsi mène-t-il une politique de terreur contre le MNA (Mouvement national algérien) de Messali Hadj tant en Algérie (trente personnes égorgées à Beni Bouaddou, massacre de quatre cent cinquante partisans à Melouza, une centaine d'assassinats à Wagram et Aîn Mana) qu'en France (plusieurs milliers de tués). Il n'en oublie pas pour autant les « collaborateurs » harkis qui paient le prix du sang, notamment en Petite Kabylie (six cents tués).

Puis, il cherche à s'appuyer sur des bases de repli à l'abri des représailles de l'armée française tant au Maroc qu'en Tunisie, tous deux devenus indépendants en 1956. Ces deux pays le fournissent en armements.

Enfin, il se décide à mener une politique de terreur, tant contre les soldats français faits prisonniers (le 18 mai 1956, quinze soldats capturés sont découverts les yeux crevés et les pieds coupés) que dans les villes (bombes humaines à Alger faisant des dizaines de victimes en octobre 1956, rue d'Isly et rue Michelet).

S'estimant prêt, le FLN décide d'engager la bataille d'Alger.

La bataille d'Alger du 7 janvier au 24 septembre 1957

Le 7 janvier 1957, ayant repéré l'imminence de l'attaque, le préfet Baret confie au général Massu, commandant de la 10e division de parachutistes, les pouvoirs de police dans tout le département. Dix mille hommes encadrés par

Massu, Brothier, Bigeard et Château-Jobert affrontent les poseurs de bombes dirigés par Yacef Saadi et la jeune étudiante Zohra Drif, sa compagne.

Le 26 janvier, les premières bombes, portées par de très jeunes femmes, explosent dans les cafés. Puis, le FLN tente d'imposer la grève générale et de paralyser la ville. La lutte est féroce et la torture largement pratiquée par les Français pour faire parler les terroristes arrêtés. Les explosions, nombreuses fin janvier, reprennent en juin : le 3 juin on relève cent six morts et blessés rue Alfred-Lelluch, puis quatre-vingt-quinze le 9 juin au casino de la Corniche. Le colonel Godard parvient à infiltrer le FLN avec des repentis. Et le 24 septembre 1957, Saadi est arrêté avec sa compagne par le Ier REP (Régiment étranger de parachutistes). Le mouvement est décapité. Et les arrestations de poseuses de bombes et d'Européens complices se succèdent.

Massu a gagné la bataille d'Alger. Le 18 novembre 1957, le ministre de la Défense, Jacques Chaban-Delmas peut se promener dans la casbah, sans danger.

Le 25 septembre 1957, l'achèvement de la ligne Morice renforce les positions françaises

Cependant le général Challe a lancé un important plan de pacification reposant sur le recours accru aux combattants nord-africains, excellents connaisseurs du terrain, sur des actions incessantes de commando et de contre-guérilla et sur l'établissement d'un rideau infranchissable de barbelés de trois cent soixante kilomètres le long de la frontière tunisienne. Il le double d'une ligne équivalente sur la frontière avec le Maroc.

Voilà le FLN privé de ses deux sanctuaires principaux, de ses deux poumons qui lui permettent de tenir et de recevoir armes et renforts en hommes.

En 1958, deux armées FLN tentent de franchir les réseaux de barbelés. Une armée de huit mille hommes au Maroc et une autre d'environ quinze mille combattants en Tunisie échouent lourdement. Elles y perdent la moitié de leurs effectifs.

L'armée française lance opération sur opération, « Courroie », « Jumelles », « Pierres précieuses », infligeant de graves pertes au FLN. À la fin de l'année 1958, le FLN est exsangue : il ne peut guère aligner plus de dix mille combattants expérimentés. En face, les Français mettent en ligne quatre cents à quatre cent cinquante mille hommes, auxquels s'ajoutent des forces supplétives musulmanes d'environ deux cent mille hommes. La partie est inégale. À l'évidence, le FLN a perdu la guerre.

De Gaulle contraint de regarder en face les réalités

À son arrivée au pouvoir le 1er juin 1958 – une ascension provoquée par le fameux « Vive de Gaulle » lancé par le général Salan du balcon du gouvernorat général à Alger –, le général trouve un pays englué dans la guerre d'Algérie, malgré l'incontestable victoire militaire remportée sur le terrain. Sa tradition militaire, ses prises de position très conservatrices adoptées sur l'Indochine, démontrent suffisamment qu'il est, en ce début juin, parfaitement solidaire des pieds-noirs et partisan, à dire vrai, de l'Algérie française. Sur la place du Forum, le 4 juin, il s'écrie bien : « Je vous ai compris ! »

puis récidive, deux jours plus tard, à Mostaganem avec un « Vive l'Algérie française ! ».

Mais très rapidement, il prend conscience des obstacles infranchissables à l'application d'une telle solution :

– la position internationale de la France est très affaiblie ;

– les pertes de soldats du contingent sont de moins en moins supportées en métropole ;

– et, surtout, l'achat d'armements et l'entretien d'une troupe de quatre cent mille hommes au moins, pèse trop lourdement sur le budget national (12 à 13 %), empêchant le pays de conduire sa révolution économique.

Ce sont d'ailleurs les problèmes économiques et non pas les difficultés en Algérie, qui ont emporté le gouvernement de Guy Mollet le 21 mai 1957.

C'est parce que la guerre est gagnée que le général de Gaulle peut entreprendre des négociations avec le FLN et les mener à bien. Non sans un certain cynisme, consistant à sacrifier la population européenne et, plus encore, les supplétifs arabes de l'armée française, pour pouvoir conserver la possibilité de poursuivre essais nucléaires, spatiaux et autres tirs de missiles de façon confidentielle au Sahara pendant plusieurs années, avec la pleine complicité de l'État algérien.

Algérie, juin 1958.
Le général de Gaulle fait un bide monumental avec sa toute dernière phrase historique...

LA VÉRITÉ SUR LE TRAFIC DES PIASTRES

De quoi s'agit-il?

Le trafic des piastres est fort banal et bien repéré: il repose sur la différence qui existe entre le taux officiel de la piastre fixé en 1945, soit dix-sept francs et sa valeur réelle de dix francs sur les marchés parallèles. Cette surévaluation a pour objectif de soutenir l'économie d'une Indochine sortie exsangue de la guerre après son pillage tant par les Japonais que par les Chinois. Ainsi les importations de produits manufacturés indispensables pour relancer la machine économique sont-elles favorisées. La différence entre dix-sept et dix profite, naturellement, à tous ceux qui peuvent transférer en France leurs piastres et les échanger contre des francs.

Malgré les dévaluations du franc de 1948 et 1949, l'écart est maintenu, car la piastre est également dévalorisée. Mais le 11 mai 1953, le gouvernement de René Mayer finit par ramener la valeur de la piastre à dix francs.

Le trafic s'est fortement développé de la fin de la guerre au printemps 1953, en raison de la création d'un Office privé des changes dépendant de l'office métropolitain. Il admet les autorisations de transfert touchant naturellement les changes, mais aussi le commerce de l'or et les exportations de capitaux. Les transferts sont autorisés mais limités à un certain montant par mois et par client, et effectués par des banques agréées. Ces transferts concernent tant les étudiants indochinois effectuant leurs études en France que les militaires français servant en Indochine, que les bénéfices des sociétés françaises et les salaires rapatriés de leurs employés, qu'enfin les courants d'importations et d'exportations, sans oublier les placements et investissements effectués en Indochine. Il n'est pas douteux qu'ils servent également à obtenir la fidélité des personnalités indochinoises que l'on souhaite convaincre au plan politique.

Peut-on parler de trafic ?

Le haut-commissaire en Indochine, Bollaert, tout comme son successeur Pignon, sont fondés à estimer qu'en raison de la réglementation, il n'existe aucun délit en matière de trafic de piastres. Ils ont parfaitement raison pour ce qui concerne les transactions commerciales fondées sur des échanges de biens et de services : elles bénéficient de la différence de taux sans aucune spéculation. En revanche, dès lors que les importations vers l'Indochine sont surfacturées et les francs provenant des exportations vers la France non rapatriés, il y a bien trafic. Bien sûr, les importations illicites de piastres à changer en francs ou de devises, voire même d'or, tombent également sous le coup de la loi.

Il semble que, durant la période de l'après-guerre, de nombreuses sociétés fictives sont créées pour bénéficier des autorisations de transfert de l'Office des changes. Le montant total des trafics illégaux est estimé à trente milliards de francs, somme considérable pour l'époque.

Même les communistes vietnamiens en bénéficient

Le Vietminh cherche également à bénéficier des écarts de taux de la piastre afin de financer ses achats d'armement. Il lève un impôt patriotique sur les populations civiles payées en piastres, puis va échanger les billets ainsi recueillis sur la place financière de Hong-Kong contre des francs. Il passe également directement par un établissement bancaire très lié au Parti communiste français sur la place de Paris.

Les communistes français dénoncent le trafic avec excès

Les communistes français, Jacques Duclos, Jeannette Vermeersch ou encore Kriegel-Valrimont se saisissent de l'affaire pour démontrer les dérèglements du capitalisme. Ils participent à la commission d'enquête parlementaire et désignent un coupable principal, sans trop d'effort d'imagination, la Banque de l'Indochine. Cette dernière est accusée de transferts clandestins, de création de sociétés fictives, de captations des francs en provenance des exportations indochinoises (en particulier le caoutchouc). Toutefois, l'Office des changes conduit une enquête qui ne débouche sur aucune preuve.

Aussi faut-il voir dans les attaques communistes une volonté idéologique de lutter contre la politique française en Indochine et le colonialisme alors défendu bec et ongles par la gauche traditionnelle, radicale et socialiste.

Il n'en reste pas moins que la mise en exergue de cette affaire en 1953 jette un voile néfaste sur les pratiques de la IVe République et de ses dirigeants, une impression encore renforcée par le scandale qui va bientôt toucher le général Revers.

L'AFFAIRE DU GÉNÉRAL REVERS REDÉCOUVERTE

Le général Revers, militaire atypique

Le général Revers n'a jamais suivi les cours d'une école militaire, un cas sans doute unique, puisqu'il se destinait à la fonction publique lorsque la Grande Guerre éclate. Il a naturellement effectué une préparation militaire qui lui vaut le grade d'aspirant. Sa guerre brillante en fait un officier supérieur. En 1940, il se range derrière le grand homme qu'est pour lui le maréchal Pétain. Il devient directeur militaire du cabinet de l'amiral Darlan en février 1941, tout en préparant la libération du pays au sein de l'armée vichyssoise. Dès le mois de novembre 1942, après le débarquement anglo-américain en Afrique du Nord, l'invasion de la zone libre et le sabordage de la flotte, il devient l'un des patrons de l'ORA (Organisation de résistance de l'armée) avec les généraux Verneau, Frère, Olleris et Grandsard.

Il n'en demeure pas moins choqué par les violences de l'Épuration et regrette que l'on jette en prison des généraux, ses collègues, qui n'ont fait qu'obéir au régime légal. Car Revers est un indépendant forcené qui ne renonce jamais à dire sa vérité. Aussi ne doit-on pas s'étonner de le voir appeler, dès 1947, les Américains à participer à la défense de l'Europe. En 1949, alors qu'il occupe le poste essentiel de chef d'état-major, le gouvernement de Queuille, et plus particulièrement son ministre de la Défense, Ramadier, lui demande d'aller en Indochine et de rédiger un rapport sur la situation réelle de l'armée française. Il y va à regret, tout en obtenant sa cinquième étoile, car il est alors en pleine négociation avec Washington quant à l'organisation des forces de l'Atlantique Nord. Mais aussi parce qu'il s'estime très ignorant de la question indochinoise. Parcourant le terrain du nord au sud, à sa manière, il rapporte en France un rapport explosif mais réaliste.

La situation française en Indochine

En 1949, le corps expéditionnaire français est devenu considérable, et compte, troupes indigènes incluses, environ trois cent soixante-quinze mille hommes. Sur les recommandations du haut-commissaire Bollaert, les accords de la baie d'Along ont été signés le 5 juin 1948, entre la France et l'ex-empereur Bao Dai. La France reconnaît l'indépendance du Vietnam, désormais dirigé par Bao Dai, à qui il appartient de réaliser l'unité du pays, c'est-à-dire de réunir à la Cochinchine et à l'Annam les zones contrôlées par les communistes au Tonkin. Le Vietnam prend sa place comme État associé au sein de l'Union française et est assisté dans ses ambitions par l'armée française. C'est le 8 mars de l'année suivante qu'intervient le traité définitif entre le Vietnam et la France et la reconnaissance officielle de son indépendance.

C'est alors que les Chinois se sont approchés de la frontière nord du Tonkin, en soutien aux communistes vietminh, que le général Revers débarque au Vietnam.

Le contenu du rapport du général Revers

En revenant d'Indochine, le général Revers a les idées claires : il les consigne dans un rapport qui contient deux parties: l'une politique et l'autre militaire. Le rapport est très sévère sur la personnalité de Bao Dai, un homme certes intelligent mais très motivé par l'argent et fort immoral. L'atmosphère de corruption qui règne à Saigon lui apparaît bien pesante. Et il est très critique sur la politique conduite tant par le ministre de la France d'outre-mer, le MRP Paul Coste-Floret, que par le haut-commissaire Pignon qui préconisent de porter l'effort militaire vers le nord, en allongeant considérablement les lignes de communication. Au contraire, Revers pense qu'il faut nommer un chef militaire et politique unique pour conduire les opérations et qu'il convient de regrouper les forces françaises au Tonkin au niveau du delta utile. Il estime, enfin, qu'une négociation s'impose avec le Vietminh pour rechercher une solution pacifique, à l'opposé de ce que pense le général Valluy.

Soixante-dix rapports rendus publics!

C'est le 18 septembre 1949 qu'éclate un scandale qui fait suite à celui dit « du trafic des piastres ». À la suite d'un incident survenu dans un autobus parisien à la gare de Lyon, entre un ancien soldat d'Indochine, le dénommé Perez, et deux Vietnamiens, ces derniers sont arrêtés et fouillés. On trouve sur eux une copie du rapport du général Revers. Sur les indications des deux Vietnamiens, la Sûreté nationale dirigée par Bertaux et la DST (Direction de la surveillance du Territoire), dont le directeur est Roger Wybot, ne tardent pas à remonter les filières. Le 19 septembre, ils sont en possession de plus de soixante-dix copies.

Et il apparaît rapidement que le document est également tombé entre les mains du représentant du Vietminh à Paris, Tran Ngoc Danh, dont l'accréditation de septembre 1946 n'a pas été résiliée. Il déclare bien volontiers que c'est un ami des généraux Revers et Mast, Roger Peyré, qui lui a remis ce rapport.

Le général Mast, alors directeur de l'Institut des hautes études de défense nationale, entend devenir ce chef unique que Revers a recommandé pour diriger le corps expéditionnaire français en Indochine. Mast, mal informé, estime pouvoir réduire Hô Chi Minh et réunifier le Vietnam autour de Bao Dai. Quant à Roger Peyré, il s'agit d'un aventurier assez peu recommandable qui fait du trafic de renseignements grâce à un réseau indo-chinois relativement développé. Ses affaires de négoce de laine ayant mal tourné, il a fondé une maison d'import-export dont on ignore l'importance et le succès. Bien qu'il prétende connaître des hommes politiques essentiels, il n'en est rien. Il s'enrichit des ragots des antichambres ministérielles qu'il pratique assidûment et d'informations photocopiées, voire même du simple rapprochement d'indices ou de confidences recueillis dans la presse ou la documentation des parlementaires. Pourtant, il est devenu un homme d'influence tant auprès de Revers que de Mast, deux hommes de conviction. C'est dire son habileté !

L'affaire des généraux

Le 23 septembre 1949, un Conseil des ministres se tient, en présence de Queuille, le président du Conseil, de Ramadier, le ministre de la Défense, de Jules Moch, le ministre de l'Intérieur, et de Paul Coste-Floret, le ministre de la France d'outre-mer.

Seule la partie politique du rapport du général Revers a été diffusée. Il n'y a donc pas violation du secret militaire et il n'est guère possible d'arrêter le général Revers. Convoqué par Ramadier, son ministre, le général Revers refuse de démissionner, estimant qu'il est victime d'un complot conduit par Coste-Floret et son ami et complice, Wybot, le directeur de la Surveillance du territoire. Les deux hommes essaient ainsi de le compromettre pour combattre ses recommandations sur la manière de mener la guerre d'Indochine. Il n'a pas vraiment tort. Il ne nie pas, toutefois, avoir été imprudent avec Roger Peyré qui n'a pu transmettre qu'une partie de son rapport et non la totalité... Ce qui signifie qu'une seconde source existe à la fuite...

À la fin de l'année, l'affaire des généraux sort dans le grand public, à la suite de l'article rédigé par Paul de Méritens (de son vrai nom Paul Dehème), un ancien de Vichy, dans une lettre spécialisée qu'il vient de lancer sur la question de l'Indochine. Il y révèle qu'une très haute personnalité militaire est soupçonnée de trahison. Son information est relayée, puis précisée : c'est finalement Ramadier qui se trouve accusé d'être l'auteur de la fuite. Roger Peyré, devant l'ampleur prise par l'affaire, s'enfuit à l'étranger.

Les sanctions

Le scandale atteint de plein fouet le régime socialiste, accusé à la fois de trafic de piastres et de trahison de secret militaire au profit du Vietminh. Ramadier parvient à sauver sa tête mais Moch n'échappe que de justesse à une traduction devant la Haute Cour de justice. Sur fond de guerre entre la DST (Direction de la surveillance du territoire) et le SDECE (Service de documentation extérieure et de contre-espionnage), une commission parlementaire est finalement constituée en 1950.

Quant aux deux principaux protagonistes de l'affaire, Mast et Revers, ils en sont les principales victimes. Revers est démis de ses fonctions et Mast doit présenter sa démission. Ce n'est qu'en 1962 que le général Revers obtiendra, enfin, que la décision le concernant soit déclarée illégale.

Mais il faut souligner l'excellence de la partie militaire du rapport Revers. Le regroupement des forces françaises dans le delta tonkinois aurait évité le désastre de Cao Bang en octobre 1950. Et la nomination avec les pleins pouvoirs du « roi Jean », le général de Lattre de Tassigny, apporte la démonstration de la juste analyse de l'ancien patron de l'ORA (Organisation de résistance de l'armée).

LE SCANDALE DE L'ÉLECTION DE RENÉ COTY

Joseph Laniel, homme de caractère, domine la scène politique

Natif de Vimoutiers, Joseph Laniel est l'un des rares hommes politiques ayant effectué une carrière dans l'industrie, à la tête d'une affaire textile. Il effectue une brillante Première Guerre mondiale, obtenant le grade de capitaine en 1918. Député du Calvados en 1932, il est appelé par Paul Reynaud qui l'a remarqué, comme sous-secrétaire d'État aux Finances en 1940. Engagé dans la Résistance, il est l'un de ceux qui favorisent l'éclosion du Conseil national de la Résistance (CNR). Il occupe plusieurs postes ministériels avant d'être nommé président du Conseil le 28 juin 1953.

Il tient le poste avec un grand courage et une grande fermeté. Sa vue juste de la situation économique du pays le conduit à souhaiter la réduction du nombre des fonctionnaires et l'allongement de la durée du travail. Face aux grèves qui touchent tant les services publics (quatre millions) que certaines industries du privé (bâtiment, chimie, métallurgie, mines), il tient bon et parvient à négocier la reprise du travail le 21 août 1953.

Vincent Auriol ne se représentant pas, le président du Conseil en place fait figure de grand favori à l'élection présidentielle prévue au mois de décembre suivant.

Il y a neuf autres candidats

Le principal adversaire de Joseph Laniel est le socialiste Marcel Naegelen, un brillant normalien, ancien membre du mouvement Combat, député du Bas-Rhin puis des Basses Alpes, adjoint au maire de Strasbourg, ancien ministre et ex-gouverneur d'Algérie jusqu'en 1951. Mais en raison de la composition du congrès ses chances paraissent à peu près nulles.

Plus dangereux apparaît le gaulliste Georges Bidault, né à Moulins, agrégé d'histoire, membre du mouvement Combat, ancien ministre de De Gaulle au sein du Gouvernement provisoire, fondateur du Mouvement républicain populaire (MRP) et député de ce parti, ancien président du Conseil en 1950-1951. Toutefois son nationalisme outrancier et ses positions farouchement colonialistes le privent des voix centristes.

Les autres candidats ne peuvent guère prétendre l'emporter : le journaliste Yvon Delbos, ancien combattant remarquable de la Grande Guerre, rédacteur en chef de *La Dépêche de Toulouse*, député, ministre à plusieurs reprises, résistant, déporté, grand spécialiste des problèmes de l'éducation nationale ; Jacques Fourcade, député des Hautes-Pyrénées ; Jean Médecin, héros de la Première Guerre mondiale, ancien fidèle du maréchal Pétain, maire de Nice, député, sénateur ; Paul-Jacques Kalb, sénateur gaulliste du Bas-Rhin ; Pierre Montel, député nationaliste de Lyon dont les trois fils ont été assassinés par les nazis, ancien secrétaire d'État à l'Air ; Marcel Cachin directeur de *L'Humanité*, sénateur, résistant, député de la capitale ; enfin, Louis Jacquinot, fidèle du général de Gaulle à Londres dès l'origine, membre du Gouvernement provisoire de la République française (GPRF), ministre à plusieurs reprises.

Le jeudi 17 décembre à 14 heures, le Congrès entame ses travaux

L'Assemblée nationale et le Conseil de la République (ancien Sénat) sont réunis en congrès pour élire le nouveau président de la République à Versailles. Le congrès est présidé par André Le Troquer, président du Conseil de la République, dont le nom a été cité dans le scandale Revers-Mast, et qui défraiera ensuite la chronique avec le scandale des ballets roses.

Certes le Président de la République ne dirige pas la politique de la nation ni ne détient de pouvoirs particuliers selon la Constitution. Pourtant c'est un poste d'influence décisif, notamment par la désignation des présidents du Conseil. Mais également, pour les orientations essentielles du pays : on le constate alors de façon évidente avec le débat sur la CED (Communauté européenne de défense). Auriol, très opposé à son adoption, est parvenu à l'écarter. La façon de diriger d'Auriol et d'imposer son magister moral par des interventions à la radio a également renforcé l'influence d'un président au-dessus des partis, en charge de l'intérêt national.

Joseph Laniel, homme de convictions, est étranger au monde des combinaisons politiques de la IVe République. Avec le retrait d'Auriol, la voie de la présidence lui semble largement ouverte. D'autant que l'un de ses deux principaux adversaires, Soustelle, vient d'être victime d'un grave malaise à la tribune de l'assemblée.

Les deux premiers tours se déroulent le jeudi 17 décembre 1953

Il est plus de 17 heures lorsque Le Troquer proclame les résultats du 1er tour.

Un 2e tour se déroule plus tard dans la soirée, alors que plusieurs candidats se sont retirés, notamment Georges Bidault. Joseph Laniel paraît sûr de l'emporter malgré la présence encombrante de son frère, l'atypique sénateur René Laniel à la faconde largement dévastatrice.

Les partisans de Laniel poussent Le Troquer à tenir un 3e tour malgré l'heure, car ils sentent la victoire à portée. Le Troquer, adversaire décidé de Laniel, s'y refuse.

Deux tours supplémentaires le vendredi 18 décembre

Le 3e tour se résume à une triangulaire entre Naegelen, Laniel et Delbos. Cette fois Laniel fait la course en tête, avec 358 voix, devant Naegelen, 313 voix et Delbos, 225.

C'est alors que les adversaires de Laniel s'efforcent de promouvoir Jean Médecin. Leur tentative fait long feu. Laniel rassemble, au 4e tour, 408 suffrages, devant Naegelen, Delbos et Médecin.

5e et 6e tours, le samedi 19 décembre

Le Centre national des indépendants et paysans (CNIP), parti de Laniel, semble sur le point d'éclater en raison de l'hostilité de l'un de ses leaders, Roger Duchet, envers le président du Conseil. Pinay intervient alors pour imposer son arbitrage, et serrant Laniel dans ses bras, le désigne comme candidat officiel du parti indépendant. Chacun pense alors que Laniel va l'emporter. Mais Médecin se maintient, soulignant l'importance de l'opposition envers Laniel au sein de la droite. Et Médecin obtient cette fois 197 voix faisant reculer tant Laniel (374 voix) que Naegelen (312 voix).

Le 6e tour ressemble au précédent: Laniel avec 397 suffrages devance Naegelen (306) alors que Médecin maintient un score élevé avec 171 voix.

Le 7e tour ressemble furieusement au 6e, Médecin s'étant maintenu alors qu'il n'a véritablement aucune chance de l'emporter. Le troisième homme obtient encore 156 voix.

Laniel privé de la victoire au 8e tour

Le 8e tour se déroule dimanche 20 décembre, dans l'après-midi. Cette fois Laniel se retrouve seul face à Naegelen. Et Laniel n'obtient que 430 suffrages, alors qu'il lui en faudrait 452.

Il apparaît alors clairement, selon plusieurs témoignages convergents, que le président Le Troquer a annulé tous les bulletins portant le nom de Laniel seul, en les décomptant en divers. Au prétexte qu'il y a au congrès deux Laniel, Joseph et René (qui n'a pourtant jamais fait acte de candidature). Et il est vraisemblable que cette pratique ne remonte pas au 8e tour, mais a été appliquée dès le début des scrutins. Ainsi au lieu de signaler dès l'origine sa décision d'annuler les bulletins sans prénom, Le Troquer, ennemi juré de Laniel, a continué de manipuler les résultats, outrepassant ses pouvoirs. Au 8e tour, à l'évidence, Joseph Laniel avait été élu président de la République…

Sans doute le CNI (Centre national des indépendants) a-t-il manœuvré en coulisse pour abattre Joseph Laniel, car Queuille, Boutemy, Duchet et même Pinay ne l'aiment guère et craignent qu'un scandale prochain ne frappe René Laniel, éclaboussant la IVe République.

Laniel poussé dehors

Le lundi 21 décembre, se tiennent les 9e et 10e tours de scrutin. Au 9e, Laniel obtient encore 413 suffrages. Au 10e tour, Laniel n'obtient plus que 392 voix devant Naegelen, 358, alors que Montel recueille encore 84 suffrages. Nombre de parlementaires conscients de l'impression désastreuse produite sur l'opinion, mais craignant également de passer Noël à Versailles, supplient Laniel de renoncer. Laniel finit par donner son accord, à condition de désigner lui-même le futur président de la République dont il exigera son maintien comme président du Conseil.

Laniel suggère d'élire un sénateur et une liste de trois noms est établie : les sénateurs René Coty et Georges Pernot, et le député Louis Jacquinot pour ne pas brimer l'Assemblée nationale. Le 22 janvier, Laniel convoque les chefs de parti pour se mettre d'accord sur un nom. Les deux sénateurs sont vice-présidents du conseil de la République et le congrès semble préférer Coty à Pernot. Pourtant Coty a voté les pleins pouvoirs au maréchal Pétain le 10 juillet 1940 et a été inquiété en 1944, avant d'être libéré, puis relevé de son inéligibilité, enfin réélu député du Havre. Ministre de Robert Schuman en 1947, il s'est fait élire sénateur en 1948. Âgé de 71 ans, Coty décide de se présenter au 11e tour.

Les trois derniers tours permettent à Coty de l'emporter

Le mercredi 23 décembre 1953, au 11e tour, Coty obtient 71 voix face à Naegelen (372), alors que le gaulliste Louis Jaquinot a tenté de forcer le destin : il n'obtient que 338 voix et se retire aussitôt. Au 12e tour, le 24 décembre, René Coty, avec 431 voix devance largement Naegelen (333). Au 13e tour, Coty l'emporte assez nettement avec 477 suffrages face à Naegelen.

Ainsi le nouveau président élu ne l'est-il que par raccroc. Il doit faire face à des problèmes de grande ampleur : décolonisation, relance économique, construction européenne, Guerre froide qui finiront par emporter la IVe République et son président avant la fin du mandat prévue fin 1960.

LA VÉRITÉ SUR LE BILAN DES VICTIMES DE LA GUERRE D'ALGÉRIE

Un bilan difficile à établir

Le bilan de la guerre d'Algérie n'a cessé de faire débat. Si les pertes militaires françaises sont clairement établies, il n'en est pas de même des victimes civiles européennes, en particulier entre mars et août 1962. Côté algérien, les estimations sont extrêmement délicates car le nouvel État les a amplifiées au-delà du raisonnable, dans un but de propagande. Enfin, le massacre de harkis fait apparaître des estimations des spécialistes du sujet extrêmement divergentes.

Aussi va-t-on s'efforcer, en segmentant l'étude, avant et après les accords d'Évian, d'approcher la vérité des chiffres.

Avant les accords d'Évian

Les plus anciens mouvements nationalistes algériens sont, sans conteste, l'UDMA (Union démocratique du manifeste algérien) de Ferhat Abbas et le MTLD (Mouvement pour le triomphe des libertés démocratiques) de Messali Hadj, tous deux présents aux élections de 1946. C'est depuis 1929 que Messali Hadj réclame l'indépendance, alors que Ferhat Abbas, dans les années 1930, entend s'émanciper dans un cadre français. À ces deux premiers acteurs, un troisième, plus petit, vient s'ajouter, le PCA (Parti communiste algérien). Alors que le MTLD s'est transformé en MNA (Mouvement national algérien) en 1954, apparaît le FLN (Front de libération nationale), qui va les supplanter tous.

En rupture totale avec le MNA, ayant absorbé l'UDMA, le FLN lance, pour s'imposer, une politique de terreur totale.

Tout d'abord vis-à-vis des Européens, à partir de 1955, avec le massacre de familles de colons dans la campagne, puis à partir de 1956, par des actions de terrorisme aveugle dans les villes. Ainsi estime-t-on que de 1955 à 1957, environ un millier d'Européens, des Français pour la plupart, sont sauvagement tués.

Vis-à-vis du MNA, le FLN se montre encore plus féroce : il s'agit de l'éradiquer purement et simplement de la scène politique, tant en Algérie qu'en France où il est majoritaire. Près de vingt mille partisans de Messali Hadj sont ainsi éliminés en cinq années d'âpres combats, dont cinq mille en France.

Enfin, le FLN s'efforce de tarir le recrutement de supplétifs par l'armée française : il s'en prend aux anciens combattants présumés peu nationalistes, à tous les musulmans détenant une parcelle d'autorité qui font fonctionner l'administration, aux familles des Algériens qui ont choisi la fidélité à la France. Les égorgements et mutilations faciales sont systématiquement pratiqués. Et le meurtre d'un musulman rallié à la France devient une épreuve rituelle imposée à tout volontaire qui veut entrer dans l'armée de libération.

Quant aux soldats français capturés, leur sort est peu enviable : ils sont souvent torturés.

En face, l'armée française n'applique pas toujours les consignes écrites qui interdisent la torture et l'exécution sommaire des prisonniers. La chose est flagrante durant la bataille d'Alger contre les terroristes qu'il faut à tout prix faire parler pour éviter les attentats aveugles contre les civils. Qui donc a prétendu que la guerre est propre ?

De 1955 à 1962, l'armée française a perdu dix-sept mille cinq cents hommes et enregistre soixante-quinze mille blessés.

Quant à l'ALN (Armée nationale algérienne), ses pertes font l'objet d'estimations très variables. Après avoir prétendu que la guerre avait tué un million d'hommes,

Belkacem Krim lui-même a proposé un chiffre de trois cent mille tués, à l'évidence très exagéré. Suivant les sources françaises, sans doute minorées, des morts emportés par les combattants algériens, cent quarante et un mille fellaghas sont morts dans les combats. Il faut y ajouter les massacres intestins, liés aux purges accomplies en son sein par le FLN, au moins douze mille tués.

Les populations civiles ont été frappées des deux côtés, beaucoup plus du côté algérien que chez les Européens. Entre 1958 et 1962, les pertes algériennes sont estimées, sans grande précision, entre cinquante et soixante-quinze mille. Quant aux Européens, ils sont victimes de massacres organisés par le FLN, tant à la campagne que dans les villes, trois mille tout au plus.

Après les accords d'Évian

Signés le 18 mars 1962, les accords d'Évian ne sont guère mis en application, alors qu'une lutte sanglante s'engage entre le FLN et l'OAS (Organisation de l'armée secrète), dont sont victimes les Européens, en plus grand nombre, avant qu'ils ne s'enfuient par la mer.

Quelques centaines d'Algériens sont frappés par des attentats aveugles, alors que la population des pieds-noirs paie le plus lourd tribut : massacres de Bab el-Oued provoqués par l'armée française, tuerie d'Oran organisée par le FLN, enlèvements très nombreux.

Au total, près de cinq mille Européens meurent ou disparaissent : d'aucun estiment que le chiffre est beaucoup plus proche de dix mille, voire du double.

Alors que la population européenne s'enfuit vers la France, le FLN entend régler ses comptes avec les supplétifs musulmans de l'armée française considérés comme des traîtres. Aucune pitié pour eux et leurs familles, quels que soient le sexe ou l'âge. Les plus grandes abominations sont alors commises, alors que le ministre Joxe a ordonné de désarmer les harkis, de les regrouper, interdisant de les transporter en France. Il les livre donc à leurs bourreaux, sans défense, soixante-quinze mille meurent ainsi dans les pires tourments. Certains historiens spécialisés estiment qu'ils sont cent cinquante mille à avoir été sacrifiés. Le Premier ministre Pompidou finit, tout de même, par s'en inquiéter en septembre 1962 et autorise leur venue en France. Mais rien n'est préparé pour ceux qui ont combattu au côté de la France!

Quel est donc le bilan global?

Si le chiffre de dix-sept mille soldats français tués est crédible, celui de cent cinquante à cent cinquante-cinq mille combattants algériens semble constituer une approximation convenable. Aux militaires victimes du conflit, cent quatre-vingts à cent quatre-vingt-dix mille morts en sept années de guerre intense, viennent s'ajouter les pertes civiles.

Une petite dizaine de milliers d'Européens, soixante-dix mille Algériens (y compris les pertes du MNA), enfin soixante-quinze mille harkis, soit un total proprement effrayant de cent cinquante mille morts.

Ainsi, la totalité des pertes civiles et militaires enregistrées dans les deux camps durant la guerre d'Algérie nous paraît pouvoir être évaluée à un total minimal de deux cent quarante mille victimes. Sans compter les blessés qui ne sont pas inférieurs à soixante-cinq mille chez les militaires français et deux cents à deux cent cinquante mille chez les combattants algériens.

LA PARTIE SECRÈTE DES ACCORDS D'ÉVIAN

Quels accords d'Évian ?

Conclus le 18 mars 1962, les accords d'Évian sont approuvés à plus de 90 % en métropole le 8 avril suivant. Et l'Algérie devient indépendante le 1er juillet 1962 par 99,27 % des suffrages exprimés. Le 29 septembre, Ben Bella est élu président du Conseil par la nouvelle Assemblée algérienne, par cent cinquante-neuf voix contre une.

Les accords d'Évian ont une valeur juridique très approximative en droit international puisqu'il s'agit de déclarations gouvernementales imposées par la France. Pour aller plus vite, aucune clause de protection des pieds-noirs n'a été adoptée, ni, bien sûr, concernant les supplétifs algériens de l'armée française. Pas de pacte confessionnel, pas de partage de pouvoirs, pas de garantie de protection militaire. À l'évidence, le général de Gaulle n'a que faire de ces populations européennes d'Algérie ni de ces musulmans fidèles à la France qui ont gâché le début de sa présidence. C'est qu'il veut obtenir des contreparties tenues secrètes encore de nos jours qui permettent à la France de poursuivre au Sahara ses essais nucléaires et spatiaux tout en s'assurant des garanties en matière d'approvisionnement pétrolier.

Les textes officiels

Officiellement, il est bien assuré qu'un référendum d'indépendance aura lieu rapidement, que durant la période transitoire l'armée sera maintenue en ses camps, que la minorité européenne sera protégée (choix de la nationalité et garantie des biens et des personnes) et qu'une coopération privilégiée sera développée avec la France. À l'exception du référendum, rien de cela ne recevra le plus petit début d'application.

Les chapitres II et III de la déclaration générale précisent qu'une coopération est mise en force au Sahara visant à développer l'exploitation du sous-sol et qu'une clause de préférence est consentie aux sociétés françaises pour la recherche, l'achat et le paiement en francs de pétrole et de gaz. Quant aux troupes françaises, elles se retireront sur deux ans, l'Algérie concédant à la France l'utilisation de la base de Mers el-Kébir pour quinze ans, ainsi que l'utilisation de certains aérodromes, terrains, sites et installations militaires qui lui sont nécessaires. Des clauses secrètes en précisent les contenus…

Sont également affirmées des déclarations de principe concernant la coopération économique et financière, la coopération culturelle, la mise en valeur des richesses sahariennes (code pétrolier, maintien des titres miniers, ouvrages de transport) qui concernent moins directement notre recherche. Quant aux questions militaires, il est bien précisé dans une autre déclaration de principe que la France utilisera pour cinq années les installations d'In-Ecker, Reggane, et l'ensemble de Colomb-Béchar-Hammaguir, avec leurs facilités aériennes. La France pourra également utiliser ses radars, ainsi que les liaisons télégraphiques et téléphoniques algériennes.

La partie secrète des accords d'Évian

Nous traiterons rapidement la question pétrolière, pour laquelle le général de Gaulle est surtout soucieux d'assurer les approvisionnements. On sait que depuis décembre 1969, le pétrole d'Hassi Messaoud parvient à la côte. Avec la pleine exploitation du gaz de Lacq par la SNPA (Société nationale des pétroles d'Aquitaine), la France n'a guère besoin du gaz d'Hassi R'mel. La mise en route des barrages de la CNR (Compagnie nationale du Rhône) puis celle de l'immense installation de Serre-Ponçon permettent d'accroître brutalement la production d'électricité hydraulique. Le général dispose donc d'une certaine marge de négociation avec les Algériens. Il a besoin de quantités garanties et de prix fixes. Il les obtient. La SN Repal, filiale du BRP (Bureau de recherche de pétrole) et de la CFP (Compagnie française des pétroles), est chargée de trouver ailleurs, en Afrique, de nouvelles ressources pétrolières pour faire cesser la dépendance à l'endroit de l'Algérie. Elle y parvient dès 1962, au Gabon, puis au Congo, avant que de tenter de s'implanter au Nigeria avec la SAFRAP (Société anonyme franchise des recherches et d'exploitation de pétrole), durant la guerre civile du Biafra. Beaucoup plus essentiels sont les programmes français poursuivis au Sahara en matière d'armes nucléaires et de lanceurs de satellites.

Le lecteur sait que le 13 février 1960, une première bombe de petite puissance explose dans l'atmosphère à Reggane. La France ayant refusé de signer le traité sur l'arrêt des essais nucléaires dans l'atmosphère entend poursuivre ses expériences. Elle dispose avec le CSEM (Centre saharien d'expérimentations militaires) d'une base de tirs de bombes nucléaires à Reggane dans le Tanezrouft avec un pas de tir avancé à Hamoudia. Elle a installé à In Ecker dans le Hoggar un centre d'essais de tirs en galerie confié au CEMO (Centre d'expérimentation militaire des oasis). Il y a cinq tirs atmosphériques jusqu'en 1962.

Dans le domaine des lanceurs, le programme français, confié au CEES (Centre d'essais d'engins spéciaux) de Colomb-Béchar, est devenu interarmées (CIEES) en 1948. Le polygone de lancement de Colomb-Béchar est doublé par un second polygone à Hammaguir, comportant quatre pas de tir. Ainsi la France peut-elle lancer d'Hammaguir tant des fusées sondes à propergol que des fusées de la série Pierre précieuse (comme *Diamant*), que des missiles sol-air et des fusées *Cora* (programme Europa) alors que Colomb-Béchar est spécialisé dans le lancement des fusées *Centaure* et *Dragon*.

Essais multiples de 1962 à 1967

La France s'est servie pendant cinq ans de ses centres d'essai sahariens pour ses programmes militaires et spatiaux.

Dans le domaine spatial, après la création du CNES (Centre national d'études spatiales) en 1961, un premier satellite français, *Diamant A 1*, lancé d'Hammaguir, est mis sur orbite le 26 novembre 1965. C'est un lanceur à trois étages constitué d'une fusée *Émeraude* à propergol liquide et d'une fusée *Topaze* à poudre, qui l'a propulsé dans l'espace.

À partir de 1973, les lancements ont lieu à Kourou en Guyane où le CNES a déménagé ses installations. Il faut attendre 1979 pour qu'*Ariane* qualifie la France dans la compétition internationale.

Au plan des lanceurs militaires, les essais effectués en Algérie sont très nombreux : vingt-six en 1962, autant en 1963, quarante-deux en 1964, vingt-sept en 1965, trente-quatre en 1966, seize en 1967. Des missiles stratégiques armés d'armes nucléaires sont testés en 1965-1966 : ce sont les fameux S112 et M112.

Dans le domaine des essais d'armes chimiques, on ne dispose d'aucune preuve formelle, mais c'est une probabilité très forte que des essais aient eu lieu, sans doute jusqu'en 1979, selon les historiens Éric Duhamel et Olivier Forcade.

Enfin, au plan des essais atomiques, nous disposons de rapports parlementaires et d'une liste précise des explosions nucléaires qui se sont produites dans le Sahara entre 1962 et 1966. Elles sont au nombre de douze à In Ecker, des petites bombes d'une puissance généralement inférieure à vingt kilotonnes, sauf *Rubis* en 1965 (près de cent kilotonnes) et *Jade* en 1965 (cent cinquante kilotonnes).

C'est sur les atolls de Mururoa et de Fangataufa, à l'extrémité de l'archipel des Tuamotou en Polynésie française que le CEP (Centre d'expérimentation nucléaire du Pacifique) démarre sa campagne de tirs atmosphériques en 1966, après son déménagement d'Algérie.

En maintenant en activité ses bases algériennes, la France a évité toute rupture dans ses programmes de développement nucléaire militaire et de lanceurs civils de satellites. Toutefois, toutes les implantations françaises au Sahara n'ont pas été fermées en 1967. Ce qui conforte la thèse de ceux qui écrivent qu'un programme d'armes chimiques voire, létales, a bien été testé.

Ainsi comprend-on mieux le sacrifice des pieds-noirs et des harkis, au nom de la raison d'État, celle qui commandait au pays de devenir une puissance nucléaire et spatiale, condition impérative de son indépendance nationale et de son poids diplomatique dans le monde.

LA TRAGÉDIE CACHÉE D'ORAN, LE 5 JUILLET 1962

La phase finale des négociations

Du 11 au 18 février 1962, des négociations se déroulent entre la France et le FLN aux Rousses. La délégation française est conduite par Louis Joxe assisté de Robert Buron et Jean de Broglie. En face d'eux, le FLN a désigné Krim Belkacem, Saad Dahlab, Ben Tobbal et Yazid.

Le 19 février, un début d'accord se décide.

Mais il faut reprendre les pourparlers à Évian à partir du 7 mars 1962. Le 18 mars, les accords d'Évian sont signés. Pour de Gaulle, la page est tournée depuis le Conseil des ministres du 21 février 1962 où il a indiqué que désormais il allait traiter les grandes questions de la réconciliation franco-allemande et de l'élection du président de la République au suffrage universel.

Le 19 mars, un cessez-le-feu entre en vigueur et le 8 avril, en métropole, les Français disent oui à 99,7 % aux accords d'Évian. Alors qu'en Algérie, Christian Fouchet est nommé haut-commissaire et l'armée consignée en ses casernes.

OAS contre FLN

L'OAS a pris en otage le quartier de Bab el-Oued et l'a transformé en un véritable camp retranché. Le 23 mars 1962, l'armée l'en chasse et c'est la population pied-noir qui paie le prix fort : vingt morts, un peu plus que du côté des forces de l'ordre. Cependant, le 26 mars, face aux manifestants qui les ont débordés place de la Poste et rue d'Isly, les tirailleurs français paniquent et tirent : on relève peut-être quatre-vingt tués et deux cents blessés européens. Un véritable bain de sang dont l'armée française qui a tiré pour la première fois sur une foule, française pour l'essentiel, est lourdement responsable.

Les mois de mars et d'avril 1962 sonnent le glas de l'OAS (Organisation armée secrète) : Guillaume, puis Jouhaud et Camelin, enfin Degueldre, Ferrandi et Raoul Salan, son chef, sont capturés par l'armée française. Dès lors, l'OAS s'engage dans une lutte désespérée et sans issue et intensifie ce qu'il faut bien appeler par son nom, une véritable chasse aux Arabes. Le 2 mai, un camion piégé explose à Alger, tuant soixante-deux personnes, alors qu'à Oran une clinique est mitraillée. Le FLN ne demeure pas sans réagir et l'anarchie s'installe : le 14 mai, dix-sept Européens sont tués, vengés dès le lendemain par une véritable tuerie : soixante musulmans y trouvent la mort.

Le FLN multiplie les enlèvements d'Européens au printemps : on compte plus de trois mille rapts dont les deux tiers des otages ne seront jamais retrouvés. À l'inverse, le nombre des victimes musulmanes de l'OAS sera estimé à un chiffre équivalent, près de trois mille, à la fin du mois de juin 1962.

Fuite éperdue des Européens

L'OAS poursuit sa politique du pire, s'en prenant à Alger et à Oran aux quartiers musulmans, mais aussi à toutes les traces de la présence historique française. Ainsi le 7 juin 1962, la riche bibliothèque de l'université d'Alger est réduite en cendres alors qu'à Oran l'incendie des réservoirs de la *British Petroleum* couvre la ville d'un épais nuage noir.

Cependant, les Européens ont choisi entre la valise et le cercueil : ils embarquent en grand nombre vers la métropole. Alors que deux cent cinquante mille Européens ont déjà fui en 1960 et 1961, anticipant les événements, ils sont huit cent cinquante mille à quitter l'Algérie en toute hâte durant l'été 1962. Tous ne se dirigent pas vers la France : cinquante mille choisissent l'Espagne, vingt mille le Canada, vingt mille également Israël, quelques milliers l'Argentine.

Le 1er juillet, l'Algérie vote massivement pour l'indépendance : dès lors la haine atteint son paroxysme entre Européens vaincus et les partisans vainqueurs du FLN.

Massacre d'Européens à Oran le 5 juillet 1962

C'est le 5 juillet qu'une terrible fusillade va mettre le feu aux poudres à Oran. Alors qu'un cortège d'Algériens défile pour commémorer la toute récente indépendance, des coups de feu éclatent. On ne sait si ce sont des partisans de l'OAS qui ont tiré, ou bien des membres du FLN désireux de dresser les uns contre les autres pied-noirs et musulmans, voire les deux... Mais le nombre des victimes est important : sans doute vingt Européens et soixante-quinze Algériens.

Quelques heures plus tard, c'est un véritable pogrom envers les Européens qui se déclenche.

Ce sont les partisans du FLN, cette fois, qui mettent la ville à feu et à sang. Tous les passants européens sont abattus sans sommation, les terrasses de café attaquées à la mitraillette, les portes des immeubles forcées, celles des appartements défoncées, leurs occupants horriblement mutilés ou enlevés. Malheur à ceux qui circulent en ville en voiture : ils n'ont aucune chance de survie...

Gravement défaillante, la préfecture ne donne aucune consigne aux Européens à la suite du massacre de la matinée. C'est un véritable crime que d'avoir omis d'interdire aux pieds-noirs de sortir de chez eux ! Quant à l'armée française, son attitude est d'une prudence excessive : alors que le général Katz a survolé la ville en milieu de journée et pris conscience de l'étendue des massacres, il ne donne l'ordre d'intervenir à sa troupe qu'à partir de 17 heures. Au prétexte qu'il doit respecter la souveraineté algérienne et ne peut agir sans l'accord des autorités locales, ce qui est incontestable.

Ainsi laisse-t-on se produire les pires exactions : des centaines d'Européens sont abattus par des tirs d'armes à feu – ce sont les plus chanceux –, écrasés par des camions, décapités à la scie, écorchés vifs et même ébouillantés.

Les responsabilités des autorités sont écrasantes

Si l'on peut condamner l'attitude du général Katz, au moins a-t-il le mérite d'être présent et de suivre l'évolution de la situation. Le préfet est quant à lui absent et remplacé par un jeune énarque qui assume l'intérim, Jean-Pierre Chevènement. Son seul mérite sera de révéler la vérité du bilan que les autorités cherchent à dissimuler. Côté algérien, le capitaine Bakhti qui commande la zone autonome d'Oran est peut-être absent, à moins qu'il ait laissé faire. C'est lui qui demande l'appui militaire français à Katz en milieu d'après-midi. Le lendemain, Bakhti assure avoir été surpris et vouloir faire justice. Il fait arrêter un certain Attou Mouckdem et, dès le 10 juillet, présente à la presse près de deux cents prisonniers algériens. Un mois plus tard, Ben Bella ordonne leur libération.

Le pouvoir français cherche à dissimuler, comme son chef, le général de Gaulle qui déclare alors : « À part quelques enlèvements, les choses se passent à peu près convenablement », ce qui est manifestement faux. Le bilan des tués européens, d'abord scandaleusement évalué par Katz à vingt-cinq, est définitivement établi à deux cent quatre-vingt-neuf. Chevènement, sans doute torturé par ce mensonge, finira par reconnaître que le nombre des tués européens atteint plus de huit cents, très exactement huit cent-sept.

Au total, durant cette année 1962, hors les pertes militaires, il semble que le nombre des Européens tués lors d'attentats et de fusillades, assassinés et enlevés sans espoir de retour, se soit élevé à cinq mille personnes, peut-être plus, certains avançant même un chiffre proche du double.

Fin de partie abominable pour les harkis

Mais le plus horrible est encore à venir. Alors qu'elle n'a cessé de s'appuyer sur des supplétifs algériens de plus en plus nombreux, la France décide de les désarmer puis refuse de les embarquer pour la France. Voilà les malheureux supplétifs, considérés comme des « collabos », des miliciens, livrés à la vindicte de leurs coreligionnaires.

Il faut un courage certain à beaucoup d'officiers pour passer outre aux ordres et faire traverser la Méditerranée à leurs hommes. Le pouvoir français s'entête et renvoie même certains bateaux chargés de musulmans fidèles à la France en Algérie, vouant les malheureux à une mort certaine. Louis Joxe a donné des ordres fermes pour regrouper les harkis, interdire leur exode et finalement les livrer au FLN qui promet de les juger en toute impartialité.

On sait ce qu'il advint. Sans doute soixante-quinze mille harkis, les plus exposés à la vengeance, car ayant combattu dans l'armée française régulière, furent, familles comprises, épouvantablement massacrés. C'est bien pis encore qu'à Oran. Entre musulmans, pas de pitié, mais la sauvagerie à l'état pur. Les voilà émasculés, découpés vivant, brûlés dans des fours, plongés dans des chaudrons d'eau bouillante, dépecés, éventrés, violés, pendus… Heureux sont ceux qui n'ont que les yeux crevés. Une fois encore, les résistants ralliés de la dernière heure se distinguent quand les plus vieux combattants du FLN souhaiteraient des exécutions plus propres et plus rapides.

Georges Pompidou finit par s'émouvoir, le 19 septembre 1962 et par autoriser le rapatriement des harkis en métropole. Il est bien tard, car soixante-quinze mille d'entre eux sont déjà morts sous les supplices. Certains historiens avancent le chiffre de cent cinquante mille. D'autres estiment qu'il n'a pas dépassé cinquante mille.

Ainsi s'achève une page bien peu glorieuse de l'histoire de France…

En 1963, ne demeurent plus en Algérie que cent cinq mille Européens. Dans les années 1980, ils ont pratiquement disparu : seules trente mille personnes, très âgées pour la plupart, y vivent encore.

1962. Que choisir ?
La valise ou le cercueil ?...

LE VRAI-FAUX ATTENTAT DES JARDINS DE L'OBSERVATOIRE

Étrange ballet entre une 403 et une 4 CV… du côté de l'Observatoire

En cet automne 1959, Paris est sous tension. De Gaulle est au pouvoir et les premières heures de la Ve République sont minées par les derniers soubresauts du conflit algérien. Dans la nuit du 15 au 16 octobre, un jeune homme aux cheveux noirs et au teint clair sort du restaurant *Lipp*. Il est environ minuit et demie. Regagnant sa voiture, une 403, l'homme en question est censé rejoindre son domicile au milieu de la nuit quand il se sent suivi par une autre voiture : une 4 CV. Changeant d'itinéraire et s'arrêtant à la hauteur de l'avenue de l'Observatoire, il sort alors précipitamment de sa voiture, enjambe une haie et s'allonge sur une pelouse. À présent à l'abri derrière un buisson, il a tout juste le temps de pousser un soupir de soulagement quand une détonation éclate : sa 403 est littéralement criblée de balles. Apparemment, ce sont les passagers de la 4 CV qui ont ouvert le feu dans sa direction. Quelle présence d'esprit ! Quelle rapidité de réaction ! Sans son intuition remarquable, il ne serait probablement plus de ce monde. Telle est du moins la version du « héros » de cette histoire rocambolesque. La cible de cet attentat n'est pas un inconnu mais un homme politique fort prisé des médias. Maire de Château-Chinon depuis le printemps 1959, sénateur de la Nièvre et ancien ministre de l'Intérieur sous la IVe République, il répond au nom de François Mitterrand. Une affaire qui tombe à pic ! Vilipendé par les médias et battu aux dernières élections législatives, la cote de popularité du charismatique sénateur est en chute libre. À n'en pas douter, François Mitterrand a besoin de redorer son blason…

Une machination politique menée de main de maître

Les réactions de la presse sont conformes à ses aspirations. Le lendemain même de « l'attentat de l'Observatoire », les journaux s'emparent en effet de l'affaire. D'aucuns vantent son sens de l'anticipation et son courage. Le premier, *L'Express,* ne tarit pas d'éloges sur son esprit d'analyse et sa perspicacité. *L'Humanité* va plus loin. Exploitant politiquement l'affaire, le journal communiste dénonce le rôle évident des partisans de l'Algérie française. « Le fascisme est en marche, nous sommes au bord de la guerre civile », déclare-t-il. De son côté, Mitterrand se donne le bon rôle. Indemne et feignant l'humilité, l'ancien ministre de l'Intérieur déclare : « Je ne dirai rien qui puisse ajouter au désordre des esprits. » Mis sur le compte de l'extrême droite, l'attentat de l'Observatoire sert la cause de Mitterrand. Encore traîné dans la boue par la presse quelques jours plus tôt, le « proscrit » de la République devient brusquement le héros de la résistance au fascisme. Apparemment, la machination du 15 octobre marche à merveille. Mais c'est sans compter la trahison du complice du « héros ». Moins d'une semaine après les faits, un certain Robert Pesquet fait des déclarations fracassantes dans les colonnes du journal *Rivarol.* Selon ce dernier, tout ne serait que machination et simulation. Cette tragi-comédie aurait été montée de toutes pièces par Mitterrand lui-même. En bref, l'ancien ministre de l'Intérieur aurait fomenté un pseudo-attentat contre lui-même…

Ainsi parle Robert Pesquet

Qui est donc Robert Pesquet ? Menuisier de son état et ancien militant dans les rangs du RPF, le parti gaulliste des années 40, le dénonciateur de la machination du 15 octobre aurait rencontré François Mitterrand huit jours avant les faits, non loin du palais de Justice. Tous les deux battus aux dernières élections législatives, les deux hommes se seraient liés d'amitié. Et l'ancien ministre de l'Intérieur de compatir sur le sort de Pesquet. « Les hommes de droite sont des ingrats, aujourd'hui, ils vous lâchent ! » lui déclare-t-il. C'est alors que Mitterrand lui aurait proposé son scénario de faux attentat. Discréditant les faux amis de droite de Pesquet, cet événement aurait pour conséquence de rehausser le degré de popularité de Mitterrand. Selon l'ancien député gaulliste, le plan était d'une simplicité déconcertante. Après avoir quitté sa voiture en laissant sa portière ouverte, Mitterrand devait se protéger derrière un buisson en attendant le mitraillage de son véhicule vide. Quoi qu'il en soit, quelques jours après les faits, Pesquet se ravise. Miné par le remords et doutant de la bonne foi de Mitterrand quant à ses réelles intentions à son égard, l'homme d'extrême droite décide de révéler le pot aux roses…

Le 22 octobre 1959, c'est le jour de la révélation mais aussi de la consternation. Devant un parterre de journalistes interloqués, maître Tixier-Vignancourt lance une véritable bombe médiatique : « C'est à la demande de François Mitterrand que cet attentat bidon a été organisé », affirme-t-il. Mitterrand commanditaire de son propre attentat ? C'est plus qu'un scandale, c'est un coup d'État qui risque de ruiner définitivement la carrière de l'ambitieux homme de gauche. Une histoire digne des régimes totalitaires de l'entre-deux-guerres ! Mitterrand se sent-il pour autant déstabiliser ? Il sauve tout au moins les apparences. En guise de défense, Mitterrand choisit la contre-attaque. Portant plainte pour diffamation et tentative d'assassinat, l'ancien ministre de l'Intérieur de Pierre Mendès-France affirme que Pesquet s'apprêtait vraiment à le tuer mais qu'il l'aurait averti de sa mission. Selon l'homme de gauche, l'ancien menuisier lui aurait lui-même proposé de simuler un attentat, ne se sentant pas l'âme d'un tueur. Craignant pour sa vie, Mitterrand aurait alors accepté la proposition. Une deuxième version toute aussi rocambolesque que la première…

Chronique d'un « héros » déchu : Mitterrand inculpé pour outrage à magistrat

Si Pesquet est arrêté pour détention illégale d'armes, Mitterrand paye au prix fort sa machination. Tel un boomerang, l'affaire de l'Observatoire qui devait le porter au firmament des hautes figures politiques de la France risque de le métamorphoser en paria de la République. Le 25 novembre 1959, le couperet tombe. En d'autres termes, le juge d'instruction Braunschweig inculpe l'ancien ministre d'État pour outrage à magistrat. Il demande notamment la levée de l'immunité parlementaire du sénateur de la Nièvre. La réplique de Mitterrand est immédiate. À la tribune du Sénat, le « héros déchu » contre-attaque en accusant nommément le Premier ministre Michel Debré de monter une véritable campagne de diffamation contre lui. Et Mitterrand de « révéler » que Debré serait le commanditaire d'un attentat fomenté contre le général Salan deux ans et demi plus tôt. En janvier 1957, une attaque au bazooka avait en effet été organisée par des partisans de l'Algérie française. Bizarrement, les auteurs de l'attentat, à savoir des membres de l'ORAF (Organisation de la résistance de l'Algérie française), auraient été arrêtés puis rapidement relâchés sans le moindre procès. L'intervention et les révélations de Mitterrand n'ont cependant pas l'effet escompté. D'aucuns interprètent ces accusations comme la contre-attaque d'un homme pris au piège. Un dernier coup de bluff avant son agonie politique. Par cent soixante-quinze voix contre vingt-sept, l'immunité parlementaire de Mitterrand est finalement levée…

Quand de Gaulle amnistie Mitterrand

« L'affaire de l'Observatoire » traîne finalement en longueur. Si Robert Pesquet écope de la prison pour rejoindre ensuite les rangs de l'OAS, puis s'enfuir en Espagne, François Mitterrand est seulement condamné à une forte amende. Étonnant ? pas vraiment. La droite parlementaire tout comme les forces de gauche ont besoin d'étouffer les affaires gênantes. À défaut de trouver des preuves irréfutables, un « pacte de non-agression » aurait été signé entre les deux blocs. Le président de la République lui-même intervient à sa façon. En janvier 1966, suite à sa réélection, de Gaulle promulgue une loi d'amnistie, laquelle fait table rase du délit d'outrage à magistrat formulé en 1959 à l'encontre de l'ancien ministre d'État. *A priori,* tout s'arrange. Mais c'est sans compter une nouvelle intervention de la justice. Sept mois plus tard, en août 1966, le nouveau juge Sablayrolle rend en effet une ordonnance de non-lieu relativement à la tentative d'assassinat. Autant dire que la justice reconnaît le caractère factice de l'attentat. Une simulation d'assassinat ? François Mitterrand ne peut se satisfaire de ce verdict. Aussi décide-t-il de faire appel de cette décision. En vain. Débouté une nouvelle fois par la Chambre d'accusation de Paris, il abandonne ses poursuites. Le 30 mai 1967, soit près de huit ans après le « vrai-faux attentat de l'Observatoire », l'affaire est déclarée définitivement close moyennant la condamnation de l'accusé aux frais…

Classée sans suite, cette affaire n'a finalement pas terni l'image de Mitterrand à long terme. Preuve en est son élection à la présidence de la République au mois de mai 1981. Vingt-trois ans après la tragi-comédie de l'Observatoire, le « héros déchu » entre à l'Élysée. Et ce pour une durée de quatorze ans. L'opinion publique a décidément la mémoire courte…

BEN BARKA ASSASSINÉ PAR LES MAROCAINS… EN FRANCE !

Ben Barka, condamné à mort par contumace par la royauté alaouite

Indésirable chez lui, au Maroc, Ben Barka incarne le mouvement de la résistance à l'oppression totalitaire. À la fois révolutionnaire et réaliste, ce brillant professeur de mathématiques, fils de simples commerçants, a connu plusieurs fois la prison et a été contraint à deux reprises à l'exil. Condamné à mort par contumace en octobre 1963 suite à la « mise en évidence » d'un complot prétendument ourdi par les siens, le fondateur de l'UNFP (Union nationale des forces populaires) est contraint de rester à l'étranger. En 1965, il acquiert une stature internationale en participant au Caire à un colloque sur la Palestine et surtout en devenant le secrétaire général de la Conférence tricontinentale[14] qui doit se dérouler à La Havane au tout début de l'année 1966. Nanti de ses nouvelles prérogatives internationales, cet homme au physique peu imposant parcourt le monde en se faisant le champion de l'anti-impérialisme. Face à cet opposant encombrant, le roi Hassan II ne sait quelle attitude adopter…

14. Organisation révolutionnaire des pays d'Asie, d'Afrique et d'Amérique du Sud. Elle naît officiellement le 2 septembre 1965.

Rendez-vous à la brasserie Lipp… *pour un projet cinématographique*

Ben Barka, victime d'une singulière collusion entre un gang de truands, des policiers de la Mondaine et des hauts responsables marocains ? Tout commence au Caire, dans le hall de l'hôtel Hilton, quand Ben Barka reçoit la visite d'un certain Georges Figon, lequel s'avère aussi à l'aise dans le monde artistique de Saint-Germain-des-Prés que dans l'univers trouble du proxénétisme et du banditisme. Contacté par le mystérieux Larbi Chtouki, un membre avéré des services secrets marocains, Georges Figon, surnommé « Lunettes », est un des maillons forts du stratagème. Il prétendra par la suite avoir agi pour la modique somme de cent millions de francs. Aux côtés du journaliste Philippe Bernier, il rencontre à plusieurs reprises le leader marocain en exil, notamment au Caire, puis à Genève. Sa proposition est aussi simple que diabolique : il ne s'agit ni plus ni moins de tourner un film sur les méfaits du colonialisme. Fort de sa renommée, Ben Barka en serait le conseiller historique. Le scénario est censé avoir été rédigé par un écrivain de renom : Marguerite Duras. Pour réaliser leur ambitieux projet, Bernier et Figon proposent à Ben Barka de les rejoindre à Paris au cœur du Quartier latin. Il s'agit de présenter le leader de l'UNFP à un cinéaste répondant au nom de Georges Franju, lequel est censé l'attendre à la brasserie *Lipp*. Ben Barka se montre particulièrement emballé…

« Paris est truffé de policiers marocains et je pourrais être enlevé à Orly même », confie Ben Barka quelques jours avant sa disparition à la journaliste Christiane

Darbor. Et pourtant, en ce 29 octobre 1965, le nouveau secrétaire général de la Tricontinentale ne se sent absolument pas menacé. Son projet de film a complètement dissipé ses inquiétudes. Il en a trouvé lui-même le titre : *Basta*, à savoir « Assez », en référence à une célèbre altercation du leader cubain avec les Américains…

Ben Barka kidnappé en plein Paris… par deux policiers français de la Brigade mondaine

L'avion de la Swissair se pose à Orly à 8 h 50. Son illustre passager débarque, comme à l'accoutumée sous une fausse identité. Il est en possession d'un passeport diplomatique algérien. Dès son arrivée dans le hall de l'aéroport, Ben Barka est surveillé par un certain Antoine Lopez, qui n'est autre que l'inspecteur principal d'Air France à Orly. Surnommé « le Gorille », cet agent du SDECE (Service de documentation extérieure et de contre-espionnage) va très vite s'avérer comme l'un des principaux cerveaux de l'enlèvement…

À Paris même, le leader marocain rejoint rapidement un compatriote répondant au nom de Thoumi el-Azemouri, un étudiant en histoire qui prépare l'agrégation. Il tient à l'associer au projet. « Il faut montrer que l'homme du tiers-monde n'est pas l'homme du ressentiment », expose-t-il au jeune historien. Après s'être rencontrés au Rond-Point des Champs-Élysées, les deux hommes prennent un taxi direction le boulevard Saint-Germain. Leur destination finale n'est autre que la brasserie *Lipp,* lieu de rendez-vous avec les trois pseudo réalisateurs de *Basta.* Un restaurant dans lequel Ben Barka ne devait jamais mettre les pieds. En effet, à peine les deux Marocains sont-ils sortis de leur taxi que deux policiers les interpellent. Il s'agit de Louis Souchon et de Serge Voitot. Arborant ostensiblement leurs plaques, les deux fonctionnaires de la Brigade mondaine demandent instamment à Ben Barka de les suivre dans une 403 noire, laquelle est habituellement utilisée pour ramasser les prostituées. Tapis dans l'ombre, les hommes des Renseignements généraux observent la scène sans intervenir.

Bienvenue à Fontenay-le-Vicomte… chez Georges Boucheseiche

L'enlèvement s'opère avec une facilité déconcertante. Apparemment Ben Barka ne s'étonne pas de l'incongruité de la situation. Aux dires d'el-Azemouri (qui a tôt fait de prendre la poudre d'escampette en s'engouffrant dans un bus au carrefour de l'Odéon !), son ancien professeur ne manifeste pas la moindre interrogation ni même la moindre résistance. Le leader marocain est alors persuadé d'être reconduit à l'aéroport d'Orly. Dans la voiture qui le mène à sa dernière demeure, Ben Barka se sent à tort en sécurité. Loin de flairer le piège, il observe la route en silence. Fidèle soutien de la politique gaulliste, le leader de l'UNFP n'a, *a priori,* rien à craindre de la police française. À l'intérieur de la 403 noire, deux autres personnes ont pris place. Sans compter l'incontournable Antoine Lopez, on note la présence insolite d'un colosse répondant au nom d'André Le Ny. Après avoir emprunté l'autoroute du Sud, le véhicule pénètre dans une ferme cossue de la commune de Fontenay-le-Vicomte (Essonne). Les passagers sont immédiatement accueillis par le propriétaire des lieux: un certain Georges Boucheseiche. Ami d'enfance d'Antoine Lopez, cet homme au passé trouble est un proxénète notoire dont « l'industrie hôtelière » prospère non seulement en France mais aussi au Maroc. Le ministre de l'Intérieur en personne en serait le plus fidèle soutien.

Un général marocain impliqué dans la disparition de Ben Barka

Le samedi 30 octobre, soit le lendemain du rapt de Ben Barka, deux hauts officiers des « Brigades spéciales chérifiennes » débarquent à leur tour à Orly. Aussitôt arrivés, ils s'empressent de s'engouffrer dans deux voitures qui les attendent sur le parking de l'aéroport. Lopez et Le Ny en sont les conducteurs et leurs illustres passagers répondent aux noms d'Oufkir et de Dlimi, les deux plus hauts fonctionnaires du ministère de l'Intérieur marocain. Une visite de vingt-quatre heures pour le moins étrange justifiée plus tard par le commandant Dlimi comme un simple voyage destiné à « assurer la protection du roi », lequel devait s'entretenir avec le général de Gaulle à Paris le 11 novembre suivant. De son côté, le général Oufkir s'indigne des accusations de la presse française et avance des raisons d'ordre strictement privé. Tout en ne niant pas connaître Lopez, il déclare le 14 novembre: « Dans l'après-midi du 30, j'ai voulu prendre l'avion pour Genève afin d'aller voir mes enfants qui sont à l'école à Gstaad. J'ai téléphoné à Lopez et lui ai demandé une correspondance. » Promu à son poste de ministre en novembre 1963, le général Oufkir est un personnage haut en couleur qui a servi sous le drapeau français lors de la Seconde Guerre mondiale. Avec son profil d'aigle et son long visage osseux, il a vaillamment combattu les forces allemandes après avoir intégré le 4e RTM (Régiment des travailleurs marocains). Des traces de brûlure attestent encore de sa bravoure au combat. Quand un mandat international est délivré contre lui, le ministre de l'Intérieur marocain ne manque pas de faire référence à son prestigieux passé : « En tant qu'officier français, je vous donne ma parole d'honneur que je n'ai rien eu à voir avec l'enlèvement de Ben Barka. » De fortes présomptions pèsent sur le général. On l'accuse même d'avoir poignardé Ben Barka !

L'arrestation et l'inculpation des policiers de la Mondaine…

Dès le 11 novembre 1965, les policiers ayant participé à l'enlèvement de Ben Barka sont interpellés et interrogés (par leurs propres collègues !) dans les locaux de la Brigade mondaine. Louis Souchon et Roger Voitot sont des officiers de police travaillant habituellement pour le groupe de répression du trafic des stupéfiants. Leur système de défense est on ne peut plus simpliste. Ils prétendent avoir été induits en erreur par leur « ami » Lopez sur l'identité exacte de la victime. Quand Souchon parle d'un terroriste voulant abattre le roi du Maroc, Voitot évoque un vulgaire trafiquant de drogue. Quoi qu'il en soit, les policiers en question sont inculpés par le juge Zollinger puis écroués à la prison de la Santé dès le 13 novembre. La nouvelle de l'arrestation des deux policiers de la Mondaine a tôt fait de rassurer la monarchie marocaine. Une affaire purement française ? Oufkir et Dlimi seraient ainsi lavés de tout soupçon. Faute de détermination, l'enquête criminelle n'a pu établir leur culpabilité. Mais c'est sans compter l'enquête journalistique et judiciaire…

Les révélations d'un certain Georges Figon : « J'ai vu tuer Ben Barka »

À l'investigation des policiers succède celle des reporters. La nouvelle éclate dans le magazine *L'Express* daté du 10 janvier 1966. L'article « J'ai vu tuer Ben Barka » fait l'effet d'une véritable bombe politique. Sous la plume de Jacques Derogy et de Jean-François Kahn, on dénonce publiquement le crime de Ben Barka, un meurtre politique perpétré par le ministre de l'Intérieur marocain. Aux dires de Georges Figon, les hommes de main de Boucheseiche ont au préalable roué de coups l'exilé marocain puis l'ont ligoté et transporté dans la ville de Lopez (seulement distante de trois kilomètres), obéissant ainsi aux injonctions d'Oufkir. Une fois arrivé sur place, Ben Barka est sévèrement attaché à une chaudière puis exécuté par le ministre de l'Intérieur en personne. « Pour moi, il ne s'agissait pas seulement de se débarrasser d'un ennemi politique, Ben Barka était aussi un ennemi de la France et de l'humanité », aurait avoué Oufkir. Tel est le récit relaté dans *L'Express.* Un vrai parfum de scandale ! Avec un ministre étranger accusé nommément de meurtre sur le territoire français, l'affaire Ben Barka prend une dimension insoupçonnée. Mais il existe des zones d'ombre, comme en témoignent les seules circonstances de ladite confession de Figon : Jean Marnier aurait ainsi enregistré les dires du truand au magnétophone sur une bande inaudible qui aurait servi plusieurs fois. Des propos que le seul témoin rescapé de l'affaire s'empresse de démentir le jour même de la parution de l'article en appelant simultanément *L'Aurore, France-Soir* et *Le Monde.* Une semaine plus tard, Figon est retrouvé étrangement mort d'une balle dans le crâne à son domicile de la rue des Renaudes, un minuscule studio situé près de la place des Ternes. D'après la version officielle, les policiers sont arrivés sur le palier de sa porte au moment même où le médiatique truand pressait sur la détente. Bizarrement, on ne retrouve aucune empreinte digitale sur le revolver du « suicidé » ni même la moindre trace de poudre sur la main de Figon. En dépit de toutes ces incohérences, le procureur Chavanon conclut hâtivement à un suicide...

Le Maroc s'indigne et la France se tait

Impliqué directement dans le rapt de Paris, le gouvernement chérifien crie au scandale. Huit jours après la mort de Figon, le 26 janvier, Hassan II lui-même intervient en se moquant quelque peu des accusations portées contre son royaume : « Cela laisse croire que le Maroc a plus d'autorité en France que le chef de l'État français lui-même ; le Maroc n'est engagé dans cette affaire que par la nationalité de la victime[15]. » Il défend par ailleurs ostensiblement son ministre de l'Intérieur et se retranche derrière la convention judiciaire franco-marocaine selon laquelle un accusé doit être inculpé par la justice en son

15. Jacques Derogy et Frédéric Ploquin, extrait de *Ils ont tué Ben Barka*, Éditions Fayard, 1999.

propre pays. Le roi n'hésite plus à parler d'ingérence intolérable de l'État français dans les affaires intérieures marocaines. De son côté, la France se trouve dans l'embarras. Elle entend avant tout privilégier ses relations avec le royaume chérifien dont le soutien est indispensable à sa politique africaine. D'autres facteurs entrent aussi en ligne de compte. La présence de quelque cent vingt mille Français résidant encore au Maroc en 1966 justifie à elle seule la prudence dont fait preuve Paris. De Gaulle lui-même entend régler au plus vite l'affaire Ben Barka, laquelle commence à ternir sérieusement le prestige de la France auprès des pays du tiers-monde. Lors de sa conférence de presse du 21 février 1966, le chef de l'État nie catégoriquement toute participation des services secrets de contre-espionnage dans cette affaire. « Du côté français que s'est-il passé ? rien que de vulgaire et de subalterne… », commente-t-il… La prise de position du président de la République n'entrave en rien la poursuite de l'enquête judiciaire. En privé, le général de Gaulle ne décolère pas contre Hassan II. C'est dans une atmosphère de confusion générale que s'ouvre le procès à la fin de l'été 1966, et ce en l'absence de la plupart des protagonistes. Le 5 juin 1967, sur fond de bruit de bottes au Proche-Orient, à savoir le déclenchement de la guerre des Six Jours, la cour d'assises de Paris rend son verdict. Si Dlimi et Voitot sont acquittés, « l'honorable correspondant » Lopez et l'officier Souchon écopent respectivement de six et de huit ans de prison. Même s'ils ont réussi à s'extraire à la justice française en se terrant au Maroc, Oufkir et Le Ny n'échappent pas à la sentence : la réclusion criminelle à perpétuité ! Les relations franco-marocaines en sortent profondément affectées. Il faut attendre la présidence de Pompidou pour voir les choses revenir à la normale…

Le corps de Ben Barka reste introuvable

Près d'un demi-siècle plus tard, le corps même de Ben Barka reste introuvable. La plupart des protagonistes ont disparu ou ont été exécutés. En 1972, Le Ny, Boucheseiche et même le général Oufkir trouvent la mort au Maroc, assassinés tous les trois après avoir été soupçonnés de préparer un attentat contre le roi. Pendant trente-neuf ans, l'affaire Ben Barka est couverte par le « secret Défense ». La déclassification à proprement parler du dossier ne s'opère qu'en 2004, sous l'impulsion du juge Claude Choquet. Mais ce rapt demeure un mystère. Un rapt dont les acteurs sont identifiés mais dont les circonstances et les motivations demeurent incertaines. Des policiers faisant figure de ravisseurs, des proxénètes jouant les geôliers et des ministres étrangers endossant le rôle de tueurs dans une ferme cossue de la région parisienne, voilà un tableau pour le moins surréaliste de ce rapt hors normes, une singulière affaire où les frontières entre les mondes de la pègre et de la sécurité nationale semblent s'être estompées. Loin d'être circonscrit à la seule sphère parisienne, l'enlèvement de Ben Barka est devenu rapidement une affaire franco-marocaine aux contours internationaux mal définis et aux ramifications multiples…

LA SOMBRE AFFAIRE MARKOVIC

Georges Pompidou, bouc émissaire des événements de mai 1968

En juin 1968, la France sort meurtrie et durablement bouleversée des troubles qui ont émaillé tout le mois de mai. Manifestations, combats de rue et grèves ont rythmé le printemps 68. Le pouvoir a failli vaciller devant une révolte aussi imprévue que spontanée ; un soulèvement populaire mené par une cohorte d'étudiants aux accents révolutionnaires. La société de consommation est décriée et le pays est au bord de la guerre civile. La crise sociale se double rapidement d'une crise politique. Après avoir conclu les accords de Grenelle et dénoncé la « chienlit », de Gaulle dissout l'Assemblée nationale. Le pays est repris en main *in extremis*. Au mois de juin, la peur de la révolution provoque une réaction en masse de la droite conservatrice. Le parti gaulliste rafle la mise aux élections législatives anticipées. Mais le pouvoir a besoin d'un bouc émissaire. En juillet, Georges Pompidou est ainsi remercié de son poste de Premier ministre et remplacé par Maurice Couve de Murville, le ministre des Affaires extérieures lors de l'affaire Ben Barka.

L'affaire Markovic, à la frontière du banditisme et du monde politique

De Gaulle met ainsi son ancien Premier ministre en « réserve de la République ». De son côté, Pompidou ne cache pas son amertume et clame à qui veut l'entendre son ambition présidentielle. Des déclarations qui ont tôt fait d'ulcérer la vieille garde gaulliste. La prochaine échéance électorale est théoriquement prévue encore loin : pas avant 1972... En attendant cet événement capital de la vie de la Vᵉ République (une élection présidentielle qui risque d'arriver plus rapidement que prévue !), Georges Pompidou est rattrapé par une affaire aussi sombre que rocambolesque : le meurtre de Stefan Markovic. L'assassiné ? Un réfugié yougoslave côtoyant le milieu du show biz. *A priori,* le drame n'est qu'un simple fait divers. En réalité, l'affaire Markovic crée un scandale qui va ébranler jusqu'aux assises de la République. La collusion nocturne entre le monde artistique et les plus hauts responsables politiques alimente les rumeurs les plus folles. Tout comme dans l'affaire Ben Barka, les univers obscurs du banditisme, de la politique et des services secrets semblent étroitement imbriqués dans une ténébreuse histoire d'assassinat. On frôle l'affaire d'État...

Un cadavre retrouvé dans une décharge publique

1ᵉʳ octobre 1968, commune d'Élancourt, dans les Yvelines : un ferrailleur répondant au nom de M. Haro remarque un gros paquet enveloppé dans du plastique. Plus exactement, il s'agit d'une toile de jute contenant une housse de matelas. À l'intérieur se trouve le corps d'un homme de forte corpulence qui semble être celui d'un clochard vraisemblablement passé à tabac par des voyous. Un banal fait divers en quelque sorte. En état de décomposition avancée, le corps est méconnaissable. L'autopsie est formelle : «... la mort est due à de très graves lésions méningo-encéphaliques résultant d'un traumatisme crânien... ». Il est précisé que le décès doit remonter à trois ou quatre jours. Dès le 4 octobre, la victime est identifiée : il s'agit de Stefan Markovic, un réfugié yougoslave de trente et un ans habitué du Paris nocturne et fréquentant assidûment le milieu du show biz. L'enquête est menée par le commissaire Samson du SRPJ de Versailles. Très rapidement, celle-ci s'oriente vers une personnalité interlope : François Marcantoni. Fiché au grand banditisme, ce Corse haut en couleur est aussi un héros de la dernière guerre. Mais en ce mois d'octobre 1968, tout l'accable. Il y a d'abord ce curieux témoignage d'un certain Uros Milicevic. Ce dernier affirme haut et fort que son ami Stefan lui aurait confié une lettre au caractère prémonitoire dans laquelle il accuse nommément « François Marcantoni, Corse » d'être un véritable gangster et fait par des dangers qui planent sur lui. Une lettre à ouvrir « au cas où il lui arriverait malheur » aurait précisé Markovic. Un autre élément jugé irréfutable par la police vient conforter la culpabilité de Marcantoni. Il s'agit d'une housse de matelas de marque Treca, la même que celle qui entourait le cadavre d'Élancourt, trouvée au domicile même du Corse.

Suite à ces accusations, François Marcantoni est interpellé et interrogé pendant plus de cinquante-deux heures dans les bureaux du SRPJ de Versailles. Nous sommes le 15 octobre. Face au commissaire Samson, Marcantoni ne nie pas connaître la victime. Il aurait fréquenté Stefan Markovic dans le milieu de la nuit parisienne mais aussi sur les champs de course. Le Corse ne cache pas son absence de sympathie pour le Yougoslave mais récuse toute implication dans un quelconque meurtre. L'après-midi même de la disparition de Stefan Markovic, François Marcantoni prétend qu'il vaquait à ses occupations dans sa maison de Goussainville. Un alibi qui ne l'empêche pas d'échapper à la prison…

L'entrée en scène d'Alain Delon

Loin d'en rester à une simple histoire entre truands, l'affaire prend rapidement une dimension médiatique quand il apparaît que le nom ou plutôt les initiales d'Alain Delon figurent noir sur blanc sur le dernier courrier de Stefan Markovic. Mentionné sous l'appellation A. D., l'icône cinématographique serait impliquée dans cette sordide histoire de « règlements de compte ». Dans une lettre testamentaire adressée à son propre frère Alexandre, l'acteur est carrément qualifié de « faible d'esprit » et de « malade ». Aux dires du défunt, il ne mérite pas plus de considération que l'infréquentable Marcantoni. Des accusations graves et *a priori* dénuées de fondement mais qui vont mettre le feu aux poudres. En l'espace de quelques semaines, le monde féerique du spectacle bascule dans l'univers du sordide et de la luxure.

Marcantoni contre Markovic ? Ce n'est plus un fait d'actualité. Une fois n'est pas coutume, Alain Delon entre en scène dans une intrigue policière pour laquelle il n'a jamais demandé le rôle principal. Ce monument du cinéma français paraît pourtant inattaquable. Il dispose d'ailleurs d'un alibi : au moment de la mort de Markovic, l'acteur est loin des tréteaux parisiens, il tourne le film *La Piscine* à Saint-Tropez sous la direction de Jacques Deray. Mais la police désire l'entendre. Il est donc convoqué au SRPJ de Versailles avec sa compagne Nathalie Delon. L'interrogatoire du célèbre couple demeure sans résultat. De fortes présomptions pèsent pourtant sur l'acteur. S'il n'est pas le responsable du meurtre, tout au moins l'aurait-il commandité. Dans son dernier livre intitulé *L'Indic et le Commissaire*, Lucien Aimé-Blanc laisse sous-entendre qu'une très forte altercation aurait éclaté entre Alain Delon et Stefan Markovic quelques jours avant la disparition de ce dernier. Brutalement mis à la porte du domicile de l'acteur, le Yougoslave aurait proféré des menaces à l'encontre d'Alain Delon. Selon ses dires, il posséderait des photos compromettantes. La presse, à commencer par le magazine *Minute*, s'empare de l'affaire. Et le fait divers de prendre une dimension politique insoupçonnée. On évoque nommément des soirées libertines auxquelles la femme d'un homme politique fort connu serait mêlée. D'aucuns évoquent le nom de Madame Pompidou. Assurément, nous sommes à l'avant-veille d'un tremblement de terre politique…

D'étonnantes soirées libertines… en compagnie de Claude Pompidou

L'épisode des photos libertines est alimenté par un agent du SDECE répondant au nom de Jean-Charles Marchiani et surtout par les révélations d'un certain Borijov Ackov, un détenu de la prison de Fresnes. Celui-ci affirme avoir participé à des soirées très particulières chez un membre du Conseil économique et social du côté de Montfort-l'Amaury. Aux dires du témoin, la soirée en question remonte à l'été 1966. Il s'y serait rendu en compagnie de Stefan Markovic, lequel était toujours « armé » d'un appareil photo. Et le spectacle qu'il décrit est littéralement sidérant. Une véritable « partouze mondaine » à laquelle auraient participé des gens de renom. Il souligne notamment la présence d'une grande femme blonde d'environ quarante-cinq ans, d'allure bourgeoise et pourvue d'un nez fort prononcé. Au retour de Montfort-l'Amaury, Markovic lui aurait confié : « Il ne faut pas raconter les choses que tu as vues… il faut faire attention à ne rien dire. Tu sais, c'est la femme du Premier ministre. » Le nom est lâché : Claude Pompidou. À compter de cet instant, la police exploite à fond la piste politique. On en tire immédiatement des conclusions hâtives : Markovic aurait été supprimé car il détenait des photos explosives impliquant des gens célèbres. Le frère même de la victime abonde dans ce sens ; son avocat Roland Dumas accuse sans ambages l'ancien Premier ministre, lequel ambitionne un avenir présidentiel. On flirte avec l'affaire d'État. De son côté, Georges Pompidou revient tout juste de vacances. « Il faut que vous sachiez que quelque chose que personne n'ose vous dire… », lui glisse son dévoué collaborateur Jean-Luc Laval. En apprenant les révélations d'Ackov, l'ancien Premier ministre demeure complètement interdit. Son étonnement n'a d'égal que son écœurement. Même si une semaine plus tard Ackov revient sur ses dires, le mal est fait : la réputation des Pompidou est durablement salie…

Affaire Markovic:
Un alibi en béton armé !

Georges Pompidou scandalisé

« Quels misérables auxiliaires a-t-on requis pour commettre cette saloperie ? » s'indigne Georges Pompidou auprès du journaliste Philippe Alexandre. Puis il promet un jour de démasquer les coupables. Ce qui le révolte le plus est l'absence de réaction de ses « amis » politiques. Pendant toute la durée de l'affaire, ni René Capitant, alors garde des Sceaux, ni même le général de Gaulle ne sont intervenus en sa faveur. Georges Pompidou en est profondément affecté, pour ne pas dire bouleversé. Quant au président de la République, il feint l'indifférence sous prétexte de ne pas donner trop d'importance à l'affaire. En privé, de Gaulle n'aurait pas caché son amertume. « À trop vouloir dîner en ville dans le Tout-Paris comme aime le faire les Pompidou et à fréquenter trop de monde et de demi-monde, il ne faut pas s'étonner d'y rencontrer tout et n'importe qui. »

Une machination politique ?

Non seulement le pouvoir politique n'a pas essayé d'étouffer les rumeurs, mais il les a encouragées. Markovic apparaît en cela comme un cadavre providentiel qu'on se doit d'exploiter. Loin de s'arrêter avec l'accession de Pompidou à la présidence, elles se poursuivent en septembre 1969 à la suite d'une nouvelle rumeur attestant la présence d'une photo libertine mettant en scène Madame Pompidou avec une autre femme dans une position équivoque. Après enquête, la réalité s'avère bien différente. Aux dires de Lucien Aimé-Blanc, la grande blonde en question serait une prostituée fort connue du boulevard Péreire. À n'en pas douter, le couple Pompidou est victime d'une manipulation politique. Cette thèse est accréditée par les révélations de Michel Bétrémieux, un inspecteur de police de la première brigade mobile. D'après son témoignage, les services de police ont clairement reçu la mission de compromettre le nom de Georges Pompidou dans une sombre histoire de mœurs. Le nouveau président de la République a toujours précisé qu'il n'oublierait rien. Selon Michel Jobert, Pompidou avait dressé, sur une feuille gainée de cuir, une liste de toutes les personnes qui « avaient piétiné son honneur »...

Un crime toujours inexpliqué...

Si manipulation politique il y a, elle explique certes le côté médiatique de l'affaire, mais en aucun cas les raisons de l'assassinat de Stefan Markovic. Dans son livre intitulé *Monsieur François*[16], le principal inculpé de l'affaire parle clairement d'un trafic d'héroïne. En d'autres termes, Stefan Markovic aurait trempé dans une affaire de drogue où il aurait essayé de vendre de l'amidon en guise d'héroïne l'avant-veille de sa disparition. Une coïncidence pour le moins étrange. Toujours est-il que la police n'a pas cru nécessaire d'exploiter cette piste...

Dès le mois de décembre 1969, on libère Marcantoni après onze mois d'incarcération tout en continuant à l'inculper de complicité d'assassinat. Il lui faut attendre l'année 1976 pour bénéficier d'un non-lieu, refermant

16. François Marcantoni avec Serge Garde, *Monsieur François,* Éditions Le Cherche Midi, 2006.

ainsi près de sept ans de procédure judiciaire. Il faut y voir l'influence du Premier ministre de l'époque, à savoir Jacques Chirac. Depuis 1969, plus de six mille procès-verbaux ont ainsi été dressés… sans résultat. Aujourd'hui, quarante-deux ans après le crime d'Élancourt, les zones d'ombre sont pléthore. Hormis l'innocence du couple Pompidou, tout reste à élucider. Par qui et pourquoi a-t-on trucidé le réfugié politique yougoslave ? L'affaire Markovic demeure une énigme…

DES AVIONS QUI RENIFLENT DE L'ARGENT POLITIQUE

Le poids décisif du groupe Elf

À côté du groupe privé de la Compagnie française des pétroles, héritier des pétroles d'Irak, le gouvernement français a souhaité constituer un groupe public pour exploiter les ressources nationales d'hydrocarbures. En 1939, la RAP (Régie autonome des pétroles) a été créée pour exploiter le gaz de Saint-Marcet, puis en 1941 la SNPA (Société nationale des pétroles d'Aquitaine) « découvreuse » du gisement de gaz de Lacq. C'est en 1955 que les premiers indices de présence de gaz et de pétrole en Algérie sont découverts par le Bureau de recherche de pétrole (BRP), puis la SN Repal, filiale commune avec la Compagnie française des pétroles (CFP), instaurée pour les exploiter les gisements.

Le général de Gaulle décide de développer le Groupe vers l'aval, le raffinage et la distribution, avec la création de l'UGP (Union générale des pétroles) qui entreprend aussitôt la construction d'une impressionnante raffinerie à Feyzin. Puis c'est la constitution de l'ERAP (Entreprise de recherches et d'activités pétrolières), structure unique, en 1967, avant que ne soit lancée la marque Elf avec ses 4 500 stations-service au rond rouge. Ainsi la France s'est-elle dotée d'un groupe public intégré, en tout point comparable à la CFP.

On sait qu'en 1976, la SNPA vient rejoindre l'ERAP pour constituer le groupe Elf-Aquitaine.

Belles découvertes en Afrique

La compagnie Elf-Erap, soucieuse de remplacer ses découvertes algériennes, a fort bien réussi en Afrique, reconstituant ses réserves au Gabon, puis au Congo ex-Brazza, la République démocratique du Congo. Le groupe français fait également de belles découvertes au Nigéria dans la région de Port-Harcourt, mais l'exploitation des gisements est fortement perturbée par la guerre du Biafra (le Groupe a pris le parti du colonel Ojukwu, le chef Ibo de la rébellion). Enfin, le Groupe affirme sa présence au Tchad puis en Angola, où il est partisan de l'Unita de Joseph Savimbi. Comme le lecteur le constate, Elf-Aquitaine se trouve très impliqué dans la définition de la politique africaine de la France, sans que l'on sache vraiment qui influence le plus l'autre, de l'État ou de la compagnie pétrolière.

L'affaire des avions renifleurs

Une affaire rocambolesque va mettre en relief la gestion très approximative qui prévaut au sein du groupe Elf où manifestement, les contrôles financiers internes les plus élémentaires n'ont point été mis en place.

Les principaux acteurs de cette affaire loufoque sont un agriculteur italien, parfait autodidacte, dénommé Aldo Bonassoli, et un aristocrate belge fortuné, Alain de Villegas. Ce Villegas se prétend ingénieur – ce qui est inexact – et assure avoir inventé un appareil permettant la détection des nappes de pétrole. Quelle compagnie pétrolière ne rêverait pas d'un semblable miracle lorsque l'on connaît le coût extrêmement élevé de la recherche pétrolière et gazière.

Cet avion « renifleur » (selon l'heureuse expression trouvée par *Le Canard enchaîné*) va se révéler une incroyable mystification. Ce qu'il renifle, c'est l'argent du groupe Elf!

Nos deux « pieds nickelés », forts de leur invention, entrent donc en contact avec un avocat français, Jean Violet, ayant autrefois travaillé pour le SDECE (Service de documentation extérieure et de contre-espionnage) et bénéficiant d'un puissant réseau relationnel. Ce dernier leur permet de rencontrer le président d'Elf, Pierre Guillaumat, qu'ils persuadent du bien-fondé de leur découverte. C'est tout le coût de prospection que le groupe pétrolier pourra économiser.

Ce que Pierre Guillaumat ne sait pas, malgré son réseau d'informateurs internes, c'est que Alain de Villegas bénéficie d'informations internes au Groupe sur les découvertes récentes. Les tests son probants: l'avion transportant le surnaturel appareil confirme toutes les « trouvailles », fruits des expertises du département Exploration du grand groupe pétrolier français. À croire que les dirigeants du groupe Elf n'ont jamais lu que *Tintin et Milou* !

Pourquoi donc se poseraient-ils des questions ? Les plus grandes intelligences du pays, Valéry Giscard d'Estaing, président de la République, et Raymond Barre, Premier ministre, donnent leur aval. Alors les avances s'accumulent en faveur de l'agriculteur italien et du porteur de particules belge : 1 milliard de francs entre 1975 et 1978. Rien n'est trop beau pour Elf : c'est un Boeing 707, acquis pour l'occasion, qui va transporter la « lanterne magique » italo-belge…

Forts de cette première imposture, les deux inventeurs se sentent en pays conquis : ils affirment avoir mis au point un appareil encore plus performant. Décidément plus « l'attrape-couillon » est grossier, plus les jobards se sentent en confiance. Hélas pour nos deux escrocs, les résultats des nouvelles prospections aériennes se révèlent décevants lors d'un survol du golfe du Lion. Le président de la République vient, en personne, participer à un survol !

Et s'il n'en reste qu'un, ce sera Albin Chalandon !

Nouveau patron d'Elf-Aquitaine depuis 1977, Albin Chalandon, vieux briscard gaulliste, ancien ministre, ne s'en laisse pas compter. Lui renifle, non pas le pétrole, mais la manipulation avec un odorat très sûr. Il fait vérifier l'appareil par de jeunes ingénieurs du Groupe qui ont toute sa confiance. Tout paraît conforme. Mais

Chalandon ne lâche pas. Heureusement, car ce sont les inventeurs eux-mêmes qui finissent par se piéger. Ils se montrent trop péremptoires sur une découverte en Afrique du Sud, au Zoulouland. Le groupe Elf a beau forer, dépenser cent millions de francs, il n'y a pas la moindre goutte d'huile !

C'est finalement un physicien du CEA (Commissariat à l'énergie atomique) qui découvre l'œuf de Colomb. Jules Horowitz démontre que Villegas et Bonassoli rentrent dans leur appareil des photos préenregistrées. Ainsi, l'illusion et la réalité ne font qu'un, sur la base des informations communiquées par la direction Exploration d'Elf.

Le Canard enchaîné *déchaîné*

Le 21 décembre 1983, *Le Canard enchaîné* révèle l'affaire. C'est alors que l'on constate que le rapport de la cour des Comptes du 21 janvier 1981 (rapporteur François Gicquel) a disparu. Et pour cause, puisque Raymond Barre, Premier ministre, semble en avoir été le seul destinataire. Il est vrai que ledit rapport est proprement effroyable. Il indique que le groupe Elf-Aquitaine a subi des pertes estimées entre sept cent quarante et sept cent quatre-vingt-dix millions de francs, réparties sur quatre années. Il précise qu'aucune retombée positive n'a été apportée par le nouveau système de repérage aérien et qu'aucune des consultations indispensables avant la prise de décision d'un investissement de cette ampleur n'a été effectuée. Bien pis, il démontre que les procédures de contrôle ont été systématiquement détournées et que les irrégularités commises sont légion.

Et, ô scandale, il semble que des autorisations gouvernementales aient couvert le non-respect des procédures du Groupe. Et que les contraintes invoquées du secret d'État soient purement folkloriques. Car les risques financiers encourus sont disproportionnés par rapport à un système à la fiabilité douteuse.

Alors que les pouvoirs publics sont invités à tirer les conséquences d'une aussi lamentable affaire, il ne se passe rien durant trois années.

Les auteurs de l'escroquerie s'en tirent

Le rapport de la cour des Comptes dans son point 9 cite nommément maître Violet, de Villegas et de Weck (l'un des patrons de la banque suisse UBS) pour leurs rôles respectifs, mais aucune poursuite n'est engagée. Le rapport de la Cour est pourtant bouclé par cette terrible phrase : « La lacune la plus grave concerne l'absence de précautions relatives à l'existence même d'une invention. »

Lorsque la tempête éclate à la suite de la publication de l'article d'un journal satyrique du mercredi matin, Henri Emmanuelli, toujours modéré dans ses expressions, parle de forfaiture. Le soir même, Valéry Giscard d'Estaing brandit le mystérieux rapport de la Cour des comptes. Chalandon, qui a bien senti l'imposture dès son arrivée, évoque sans conviction une misérable querelle, alors que Rutman, le vice-président du Groupe, affirme qu'il « le referait si c'était à refaire ».

Une commission parlementaire se perd dans ses propres méandres, alors que le président Mitterrand, soucieux de préserver la fonction présidentielle, évite, très vraisemblablement à Valéry Giscard d'Estaing d'être entendu par la justice.

Quant à l'argent encaissé par les deux voyous, il a pris deux directions suivant les renseignements les plus fiables : soixante-quinze millions de dollars versés à la société Fisalma, société panaméenne dont le fondé de pouvoir n'est autre que maître Violet, et quarante-sept millions de francs directement encaissés en Belgique sur le compte de Villegas, lequel, fort de ses dépôts, obtient un prêt de deux cents millions de francs suisses auprès de l'Amden.

Il manque cependant la différence entre sept cent soixante millions de francs versés par Elf et les sommes reçues par les deux pseudo-inventeurs, soit approximativement trois cent cinquante millions de francs, somme sans doute à minorer du dépôt effectué en Suisse en contrepartie du prêt obtenu.

Ainsi, sans doute, cent à deux cents millions de francs ont-ils été versés à la caisse noire électorale d'un parti politique. C'est d'ailleurs ce qu'affirme par écrit dans un ouvrage très repéré, *Les Industriels de la fraude fiscale,* le très estimable conseiller à la Cour des comptes, Jean Cosson.

BOKASSA : LES DIAMANTS QUI ONT FAIT BATTRE VALÉRY GISCARD D'ESTAING À LA PRÉSIDENTIELLE DE 1981

La presse se déchaîne en octobre 1979

Le 10 octobre 1979, *Le Canard enchaîné* révèle que le président de la République, Valéry Giscard d'Estaing, a reçu une plaquette de diamants des mains du président centrafricain, le folklorique et cruel Jean Bedel Bokassa, en avril 1973. À l'époque, Giscard d'Estaing était ministre des Finances. La reproduction du fac-similé d'un bon de commande de 30 carats passé par le secrétaire à la présidence centrafricaine tient lieu de preuve.

Le lendemain, le numéro du *Monde* diffusé en début d'après-midi à Paris ouvre sa une sur deux colonnes avec un article de Jacques Fauvet. Celui-ci affirme qu'en tant que ministre des Finances, Giscard d'Estaing aurait dû déclarer ces diamants à la douane et que « s'il a négligé cette formalité, la France a aujourd'hui un trafiquant de diamants pour président ». Bien qu'ayant dîné avec le président de la République la veille au soir, le très partisan directeur du *Monde* ne l'a nullement averti de son éditorial du lendemain.

Face à ces deux agressions, l'Élysée répond avec mollesse et absence de professionnalisme. Il n'est que d'entendre la ridicule déclaration du porte-parole, Pierre Hunt, à la sortie du conseil des ministres du jour. Puis les services de la présidence affirment qu'il s'agit de cadeaux traditionnels entre chefs d'État n'ayant nullement la valeur affirmée dans la presse.

Le 17 octobre, Pierre Hunt, négligeant les faits, assure « que le Président fera justice de ce sujet le moment venu… ».

Bokassa aux abois

Être fruste et madré, Jean-Bedel Bokassa, engagé volontaire dans l'armée de Lattre puis en Indochine, a quitté l'armée française avec une retraite de capitaine. Devenu chef d'état-major de la petite armée centrafricaine, il renverse le président Dacko fin décembre 1965. Totalement mégalomane, il se fait d'abord nommer président à vie en 1972, puis s'autoproclame maréchal deux ans plus tard. Enfin, le 4 décembre 1977, il se fait couronner empereur au cours d'une fête dérisoire et coûteuse (cent millions de francs) qui ruine le pays, l'un des plus pauvres d'Afrique.

Mais le nouvel empereur est un tyran de la pire espèce, un véritable tueur qui a fait tirer sur la foule en 1979, et exécuter enfants et jeunes gens. On a vu Bokassa diriger lui-même les massacres. Le rapport accablant d'Amnesty International contraint le Centrafricain à rechercher l'appui d'un tyran aussi ignoble que lui, le colonel Kadhafi. Alors qu'il est en visite chez le Libyen, le président Giscard d'Estaing, à l'aide de troupes françaises transportées par le *Transall,* rétablit le président Dacko. Bokassa doit se réfugier en Côte d'Ivoire.

Il n'en oublie pas moins les temps bénis où Valéry Giscard d'Estaing était son ami : dès 1970, lorsque le ministre des Finances de l'époque venait faire des safaris en toute impunité dans la réserve d'État de Koumbala. Un avion *Mystère 20* des liaisons interministérielles assurait le voyage jusqu'à Bangui avant qu'un *Beechcraft* centrafricain ne le conduise à Koumbala…

Aussi va-t-il se mettre à parler, dès décembre 1980, affirmant que les informations du *Canard enchaîné* sont parfaitement exactes. L'objectivité oblige à dire que de son exil, Bokassa cherche à se venger de son ancien protecteur.

Giscard d'Estaing s'inquiète quelque peu

Pressé par un sondage paru dans *L'Express* du 17 novembre 1979 qui indique que 75 % des Français souhaitent entendre les explications du Président sur les diamants de Bokassa, Valéry Giscard d'Estaing accepte d'être interviewé le 27 novembre 1979 sur Antenne 2. Il indique alors que tous les cadeaux qu'il a reçus comme chef d'État seront donnés à des œuvres de charité ou confiés à des musées. Et il dénie toute valeur aux diamants offerts par Bokassa.

Cependant, *Le Canard enchaîné* annonce, en décembre 1979, qu'en 1974, lors de son élection à la présidence, Giscard d'Estaing a reçu plusieurs plaquettes de diamants.

Un nouvel éditorial du *Monde,* toujours signé Jacques Fauvet, attaque violemment le président de la République, reprochant les cadeaux sous forme de diamants, les relations amicales avec une brute comme Bokassa, les tentatives d'effacer les traces de l'affaire tant en Centrafrique qu'en France. Nous sommes à quelques mois de l'élection présidentielle de 1981.

Aussi, le Président sortant conduit-il une contre-attaque qu'il estime vigoureuse. Ayant confié l'évaluation des diamants reçus de Bokassa au président de la

Compagnie des experts en pierres précieuses et joaillerie près la cour d'appel de Paris, il estime avoir démontré que leur valeur d'origine de quarante-quatre mille cinq cents francs ne dépasse pas en valeur 1980 la somme de cent quinze mille francs. La joaillerie Chaumet les acquiert alors et en verse le produit partie à la Croix-Rouge centrafricaine, partie à d'autres institutions caritatives de ce pays.

Le 27 janvier 1981, à la télévision, le président de la République refuse de répondre aux questions concernant ses anciennes relations personnelles avec Bokassa.

Une affaire qui pèse sur le résultat de la présidentielle de 1981

Les candidatures se succèdent à la présidentielle de 1981 : le 8 novembre 1980 Mitterrand se déclare, puis Jacques Chirac le 4 février 1981 et Valéry Giscard d'Estaing le 2 mars.

Répondant à Yves Mourousi le 10 mars, le président sortant affirme que les diamants sont des produits sans grande valeur en bijouterie et rappelle qu'il a donné le produit de leur vente aux organismes de secours centrafricains.

Mais il est aussitôt contredit par *Le Matin*, le grand quotidien centrafricain, quant à la valeur des diamants, alors que le *Washington Post* publie un article assassin à partir d'une interview de Bokassa.

À l'évidence, l'incertitude sur la valeur des diamants reçus, sur la cession partielle ou complète desdits diamants, sur la nature des relations anciennes et amicales existant entre Bokassa et Giscard d'Estaing, trouble gravement l'image du Président auprès de l'opinion. Un constat de bon sens est effectué par le député socialiste Georges Fillioud, selon lequel il s'est écoulé sept ans, dix mois et deux jours entre la première remise de plaquettes et la vente des diamants à Chaumet.

La situation économique rendue difficile par les trois hausses du prix du pétrole, mais aussi la haine du RPR va rendre plus difficile la réélection du président sortant. Car Jacques Chirac s'efforce de faire perdre son ennemi intime. Largement battu au premier tour, le chef du RPR ne se retire qu'à titre personnel.

Bien pis, comme l'a confirmé Giscard d'Estaing lui-même sur le plateau de TF1 en octobre 2007, Jacques Chirac a bien rencontré François Mitterrand entre les deux tours chez Édith Cresson, afin de mettre au point un plan destiné à abattre Giscard d'Estaing. Un plan que Joxe a fini par avouer dans une interview : la remise par Charles Pasqua du fichier des adhérents du RPR, appelés individuellement pour les inciter à voter Mitterrand ou pour le moins à s'abstenir.

Beaucoup plus tard, dans un entretien avec Gabrielle Bacqué, publié dans *Le Monde 2* de mai 2004, Valéry Giscard d'Estaing reconnaît qu'il « s'est très mal défendu dans l'affaire Bokassa… que les hommes du réseau de Charles Pasqua collaient des diamants sur ses affiches électorales à la place des yeux… qu'enfin, Mitterrand lui avait dit plus tard qu'il avait été élu grâce à Chirac ».

LA REINE PÉDAUQUE A BON DOS !

Un ami du Président abattu en plein Paris par un tueur à gages

Paris, une ville dangereuse où les policiers protègent les criminels ? Les faits tendraient à le démontrer. Après l'affaire Ben Barka en octobre 1965 où deux officiers de la Mondaine couvrent l'enlèvement d'un homme politique étranger, l'affaire de Broglie pousse encore plus loin en autorisant un vulgaire repris de justice à abattre un prince ami du président de la République sous l'œil complaisant de la police. En ce 24 décembre 1976, Jean de Broglie est tué à bout portant de trois balles dans la tête. Il est 9 h 22 du matin et le corps du député de l'Eure gît dans une mare de sang devant le domicile de son conseiller financier, au numéro 2 de la rue des Dardanelles, dans le 17e arrondissement de Paris. Son assassin est un certain Gérard Frèche, un petit truand habitué des bars de Pigalle. Il aurait assassiné le prince pour la « modique » somme de cinquante mille francs ! Aussitôt sa tâche accomplie, le tueur en question se serait précipité vers la voiture d'un policier : l'inspecteur Guy Simoné. Quand le meurtrier du prince lui avoue que le « boulot » était fait, le policier aurait manifesté sa surprise en le traitant de « fou ». C'est tout au moins la version de Simoné, soucieux de se disculper auprès de la justice…

« Toutes les personnes impliquées ont été arrêtées. Le coup de filet est complet. » Ainsi s'exprime Michel Poniatowski moins d'une semaine après le drame ; « un homme rond dans une fonction carrée », selon les termes de Christophe Deloire[17]. Pour l'occupant du ministère de la place Beauvau, les services de police ont fait preuve d'un travail d'investigation remarquable. Satisfait de l'effet produit auprès de la horde de journalistes et de photographes qui le mitraillent, le ministre de l'Intérieur se tourne ensuite vers Jean Ducret. En quelques mots, le directeur de la police judiciaire précise les « raisons exactes » de l'assassinat.

Un prince assassiné au nom d'une « Reine » !

Loin de l'affaire d'État, il apparaît ainsi que Jean de Broglie a été victime de deux emprunteurs peu scrupuleux répondant aux noms de Pierre de Varga et de Patrick de Ribemont. Dans la perspective d'acheter *La Reine Pédauque*, une rôtisserie jouxtant la gare Saint-Lazare, les deux hommes avaient demandé un prêt au député de l'Eure. Ce dernier le leur avait octroyé moyennant un remboursement étalé sur sept ans (l'accord remonterait au mois de décembre 1975). On évoque la somme astronomique de quatre millions de francs. Un chiffre tellement colossal que les emprunteurs en question n'auraient pas trouvé d'autres moyens d'épurer leurs dettes qu'en décidant d'en supprimer le généreux prêteur sans penser aux éventuelles conséquences de leur geste. En résumé, une conclusion cousue de fil blanc qui fait peu de cas du niveau mental et intellectuel des présumés coupables. Quoi qu'il en soit, l'affaire de Broglie est considérée close. Elle se referme sans avoir

17. *Cadavres sous influence,* Éditions Jean-Claude Lattès, 2003.

éclaboussé le moindre membre du gouvernement. La place Beauvau peut ainsi fêter le nouvel an en paix. En termes clairs, la raison d'État l'emporte sur toute autre considération. Selon la version officielle, Jean de Broglie aurait été abattu pour une sombre histoire de prêt d'un montant de quatre millions de francs consentis pour l'acquisition d'un restaurant. L'absence de plusieurs ministres du gouvernement aux obsèques de Jean de Broglie témoigne à lui seul de la volonté de l'État de dédramatiser cette affaire. À quelques mois des élections municipales de 1977, on ne peut se permettre de s'engluer dans une sombre histoire politico-financière. Une affaire qui aurait tôt fait de discréditer la droite…

Gros plan sur la victime : Jean de Broglie, de l'homme d'État à l'homme d'affaires…

L'affaire de Broglie ? une histoire qui assombrit terriblement la présidence de Valéry Giscard d'Estaing. Contrairement à l'affaire Markovic, la victime n'est pas un inconnu mais un député ami du Président et de surcroît un compagnon de route politique. À l'âge de cinquante-cinq ans, l'ancien secrétaire aux Affaires étrangères du général de Gaulle est abattu froidement devant un immeuble de la rue des Dardanelles. Fondateur du parti des républicains indépendants, ami personnel de Giscard d'Estaing et parent de son épouse Anne-Aymone, Jean de Broglie est l'un des personnages incontournables du pouvoir. Sa famille à elle seule a grandi à l'ombre de la grande Histoire. Outre un président du Conseil sous la Monarchie de Juillet et le chef de l'opposition royaliste sous Adolphe Thiers, l'illustre lignée compte dans ses rangs des maréchaux, des pairs de France, un évêque et surtout un savant de carrure internationale. Physicien et académicien, le dénommé Louis de Broglie est l'un des pères de la mécanique ondulatoire.

Après avoir intégré le conseil d'État dès l'âge de vingt-cinq ans, le prince Jean de Broglie devient député de l'Eure sous la présidence de la Ve République. Il est ainsi l'un des principaux négociateurs des accords d'Évian avant de devenir secrétaire d'État aux Affaires étrangères. Quand Valéry Giscard d'Estaing quitte la rue de Rivoli en 1966, Jean de Broglie gagne rapidement ses rangs en participant à l'aventure du mouvement des républicains indépendants[18]. Promu au poste de trésorier du parti, le prince aurait alors fondé la Sodetex, une société gérant des capitaux pour le compte d'une firme espagnole de machinerie textile, laquelle tombe rapidement en faillite. L'homme d'affaires a-t-il tué l'homme politique ? Là est la question. D'aucuns parlent de financement occulte du parti des républicains indépendants…

« Un prince qui se tuait à faire des affaires »

Prendre les médias de vitesse, tel avait été le mot d'ordre de la place Beauvau lors de la fameuse conférence de presse du 29 décembre 1976. Les journaux n'ont pourtant pas dit leur dernier mot. *Le Canard enchaîné* est l'un des plus virulents. Dès l'annonce de

18. Créé en 1962 par des dissidents du CNIP (Centre national des indépendants et paysans) ralliés à la cause gaulliste.

la mort de Jean de Broglie, il met en doute l'intégrité du député de l'Eure en évoquant des opérations financières douteuses. « Un prince qui se tuait à faire des affaires », titre le journal satirique. Sodetex, Sofratec, Brincom, vous connaissez ? Ce sont toutes des sociétés fondées par le prince de Broglie. Aux dires de certaines sources d'informations[19], elles auraient été créées dans l'espoir d'en tirer de substantiels bénéfices, lesquels étaient destinés à alimenter les caisses d'un mouvement politique. La première, à savoir la Sodetex, une société d'emprunts luxembourgeoise, gère les capitaux d'une importante firme espagnole dont elle tire d'énormes avantages financiers. Malheureusement, la Matesa (*Maquinaria Textil del Norte de España*) fait faillite et la société du prince est obligée de rendre des comptes. Or il s'avère que des prélèvements d'un montant exorbitant, vingt millions de francs, ont été opérés sur les actifs financiers de la Sodetex au profit de destinataires inconnus. On ne tarde pas à parler de partis politiques, au premier rang desquels se trouverait celui de Valéry Giscard d'Estaing, à savoir le Parti des républicains indépendants. Cette histoire de financement occulte sent particulièrement le roussi. On comprend dès lors l'intérêt du gouvernement à étouffer rapidement les effets probablement dévastateurs de l'affaire… Mais trois ans et demi après l'assassinat de la rue des Dardanelles, l'histoire rebondit. L'initiative revient au *Canard*

19. *Enquête sur les affaires d'un septennat,* par Jacques Derogy et Jean-Marie Pontaut, Robert Laffont, 1981.

enchaîné. Publiant le rapport étonnant d'un inspecteur de la brigade territoriale, le journal met l'accent sur un détail particulièrement significatif : la police savait mais aurait laissé faire. Un « silence » qui fait grand bruit. Serions-nous à la veille d'un *Watergate* français ?

La « bataille des princes » n'aura pas lieu…

Dès le mois d'avril 1976, un certain Michel Roux établit un rapport au sein duquel il évoque l'émission de faux bons du Trésor dont les auteurs ne seraient autres que Jean de Broglie et son conseiller financier Pierre de Varga. Le rédacteur de cette note est un inspecteur de la dixième brigade territoriale. Trois mois avant l'assassinat, il a clairement eu vent de menaces très sérieuses pesant sur la vie du député. Mais la police n'a pas réagi. À l'instar de l'affaire Ben Barka en 1965, elle se serait contentée d'observer sans intervenir. Le 2 avril 1980, *Le Canard enchaîné* publie le rapport de l'inspecteur Roux dans ses colonnes. Il apparaît que la BRI, à savoir la Brigade de recherches et d'intervention, aurait fait suivre les principaux protagonistes de l'affaire de Broglie avant de cesser curieusement ses filatures le 8 décembre.

Quoi qu'il en soit, l'affaire prend une tournure politique. S'achemine-t-on vers une affaire Poniatowski ? Doit-on convoquer le ministre de l'Intérieur devant la Haute Cour de justice. Une « bataille des princes » en quelque sorte. À la demande des socialistes et des communistes, on crée une commission d'enquête parlementaire chargée d'interroger les principaux responsables de la police, à l'exemple de Jean Ducret ou de Pierre Somveille. En pure perte. Nous sommes alors plongés en pleine campagne présidentielle. Toute déclaration intempestive serait lourde de conséquences. Au bout de neuf mois d'investigation, les parlementaires concluent à l'absence de preuves incriminant l'action des services de police. Le député UDF Gérard Longuet en est le principal rapporteur…

La condamnation de Pierre de Varga et de ses acolytes

Dernier acte de cette sombre affaire: le procès de l'automne 1981. François Mitterrand est à l'Élysée depuis six mois et tous les espoirs sont permis quant à une prochaine levée du voile sur l'assassinat de la rue des Dardanelles. Alain Giresse, le président des Assises, ne cache pas son opinion et ses tendances politiques. Soupçonnant la police d'occulter des informations de premier ordre, il conspue le gouvernement et n'hésite pas à se référer au *Watergate*. L'avocat des accusés, le socialiste Roland Dumas, entend faire venir à la barre le vaincu des dernières élections présidentielles afin d'évoquer la question des financements occultes des républicains indépendants. Mais Valéry Giscard d'Estaing ne franchira jamais la porte des Assises. De son côté, l'avocat général Dorwling-Carter prononce un réquisitoire on ne peut plus virulent contre Varga et ses acolytes. Le 23 décembre 1981, trois des quatre accusés sont finalement condamnés à dix ans de prison.

Une affaire toujours irrésolue

Trente ans plus tard, c'est le *statu quo*. L'affaire semble même faire marche arrière depuis la libération des principaux condamnés. On en veut pour preuve la réhabilitation de l'inspecteur Guy Simoné. Libéré après deux ans d'incarcération à la prison de Fleury-Mérogis, le policier change littéralement de vie en optant pour le conseil en gestion tout en s'adonnant à sa passion favorite : la guitare. Cela étant, en 2002, la Cour de cassation rejette sa demande de révision du procès. Patrick de Ribemont, l'un des deux supposés commanditaires du meurtre a, pour sa part, plus de chance. Après sa libération, il demande avec succès à la Cour européenne des droits de l'homme de condamner la France. En août 1996, Paris se voit ainsi dans l'obligation d'indemniser Patrick de Ribemont pour « atteinte à la présomption d'innocence ». Le verdict est sévère pour l'État français : il se doit de verser la somme non négligeable de deux millions de francs à la « victime ». Aujourd'hui, l'affaire garde tout son mystère. On ne connaît toujours pas les véritables mobiles de l'assassinat de Jean de Broglie…

ON A RETROUVÉ LE CORPS DE ROBERT BOULIN

À la surface de l'étang du Rompu

Le 30 octobre 1979 à 8 h 40 du matin, dans la forêt de Rambouillet (Yvelines), deux plongeurs des forces de l'ordre repêchent le corps d'un homme d'une cinquantaine d'années habillé d'un costume bleu nuit. Le cadavre en question gît recroquevillé à cinq mètres de la berge d'un petit étang, face contre le sol, dans cinquante centimètres d'eau. Quand on le ramène à terre, on le retourne et on découvre son visage tuméfié. Les yeux mi-clos, la bouche est fermée et surtout l'avant-bras droit est bizarrement levé. Apparemment, la mort est récente. Le cadavre en question n'est autre que celui du ministre du Travail, Robert Boulin. L'enquête en tire rapidement la conclusion que le « suicidé » s'est noyé. À moitié inconscient et profondément déprimé, il se serait ainsi affaissé au milieu d'un étang pour se noyer dans cinquante centimètres d'eau ! Un récit qui est loin de convaincre une bonne partie de la presse et surtout la famille même de Robert Boulin. Ils n'hésitent pas à militer pour la thèse du meurtre. Les sujets de litige sont en effet légion. La bataille des hypothèses a pour principal théâtre l'Institut médico-légal de Paris.

Ce gaulliste qui embarrasse le RPR

En 1979, la présidence de Giscard d'Estaing joue son dernier round. Raymond Barre, son Premier ministre, connaît un sursaut d'impopularité. Depuis la démission de Jacques Chirac en 1976, Raymond Barre a déjà usé deux gouvernements. En d'autres termes, la carte du « meilleur économiste de France » ne fait plus recette. Dans la perspective des élections présidentielles de 1981, Giscard d'Estaing envisage sérieusement de promouvoir Robert Boulin au rang de Premier ministre. Gaulliste de première heure, Robert Boulin est apprécié des Français et s'avère résolument hostile à Jacques Chirac, reprochant à ce dernier d'avoir trahi son parti en 1974 en se ralliant à Valéry Giscard d'Estaing contre le candidat gaulliste Jacques Chaban-Delmas. Autrement dit, Robert Boulin devient, en cette fin d'année 1979, l'obstacle le plus sérieux à une victoire du président du RPR en 1981. Ceci suffit-il à incriminer les « amis » politiques du ministre du Travail quant à sa disparition finale ? pas vraiment.

L'élimination politique d'un individu n'implique pas nécessairement sa mort physique. Mais la campagne de diffamation orchestrée par le *Canard enchaîné* n'est sans doute pas étrangère à ce climat politique. Au lendemain du drame du 30 octobre 1979, les médias véhiculent sans hésiter la thèse du suicide du ministre du Travail…

Le gouvernement de Raymond Barre défend la thèse du suicide

Le suicide ? cela va de soi au regard de la carte de visite trouvée dans sa Peugeot 305, laquelle est garée non loin de l'étang du Rompu. Le texte écrit au verso de cette carte est *a priori* sans ambiguïté : « Embrassez éperdument ma femme, le seul grand amour de ma vie. Courage pour les enfants[20]. » Dans l'appartement de Robert Boulin, on a même retrouvé un papier déchiré dans une corbeille mentionnant son intention prochaine de se noyer. D'emblée, le gouvernement défend la thèse du suicide. Le président Giscard d'Estaing lui-même écarte toute autre hypothèse. « Il n'y a pas d'affaire Boulin », déclare péremptoirement le Premier ministre Raymond Barre. Depuis près de trente-trois ans, les divers gouvernements de la Ve République obéissent à la même ligne de conduite : ne pas faire de vagues. Qu'ils soient libéraux ou socialistes, les responsables politiques tiennent tous le même discours : Robert Boulin a mis volontairement fin à ses jours.

Incohérences… Autre chose qu'un suicide ?

Dès le 30 octobre 1979, les médias véhiculent la thèse du suicide. Bizarrement, Colette Boudin est prévenue du décès de son mari la veille même de la macabre découverte dans l'étang du Rompu. À jamais marquée par le visage tuméfié du ministre, sa veuve reste convaincue qu'on lui cache la vérité. Des médecins légistes menacés, des dossiers subtilisés, des échantillons de sang volés et des lividités cadavériques mal placées, il n'en faut pas plus pour explorer une hypothèse autre que le suicide. Pour couronner le tout,

20. Christophe Deloire, Extrait de *Crimes sous influence,* Éditions Jean-Claude Lattès, 2003.

sous la pression de la police, le maire de Saint-Léger-en-Yvelines, François Pic-Paris, se voit contraint de modifier la date officielle du décès du ministre. Dans une première version, le certificat de décès mentionnait la date du 30 octobre. Pic-Paris a ainsi reçu la visite d'un inspecteur de police lui recommandant fortement d'avancer la date du décès au 29 octobre. Cette visite est d'autant plus étonnante qu'elle se déroule six ans après les faits, en octobre 1985.

Plus l'enquête avance, moins la thèse du suicide paraît crédible. À commencer par la parodie d'autopsie du mois de novembre 1979. Pratiquée par les docteurs Bailly et Deponge, celle-ci conclut à un suicide par noyade. Une expertise médico-légale étrange où les résultats sont induits par des individus n'appartenant pas au milieu médical. On en veut pour preuve la seule intervention du procureur de la République, lequel s'oppose à tout examen du crâne de la victime. L'hypothèse de la noyade elle-même est farfelue quand on songe qu'aucune trace de diatomées n'a été découverte. Les diatomées ? des algues microscopiques toujours présentes dans les poumons des noyés retrouvés dans des mares ou des étangs…

« *La justice a entravé le bras de la médecine légale* »

« La justice a entravé le bras de la médecine légale », résume avec clarté Christophe Deloire. Mais l'histoire ne s'arrête pas là. Quatre ans après les faits, la famille Boulin dépose plainte contre X pour « homicide volontaire ». Elle réussit à faire exhumer le corps du ministre pour une seconde autopsie. Et les résultats sont pour le moins troublants…

L'autopsie de 1979 présente toutes les caractéristiques d'une parodie. En apparence, tout est calculé pour maquiller le moindre indice suggérant le meurtre. Une hypothèse de plus en plus vraisemblable. Sans compter la pression de la police et de la justice exercée à l'encontre des médecins légistes, les lividités cadavériques découvertes dans le dos et le vol des échantillons de sang du ministre dans les locaux de l'institut médico-légal ? La contre-expertise authentifie deux fractures du crâne attestant l'hypothèse d'un règlement de comptes. Incontestablement, le ministre du Travail aurait été passé à tabac avant d'être jeté dans l'étang du Rompu. D'autres éléments corroborent la thèse du crime. À commencer par l'analyse des lividités cadavériques. « Après le décès, le sang ne circule plus. Il traverse les tissus et se dépose, par pesanteur, sur les parties du corps en contact avec le sol. En quelques heures, des marbrures caractéristiques (les lividités) se fixent dans les parties déclives du cadavre, déterminant la position de la victime. Robert Boulin a été retrouvé « face contre terre », alors que selon le rapport d'autopsie, ses lividités cadavériques étaient situées dans le bas du dos », commente Serge Garde dans le journal *L'Humanité*. En d'autres termes, on voit mal un « suicidé » se planter un « poignard » dans le dos. Dans le cas contraire, ce serait une grande première.

Des échantillons de sang qui disparaissent

Dans les années qui suivent la mort de Robert Boulin, l'établissement de l'Institut médico-légal de Paris est le théâtre d'une véritable « guerre des tranchées » entre les instances dirigeantes et le corps médical. Pas plus tard qu'en octobre 1980, un flacon de sang placé sous scellés disparaît littéralement de l'Institut. Le docteur Le Breton décide alors d'entreposer les viscères du ministre dans une armoire réfrigérée. Six ans plus tard, on assiste à un nouveau coup de théâtre. En termes clairs, le chef du cabinet du préfet de police demande instamment au médecin légiste de restituer le reste des échantillons mis sou clef. Mais le docteur Le Breton refuse d'obtempérer en prétextant que les scellés relèvent du seul magistrat instructeur. Une initiative lourde de conséquences : le médecin légiste est congédié, l'armoire réfrigérée fracturée et son contenu tout bonnement réduit à néant. Aussi bizarre que cela puisse paraître, la destruction des scellés juridiques n'a jamais fait l'objet de sanctions…

Le SAC aurait-il assassiné Boulin ?

Parodie d'autopsie, mensonges d'État et disparitions d'échantillons rythment ainsi toute l'affaire Boulin. La fille du ministre, Fabienne, ne cesse de dénoncer les multiples anomalies observées lors de l'enquête. La lettre de Robert Boulin annonçant son suicide est elle aussi sujette à caution. Il s'agit d'une photocopie ! Par ailleurs, la bande originale de la machine à écrire reste introuvable. Autre anomalie : le *valium* absorbé par le ministre. D'après les médecins, cette substance a pour effet d'annihiler toute tendance suicidaire.

Selon Fabienne Boulin, la thèse du suicide relève d'une absurdité. Le journal *L'Humanité* va même plus loin en identifiant les tueurs. Dans un article paru en 1988, il publie le témoignage troublant d'un barbouze gaulliste du SAC (Service action civique) connu sous le nom d'Herman Stromberg. D'après ce dernier, Robert Boulin a été assassiné dans les sous-bois par Ernst Siegrist et ses sbires, des individus peu recommandables à la solde de groupes d'extrême droite. Cela étant, l'article même de *L'Humanité* est sujet à polémique. En 1988, c'est-à-dire avant la chute du mur de Berlin, le journal du parti communiste ne fait pas vraiment preuve d'impartialité. Politisé à outrance, le quotidien communiste adopte la ligne de conduite dictée par Moscou.

Octobre 1979.
Dans les coulisses d'un brainstorming ultra-secret...

Les mobiles d'un éventuel meurtre

Si la thèse de l'assassinat apparaît plausible, il nous reste à en comprendre les motifs. Dans les semaines qui ont précédé sa disparition, Robert Boulin fait ainsi l'objet d'une attaque en règle au sujet d'un terrain acquis à Ramatuelle. Orchestrée par l'hebdomadaire *Le Canard enchaîné,* la campagne de diffamation n'aurait pas vraiment déplu aux détracteurs gaullistes du ministre du Travail. Depuis 1974, nul n'ignore l'aversion qui existe entre Robert Boulin et Jacques Chirac. À deux ans de l'élection présidentielle, la guerre est déclarée entre les deux factions du gaullisme. Loin d'être accablé par l'affaire immobilière du Var, Robert Boulin aurait alors essayé de contre-attaquer en décidant de sortir du coffre de son ministère un certain nombre de documents épineux de la Ve République. L'un des plus sensibles était sans conteste le dossier Elf, une sombre affaire de financement occulte et de corruption impliquant la société pétrolière en Afrique. La problématique est alors claire : que la campagne de calomnie continuât et Robert Boulin menaçait d'en révéler le contenu. Cette raison explique-t-elle sa mort ? Il s'agit d'une hypothèse de travail. Toujours est-il que les dossiers n'ont jamais été retrouvés, à l'image des échantillons de sang, ils ont tout simplement disparu…

La thèse officielle confirme le suicide…

Suicide ou homicide, telle est toujours la question. Officiellement, l'information judiciaire est close depuis le 20 septembre 1991. La Cour de cassation a en effet confirmé le non-lieu. Loin de démissionner, la famille de la victime demande toujours la réouverture du dossier. Persuadée que l'enquête n'a pu aboutir en raison de pressions politiques, Corinne et Fabienne Boulin n'en démordent pas : la justice leur donnera un jour raison et infirmera définitivement la thèse « politique » du suicide...

L'ÉTRANGE SUICIDE DE PIERRE BÉRÉGOVOY

Un homme de pouvoir sorti du rang

Titulaire d'un CAP d'ajusteur à l'âge de seize ans, Pierre Bérégovoy est à des années-lumière des grands pontifes du parti socialiste. Il n'a en rien le profil de l'énarque. Dès son entrée dans l'arène politique, ce fils d'émigré russe, lequel a fui la révolution bolchevique, a soif de reconnaissance sociale. Après avoir accédé aux plus hautes fonctions dans la pyramide de Gaz de France en 1978, il devient pour la première fois ministre en juillet 1982. Farouche défenseur des nationalisations, l'ancien ajusteur n'est pourtant ni un révolutionnaire ni même un doctrinaire. Gouvernant sans idéalisme mais aussi sans audace, il entend avant tout honorer la mission qu'on lui a confiée. Sous le gouvernement de Pierre Mauroy, il milite activement pour la réduction de la durée hebdomadaire du temps de travail, à savoir les trente-neuf heures payées quarante. Après la fin de « l'état de grâce », Pierre Bérégovoy occupe à trois reprises la fonction de ministre de l'Économie sous les gouvernements respectifs de Laurent Fabius, de Michel Rocard et d'Édith Cresson. Au total, les finances l'accaparent pendant plus de six années. Un exploit au regard de ses origines sociales que d'aucuns ne manquent pas de lui rappeler en le qualifiant de « Petit Chose ». L'ancien ajusteur n'est pourtant pas arrivé au bout de sa promotion politique. Succédant ainsi à Édith Cresson en avril 1992, Pierre Bérégovoy reste près d'un an à Matignon. La victoire de l'opposition libérale aux élections législatives du mois de mars 1993 met brutalement fin à sa carrière fulgurante. Une cuisante défaite synonyme pour le maire de Nevers de mise à l'écart. Il en sort profondément ébranlé…

Dans l'ombre de la défaite électorale de mars 1993

Le monde vient de tourner la longue page de la Guerre froide. La parenthèse soviétique s'est définitivement refermée et les États-Unis se transforment en gendarmes de la planète comme l'attestent la guerre du Golfe livrée contre l'Irak de Saddam Hussein et leur récente expédition en Somalie. En ce début de nouvelle ère géopolitique, laquelle referme le monde issu de Yalta, l'Élysée affiche une parfaite communauté de vue avec la Maison Blanche. Sur le plan intérieur, la victoire de la droite aux élections législatives du mois de mars sonne le glas de l'expérience socialiste. Le second septennat de François Mitterrand s'achève ainsi sur un sentiment d'échec. Édouard Balladur, qui appartient à la formation gaulliste du RPR, devient le nouveau locataire de Matignon. Cette période dite « de cohabitation » est la deuxième de l'ère mitterrandiste. La défaite électorale du mois de mars porte-t-elle en germes la tragédie de Nevers ? La disparition tragique de Bérégovoy ne suit que de deux mois son éviction de Matignon. Rien n'est impossible. À en croire son entourage, l'ex-Premier ministre en a été très affecté…

1er mai 1993 : chronique d'une journée presque ordinaire…

La journée du 1er mai est d'une banalité exemplaire. Trop banale pour un suicide prémédité, au regard des détracteurs de la thèse officielle. Tout commence au palais ducal où il reçoit une délégation de délégués syndicaux. Une matinée sans histoires. L'après-midi est un peu plus mouvementée. À sa demande, son chauffeur l'emmène admirer la traditionnelle course cycliste du 1er mai, puis une compétition de canoë-kayak se déroulant sur la Loire. Des coupes sont remises aux vainqueurs. Il est alors près de 17 h 30. Les observateurs présents remarquent l'impassibilité du visage du maire. Pierre Bérégovoy ne montre aucune émotion et pense peut-être déjà à son acte fatal. Dans moins d'une heure, l'ancien Premier ministre sera passé de vie à trépas.

Après avoir contacté son directeur de cabinet au téléphone, Pierre Bérégovoy prend congé de son garde du corps, un certain Sylvain Lesport, avant de demander à son chauffeur de reprendre la route. Arrivée à la hauteur du « Peuplier seul », la Renault 25 s'arrête une première fois. Pierre Bérégovoy a en effet exprimé le besoin de passer un coup de téléphone. Son dernier interlocuteur serait une interlocutrice, une femme rencontrée dans un avion et n'appartenant pas au milieu politique. Aurions-nous affaire à une histoire de cœur ? Quoi qu'il en soit, par souci de ne pas le déranger, son chauffeur Jean-François Ragouneau prend l'initiative de sortir de la voiture. La conversation est des plus brèves : moins de deux minutes ! Est-ce suffisant pour déclencher une catastrophe ? Ragouneau reprend ensuite le volant pour longer le canal latéral à la Loire. Dans la boîte à gants de la R25, le garde du corps aurait malencontreusement laissé son arme de service : un *357 Magnum*...

Mort à la verticale de Pithiviers

Pierre Bérégovoy demande une seconde fois à Jean-François Ragouneau de stopper la R25. Cette fois, le maire de Nevers s'extirpe du véhicule. Il s'éloigne rapidement le long des berges du canal. Cinq minutes se sont à peine écoulées qu'un ou deux coups de feu retentissent. Le maire vient de se tirer une balle dans la tête avec l'arme de service de son garde du corps. Quand Ragouneau le découvre agonisant sur la berge, l'ancien Premier ministre n'est pas encore mort. Les secours mais aussi les médias sont rapidement prévenus de la tragédie. Moins de deux heures après son geste, les Français sont déjà informés de la terrible nouvelle. Les télévisions annoncent sans ambages son décès. Pendant ce temps, Pierre Bérégovoy lutte désespérément contre la mort. À 21 heures, décision est prise de l'évacuer sur Paris, au Val-de-Grâce. En pure perte. Pierre Bérégovoy expire pendant le trajet. À 22 h 15, il meurt au moment où l'hélicoptère s'apprête à dépasser la commune de Pithiviers.

La presse en accusation

Un coup de feu après un coup de fil, telles peuvent être résumées les dernières minutes de la vie de Pierre Bérégovoy, laquelle s'achève sur les berges d'un canal d'une petite ville de province. À la question : l'ancien Premier ministre s'est-il suicidé ? Nous serions tentés de répondre par l'affirmative au regard de la campagne de presse haineuse dont a été l'objet le maire de Nevers. Comme dans l'affaire Boulin, le journal satirique *Le Canard enchaîné* est en première ligne. Lors des obsèques de Pierre Bérégovoy, François Mitterrand n'hésite pas à stigmatiser la presse : « Toutes les explications du monde ne justifieront pas qu'on ait pu livrer aux chiens l'honneur d'un homme et finalement sa vie », déclare péremptoirement le président de la République. Les chiens ? en l'occurrence, les journalistes, lesquels sont coupables aux yeux de Mitterrand d'avoir vilipendé Bérégovoy au sujet d'une malheureuse histoire de prêt pour un appartement cossu du XVIe arrondissement de Paris.

L'acharnement médiatique... à propos d'une malheureuse histoire de prêt

Depuis le début de l'année 1993, la rumeur enfle sans que Pierre Bérégovoy ne réussisse à la désamorcer. Lancée par *Le Canard enchaîné* le 3 février, l'information dénonce les agissements de Bérégovoy dans l'acquisition d'un appartement situé dans le

XVIe arrondissement de Paris, l'archétype du quartier bourgeois. D'après l'enquête du journal satirique, le couple Bérégovoy aurait contracté un emprunt de plus d'un million de francs et ce sans débourser le moindre intérêt. Le prêt aurait été consenti auprès d'un certain Roger-Patrice Pelat, décédé en 1989, et n'aurait jamais été remboursé. Pour s'acquitter de sa dette, Bérégovoy en serait même venu à brader ses objets d'art. Ainsi parle la rumeur.

Mais il semble bien que le couple Bérégovoy était, en vérité, infiniment plus endetté, du moins est-ce la thèse défendue par plusieurs spécialistes de l'affaire.

Dans un entretien paru dans les colonnes du journal *Télérama* en avril 1994, soit moins d'un an après la disparition de son mari, Gilberte Bérégovoy s'indigne de cet acharnement médiatique tout en relativisant les effets sur le caractère de son mari. D'après elle, Pierre était déprimé mais nullement suicidaire. Après tout, il ne s'est pas enrichi au détriment de l'État et n'a pas détourné de fonds, commente-t-elle. En difficulté d'argent, Pierre Bérégovoy a seulement saisi une occasion que lui offrait Roger-Patrice Pelat. Aux yeux de sa veuve, ce qui peinait le plus son mari est sans conteste la réaction de sa famille politique après la débâcle des Législatives. Pierre Bérégovoy n'était plus que le « Petit Chose »…

Abandonné par ses « amis » socialistes

Au Comité directeur du Parti socialiste du 3 avril, les « amis » socialistes font clairement comprendre à Bérégovoy qu'il porte tout le poids de la défaite du Parti. Son discours est carrément boudé par une grande partie des participants. Pour Gilberte Bérégovoy, il n'y a pas de doute : « Le Parti a sa part de responsabilité dans cette affaire qui ressemble à un complot. » En d'autres termes, les collègues socialistes de l'ancien Premier ministre auraient encouragé la campagne de diffamation et indirectement poussé leur camarade à commettre l'irréparable. À l'approche des élections de 1995, son statut de futur présidentiable en agaçait quelques-uns. Mais il ne s'agit là que d'une hypothèse. Une seule chose est certaine : Bérégovoy n'a pas reçu le soutien socialiste attendu lors de la fameuse affaire du prêt de Roger-Patrice Pelat. En revanche, sa femme est formelle : François Mitterrand lui a toujours ouvert ses portes.

Le président de la République avait même fixé un rendez-vous avec son ancien Premier ministre. Celui-ci était prévu pour le lundi 3 mai.

L'ombre du complot

Rien ne permettait de soupçonner son geste. Pas le moindre mot laissé ni la moindre parole. Seule une visite chez un médecin de l'hôpital militaire du Val-de-Grâce pouvait laisser augurer le pire. Une rencontre remontant au 29 avril 1993, soit l'avant-veille de sa mort. La campagne du *Canard enchaîné,* conjuguée à la « lâche attitude » de ses ex-amis socialistes, l'avait plongé dans une profonde déprime. Cela étant, la thèse du suicide se heurte à quelques obstacles. À commencer par l'arme du suicide laissée par le garde du corps dans la boîte à gants de la Renault. Comment expliquer que le dénommé Sylvain Lesport ait justement oublié son *357 Magnum* le soir même où son patron a décidé de s'en servir ? La question est alors la suivante : le garde du corps avait-il l'habitude d'oublier son revolver et lui en a-t-on suggéré l'idée ?

Le nombre de coups de feu prête aussi à polémique. Nombreux sont les témoins qui parlent de deux détonations. En ce cas, il est difficile de parler de suicide. Cela étant, l'autopsie est formelle : seule une balle a traversé le crâne du maire. Pourquoi deux coups de feu ? Sans doute Pierre Bérégovoy a-t-il voulu tester dans un premier temps le fonctionnement de son arme en tirant d'abord dans le vide. Il s'agit d'une pure supputation. Reste la question cruciale du carnet ! Là encore, Gilberte Bérégovoy est catégorique : Pierre l'avait toujours sur lui. Elle soupçonne ainsi très fortement Michel Charasse de l'avoir subtilisé, une information que dément formellement l'ex-ministre du Budget. Aux dernières nouvelles, l'agenda personnel de l'ancien Premier ministre aurait été immédiatement saisi par le procureur de la République. Une procédure normale dans le déroulement de l'enquête, s'empresse-t-on de souligner.

L'énigme demeure

Tous les éléments précédemment cités et mis bout à bout ébranlent nos certitudes sur une disparition volontairement choisie par Pierre Bérégovoy. Mais nous ne pouvons tirer aucune conclusion hâtive : nous ne disposons d'aucune preuve quant au crime d'État, encore moins sur les éventuels meurtriers de l'ancien Premier ministre. Seuls planent quelques soupçons d'inachevé difficiles à dissiper.

Le samedi soir de Nevers reste une énigme. Meurtre, peu crédible en raison du manque de motif, suicide forcé ou disparition volontaire, la question est toujours à l'ordre du jour.

ASSASSINAT OU SUICIDE ÉLYSÉEN POUR FRANÇOIS DE GROSSOUVRE, EN

Le communiqué sans âme de l'Élysée

Sec comme s'il s'agissait d'un inconnu, le communiqué publié par François Mitterrand à la suite du suicide supposé de François de Grossouvre dans un bureau élyséen, en est presque indécent. Comme si le président de la République en exercice ne devait pas une large partie de sa carrière au mort !

En voici les termes :

« François de Grossouvre, président du comité des chasses présidentielles, s'est donné la mort, ce 7 avril 1994, en fin de journée, dans son bureau de l'Élysée. Conformément aux règles habituelles, le parquet de Paris, qui s'est rendu sur les lieux, a prescrit à la police judiciaire de diligenter l'enquête du décès, prévue par l'article 74 du Code de procédure pénale. »

Cette épitaphe à un ami de trente-cinq ans surprend d'un homme comme Mitterrand bien connu pour ses longues fidélités amicales, comme celles envers Pelat ou Bousquet.

Le parcours exceptionnel de François de Grossouvre

Alors qu'il n'a que cinq ans, François de Grossouvre perd son père, victime du gaz moutarde. Élevé chez les jésuites, il prépare médecine à Lyon, obtenant son diplôme en 1942. Il pénètre le SOL (Service d'ordre légionnaire) pour le compte de l'ORA (Organisation de résistance de l'armée), combat dans le Vercors avant de rejoindre, comme médecin, avec le grade de lieutenant, l'armée française. Il passe, après guerre, un diplôme de rhumatologie. Doué pour les affaires, il participe à la création de la clinique Saint-Louis ainsi qu'au centre antimigraineux de Vichy.

Ayant épousé Claudette Berger qui lui donne six enfants, il gère les sociétés de ses beaux-parents, *Le Bon Sucre* et *A. Berger et C*[ie], avec un immense talent. Et donne ainsi naissance à la Générale sucrière, avant que d'obtenir l'exclusivité pour la France de la licence Coca-Cola. Devenu très fortuné, il reprend une société de soierie traditionnelle, Ducharne, qu'il réoriente avec brio vers les tissus en fibre de verre. Ce surdoué du *business* se passionne alors pour la presse, participant à l'aventure de *L'Express,* puis devenant actionnaire principal du *Journal du Centre* et de *La Montagne*.

Passionné d'équitation et de chasse, il acquiert dans l'Allier, un vaste domaine d'une centaine d'hectares à Lusigny.

L'appui apporté à François Mitterrand

C'est Mendès France qui présente François Mitterrand à François de Grossouvre, en 1959. Il lui apporte une aide financière pour fonder sa Ligue pour le combat républicain. Et surtout, il le soutient pendant sa longue traversée du désert à la suite du scandale de l'attentat de l'Observatoire.

Homme de l'ombre, depuis qu'il a été agent double durant la guerre, François de Grossouvre appartient à l'Église du silence, une organisation orchestrée par les États-Unis et le SDECE pour infiltrer le parti communiste, alors que la Guerre froide bat son plein.

Devenu un intime de cet autre être complexe et secret qu'est François Mitterrand, de Grossouvre devient coprésident de la FGDS du Rhône, accompagnant l'ascension politique de son ami jusqu'à la commission de contrôle du parti socialiste.

En 1974, Mitterrand lui demande de devenir parrain de Mazarine, la fille cachée d'Anne Pingeot. Après sa victoire à la présidentielle de 1981, de Grossouvre s'occupe de la mère et de la petite fille : elles logent juste en dessous dans le même immeuble parisien. Il emmène parfois Mazarine à Lusigny et est récompensé de sa fidélité par un poste de chargé de mission avec bureau à l'Élysée, chauffeur et voiture, garde du corps, secrétariat, appartement de fonction et même présidence du Comité des chasses présidentielles.

François de Grossouvre se voit confier des missions confidentielles au Liban (il est un ami intime des Gemayel), en Syrie (il connaît fort bien Rifaat al-Assad, le frère du Président), au Maroc, au Tchad d'Habré, dans les deux Corées, mais aussi au Pakistan et en Afghanistan. Le Comité des chasses lui permet de rencontrer de façon informelle bien des personnalités étrangères de premier plan. Cependant, ses interventions suscitent l'ire de la DGSE, de la DST, du ministre de l'Intérieur, des directeurs de cabinet… Pierre Joxe, Gilles Ménage, Michel Charasse, Roland Dumas se liguent contre lui.

Le renvoi

Le 1er juillet 1985, le président de la République met fin à son rôle de conseiller occulte privilégié, François de Grossouvre conservant toutefois ses avantages matériels et la présidence du Comité des chasses. Il devient alors conseiller international auprès des Avions Marcel-Dassault où son réseau international peut être utile. Il s'y étiole, rendant tout de même quelques services grâce à ses bonnes relations avec le général libanais Aoun et le roi Hassan II. Mais son temps semble passé et son influence ne cesse de se réduire. Sans doute en conçoit-il une profonde blessure intérieure. Bien plus, il est particulièrement choqué par les voies illégales de plus en plus souvent choisies par l'Élysée : *Greenpeace,* Irlandais de Vincennes, écoutes téléphoniques… Mais plus encore par les agissements totalement immoraux du fils Mitterrand, Jean-Christophe, de Roland Dumas, de Gilles Ménage, de Patrice-Roger Pelat, et de quelques autres, non sans quelques raisons, puisque tous seront rattrapés par la justice.

Fin tragique

C'est dans l'aile ouest du palais de l'Élysée, au premier étage, que François de Grossouvre se serait suicidé vers 20 heures, ce 7 avril 1994, d'une balle de *357 Magnum* tirée dans la tête. Personne n'a rien entendu. C'est le chauffeur inquiet de l'attendre qui découvre le corps vers 20 heures, sans doute en compagnie du garde du corps. C'est l'intervention téléphonique de la compagne de De Grossouvre qui conduit le chauffeur à monter au premier étage pour lui rappeler l'heure du dîner. Elle l'attend, en effet, pour se rendre à une invitation du vice-président de l'Assemblée nationale gabonaise, Georges Rawini.

De nombreuses versions circulent alors sur la mort de François de Grossouvre alors que sa famille rejette la thèse du suicide. Paul Barril est catégorique, affirmant qu'il y a eu assassinat, ce qui lui vaut une condamnation du tribunal de Paris, en compagnie de son éditeur Albin Michel. Patrick de Grossouvre, fils de la victime, nourrit de nombreux doutes quant à la version officielle. Ayant déjeuné le jour même avec son père, il a pu l'observer à loisir et ne l'a trouvé nullement dépressif. Il conteste vigoureusement la version mise au point par Michel Charasse, ennemi intime de De Grossouvre, qui affirme l'hypothèse si commode d'une dépression nerveuse liée à son éloignement du pouvoir par Mitterrand. D'ailleurs, fait observer son fils, n'a-t-il pas téléphoné vers 18 heures pour envoyer des fleurs à son hôtesse du soir, puis conversé avec un graveur d'armes sur une commande en cours. S'occupe-t-on de tels détails avant de se tuer ? Patrick de Grossouvre a également été frappé par le rapport d'autopsie soulignant la double existence d'une luxation de l'épaule gauche et d'une ecchymose sur la face, tout à fait incompréhensibles. N'a-t-on pas retrouvé son père en position assise, si peu cohérente avec la force du recul provoqué par un calibre aussi puissant que le *Magnum* ? Enfin, la présence de plusieurs trous de balle au plafond demeure inexpliquée.

La coïncidence existant entre la mort du président rwandais Habyarimana (son avion est abattu par deux missiles *Sam-16* le 6 avril sans doute sur ordre des chefs militaires tutsi, voire de ses soutiens hutu) et celle de François de Grossouvre est parfois soulignée pour tenter de trouver une justification à son éventuel assassinat. Il ne semble pas que cette piste soit très sérieuse.

La garde de fer du président Mitterrand tient à faire taire les faux bruits et avance une explication trop limpide : mis à l'écart, François de Grossouvre, âgé de soixante-seize ans, n'a pas supporté. Il s'est suicidé en pleine déprime. D'ailleurs, ajoute-on perfidement, il commençait à ne plus être pleinement maître de ses propos : pour dire simplement il n'avait plus toute sa tête… Ce que contestent formellement sa famille et ses vrais amis.

Les obsèques de François de Grossouvre se déroulent à Moulins en présence du président de la République, le 13 avril 1994. L'ambiance avec la famille est glaciale.

Table de Matières

Imprimé en Espagne par Cayfosa
octobre 2018
ISBN : 978 2 36075 608 7
Dépôt légal : novembre 2018